两界智慧書

百歲選堂

（国学大师饶宗颐先生题　2017 年 12 月）

刘洪一 编

界的叙事

《两界书》的多重阅读

三联书店

图书在版编目（CIP）数据

　界的叙事/刘洪一编. —北京：生活·读书·新
知三联书店，2022.12
　ISBN 978 - 7 - 108 - 07594 - 9

　Ⅰ．①界… Ⅱ．①刘… Ⅲ．①文化哲学—研究 Ⅳ.
①G02

　中国版本图书馆 CIP 数据核字（2022）第 255337 号

责任编辑　成　华
封面设计　有品堂＿刘俊
出版发行　生活·讀書·新知 三联书店
　　　　　（北京市东城区美术馆东街 22 号）
邮　　编　100010
印　　刷　上海雅昌艺术印刷有限公司
版　　次　2022 年 12 月第 1 版
　　　　　2022 年 12 月第 1 次印刷
开　　本　635 毫米×965 毫米　1/16　印张　38.5
字　　数　465 千字
定　　价　198.00 元

内容提要

　　"界"在东西方文化中蕴含着丰富的思想语义，包括界分、界限、边界、界域、界定、界隔、接界等，本书聚焦界的思想叙事，以对《两界书》的多重阅读为资源，阐释界及《两界书》生发的哲学意涵、文明意义、生命智慧与叙事艺术，特别对人类命运共同体的哲学文化理据、超越学科范式的跨界叙事、学术思想的创新表达、融通东西的中国话语构建等做出新的探讨。

目　录

《两界书》智慧

《两界书》叙事

《两界书》综观

《两界书》研讨会

界：回归本原的叙事（代序）
——士尔谈书论界

壬寅初春，风和日丽的下午。深圳湾畔，临窗望海一茶室，与士尔先生畅谈《两界书》[1]。谈话人：士尔、佳禾。

一、大千世界一奇书

佳禾：《两界书》在北京、香港、台北出版以来，引起海内外学界
　　　　关注。注意到它的阅读反应，真有些"一千个读者一千个哈
　　　　姆雷特"的感觉。不过有一点很一致，就是普遍认为这是一
　　　　本奇书，大千世界一奇书。还是想请您先谈谈，为什么会写
　　　　出这么一本奇书？奇书奇在何处？

士尔：本来没有太多这个感觉。"奇书"本身不是写作的规划。产
　　　　生这样的效果，与当下出版阅读习惯有关。从作者角度看，
　　　　可能还是书的写法超出了惯常的习规。

　　　　世界早已进入高度体制化的时代。人类生活、工作无时无刻

---

[1] 士尔：《两界书》，商务印书馆，2017年；中华书局（香港），2019年。

不受到有形无形的规制，个人身处其中，难以自拔。就像书的《前记》所写，偶然的机遇来到西部一个不毛之地，在与世隔绝、与文明断离的时空里，才会突然发现自己，发现星空。

《两界书》远离了套路化的学术体制。套路的东西不是不适应，而是过于格式化、游戏化，能带来利益、实惠，但很难带来愉悦和真正的意义。《两界书》不是项目，没有任务书、时间表、指标要求。它是一个自发自为的学术自由态、思想自然态，与老练、世故的功利逻辑格格不入。

佳禾： 摆脱了束缚，才可能出真东西。

士尔： 这其实并不轻松。不啻是一个向外向内的混合式挑战。

佳禾： 从书的怀胎开始就注入了与众不同的基因，现在很难见到这样的著书状态了。是有这种感觉，《两界书》不只是一项学术工作，更像是一段特殊的生命历程，行吟出一首思想史诗。听说这本书主要是在夜深人静的下半夜写成，每天花费两个来小时，十年如一日，真是有些匪夷所思。

士尔： 那时有这个身体本钱。

寅时万籁俱寂，纷扰不再，是一个思绪澄明的境界。将白日里蝇营狗苟的生活经验化用为写作素材，是一种心绪的排解，也让思辨有了色彩。反思既有的学术规制，发现不只是繁文缛节。自亚里士多德以来形成的分科之学，既促发了进步，又愈显专执偏斜。它把整体强分成部分，分工细致，自得其乐。可是，在大千世界面前，在信息时代，你拿着分科的工具标尺无论怎么量，都难免陷入一种盲人摸象。检讨"进步论"带来的迷失，西方分科逻辑要与东方整体思维来一次深刻的互补融合才好，不仅要从一看到多，还要从多看到一，看到彼此，看到整体。

《两界书》在思想底层拒绝教条，不受模子的塑制。不找注脚，也不当注脚。

佳禾：《两界书》里面有哲学、神话、文学、历史，又有神学、人类学、形而上学、精神史和文明史，就像有学者评论的，它什么都是，什么又都不是。

士尔： 稍微熟悉思想史、认知史的都不难明晓，分科只是工具，学科边界总在流动中。认知世界不能削足适履，工具要服从需要。这里有一个是思想牵引、认知驱动，还是工具主导、程式决定的问题。《两界书》称为"凡人问道"，道是目标，问是过程，无论是荆棘山路还是涉水摆渡，目标方向是确定的，路径方式是随机的。不能本末倒置。还要说，面对鲜活的世界，认知的工具箱应该是周全的，不是单一的；思想的资源库应该是丰富的、世界性的，不是贫瘠的、狭隘的。

佳禾： 奇书是呈现给读者的阅读表征，奇书底层一定有不同凡常的逻辑所在。我读《两界书》感觉处处都有哲学思辨，作家马原先生认为这本书的每一章都是一个大命题，全书有四百来个小命题。命题性可能是《两界书》哲学性的重要体现吧？但它又不是通常意义上的哲学，不是理论形态的哲学。

士尔： 形态是一方面，思想是关键。

二、一切从"界"开始

佳禾： "界"的问题显然是《两界书》的最大命题了。《前记》很有意思地记叙了士尔开悟的情形：面对苦思数十年不得其解的文献哲书、世态人象，士尔似乎找到了解密之钥，密钥之码就是"两界"。

《引言》是进入全书的门径，这里陈述了一系列的"两界"：天界地界、时界空界、阴界阳界、明界暗界、物界意界、实界虚界、生界死界、灵界肉界、喜界悲界、善界恶界、神界凡界、本界异界……。接下来的这段话我觉得特别重要：

> 两界叠叠，依稀对应；有界无界，化异辅成。
> 芸芸众生，魑魅魍魉；往来游走，昼夜未停。

这应该对全书的理解至为重要，特别想请您谈谈界对全书的统领意义。

士尔： 你讲的对，界是全书的主题。界是一个复杂得不能再复杂，也简单得不能再简单的问题。目之所及，没有哪样不是界的产物：桌子、板凳，茶叶、茶具，固体、液体，男人、女人，时间、空间，等等，没有界的区隔，就不会有这些存在；你闭目所想：亲朋故友、喜怒哀乐、善恶对错，各种意识情感也是因为有了界的作用才能生成。无论形上形下，没有界，世界什么都不存在。

佳禾： 这一下触及了存在的本质问题，两千多年来哲学都在关注这个话题。

士尔： 万物如何起源？世界之前是什么状态？一个很有意思的现象是，尽管古代东西方文化差异巨大，但对此却有一个共同的预设，我称之为"前世界预设"，这个预设就是混沌（Chaos）。《道德经》叫"混成"，它"先天地生"；《列子》

叫"浑沦"；《庄子》叫"鸿濛"，也称"混沌"；《淮南子》叫"虚廓"。苏美尔创世史诗也有混沌，饶宗颐先生把它翻译成"瀹虚"（Apsu）；古希腊神话把混沌人格化为一个叫"卡俄斯"（Chaos）的神，一个开启万物的神。

那么，如何从混沌的预设变成万物的存在？在中国，有"伏羲一画开天地"之说，伏羲在混沌中的"一画"，突破了混沌，划分出阴、阳，也就有了乾坤、天地。《易经》《道德经》也以阴、阳的最初界分为起点，推演出天地、万物；《淮南子》讲，未有天地之时，先有"二神混生"，这二神"别为阴、阳，离为八极；刚柔相成，万物乃形"。万物是由阴、阳二神别离产生的——注意这里的"别"与"离"，这是万物构制的关键。古希腊哲学用的是另一套话语，但意思一样，比如阿那克西曼德、恩培多克勒等，他们都认为万物是借"分离"从混沌中产生出来的；毕达哥拉斯学派则认为，先从"完满的一"分离出"不定的二"，不确定的"二"产生各种数目，由数目产生出点、线、面、体等不同形体，产生出水、火、土、气四种元素，再以四种元素为基质相互结合转化，最终产生出世界万物。

佳禾： 东西方表述方式不一样，思维底层的认知是相通的。

士尔： 对混沌进行"别""离""分离"的界分，是走出混沌的关键。混沌是一种未经证实、难以证实的预设，它没有差异，没有差异间的关联，也就是说没有秩序。差异和秩序的出现是世界的真正开端。古希腊人把宇宙认知为 kosmos，kosmos 的本意就是秩序，意思与混沌相对。也就是说，面对混沌这个前世界的预设——人为搭建的认知前提，是界的界分、别离、分离的作用，最先打破混沌的死寂，产生了差异和差异关联，也就是有了秩序，有了宇宙万物。世界的各种思想都在寻找、解说世界的起点，在自然和理性原则下，是界导致了最初的差异、最初的秩序。一切都是从界开始的。

佳禾： 想想也是，古代各民族的神话思维都是这样表述，中国易道哲学、古代希腊哲学莫不如此。那么宗教神学思维呢？

士尔： 神学思维整体上借助了神的安排，但要进入自然实在世界，它的底层逻辑也离不开这类操作。希伯来圣经《创世记》一开始就讲，"起初（The Beginning）上帝创造天地"，虽然以上帝之名来演绎创世，但演绎的平台、步骤大同小异：最初是空虚混沌、渊面黑暗，上帝看着光是好的，就把光、暗分开，就有了昼、夜；又把水分出上、下，于是有了天空和大地。可以看出，即使是神，也得借助界的界分这个工具才能把世界万物创造出来。

三、哲学叙事：从根基出发

佳禾： 看得出，《两界书》尽可能综合各种思想认知，用一种特殊的叙事表达它的哲学思想。书一开篇就讲"太初太始、混沌一片，天帝挥意杖，从混沌中划过，混沌立开"，然后陆续有了时空、万物。这里对东西方古典资源进行了深度融合化用，呈显出一种新的哲学叙事方式。

士尔： 《两界书》中，形下形上有界无分，形下表征必然进入形上认知。

佳禾： 《两界书》的形上认知从头到尾有一个体系在里面。刚读《两界书》，有点刘姥姥进大观园的感觉，有的似曾相识，有的雾里看花，找不到北。这反而挑起了去读的好奇心。静下来细细品读，会有一种发现的愉悦，发现界是贯穿全书的主线，非常清晰的主线。《两界书》提出的界论，已经触及哲学的原理问题了。

士尔： 这个说来就话长。

佳禾： 还是想听听，我有一些自己的理解，但不太清晰，也不知准不准。

士尔： 可以有，也应该有自己的理解。有种说法叫"哲学无对错"，其实说"哲学无标准"更好些。务必要同教授们的说教保持点距离，教授与思想者是两个不同的概念，权威与真理更是两码事。见仁见智既要追求自洽，也要尽量他洽。不可能有完满，但过程的意义在于去靠近它。

佳禾： 学界目前还比较缺乏对界的系统研究。

士尔： 简单地讲，界展示了一个真正的哲学元范畴。你们教科书中的哪些范畴被视为元范畴？

佳禾： 东方哲学当然是阴阳、乾坤、有无、动静，还有善恶、虚实、色空之类的；西方哲学比较系统全面了，比如有与无、一与多、质与量、时与空、变与不变、动与静、名与实、原因与结果、同一与多样、物质与精神、主体与客体、有限与无限、思维与存在、内容与形式等等，有所谓本体论、认识论、物质论、知识论、实践论的不同区分。

士尔： 一般是这样讲。这里有两个问题很重要，内藏玄机。一个是东西方哲学的基本范畴都呈显为"对成"的特点，都以成双成对、相辅相成的方式构制出来，阴与阳、乾与坤、有与无、一与多、动与静、曲与直、变与不变等等，彼此之间是一种对生（pair creation）与对灭（pair annihilation）的关系，一个生出自然带出另一个，一个湮灭另一个也不存在了。

佳禾：《两界书》的"两界"应该就是这个意义上的两界，不是数量上的两个世界。

士尔： 这个很重要！是指两极意义上的两界（Bipolar Worlds），两者之间具有孪生（twins）与对反（polarities）的双重关联，既密不可分，又相互对反、相辅相成，天地、昼夜、男女、生死……都是这样。通俗点讲，一双鞋子和两只鞋子不是一回事。

佳禾： 的确如此。善恶、真假、美丑、悲喜、得失、上下、左右、前后、快慢、好坏……都是这样。

士尔： 这里要强调一下，对反对成不是简单的二元对立，而是差异存在的叠加态和共同体，世界、生命、意义的一切奥秘都隐藏在这个差异叠加的共同体中。

另一个要注意的是，这些范畴以对成、对反的方式相互构制时，有一个内在的机制在起作用，这就是界的先行作用。没有界的界分区隔，哪有对生、对灭的相辅相成？所以在阴阳、乾坤、有无、一多、质量、时空、动静、同异、善恶、虚实、色空、生死等基本范畴之前，有一个比它们更早一步的界，这个界才是真正的第一范畴、元范畴。怀特海（Alfred North Whitehead）把"一"与"多"、"同"与"异"作为"终极性范畴"，其实这些都还是居于"次终极"的位置。

佳禾： 这是一个从未听到的观点。

士尔： 在所有的认知活动中，界是第一个认知工具，也是认知逻辑的初始起点。

佳禾： 这可能会牵出一些系统性的大问题。我留意到"第三代新儒家"代表人物之一成中英先生的观点，他基于《两界书》的研究，提出了"两界学""界学"的问题。

士尔： 界的哲学语义实在太丰富了。界的涵义、属性、功能贯通了哲学原理、哲学认知的全过程，比如存在论层面的有差异（difference）、边界（boundary）、界域（realm）、界限（limit）、境界（state）、界对（polarities）等等；认识论层面的有界分（distinguish）、界定（define）、限定（restrict）、界面（interface）、维度（dimension）、界尺（rule）、视界（horizon）、媒介（medium）等等。界（bounds）蕴涵了哲学本体的属性、现象、概念、关联，认知实践的方法、工具、维度、尺度等各种范畴，这不仅是汉字"界"的语言张力问题，主要还是界本身禀赋的哲学意义。界开启了认知世界的第一步，也是根基性的一步，成先生提出界学是基本的认知之学，就是这个道理。

《两界书》把哲学逻辑与文学罗曼司结合起来，呈现一种从根基出发、探问根本的哲学叙事，这在它的文本表征和底层逻辑上都有体现。可以这样说吧，《两界书》以界为逻辑起点、认知机枢，是用一种特殊的哲学叙事演绎关于界的本体论（bounds ontology）。

四、文明史诗：从混沌到多元宇宙

佳禾： 这就不难理解了，打开《两界书》就有一种悠远的宇宙苍茫感，让人不由得去想天地玄黄、宇宙洪荒，人如过虫、意义几何这类问题，读起来既有创世史诗（如《吉尔伽美什》）

的感觉，也有些《道德经》《天问》的味儿。

士尔：有，不等于是。

佳禾：是的。有学者多次谈到《两界书》是一部"大书"，题材浩大到难以想象。我感觉《两界书》又是一部极简化的文明史，但和一般文明史不一样，它还和开天辟地的自然史联结，这在一般文明史中是难以见到的。

士尔：文明演进确是《两界书》的一条主线，但也不能用文明史的模子来框定。这里把文明演进置于宇宙自然的框架来审视，是想"从头讲起"——这个"头"是万物始基的头，不只是文明的头。这样讲文明演进，实际上体现了一种文明观，自然哲学与人文思想结合的文明观；这里的文明演进，实质上是关于文明的哲学叙事，是在宇宙秩序下看人文构建，本质上是在探寻文明演进、人性教化的底层逻辑。

佳禾：这样的宏大叙事不同于一般文学作品，也可以说是一种思想叙事、文化叙事吧。

士尔：也有学者将《两界书》定位为史诗，一种现在已经很难见到的古老体裁。但也不是一般意义的史诗，姑且把它看作是一种文明史诗吧，融通了天、地、人的文明史诗。

佳禾：这就不难理解全书十二卷的标题了：创世、造人、生死、分族、立教、争战、承续、盟约、工事、教化、命数、问道。高度概括，包含了从起源到未来、从自然到人类、从物质到精神的世界全景。

士尔：人的认知永远到不了世界的边缘。这里所做的只是尽可能通过形象化实现浓缩化，勾勒出一个大尺度的演进脉络、流变景观。

佳禾：这是叙事作品的专长，规制化的学术著作是无法胜任的。

士尔：还要看到另一层面，就是叙事作品的弹性张力，可以弥补刚性工具的僵硬和不足。随着认知的发展、巨量信息的汇聚，越来越多的未知难题涌现出来，理性工具的限度、科学滥用的危害表露得越来越明显。宇宙究竟如何起源？世界是被造的还是自然演化的？若是被造，造物者为何？若是自然演化，精密的秩序从何而来？很多基本问题没有解决，人类本质上还是生活在假设之中。文明发轫以来，叙事是人类认知世界的一种根本方式，它的长度、深度、宽度、厚度都超过了某种专项工具，蕴涵着丰富的思想智慧。

古希腊人曾说人是万物的尺度，但人的尺度衡量不了万物。人只是宇宙秩序下的次生存在，比较聪慧，也很渺小。《两界书》呈现的文明史诗，是想跳出人类认知中既成的那些窠臼——它们严重限制想象力，把人封闭起来。

佳禾：读书的时候有一种感觉，就是每一处故事、每一处表述，字面下面都有涵义。比利时汉学家魏查理院士说《两界书》像一幅现代派的抽象山水画，这个评价倒也贴切。

特别想请教士尔先生，《两界书》推演文明演进时用了一些魔幻、变异的叙事，比如卷九《工事》篇写了一种无所不能的"智器神手"，让人联想到人工智能；写了神器造人，假人真人无法分辨，被造之人反成人的主人。这类叙事是不是在表达对当代科技的隐忧？

士尔：有这个因素。"工事"的本质是"人事"，这是《两界书》文明叙事与分类科学的根本区别。其中也特别隐含了东方哲学的节制观。要对抗科学崇拜、科学迷信对人类生存的异化，需要一种对反的力量来矫正。

佳禾：读《两界书》卷十一《命数》，感觉有点像看一部魔幻大片，它穿越时、空，穿越阴、阳，穿越人、物，穿越生、死，穿越人、神，穿越有形、无形。特别是对世界未来的两种取向——乌托邦与反乌托邦的描述，很有冲击力。这是不是文明史诗的高潮了？

士尔： 乌托邦与反乌托邦是对文明的辩证思考，也是展望文明演进的可能性。未来始终存在着对反之间的各种可能，包括正向的、逆向的、钟摆的、偏斜的，甚至走向毁坏的。这些看上去有些荒诞魔幻，底层的逻辑原理其实是一脉相承的，是混沌初开、万物生成、人类开化、文明承续这个逻辑秩序的自然延伸。

佳禾： 套用当下一个时髦的热词，感觉也有一些"元宇宙"的味道，但这里的元宇宙包含了人文认知。现在不少人简单地把虚拟世界称为元宇宙，总感觉没有触及元宇宙的本质。

士尔： 元宇宙的概念本来应该体现宇宙论、存在论的内涵，现在被商界、科技界简单化地移用了。元宇宙的内涵有待聚焦，概念和语言都有约定俗成性，但还是希望能够体现应有的文明向度，不要把它固化在技术层面上。宇宙的多元性问题是哲学的经典命题，美国哲学家威廉·詹姆士（William James）就写了《多元的宇宙》，从一元论与多元论的分野探讨宇宙的多元性。宇宙的本质是差异和秩序的建立，认知元宇宙离不开界分差异这个基点，离不开界的原则原理。

五、精神罗曼司：思想的对话

佳禾： 《两界书》关于文明演进的史诗叙事，始终与人类精神探索纠合在一起。尤其是卷五《立教》、卷十《教化》、卷十二

《问道》等部分，明显看到了文明史诗与人类精神史的交织，读起来有种不一样的阅读感受。

士尔：精神史是文明史的核心。《两界书》不是严格意义上的思想史，可以说是一部精神罗曼司吧。

佳禾：精神罗曼司？这个说法有意思。《问道》部分应该是全书的总结，汇聚思想精华，天道山、问道台都很有象征意义。道先、约先、仁先、法先、空先、异先这"六先知"让人想起"希腊七贤"，比希腊七贤更博大、更有代表性。

士尔：人类思想浩若烟海，道先、约先、仁先、法先、空先、异先只是代表性的浓缩，象征思想史上比较典型的几种认知方式。六先论道各有指向，但不宜同某种思想简单画等号。

佳禾：能感觉到六先背后的思想影子，有的还很清晰，比如仁先显然是儒家思想的代表。

士尔：仁是儒家思想的核心，但并不限于儒家范畴。六先思想莫不如此。这里既要立足人类思想的渊源流变，又要跳出思想史的分类，从综合通观和思维认知的逻辑层面去发掘不同思想的差异互补，建立思想的通约。

世界的差异化是世界存在的基础，世界最根本的差异是人的差异，人的差异关键又是思想差异。如果思想差异变成了断裂，文明的整体就可能坍塌。现在就处于这样的临界点上。《两界书》是想建立一种新的思想表达，建构可能走向思想通约的桥梁。

佳禾：这也是在变革旧有的思想史论。能不能简单概括一下道、约、仁、法、空、异六先的思想特征？

士尔：比较复杂。简言之，道体现了宇宙万物的本体原理、至上原则，中国哲学将道视为万物肇始、万物主宰，且道与德、天道与人道相融通，道也是人事活动的根据，所谓"志于道，据于德，依于仁，游于艺"，是中国人的人生指南；希腊哲学的逻各斯、理念，犹太－基督教文化所谓上帝的言辞（Words），都标示出道的至上规则、最高秩序的意义，不能把道仅仅理解为中国的道家思想。约（契约）是人类文明的本质性标识，体现了人类对自身社会属性的认知，对精神秩序与社会秩序的建构。犹太－基督教学说对约的思想有系统性的神学生发，但绝不能将约等同于"新旧约"，中国、印度、波斯、伊斯兰等文化关于约的思想不仅丰富，还各具特点。仁的理念体现了规范人性、调适人际的道德伦理价值，儒家思想的核心是仁，但仁爱的思想也是全人类的普遍价值。法的观念显然不能等同于法家，这里主要指法理逻辑与理性原则，指认知世界的理性逻辑和思想方法。空的概念当然与佛学的色空、轮回、因缘、顿悟等密切相关，作为对人与世界基本关系的一种认知，包含了对个体与世界、有与无、得与失、现象与本体、生命价值、生命意识等生命与存在问题的认知，其理念内涵、思想方式在中国儒释道及希腊、希伯来思想体系中都有相似相通的表现。

佳禾： 这里基本上涵括了人类精神史上的主要思想、思想方式。六先当中异先是一个异类，异先代表了一种怎样的思想认知？

士尔： 世界是一个复杂、多变的存在，很多部分以人类现有的认知能力是难以企及的。异先代表了对逆通则、非惯例的异类现象的认知，对事物变异性、不定性的认知。自古以来，各种文化都有关于神、怪、鬼、魔、巫的演绎，关于无常（anitya）的思想、神秘主义、怀疑论和不可知论。由于理性主义对主流话语的绝对统治，这些认知往往都被淹没了。但是异作为一种自然存在、历史存在——也是一种未来存在、恒久存在，不能被回避，也不能被忽视，其间可能隐藏了未被认知的某些世界奥秘。

从界的认知原理来看，异的范畴建立在与"本"的对反联结上，本的对面是异，异是对本的否定，是不是可以套用希腊人的话语，本是"完满的一"，异是"不定的二"，没有一就没有二，反之亦然；一通过二的作用去演变万物。用中国的话语表述，异与本相辅相成，是阴阳互构的一对。异的意义很重要，在逻辑底层可能最为贴近界的原理和功用。

佳禾： 这个问题确实值得深究。道、约、仁、法、空、异六先合而论道，体现了不同思维、不同视角的整合，这种整合实现了，才有可能通向您说的思想通约。

士尔： 是这样。人类命运共同体需要可靠的哲学文化理据，需要坚固的精神纽带，否则难以克服族群的偏执、人性的愚顽和进步论的傲慢。人类的不同认知因应着世界的不同部分，应该被充分尊重，并且联合起来。不能硬着颈项一根筋，一只独眼看世界。

佳禾： 这在当下非常重要。践行人类命运共同体不仅需要这样的理论深化，更需要"六先论道"这样的思想交流和通约建构。现在还是说"为什么""该怎样"之类大道理的比较多，真正去做、能做的少之又少。

《两界书》中的思想对话始终突出人的中心地位。像"生而为何""何为人""善恶何报"这类问题，既是人生根本问题，也有伦理学道德论方面的思考。

士尔： 《两界书》的副标题叫"凡人问道"。凡人既指普通人，也指所有人。所问之道是天之大道，也是人道。天道、人道并不断分，是《两界书》强调的。

佳禾：感到《两界书》很多地方是在针砭时弊，是接地气的经世致用，比如"善恶何报"的讨论，"君子行道，路有犬吠"的表述，相信都不是书斋里面想出来的，应该和生活阅历有关吧。

士尔：源于生活是肯定的。这里想强调一下，人性善恶的界分关联也是宇宙秩序的一个子系统，是对反对成原则的特殊体现，所以《两界书》讲"人之初，性本合。恶有善，善有恶"。这是从界的本体论看人性，用文学表述人性。

六、语言艺术：神话、史诗、寓言、科幻、图像

佳禾：《两界书》用半文半白的新文言写就，这在创作界已经很罕见，理论界可能更是绝无仅有了。能谈谈这是出于什么考虑吗？

士尔：动笔时没有刻意的考虑。写作时也是不由自主随性而为的。这可能与书的内容有关。你面对的是浩瀚无垠的宇宙自然，是源远流长的文明演变、精神求索，要让老子、孔子、墨翟、庄子、佛陀、以赛亚、耶利米、荷马、巴门尼德、赫拉克利特、柏拉图、亚里士多德、欧几里得等先贤圣哲坐在一起对话，要让近现代的思想家、科学家也一起参加，你自己是一位后来的听者、辩者、参与者，还是对话讨论的整理者、思考者。沉浸在这样一种时空穿越的氛围中，很难摆脱古典性与现代性的混合感染。这是不是所谓思维悬置在语言中的表现呢？有一种感受很强烈，这样的内容要用通俗的白

话文是无法表述的。

佳禾： 如果用白话文篇幅可能增加很多倍。这里涉及白话文的一个历史旧案，一直有一种观点，白话文是对中国文化精髓的一种伤害，文言文的消失是中国文化传统的重大损失。

士尔： 语言有深刻的历史性。文言文作为古代书面文体，承载了甲骨文以来尤其是先秦、战国时期的思想经典，离开了文言表达，很难想象易经、先秦诸子是什么样子，两汉辞赋、唐宋古文是什么样子。中国思想的基因嵌含在它的语言形制当中，包括逻辑运思、语法结构、遣词造句、表达方式，甚至每一个象形方块汉字。为什么文言经典一旦译成白话就索然无味？意蕴没有了，思脉思想也就所剩不多。白话文以口语为基础，又渗入大量字母文字的语言要素，通用普及价值不用多说，但它把汉语的凝练、优美给冲淡了，把汉语思维的缜密和概括给稀释了，甚至把汉语底层的逻辑秩序给扭曲了。这些都会影响人的思想维度、审美向度。这里不是评价优劣，是强调语言文体的历史性，强调思想与语言、思维与形式的合适原则。跳什么舞穿什么鞋，穿什么鞋才能跳出什么样的舞。

还想补充一点，文言的完全消失对于传统来说，无论怎样看都是一种悲哀，一种缺憾。文言传统能否在某些语境中存活、传承并加以创新呢？

佳禾： 一般读者不太理解《两界书》半文半白的语言风格，这样讲就清楚了。与其说是刻意而为，不如说是随意而为，跟随内容意义的要求而为。不过这样写是不是难度更大？

士尔： 当然是。写得慢，比平时习惯的语言表述难很多。年轻读书时倒是喜欢古汉语、音韵学这类课，可惜后来完全荒废了。

此前从未尝试过这样的写作方式。

佳禾: 不过《两界书》的新文言的确显示了不一样的优美凝练,有一种特殊的语境感染。这可以成为语言学、语言哲学研究的一个案例了。

士尔: 呵呵,没有留意这个。

佳禾: 关于《两界书》究竟属于什么体裁,也是评论家关注讨论的。有神话,比如卷一《创世》、卷二《造人》、卷三《生死》等等;有史诗,比如卷四《分族》、卷五《立教》、卷六《争战》、卷七《承续》等。至于寓言就随处可见了,像双面人、绿齿人、尾人国、独目人、来好鸟、七鱼出海等等,有些地方还很像近东中东地区的异象、先知书、预言书,以及欧洲中古的骑士传奇、法国普罗旺斯行吟诗,还有一些悲喜剧的戏剧场景、贤者对话、语录体等等,甚至还有一些科幻因素在里面。中国古典文学要素也是随处可见,包括《道德经》《庄子》《韩非子》《山海经》《天问》等等,真是一言难尽。

士尔: 为什么一定要用"体裁"来框定呢?体裁概念的出现不过才一两百年的工夫吧?自由态下无体裁,随心随意才自在。

佳禾: 自在难。外物所困,难得自在。如果非要给个说法,可不可以叫"两界体"呢?没有体例界限的"两界体"。

士尔: 两界体?两界有界亦无界,其实是一种"无体之体"。换个话题吧。

佳禾: 好,谈谈插图。《两界书》里有一百多幅插图,很形象、很古朴。有些印象特别深,像"君子行道,路有犬吠""天光明道""脚立两界""道先""约先""仁先""法先""空先""异先"等等。文学与图像的结合在我国有悠久传统,也是当下一大学术热点。

士尔： 这些插图很珍贵，对《两界书》思想表达有帮助。你说它很古朴，的确是借鉴了古代岩画、象形图符的一些特点，也有汉画像石的要素，尽可能把古典艺术的气质体现出来。

七、界的叙事：回归本原看本质，从原点表达本质

佳禾： 这是不是也体现了《两界书》的叙事策略：从根基出发，回归本原？

士尔： 可以这样理解。《两界书》的整体叙事是一种"根叙事"，以根基为主导的叙事；也可以视之为"元叙事"（meta-narration），回归本原的叙事。这里说元叙事，不要用法国哲学家利奥塔的概念来套；说回归本原，也不是简单的还原论，而是经过分类综合的整体论。还原与整体的结合肯定会有循环性，但不是回到始基起点的循环，也不是圆整不变的循环，而是综合升维的螺旋循环。

佳禾： 这应该是《两界书》叙事的关键了。

士尔： 说到底，《两界书》呈现的就是一种界叙事，以界为原则的叙事，或者说构制了以界为核心的叙事原则。它回到世界以界为本、差异对成的界态存在本质，从界分差异的世界起点、认知原点出发，以界为普适的基本工具，在差异叠变的界态世界中发现通约公理和基本秩序，聚焦存在本质及运行原理。

佳禾： 这蕴涵了对认知思想的再反思、整体性反思。

士尔： 知识发展到今天，思想的旧工具有些不够用了。如果假象遍

布，思想困顿和心智迷乱就会成为一个时代性的特征。早在文艺复兴时期，培根就曾指出有"四种假象"迷惑人类认知，所谓种族假象、洞穴假象、市场假象、剧场假象，培根还试图发现有别于亚里士多德时代的"新工具"。工具变革是知识突破的关键，也是最大难点。当下信息爆炸时代，假象的迷惑何止四种？被看见、被告知成为人类普遍性的知识处境。《两界书》和界叙事也是在做一个尝试，看能否克服假象、突破遮蔽，排除扭曲、减少误判，回归本原看本质，并从原点表达本质。这里一是强调本原，包括世界本原和人性本原；二是强调周全，包括工具周全和信息周全。

佳禾： 回归本原看本质，从原点表达本质——这个说法很重要。现在知识的表面浮华太有迷惑性，让人无所适从。《两界书》从根基本原出发，致力的是基础性原创性工作，但它并不停留在理念，而是具体求证、实在论证。这和说多做少、光说不做不一样。

士尔： 这不光是知识的量的问题，也不光是信息几何式增长，真实性被淹没了。这里还有两个基础性的偏斜，导致现代思想严重分裂。一是文明的多发性传递，特别自轴心时代以降思想认知的分道扬镳——分道之后极端膨胀，这不仅导致巨大的思想分裂，也是文明冲突的根源。

佳禾： 所以《两界书》要花那么多的篇幅去写"六先论道"。

士尔： 另一个问题前面也谈了，就是知识分科的规制作用，不仅让整体服从个别，而且形成边界壁垒，形成各种戒规、权威——这不是说不要分科，而是说不能固守分科。知识创造一旦受到割裂与钳制，就会沦为毫无灵性的工匠制作。太多的无病呻吟，常常煞有介事。知识创造异化为职业游戏、挣钱工具，不期待整体突破，离本原本质就会越来越远。

佳禾： 所以有学者认为现在的很多学术工作越来越远离了知识的初衷。

士尔： 如果从存在论的角度看，在自然与理性的原则下，世界的一切存在都是界的叙事。界不仅制造了物质，也制造了意识；界理不仅贯通物理，也贯通心理，贯通物理与心理两者之间。界理是真正的第一性原理。

佳禾： 第一性原理应该是根基性原理，近些年科普界有人做了一些比较随意的演绎，甚至以讹传讹。

士尔： 各种知识体系其实都建立在界理之上。比如伦理学是对善恶现象的道德研判，本质上是对善恶差异的价值认知；文学以形象化方式对人性善恶的对反、纠缠和叠变进行语言艺术表现；美学则是寻找差异的合适结构、合适比例，以达到最佳审美效果。说穿了，世界的根本问题就是寻找差异的合适比例，在差异的叠变关系中建立起合适秩序。这里，自然之度与价值标准就成了关键。问题往往就出在这两个关键点上。

佳禾： 这也涉及哲学原理与一般学科的关联问题。《两界书》的叙事属性是不是可以理解为是哲学与文学的结合，用文学表达哲学，用哲学焕发文学。有人称之为哲学文学或者文学哲学，有的出版社将它归为哲学、本体论，有的把它同时归为哲学、文学。

士尔： 无论什么知识认知，一旦到达了根基底层，都是原理性的，都有哲学性。这里要强调，哲学性和哲学学是完全不同的两个概念。亚里士多德早就说了，认识存在的整体是第一哲学，其余都是割取了存在的一部分，就是分科之学了。《两界书》不是分科之学，但综合了分科之学；它从根基出发，从本原表达本质，其他都是工具、路径的问题了。当然，界论的问题蕴涵了复杂的界理律则，需要专门探讨梳理。

佳禾： 这的确有些超前了，也让一些读者感到《两界书》不太容易读，甚至读不懂。有名家荐书，恰恰强调要多看读不懂的书，读不懂反复读，读懂了也就上了一个新台阶。不过现在能静下心来读书的人不多了，很多人习惯一目十行。

士尔： 这本书肯定不适合快餐式阅读。《两界书》叙事写法的初衷是想让作品易读，出现这样的悖论，实在始料未及。

佳禾： 老酒老茶还是不能当汽水可乐。

说了那么多，还是想起中国先锋派文学的代表作家马原说的一句话："《两界书》是一次伟大的叙事冒险。"

今天花了您那么多时间，多谢您。

士尔： 也谢谢你。

2022 年 3 月 6 日

《两界书》 哲学

两界学的问题、范式和界域：
从《两界书》论起

（美国）成中英

《两界书》[1] 蕴含着丰富的古典文化宝藏，展现了一个丰富的哲学世界与文化生命价值，涉及对古犹太、古希腊和中国先秦时代的经典认知。作者以生动的文学笔法和超凡脱俗的想象力，对人类文明初开的心灵和自然生命的欲念进行了半寓言与半历史的陈述，非常明确地透露出人类对世界万物的求知精神与生命价值的追求激情，因而也让人的身心陷入种种存在的界限的概念网络之中，借界限以凸显价值的理想、生命的境遇，同时也借界限显示了生命的有限性、生活的曲折性与历史的诡异性。

在此基础上，我们不能不说此一陈述必然导向我说的界定与界限之学，包含着存在的界定与界限，生命发展的界定与界限，导向了知识的、历史的和文明发展的界定与界限，形成了文明领域与文化发展沟通与融通的基本认知之学。由于所有的界定或界限都必须从两个基本界限的确立与发展开始，故存在、认知与价值选择的界定与界限之学也可名为"两界之学"。

---

[1] 士尔：《两界书》，商务印书馆，2017年。

一、界之含义

首先我们应对"界"有所认识，中文常指区域、范围或者边界，所以它主要有这样的意义。从《说文解字》象形来看，"界，境也。从田，介声"。田字显然表现了一个区域与范围，也表达一种限定与界定。在《易经》中，《豫》卦（雷地）六二爻辞曰："介于石，不终日，贞吉。"其《象》曰："不终日，贞吉，以中正也。"六二居中且正，故为吉象，也因以说明介之为界的正当性。

"界""介"通用，彰显了界的媒介与沟通作用，带来了两方或多方对沟通的喜愉，也发挥了界定与范围的功能。因此，从《易》之《豫》卦的分析，我们得出界的三层主要意思，即限定、边界和媒介，这显明现象和真实世界特殊性质。现象虽缘于我们把事物看作现象，却是由相应的本体所引起。在本体之中，现象需要本体引起，又不脱离本体。现象是本体的显露。

现象和本体显然是不同的两个范围，有不同的限定。两者也有关系，一方面分为本体的现象，从本体观察现象，世界要从本体中观察，看它们之间分界、关系，整体存在的实况。所以从这里我们可以看出，"界"用在本体上有特殊的意义。

世界有时间性与空间性，也有其动态性与结构性，显示扩大的世界，称之为宇宙，可以包含古今往来，上下四方，历史的世界和未来的世界。就生物言，有动物界与植物界。从动物世界讲，就有人类世界与动物世界，动物和人类有其性质的差异与心智的高下。

在人的活动中，基于男女相交，子孙繁衍，遂有族群的形成，继有族群的分合，形成不同地域的族群。族群活动范围日广、活动的内容日增，继而形成了整体的社会，以至乃有不同层次、不同范围、不同主题与目标及功能的活动世界，如经济世界、政治世界、学术世界和教育世界等的差别。

这些领域是需要人们从经验、从概念、从历史与理论来加以界定的。一经限定，每样事物各有其定位，却又与其他事物形成一个概念网络相通或重复的理论体系，动物不能说为人，而人也不能说为动物，但人仍是灵长动物之最为灵长者。从时间来讲，有过去、现在和将来。如果我们区分现世时间与现世时间的超越，我们则可以用语言或非语言指涉一个超越现世的存在体名为上帝或某一神祇。

从超越的观点看，人的生命有无超越的生命源头与价值和目标显然是一个信仰问题，当然我们也能想象此一个先验的而超越的存在体，但我们的想象却必须以现实存在做基础。一个生命世界可以有不同层次，甚至可以通向一个救赎生命的源头。在人类的文化发展的历史中，此一超越存在体往往为宗教的信仰。但仅仅信仰就能成为超越存在的载体吗？当然，就生命本身的内涵需要来看，超越自然也是一种自然的需要，因为现实的不完美需要一个超越力量来解救或改进。

但在另一方面，人们可以反思自我，激发创造之力，因为进行了一个自我创造和自我修持，用人的力量来改善现实，似乎更为直接，因而也不必仰赖超越的力量。物质世界没有生物学上的生命意义，但我们却可以理解生命发生的物质条件。现在的生命科学里如果不承认生化的基本因子，则不能构成真正生命存在的界定。生化的基因何来？想象其为内在于物质存在的底层，如宇宙之潜能层次（以非静态的物质或物质）也是可行的。如此，自发的生命活动成为可能。

从这里我们得出一个意义，不同世界之间有结构的不同，但在时间上可以有阶段性发展的不同。微观的生化基因可以形成一个宏观的万物世界，然后进化为具有生命性的生物世界。假如进化是可以接受的概念，从初级植物进化到高级植物，从初级动物进化到高级动物，显然是一个自然的现象。每一个界有它自身的一定的稳定性，但它存在的边界却不一定是决然划分的，亦即从初级生命到高级生命的发展可以是一个连续体，但也不妨碍有其断层。

在对界的复杂认识中，我们可以进一步理解对界的划定。从本体形而上学的眼光看，人的存在或者任何东西的存在，都可说在存在之域里面。既然存在是一个域或场所，存在的界域如何与非存在的界域对比，非存在如何界定以及能否有界定，乃是一个哲学问题。

当然我们可以把所谓无或非存在（非存在世界，nonbeing）当作太虚，把存在当作实体，我们可以逐渐形成一个可说的非存在概念，但如此太虚也不一定要被视为终极的非存在的概念，乃是有和无之间的界定而已。终极的无与终极的有，有界和无界，乃是不可言者。有界有不同的有，无界也有不同的无。

界具有本体性。这可以同时从客观性与主观性的经验来认定，亦可理解为由人的认知力来决定，因为我们可以凭借直觉和概念来界定它。界既然来自界定，我们怎么界定一个事物，显然必须走一个从经验到概念的过程，或一个从概念到经验的过程。

从本体上说，我们要从一个本源的立场上讲，然后形成一个有内外之分的整体存在的体系，也必须有这样一个客观形成的过程。这也是一个心灵认知的过程。从逻辑上讲，我们叫界说为定义，从意义来说明一个概念。这个概念可以根据客观事实，产生真实的定义，由于我们可以用我们的辨别能力来了解外面的事物，我们能够获得外在世界的资讯，做出有关存在的判断。

印度佛教里面有所谓十界，即地狱法界、饿鬼法界、畜生法界、阿修罗法界、人法界、天法界、声闻法界、缘觉法界、菩萨法界和佛法界。前六项称为六凡，后四项称为四圣，合称为六凡四圣。这是一种界定，基于对所谓存在的世界、人的生命世界产生的辨识与对世界层次的认知。

世亲《百法明门论》所说的百法应是更细致的分界。至于天台宗智顗大师说的"一念三千"所涉及的法界，则非一般心智能够辨认。《心经》中五蕴、五尘，产生五识，也是一种界定。要超越五识并非难事，但要超越生老病死，打破轮回，却并非易事，但也并非不可能。

这就涉及如何修行与成就问题，也正是世界上的传统宗教所关注或所预设的超越性问题。什么使人得以超越时间、世间，什么使人得以打破自然与人为的界限，这应是一个本体哲学所必须面临的问题。佛教对其所谓法来说，是相对哲学思考中作有意识的辨别而言，以意识之力投射到客观世界建立界或打破界。

康有为《大同书》提出世界上有九个界，即国界、级界、种界、形界、家界、业界、乱界、类界和苦界。他的目标在打破九个界，实现大同世界，尤其打破家界和种界，呈现的是乌托邦的世界。对于实际的社会要求，他必须要发明新界来取代旧界。但往往是旧界的积习太深，难以改变，新界缺少助力，难以为继，只能持续努力改进，持久用功，方能抵于成。

二、界之本体学

界从意识产生，可以被打破，也可以被融合，可以存在于难以打破的现实和现象之中，而为一可追求的价值，如真善美是。界与界之间，有的可以并存，有的不可以并存，真和真的否定，善与善的否定，美和美的否定，逻辑上矛盾，不可以俱存。但是真的事物和假的事物（假造物），善之人与恶或伪善之人，美之人物与丑之人物，却可以并存，或相对立。虽然我们可以相信正面的价值最后必然胜出，但一时之间，却不尽然。

这是历史的现实。历史是真理的教材，但人们是否记取或记得历史，却是对人的考验。因而半真半假，似真还假，在人的认知与选择中是一个严肃的问题，需要人的深刻反思与鉴定。真假之间，是非之间，善恶之间，美丑之间，往往只能选择其一，这是二元逻辑，需要人的知的自觉，有时也同时需要人的良知的自觉，才能正确地做到。若就物事客观而言，则有多元逻辑的存在。

多元存在于二元的极限之间，而为一发展的过程。多界也以两界为基础，呈现一个发展的空间，以包含多种的可能性。二元有一个内在的一为其根源，内在于时间而不受时间限制，是为内在超越，永为世界发展的动力。至于二元经多元的发展，是否有一超越一切的外在之终极目的因或存在体，在西方的宗教是肯定的，但在东方的佛教或儒学，则以为外境实为自性所投射，成就终极理想仍在自我之内力。在中国文化哲学传统中，阴和阳是两个界，根植在一阴一阳之道中，因为阴阳的终极意义来自气学，气有阴阳，源于太极而为太极的两个功能，一创建一滋养，《易传》之所谓"大哉乾元，万物资始"，"至哉坤元，万物资生"，《道德经》所谓"道生之，德蓄之"，都在表达此一阴阳创造万物的生生不已的功能。阴阳合为一体，创生新事物，也就创生了世界，因而所有事物都从阴阳变化而来。

但就人或人类的具体发展而言，最重要的是要有基本的二元意识，涉及界的二元或二界分别，亦即真假或者是非善恶的分别，此一分别的合法性往往要求真诚，要求理性，甚至要求智慧为其条件，因为它实不同于上下左右的分辨，只根植在人的知觉或感觉之中。

如何提升个人的心智，磨炼人的性情，培育人的良知，进而透过教育与教化，提升一个族群与社群，促进文化的活动，催化文明的结晶，走上一个社会发展的正轨。一个社会，犹如一个人，有一个终极的根源与根据，基于一体二元的动力经多元空间的发展，趋向一个终极的美善真境，也就是人类历史应有的未来。

从这个理解，我们不但能反思人类的生命根源，能观知人类的实际活动以及其活动是否合乎正轨、其追求是否合乎常道与理性，也能以历史的智慧与生命的内力前知未来，并从未来中择取营养与启示，以矫正方向，以增进信心，以坚持理想，庶几以成，当是自然的，也将是必然的。

二界多元之间不但能够沟通，也可以超越之、融合之，让好事物发展起来，不好的事物将会消解下去。人类的历史如此显示，当前的人类处境也不外两界与多界之困境，当然急需化解、转化与提升。也许人类的问题在有无智者、仁者与勇者。

从上面所谓界的意义分析中，我们可以看到中国的经典包含《易经》《道德经》等对有关界的多种含义说明。界是非常丰富的概念和多元的内涵，其中每一项所说的范畴限定、界入、中界、界定，都可以不断延伸，都有具体用意，代表了客观形势存在的差别，或者一种认知或思想的界定，值得我们更深入探讨。

所谓界，在本体上英文可以表达为 reality（真实），realm（境地），phenomenon（现象）或 dimension（向面）等。作为认知的活动则可表达为 definition（定义），making distinction（区别），making demarcation（划分），discrimination（差别待遇），也可以表现为

boundary（边界），limit（限度），interfacing（界接），intervention（介入），interlinking（连接）……从认知的观点，它代表存在事物关系、事物质量、方向、出发点、目标、架构、方法等差别的认识，说明这个世界不管从存在结构、发展结构或者概念分析结构，还是建构结构和评价结构，都无法离开界的概念，代表一种界限、空间、时间、人的位置、人物的差异、分类和对价值目标的内涵的认识或理解、建构与解构。

从这个角度来说，我们可以讨论界的可能性和实现性，代表一个现实或理想的世界，从一发展到多的过程。最主要是从一到二的过程。一代表整体，包含一切。从世界发展的意义或者价值的实现来看，从一到多的发展是必要的，为增加知识价值方法的丰富性和多样性，从一到多必须有从一到二的过程。

一是多的起点，每一个二也是多的起点，因为二源于一。《道德经》说："一生二，二生三，三生万物。"二可以生出另外一个二以及他者。第一个二表达分化和差异，这里有很深的含义。分化和差异可以产生新的事物，差异合二为一可以有新的事物出现，第二个二则生三，既代表分化，也代表新的综合。从这样的认识和了解，我们看到界涉及一源两元整体论和一元两体或者两性或者两区、两值等认识。

如果我们把界作为基本的哲学命题的学问和哲学分析必须考虑的对象，说明世界之由来方向和形成的过程，当然我们必须考虑二的重要性。前者提到《易传》言"一阴一阳之谓道"，阴阳可以说两者性质存在状态活动力量的认识，实际上阴阳代表整体的气的状态的相互基本关系性，基本关系性形成了阶段产生的状态，而持续状态既是差别又是关系，又互动而相互转化、创生和发展，代表存在的发展的状态，所以说一阴一阳建立两个界域力量和性质，成为创造的力量。

因此，我们对界的认识，乃在存在、知识、认知和评价方面的作用。更具体地说，我们必须考虑到根本的界的认识，即界之本体，包括两个界的对立、相互影响的事物之间的关系。对此，从两界范式去分析，我们可以推出界之本体之学为两界之学的基础。凡涉深入两界发生与两界关系的认识，其研究不管在中国或者西方，都与基本形而上学有关，都是本体存在的发展的根本模式。

三、两界之学与界的宇宙观

两界之学包括界的分析、延伸或者发展，任何事物都可以纳入两界学的讨论之中。两界在具体事物存在或人的生命活动与社会秩序中呈现或体现不同的模式与状态，两界研究应该诠释主客观事物的定位与其之间的关系，说明主客两界所包含的各种差别，或层次和面向。

从界的概念的分析到两界之学的界定与两界之学的建立是非常自然的，因为两者都是任何一个学科必须涉及的基本区分与差异化的原则。所以界学或两界学，是基本的哲学的学问，存在于本体学、认识论、伦理学和美学等理论体系之中。其中的问题从中国哲学看，一定要面对一与二、一与多的关系，重视存在与非存在，有和无的关系，重视真相本体与现象表象的关系，重视一包括二、二合为一的辩证关系。

张载说，"一物两体，气也。一故神，两故化，此天之所以参也"（《正蒙·参两篇》）。"一故神，两故化"，在"一"之中产生创造的活动，实现创造之基的活动。"两故化"，则阴阳和合，一阴一阳之道化生万物。张载"一故神"中原始的一比如元气，能够产生阴阳之道创生万物，这就是神，由一变成二。更进者，二变成一，二在变化中找到一的整体，是新的化境、界限、事物、结构，包括新的界域，也具有创发于有无之间的意义，此即神的含义，神是变化之基，化是实际的变化。没有一的创发性或原动力，就没有二的扩展性与差异性，也就不能产生新的一，这是所谓两界学必须考虑的问题。

界或两界是哲学或逻辑发展的起点，在西方早期有帕尔米尼底斯（Parmenides）、毕达哥拉斯（Pythagoras）、赫拉克利特（Heraclitus）等特别关注此一方面。之后的柏拉图、亚里士多德，直到近代的笛卡儿、康德、黑格尔、胡塞尔、海德格尔莫不如此。他们都强调一的存在的重要性，一如何变为二，因此变为多，是永久的哲学命题，而且是概念与理论命题出现吊诡（paradox）之源。西方任何一个哲学家都必须考虑此一现象，尤其是古代的柏拉图和近代的黑格尔。

中国哲学尤其重视这个一与二或一与多的统一问题。最开始是易学，强调变化，定义变化为"一阴一阳之谓道"，强调变化之道或易之道的概念问题，自然包含了界、两界、多界的含义问题，因界产生的体、用、行的基本分别与统合概念，并成功地形成了一个具有重大与深厚的存在变化的符号体系，体现了"2"的乘方的无上限的扩展性，同时作为人们诠释时空中事物发展的空间，纳入易之变化哲学之中，开拓出新的哲学境界，构成对人的合理认知、正确判断与有效行动的考验。

四、界的人性论与文明观

显然，界对人的文明历史、文化社会的认识与评价有重大的意义。人作为有别于其他动物的存在，由于环境的影响，人类文明的开始，产生了多元的不同的文化，甚至趋向于基本前提相对立的文化，表现一阴一阳的内部结构。当然，不是任何文化发展有内在的形而上的结构，需要文化自身体现以及自觉才能更清楚地掌握其中的意义及价值。

举例来说，人之性与心的差别与关系在中国哲学中是清楚的，但到西方哲学中却不很清楚，人性之为（human nature）需要深度说明，而英文中的 mind 或 heart，是两个不同的界，但在中国心性哲学中却体现了一种内在的统合性。我最早把中文的心译为"heart-mind"，以彰显一体两能的中国哲学之体验与概念化。

总言之，界学、两界之学的应用非常重要，尤其对今天文明的成就和文化的发展。它可以揭露和说明文化发展之后，显示充满丰富复杂多彩多姿的文化状态和形式。这涉及人们在文化发展和文明进步中的不同活动，包括对宗教、生活和伦理规则的界定，价值理念的规范，生活方式的选取。

同时它也可以针对各种发展的事态、生活习惯以及文化中或文化间的冲突、矛盾、纠纷和争斗寻求解救之道。更有进者，国家之间的战争与和平以及人类长远的存续与繁荣，都需要一个领导者在不同领域中的进退取舍，都必须做出正确的决定，都涉及对界域的认识。

从哲学角度看，基本的界限或者能够界定的事物或理念，决定了历史发展的方向，以及各种事件的可能。因此，一个界定之学或者两界之学可以成为文化哲学与文明哲学的文化关怀、关切的对象。在文化冲突或者文化发展差异中，我们可以自觉了解为什么有冲突，人类为什么有认知差异以及价值选择的差异。界域有助于人类做出新的选择，对解决人类文化问题有新的发展和创造。

　　文化界限生成的概念涉及价值以及范围的认定，显示出界限所涉及的领域分野可以有不同的关系。显然有些界限或界域形成之后，就很难取消，而人们陷于其中，受其影响或制约。情感、理性和欲望，是人的心灵和身体所经验的不同的界域，只能顺着内在的规定来完成。人类当然应能认识界域之分可以是创造的机制，可以建立有和无之间、阴阳之间的互动。事物之间互补关系，有助于对两界域的沟通和融合。

　　有的界域具有本体的决定性或绝对性，因之难以打破，如男女性别，在一般情形下必须维持。但有的就可以打破，尤其是人面对制度，有些不合理的社会或自我限制，在政治或者经济上，都是可以改变的。如男女不平等的待遇与态度，是急需也能够改变的。

　　界域之难以取消，只能顺其自然而获得超越，不能完全取消。人的终极生活目的在于追求自由，不受界域限制，超越界域创造合适的界域。但是实际上，人类历史显示人可以不断超越，却不可能完全脱离自然的客观的界域，因为人们必须遵守时空的界限。总言之，从人的生命发展或人类文明与文化的发展看，人之个体或群体所面临的界域有的需要打破，有的需要超越，有的需要维护，有的需要沟通，有的需要融通。

　　现代人类重视沟通、媒介和融合。人类的文明冲突，在不同传统基于不同界域产生的差别，首先我们要进行沟通，一方面有文明的冲突，当然也意味着文明的和谐，只能在人的发展中形成互动互补关系，产生沟通。沟通固然在是理解对方，对话则可以增进相互理解。

　　首先接受对方，形成共同存在相互补充的愿望和学习态度，这往往说明只有把事物看成部分与整体的存在，部分分野有其个别的功能，只有相互补充才能完整，在界域中实现融合，在融合中实现完美。因此，沟通和理解是最基本的要求，可以化解存在的具体的冲突的矛盾，理解之后双方掌握全体，产生新的规范和合作方式，完成新的生活的规划或文化发展的规划。

所以，界学是文化发展中分合之学，合而能分，分而能合。从历史考察中，我们看到自然发展之分与合。在人类危机和全球化发展中，人自觉主动遵循和谐的整体，实现各自独特的、存在的分别。

以上所说，是我所看到《两界书》中的两界论引发的哲学思考。因为这本书本身有哲学的认知、体验和丰富的对历史的认识。从对两界的深度认识看，可以说作者是文化学家，也可以说作者是哲学家。作者对文化省思的幅度与深度在近代学者中是少见的，也是在近代出版物中所少见的。

从《两界书》到两界学，基于界的认识来转化人的认知、展现历史的发展和人的未来，需要丰富多元的历史眼光，需要世界历史的框架，更需要中西哲学的深度智慧，以及重大文化传统中文化智慧与价值的统合。如此方能更进一步探索人类生命的根源、文明的出路以及人类的未来的根本问题。

五、两界六观的界域融合学

我读了《两界书》之后，最大的感想：这是超越时代的一本兼文学历史与哲学的、融汇中西历史与哲学问题的顶尖著述。此书的叙事形式基本上是文学的，但具有历史的深刻含义和哲学的启示性。对今天不同宗教传统也有重大含义，尤其对中国走向关怀、改善世界，使得这个世界更美好，走向真正的全球文化与文明，具有积极推动作用，这体现在书的最后部分。

界的叙事——《两界书》的多重阅读

　　《两界书》的第一部分显示人类从何而来问题，重点在利用希伯来-犹太的神话文明说明。这个认识也间接说明中国文化对天的认知的重要性，可说是用希伯来-犹太文明彰显中国文明。

　　第二部分就希伯来-犹太的圣书显示人类生命、人类族群与人类文明中各种问题，从种族形成与分化到新的组合，最后产生因土地分割、人的欲望、历史的遭遇、自然的境遇的种种矛盾与困境，这些都是人类历史发展的基本事实。

　　这也是历史发展所经过的历程，显示人类内部的缺陷，也启示了人类价值理想的需要。显然，人的选择、自我控制和追求德行很重要，创造好的文明，在于塑造好的人的品质，也在于人们对真善美和价值的社会道德的追求的锲而不舍。

　　最后说到人的未来，该书的第三部分具有深厚的世界眼光，提出文化哲学的问题。《两界书》提炼出六种基本价值概念以对应人类危机的形成。我们首先看到以道为先的基点或起点。道的价值显示全面发展的可能。之后是信约的价值，是为"约先"的观点，从约定、信仰、信念、信心的观点看人需要做的事，等同把希伯来-犹太的宗教立国精神提出作为文化发展参考的一个对象或因素。

　　宗教有信有约，彰显了信与约的重要，但所信所约可以是更为普遍性的道德价值与精神，需要自我觉知，而非关于神祇的承诺。这就反映在有关"仁先"的观点。孔子讲仁，回到人的本体，显示人的行为规则，指向人的生命理想的天人合一之道。

　　信是约，代表了希伯来-犹太文明，基于对上帝的约定，反映出契约精神的动力，是基于对上帝的信念发展文明。亦即基于人的需要，追求人的目的，用上帝来保证理想的追求。这个基本信念要求不能变更，是西方文明重要的基石。与西方神学信仰相应与对照的，是儒家仁道精神，仁是内在于人之性中对所有人的基本关怀，并可扩大成为与天地为一体的生命感情，也是可以参赞天地的创生之心与行，和基督教中人因上帝之爱人而爱人如己有根本差别。儒学君子以人与天地万物为一体，透过恻隐之心、仁爱之心解决文明发展的困境，其作用或当为人类全球化的基础。

继基督教之信与儒家之仁之后而有法的观点、空的观点和异的观点。三者具有在一定时空与环境中先天的需要性与后天的必要性，乃为任何文化重建所不可忽视。法是立法制度。空是放开消解，不要执着，为求悟境之所在。异则为科学理性对客观世界不断发现的认知。

法的重要，显示具体的规定限制，有的界需要打破，有的需要界定。法在东西方都有体现，如西方有孟德斯鸠所著《法律精神》（1748）所示，法律具有保护人的自然权利的力量，故而需要建立为公众的政府功能，取得立法、司法与行政的制衡。中国有礼制，到荀子提出以礼为基础的法制，以化成天下，但仍然强调人之修己立德最为重要。秦始皇把法变成私法，为个人专权统治命令之法，不能体现领导者对社群对族群的关怀或向往，这是问题。中国对法的认知显然需要更好发挥，如《两界书》所提示。

空是佛家的说法，以为世界最后都走入轮回，只有修持佛性，无有执着，方能进入空无或寂灭，获得解脱。佛教强调要解决人的四根问题，必须不执、无住、无念、无欲，方可制约痛苦和灾难，方能超脱生死，消解烦恼。此一修持也可以解说为寻求清静洁净的人生，透过空的智慧超升为佛，或为救世济人的菩萨。如此空变成了生命的价值，与生命的有不相矛盾，而为对有的转化与净化，化痛苦的有为极乐的净土，这是中国佛学的重要意义，并非以达到一己之寂灭为终极目的。

至于异，则重客观实事求是的具体事实，代表了理想科学的精神，在此精神上更好也更清楚地体现前述的五种价值。异为科学，找出差异、了解差异关系，把差异当作创新的基础，实现新的发现，显示作者对近代基于启蒙时代以来科学的发展有真切的了解。

我把《易经》之变易解说为变异（参考我的作品《易学本体论》），异就是差别，在差别中实现统一性和恒久性，实现恒久之道。一成不变反而不能化生长久之道，"变则通，通则久"，不变无通，一成不变不能体现内在的不变性。《易经》有雷风《恒》之卦，雷和风二者同时发挥，推动宇宙动态的发展和变化，从这里我们看出异的重要含义。

结论

总结上述六个哲学观点及其相互会通，我们看到此六观点丰富了、也构成了一个文化智慧的圆融系统，说明人的发展的基本方向和要同时考量的基本问题。更重要的是，这些观点正是人类历史文化传统的精华。就世界文化立言，我们也可说"道先"代表道家宇宙论说法，道也代表易，代表从一到二而多丰富的创造发展过程。道产生德，是道的内化于每个人与宇宙事事物物的性能，在各自的环境中，做到"道并行而不悖"并进入"大德敦化，小德川流"的境地。

这六大观点或要求假如没有本体的解释，会产生多种难以化解的冲突。从中国哲学和易学所包含的儒道佛，加上我们对希伯来-犹太思想和西方哲学与科学的正确认识，我们实际上看到一个生命、多项主题存在于一个有机体之中，有如人之经络藏府，相互支持，相互维护。而整体的生命则是"道可道，非常道"，是对真实本体的深刻感知。但我们仍可以从不同方向加以理解、整合与诠释，这是《本体诠释学》的要义。

在整个意义上，两界之学导向了《本体诠释学》，也导向了《易学》，而同时，《易学》与《本体诠释学》又揭橥了两界之学，并凸显了"六观"或"六先"的十分重要性，更透视了《两界书》哲思中的一个圆融的人类文化体系，成为两界之学的基础。《两界书》这本书启发了这些论述，因其蕴含的文化生命智慧，实为人类生命的共同体提供了绝好的借镜。为了世界的和平、繁荣与发展，此书值得学界尤其值得文史哲学问中人，无论中西，进行人类文化价值与历史智慧走向的省思、研究与挖掘，并以此为出发，更进一步探索人类原始、人类创发的生命过程与人类的未来。这也是中国文化与中国智慧及哲思照亮世界的契机。

成中英（Prof. Chung-Ying Cheng）：

美国夏威夷大学哲学终身教授，著名美籍华人学者、世界著名哲学家，"第三代新儒家"代表人物之一，国际中国哲学学会（1974）、国际易经学会（1985）、国际儒学联合会（1993）等国际性学术组织的创立者与首倡者，英文《中国哲学季刊》（1973）的创立者和主编，长期致力于在西方世界介绍中国哲学，为中国哲学走向世界做出重要贡献。

本文原载《中国社会科学院研究生院学报》2018 年第 6 期

《两界书》的哲学思考

（美国）成中英

　　《两界书》这本书绝对是一本好书！绝对是一本充满哲理、发人深思的好书。是作者士尔发表的世纪杰作！作者在他考察中西古今历史、深思人类未来的境遇中，憬悟了天地创生、生死循环、人神斗智、族群竞争、文明兴灭、善恶对决的缘由及其深厚的律则与命运，并由此启发了十个对人类存在意义、目的以及价值来龙去脉之问，显示了《两界书》命名意义之所在，并借由先知圣者的声音予以简短的回示。此书虽然大致呈现了古代希伯来民族的历史，但却更深刻地彰明了华夏民族的易道儒三家的智慧，亦即通贯阴阳有无、结合天地人神的两界合一精神，实现在人的继善成性的生命中。此书不仅是一本有关东西民族智慧的哲理书，也是一本一流创新的文学精品，作者写作方式的新颖突出与文字构思的精美简朴都能自成一体，是邃密思考的结晶，读之引人入胜而不自觉。可说作者以其才华慧思之盛开辟了人类心灵的化境！

　　从思想价值来说，本书有一个重要的构思，也可以说是启示：综合了东西文明的发展史形成了一个含义更为丰富的人类整体发展的图像，从天地创生，到族群繁衍分化，经过战争融合、生产工具创新与知识发展、伦理教化等重大的文明发展事件，可说人类从原始社会进入现代世界的整体历史自觉。这一图像显然也带来了人类发展的美好前景，而此前景的美好更明显地建筑在中国文明与文化所包含的天人合德、万邦协和、人文教化的实践模型上面：此一模型正是中国文明的精华所在，体现了儒家亲亲、仁民、爱物以及与万物为一体的生命伦理情怀。总论之，本书作者因而体现了三个思想的维度：综合人类文明史，文明发展的途径与方式，以及文明发展的道德内涵。三个维度的合一与统一提供了一个人类命运共同体的坚固基石。

《两界书》蕴含着丰富的古典文化宝藏，展现了一个丰富的哲学世界与文化生命价值，涉及对古犹太、古希腊和中国先秦时代的经典认知。作者以生动的文学笔法和超凡脱俗的想象力，对人类文明初开的心灵和自然生命的欲念进行了半寓言与半历史的陈述，非常明确地透露出人类对世界万物的求知精神与生命价值的追求激情。因而也让人的身心陷入种种存在的界限的概念网络之中，借界限以凸显价值的理想、生命的境遇，同时也借界限显示了生命的有限性、生活的曲折性与历史的诡异性。

《两界书》这本书蕴含的文化生命智慧，实为人类生命的共同体提供了绝好的借镜。为了世界的和平、繁荣与发展，此书值得学界尤其值得文史哲学问中人，无论中西，进行人类文化价值与历史智能走向的省思、研究与挖掘，并以此为出发，更进一步探索人类原始、人类创发的生命过程与人类的未来。这也是中国文化与中国智慧及哲思照亮世界的契机。

我读了《两界书》之后，最大的感想：这是超越时代的一本兼文学历史与哲学的、融汇中西历史与哲学问题的顶尖著述。此书叙事方式基本是文学的，但具有历史的深刻含义和哲学的启示性。对今天不同宗教传统也有重大含义，尤其对中国走向关怀、改善世界，使得这个世界更美好，走向真正的全球文化与文明，具有积极推动作用。

《两界书》哲学是划时代的，是启发新智的文学作品，同时在哲学方面折射出中国哲学美好的超前性，为世界哲学铺路，引领更好的未来。

以上所说，是我所看到士尔教授《两界书》中的两界论引发的哲学思考。因为这本书本身有哲学的认知、体验和丰富的对历史的认识。从士尔教授对两界的认识，可以说他是文化学家，也可以说他是哲学家，他对文化省思的幅度与深度在近代学者中是少见的，也是在近代出版物中所少见的。

本文为成中英作《两界慧语》序：《两界书：世纪杰作与天才启示》。士尔：《两界慧语》，商务印书馆，2018 年 9 月；中华书局（香港），2019 年 3 月。

《两界书》: 当代文化史的一个重大事件

(法国) 高宣扬

　　商务印书馆出版的士尔先生著《两界书》《两界智慧书》及
《两界慧语》，立足新时代，面向新世界，登文明高山，采两界薪
火，集生命智慧，点凡人心灯，创写作新风，开拓哲学人文社会科
学广阔视野，启发世人对人类文化进行深刻反思，敢于担当人类命
运共同体复兴人类文化之重任，不愧是当代文化发展史的一个重大
事件，具有重要的历史意义。

　　法国哲学家德里达 (Jacques Derrida) 在谈到"事件性"的时候
指出，任何对人类文化发展产生转折性影响的人物、著作和活动，
都同时具有"开创性"和"结束性"双重性质的"在场出席"的
事件。[1]

　　由此可见，具有"事件性"意义的任何创作，其珍贵性就在于
它的在场性和唯一性[2]。首先，"在场性"就是强调它与"此时此

---

[1] Derrida, Jacques, "Gilles Deleuze", In *Chaque fois unique*, *la fin de monde*, Paris, Galilee, 2003: 237.
[2] "L'évènement, l'autre, c'est aussi ce qu'on ne voit pas venir, ce qu'on attend sans attendre et sans horizon d'attente". In Derrida, *Échographies-de la télévision*, Paris, Galilee, 1996: 119.

地"现实生活的紧密联系性及其活生生的生命爆发力，突出它与以往历史紧密相连的"亲在性"及其难以估价的浓缩性历史经验内容。另一方面，"在场性"丝毫不意味着它的瞬时即逝，恰恰相反，"在场性"含有不可抑止的"维持性"，使任何重大事件即使是瞬时间"在场"发生，却不可避免地内聚"维持性"和"延异性"，使任何事件都有可能坚韧地维系它的生命力的鲜活性，在未来历史发展中，具有其"生产性"和"生成性"，确保自身不断地重复发挥其"在场性"。

任何事件含有的强大威慑力及其随时延展可能性，也使任何事件有可能随时转化为创新潜力，对未来发展产生难以预料的多重影响。

我们之所以极端重视各种事件的"在场性"及其"唯一性"，就是因为任何事件都具有不可取代的独一无二性。正是事件的唯一性、独一无二性、不可替代性，才使事件具有"永恒性"，也就是说，任何事件都以其不可重复性和不可取代性而获得"永恒性"。

法国另一位哲学家德勒兹和德里达一样，宁愿采用"生成"（devenir）来替代"存在"，强调生命的生存以及事件发生的"生成"性质。生成是一种随时都可以成为"正在发生"的自我生产；在生成中，潜藏着无限转化的可能性，因此，生命的延续和延异，又为生命本身提供了更为广阔的生存创造平台。

真正有资格被称为"重大事件"的创作，之所以随时具备"生成"及"再生成"的能力和潜力，就是因为这些创作凝聚了作者本人的创作激情、意志、责任感和灵感智慧，同时，它们也集聚了历史的经验和生命智慧。这些不可见的精神力量，每当遭遇新时代的冲击，便会一再地被激活，转化成为强大的创新动力。

《两界书》聚焦于人类生存中的三个根本问题：从哪里来？来

干什么？到哪里去？描绘了人类从"本来"到"往来"乃至"未来"的历史文化图景，揭示了一种世界一体、万邦和合的文明前进模型。

《两界书》专注"人在两界"之难，开启"凡人问道"之旅，力图在两界的行走中为人找寻精神食粮，构筑灵魂居所。

《两界书》倡导"敬天帝""孝父母""守自己""淡得失""行道义"等六大要义，以中华文化精髓为核心，融会东西方文化的优秀要素，展现出"天道立心，人道安身"的修为之道，展示了新时代人类命运共同体所应含有的道德内涵和精神价值。

《两界书》作者士尔先生，长期研究犹太文化、教育学及世界文明史，成绩卓著，著作等身，其学识智慧是其个人学术经历的结晶，也是其研究对象世界文明的具体化身。

所以，《两界书》及其作者士尔，双双凝聚历史、时代和个人的智慧，也同样浓缩历史、时代和作者个人的激情、意志、德性和灵感，因此，《两界书》及其作者，都将会在新时代文化发展史上，留下不可磨灭的历史印记，成为当代文化史的一个值得人们一再纪念和庆贺的重大事件。

2018 年 11 月 19 日

高宣扬

法国著名哲学家，曾任教于巴黎第十大学、上海交通大学等校

《两界书》的哲学意蕴

田启波

　　士尔教授十年磨一剑，出版了人文著作《两界书》（商务印书馆 2017 年 5 月版），并在此基础上陆续出版了《两界智慧书》、《两界慧语》（商务印书馆 2018 年 9 月版）系列著作。正如《两界书》内容摘要所介绍，该系列著作以文明演进为主线，超越历史、神话、宗教、哲学、文学等传统学科与范式习规，融汇儒、释、道、希伯来、古希腊等文化哲学精髓，贯通人性、天性、神性、佛性、理性、魔性与自然，创哲学文学新例，开跨界叙事先风，士尔教授着眼于当代人类的生存困境，对世界本体与人类本质，人与自然、人与社会、人与他人、人与自身的关系，对现代性的双重性，以及人类命运共同体的愿景等问题，进行了深入的理性辨析与哲学思考。本文从以下三个方面做一初步解读。

一、世界本体与人类本质的深入探究

　　世界从何而来？世界的源头在哪里？这是人类生存与演化的前提，也是人类第一个终极性的未解之问。对于这个问题，"宇宙大爆炸理论"认为，宇宙最初是在137亿年前由一个致密炽热的"原始原子"爆炸后膨胀而成；大爆炸使物质密度和整体温度发生极大的变化，宇宙从密到稀、从热到冷、不断膨胀，形成了我们的宇宙。但迄今为止这只是一个科学假说。各族神话宗教则大多借助"自然永在"之神来探讨宇宙的起源与世界的本体。士尔教授则依托儒、道典籍提出"天帝"的创世说——以神话思维和文学手法，将世界的创造归为超自然之存在即"天帝挥意杖"所为——对世界的本源、本体做出了自己的思考。

士尔在《两界书》中提出："太初太始，世界虚空，混沌一片。天帝生意念，云气弥漫，氤氲升腾。天帝挥意杖，从混沌中划过。天雷骤起，天光闪电，混沌立开。"天帝，即天地。"人生天地之间，举头三尺有神明，离地半寸无根立。天意在上难违，地气在下不绝。心无敬畏，胆大妄为。人自为主，终将自毁。人享天地之眷，凭天地立身，得天道指引。故天道自然为人主，高天大地为父母。"天地万物，时间空间，皆为天帝所造。《两界书》阐发了开天辟地、时序流转、万物孕生、世维无限的创世历程，介绍万物从类、造治理者、天定生死的造人传说，梳理人分七族、雅分七支、各具其所的分族历史，阐述立宗教、生战争、承续统、订盟约、筑工事、强教化的过程。天帝（天地）是万物的主宰，是自然界、社会发展的最终决定力量。

在这里，"天帝"并非上帝，亦非各族神话、各宗教所立之"神"，而是古代华夏文明话语中的至高天神，俗称"老天爷"，亦即"昊天"，他并不依托于某一特定宗教而存在，而是属于神话信仰的范畴。《两界书》称"敬天帝即敬天地"，明确将"天帝"与"天地"同义，在强化"天帝"信仰属性的同时，特别泛化了"天帝"的特指性，赋予其自然普遍意义，体现了《两界书》对世界本源、本体的新的思考与论断。实际上,士尔并不认同各种神话解说、宗教解说以及西方现代学者的解说,他塑造了一个人格化的"天帝"(天地),讲述有关世界创造的文化哲学故事,实质上是认为世界及其演化需要在自身存在的逻辑中寻求终极本元,探求变迁规律,具有自然普遍意义,而"天帝"(天地)便是如此,它具有显著的共同性和共同价值意义。

在"天帝"(天地)创世思想基础上,《两界书》进一步对人类的本质,对人性,对人类社会的产生、演变、发展,以及民族、宗教、民俗、道德、法律、文化等均做出了详细论述,提出了系统全面、颇具特色的人类社会历史观。

一是人类如何起源,人类从何而来?《两界书》提出,为了治理世界,天帝决定创造人类,即世界治理者。人类的创造具体分为"初人""中人""终人"三个阶段。"初人"有两头、两心、四腿、四手,不分男女,因初人在心性方面与兽畜无异,故需再造。对初人一分为二,一半为男、一半为女,即将人再造为"中人"。"终人"则是人类下一个演进阶段,具有未定性。

天帝造人之后,还为人类"定命数""设命格""设能限""定生途"。"定命数"即为定生死——"使人有生而不得永生",限寿长——"凡常之人命数之限一百六十岁,而因劳苦争斗,实以三十岁至八十岁为多"。"设命格"即设定人的性情、性格——"一人一性情,一人一命格"。"设能限"即为人的能力设定限度——"其目、耳、心等均有所限,均'有能而无致',既有能也有所不能"。"定生途"即定路径。人如何才能更好地适应和顺应个人的命数、命格、能限呢?这里明确给出了路径(即生途):以灵道为指引、肉驱为负载,灵道与肉驱相通相合,就会延伸命数、顺应命格,可享生的快乐。

　　二是人类为什么会有不同的族群，不同的习俗、语言、宗教信仰？士尔提出皆为天帝所为。天帝认为，"多人簇拥一处不好，可各自分族，分处生息，繁衍壮大"，于是，天帝使天云渐起，吹刮大天风，"雅、函、希、布、耶、微、撒七族之宗，随风而起，扶摇直上九霄高空。众人悬于天地半空，旋转浮游十日，终远漂万里之外，散落四面八方"。于是，不同族群得以形成并各居其所、各自发展。各族还逐步形成了自己的语言文字、婚俗嫁制和宗教信仰。如，雅人的智师是族中超慧之人，可上观天象、下识地理。该智师创造了字符即最初的文字——"智师初以刻痕为记，或以石板刻之，或以竹木刻之，或以牛骨龟甲刻之……众人仿效，逐族相传，遂约定俗成"。雅人还制定了严谨的婚姻制度，如"不可与外族人通婚""不可与父母通婚""兄弟姐妹不可通婚""男人不可与男人通婚""人不可同牲畜禽兽通婚""人不可与自己通婚"等。函人则规定："男人可娶多个女人，女人不可嫁多个男人""函族男子可娶外族女子，函族女子不可嫁外族男子""若函族女子同异族男子私奔，须将女子从函人中剪除"等。希人、布人、撒人等均有婚俗嫁制，与雅、函等有同有异。各族婚俗嫁制多经沿袭流变，延续千年。

　　宗教信仰也是如此。士尔提出，各派宗教信仰的产生均与天帝有关。雅人生活优越，族兴民旺，但逐渐自大贪婪，骄惰奢靡日甚，迷失灵道。管辖雅人全族之万能雅帝——赫雅，便击打惩罚雅人——"顷刻间天崩地裂，乱石飞进""众人惊醒，无不惶恐"。为将族人领回正道，万能雅帝"要致族人皮肉开裂，好使恶血邪气流出，好使恶念邪意清除"。雅人族领雅西得族帝天谕，向全族宣谕八项戒规，如，"雅人尊崇赫雅为万能之帝""雅人后代不可与异族通婚结合""雅人后代须孝敬父母""雅人后代不可乱交"等。这即

"雅教"。函人族领函那则受天帝之启,向函人颁布七戒:"皆须尊崇世上唯一天帝。唯一天帝为函帝,即函人之帝,不可另有异神""函人子孙须孝敬父母""函人须多多生子""函人不可杀人"等。希族久旱不雨,大地干裂,族人死伤无数,幸得雨神眷顾,幸免于亡。希族族领希里得启悟受神命,传雨神戒规于希人:"雨神为希人族神""希人须勤苦劳作""希人须孝敬父母""希人不可与外族之人交合通婚"等。各族多有立教,教立万宗,教中有教,分中有合。士尔还提出,宗教从信仰者的族群范围的角度可分为两类:一是民族宗教,信教者皆为同一民族,外族人不可入教,此类宗教将信仰与族群相叠合;二是普世宗教,入教者以信仰为标准,不分种族。普罗教为普世教,其余则多为民族教。

第三,关于人性问题,《两界书》亦做了深入的思考。《两界书》卷十二《问道》章节,通过仁先、法先、空先、道先、约先、异先等六先之口论述了人性的复杂性与多样性。仁先认为,"仁者为人……人知伦理,能辨善恶,可识美丑。故人有自省,可克己制欲"。仁先主张人性善,人有仁爱之心。法先则提出,人与动物的区别在于"循法知理",遵守国法族规。空先提出,人与动物"食相近、性相通,生死轮转",均是生命的体现,没有本质区别。异先认为,"人之为人,在其性变",人性多异变正是人的本质。道先则认为,人之为人是一个过程,人性之中善恶并存、欲制交合,由恶化善、抑欲从制的过程就是人。道先将人分为两个阶段,第一个阶段是善恶并存,无善即无恶,无恶即无善,是为"本人"的阶段;第二个阶段是知耻向美、抑恶扬善,天道所引、教化所驱,使人成为"义人"。道先认为,人有两个阶层("本人""义人"),每个阶层各有两界(善、恶),两阶、两界的"融动"(融合变化)构成了完整的人。也就是说,道先认为人之初是无善无恶的,善恶、道德观念都是后天形成的，是在人的社会生活实践中不断形成的。

士尔是认同道先观点的，并进而提出"人之初，性本合"的命题。《两界书》卷十《教化》中借帝山崖石刻字提出："人之初，性本合。恶有善，善有恶。善恶共，生亦克。心向善，灵之道。身向恶，躯使然。身心合，顺天道。"在这里，"人之初，性本合"包括两层含义：一是"善恶结合"，即人性中的善和恶是纠合在一起的，不存在绝对的"性本善"和"性本恶"，无善即无恶，无恶亦无善。二是人性中的善和恶相互依存、相互转化，人类是在善与恶的相互转化中，力图实现扬善抑恶。因此，"教化"是人类文明进化的本质内涵和核心要求。了解人性的这一本质特征，对于认识人类自身、认识他人、认识社会，都具有重要意义。

二、现代性的全面反思

近代以来，伴随着启蒙运动的展开，人类主体意识快速觉醒，理性力量急剧膨胀，科学技术迅猛发展，人类社会的发展高歌猛进、一日千里。但是，历史进步的同时也伴随着困境、危机和灾难。物质富有和精神空虚、经济繁荣和道德堕落、技术进步与生态恶化共存并生。如何反思、批判和扬弃现代性，顺利推进和完成当代社会转型，一直是当代思想界探讨、研究的重要议题。对此，士尔在《两界书》中亦做出了深刻的剖析与全面反思。

《两界书》的卷十一，辟出五章篇幅（第七章《天象变乱》、第八章《地象变易》、第九章《物象化异》、第十章《人象迷乱》、第十一章《时空不维》），通过描述两种不同的第二现实——乌托邦和反乌托邦，来反思现代社会特别是西方现代社会面临的困境、人与世界分裂与冲突的问题。概括起来，具体包括三个方面：

（1）反思人与自然分裂与冲突的问题。第七章《天象变乱》做出如下描述："日头变异"（"天有铁幕蔽遮，白昼不见日头，只有乌云飘浮。蓝天变色灰天，空中弥散硝烟。怪味四处发出，地窍日夜生烟"）；"昼夜失序"（"白昼瞬变黑夜，伸手难见五指。白昼点灯，夜晚光亮，昼夜颠倒，交替失序"）；"冬夏失衡"（太阳不止一个，东西南北并出。日头高悬之际，大雨倾盆而降。雨水鲜红似血，又似黄砂泥浆。流火之月，有冰雹倾砸，雹大如鸡卵。冬日不见片雪，大雪飘在春夏）；"怪象迭出"（"有冲天水龙海底窜出，高飞万丈。有漫天风龙平地而出，呼啸扶摇，携卷人畜，屋宇搬家"）。第八章《地象变易》则描绘出："果粮不常"（"梨树八月开花，桃树结出青枣。李子长成角豆，味同青榄苦瓜。夏枣长成吊瓜，石榴变成葫芦。玉米长出红豆，绿豆开出棉花。麦子味如淤土，稻谷味如石蜡。一树结出八果，酸甜苦辣皆有。树根往上，露在土外。树梢倒长，埋入土中。谷果变异，翻倍暴涨。人食变异，奔向终人"）；"地象怪异"（"地火从山顶冒出，白烟从山腰下流。发红泥浆四处奔涌，漫延之处草木立焦。硫烟弥散大地，人畜闻到不萎即腐。海水不蓝不绿，非红即黄。河水不清不澈，非黄即黑，酸咸腥臭，鱼虫不生。水往倒流，百川纳海。海虫飞到陆地，山鸟飞入深海。陆人海底筑舍，又欲云中做家"）。第九章《物象化异》则讲述："怪物层出"（"母牛生出绵羊，绵羊生出花狗。硕鼠大过黑猫，公鼠哺乳幼猫。马脸似牛，牛脸似猪"）；"本能颠倒"（"公鸡生蛋，母鸡啼鸣。鸡不分公母，鸭不会游泳。山羊不能登山，猎犬不再奔跑。高马跑不过母牛，公牛拉不动木车。羊不再吃草，牛不再出奶……"）。第十一章《时空不维》讲述："四季颠倒"（"春后为冬，冬后即夏。春日万物凋零，冬日老树发芽。腊月不穿衣，酷暑披大袄。三更出日头，日升匆急落。日子短暂，忽如落石。一年短似一日，百年逝如一月。时灯急燃，光油急耗。时光将耗尽，万物即静止。不见时序延展，归于死寂默息"）。

在这里，通过上述所描述的景象对现代性展开评判：一面是人对自然的征服与破坏，另一面是自然对人表现出越来越强烈的报复，甚至呈现出乱象；一面是自然丧失其物性日益被人造自然取代，另一面则是人失去自然家园而变得无家可归。

（2）反思人与人之间的冲突问题。《两界书》的卷十一第十章借"人象迷乱"的诸多景象与部分现象，反思人类社会特别是西方现代社会的异化问题——"男女性变"（"那日将来之际，女人多生怪胎。有三头六臂，有缺头少臂。有男婴貌似牛娃，有女婴身如鲵鳗。有眼睛长在头后，有嘴巴竖在额前。男人不喜女人，多喜男人。女人不喜男人，多喜女人。男人与男人一起，如同男人与女人一起。女人与女人一起，如同女人与男人一起。女人生子不用男人，男人生子不用女人。生出幼子身如蛆虫，生出幼女貌似果蝇。人与牲畜家禽媾和，生出非人非畜之物。人与自己婚配，自己作夫作妻。男婴女婴不生，以此为好。有人宁与尸骨交欢，不与活人交合。有人宁与死皮交欢，不与活人交合。女人长胡须，男人大乳房。女人声如洪钟音如闷雷，男人声如黄莺细如雏鸟"；"人自生变"（"长人极长，短人极短。胖人极胖，瘦人极瘦。瘦者长大头，大如木鼓泥缸。胖者长细腿，细如蜘蛛鸵鸟。满街之人，肚大似盘轮，绵软如蛆虫。……两岁女婴体如生母，三岁男童性胜生父。生母变女婴，生父似男童。男婴生下直立行走，女婴生下开口说话。婴儿啼鸣似唱歌，成人吟歌如哭嚎"）；"食无原食"（"众人不食粮谷，专食古怪罕物。甚以人肉为佳肴，更以粪便为大补。毒液变为调汁，砒霜变为拌料。食无原食，居无静所。七十岁男人吮二十岁女人奶汁，二十岁女人争做七十岁男人后妈"）；"生息悖序"（"多人终日嗜睡，从天亮到日落，从日落到日出。多人终日无眠，从日落到日出，从日出到日落。生息悖序，昼夜颠倒。日出歇息，缩卷不出。日落劳作，黑夜不眠。白昼遮阳蔽日，夜晚点灯造光”）；"人为器奴"（"聪智乖巧至极，人无片刻宁静。下可入地万丈，上可登天造屋。众人无力固广厦，一人弹指毁万屋。人造万能工器，工器造出活人。男女不随天定，工器随意造人。人为工器造主，又为工器之奴。死物摆布活人，活人无觉无策"）。

在上述问题中，人与人之间的关系也异化了，社会的内部冲突造成"每个人都妨碍别人利益的实现"，异化的蔓延将使整个人类社会逐渐陷入深刻的自我分裂状态。

（3）反思人自身的身心之间的矛盾与冲突问题。《两界书》卷十一第十章《人象迷乱》，对人自身的身心之间的矛盾与冲突困境也做出了描述："人无定性"（"男人不再知耻，女人不再识羞，满街男女赤裸奔跑。男人似牲畜，随地高举阳器。女人妖作祟，羞处张开示人。兄弟不亲，父母不认。爷孙辈分不分，血缘伦常乱淆。夫妻同枕异梦，邻里掘井设坑。众人日夜倾轧，只盼他人死光。人无定性，心无坦诚。一忽变人，一忽变鬼。口出甜言，胜似鲜蜜。心藏诡计，险毒似蝎。无话不假，流言盛行。真人说假话，假人说真话。真假不辨，善恶不分。习非成是，谬以为常。谎言可赚千金，诚仁不值一文。窃贼满地，男女不分。贼人足不出屋，行窃千里之外"）；"心无神明"（"心无神明，止有霉菌。以金为拜，胜过爹娘。利己之欲，毫发可察，鼠洞可进。利人之事，遮目不见，举手不劳。公义失踪，黑白颠倒。尊黑为白，尊白为黑。口是心非，表里不一。崇邪尚黑，结党营私。心肌无食粮，魂游无居所。邪说叠起，恶魔主心。拜死石朽木为神，崇歪腔邪调痴迷。心慌慌空身似皮囊，乱寻主自欺欺世人。失心失灵不止，失气失血不停。如犬狂噪失言语，如猫叫春失节制"）。

凡此种种。人的身心之间无法实现和谐，各种异化与物化使人处于自我放逐状态，人的自身发展也走向片面与异化。

导致上述发展危机的根源是什么？原因很多，其中很重要的原因在于人类理性的分裂与冲突，理性由全面的普遍理性演变成了残缺不全的、片面的实证或工具理性。对此，《两界书》卷九《工事》部分、《两界智慧书》第二部分《了悟往来》，以寓言的形式和变异的手法，描述了古代科学技术的另类发展与运用："函含造飞车""冬甲造地龙""赛禹造时镜""百工竞场""天冰地封"等。

——函含造飞车（《两界书》卷九《工事》2章5—8节）：飞车向月，不见归返。讲述能工巧匠函含受族王之命，以通灵神木制造飞车的故事。经千辛万苦，得天帝启悟，函含以生命为代价，终于为族王制成飞车。族王飞车向月，却再也没有返还人间。

——冬甲造地龙（《两界书》卷九《工事》3章1—2节）：挖损神络，山神震怒。讲述冬甲族人制造了一种穿山掘土的神器——穿山地龙，它锋利无比，可以自如地游刃于山岳坚石之中，在冬甲族人居住的祺山发岭一带，山中地下的洞道星罗棋布。但冬甲地龙掘地过度，挖损了祺山神络，山神震怒，喷吐火烫岩浆，冬甲人死伤过半。

——赛禹造时镜（《两界书》卷九《工事》5章1—3节）：前知未来，后溯往昔。讲述赛禹制造了一个神奇的时间镜子，时镜有双面：一面为前时镜，可以预知未来，显示将要到来的事情；一面为后时镜，可以溯知往昔，看到过往的本源史实。

——百工竞场（《两界书》卷九《工事》6章1—3节）：匠工汇聚，无所不能。讲述有一个匠工汇聚的地方，人称百工竞场。这里能工巧匠无所不有，天下工事无所不见，各类器物无所不见。制造的一种叫作"异能"的神器无所不能，竟然食掉族王，坐于王座，像族王一样发号施令。更为匪夷所思的是，"异能"卧于王榻，与王后同寝，而王后毫无觉察！

——天冰地封（《两界书》卷九《工事》7章1—2节）：工事恶胀，灵道不畅。讲述在百工场内，各类工事过度发展，已经超过了天地所能承担的限度，人类沦为工器的奴隶，人性不张，灵道不畅。天帝明察了这些，升海水、降大雪，将百工竞场封于冰雪之下。

通过这些描述，士尔揭示出，人类本来是科学技术以及生产工具的主宰力量和控制者，但最后反过来却成为其奴隶，被其控制，产生了异化。从思维范式来讲，此类现象均为人类理性的滥用、理性主义恶性膨胀的结果。

相比上述古代科技运用，当代高科技的迅猛发展以及所导致的或者潜在的社会风险有过之而无不及。吉登斯也曾提出，核战争的可能性、生态灾难、不可遏制的人口爆炸、全球经济交流的崩溃，以及其他潜在的全球性灾难，对我们每一个人都勾画出了一幅令人不安的危险前景；这种全球性的风险不管富人和穷人之间的区别，也不管世界各个地区之间的区别；某些风险的全球性强度超越了所有社会和经济差别。科学技术作为一把双刃剑，不断发展的核能技术、生物基因技术、信息技术、太空技术乃至人工智能等，既推动了人类社会的巨大进步，也带来了极大的风险和隐患：一是核安全风险。切尔诺贝利核电站和日本福岛核电站泄露所导致的灾难性危害直到目前还未得到消除。30多年过去了，切尔诺贝利依然是一座死城，所发生的爆炸至今仍危害着土地和生命。二是网络安全风险。互联网在全球发展、普及很快，互联网的安全问题也已显露出来。在美国，互联网犯罪已司空见惯。在中国，互联网犯罪也在上升。此外，作为公共信息平台，一些人为各种目的在网上造谣、传谣，对社会的安定形成了不良影响，色情内容等网络文化垃圾也呈蔓延趋势。第三，生命科技发展的风险。中国一直从美国进口大量的便宜的大豆和豆油以及一定量的玉米和马铃薯，但目前美国种植的大豆和玉米有一半以上是转基因作物。一些专家指出，一些转基因技术领先的国家，很可能将本国不能接受的转基因食品，通过贸易出口到经济不发达或对转基因食品研究不完善的国家。虽然转基因农产品对人类的影响尚无定论，但目前世界各国为维护消费者利益，已普遍采用知情权原则，对市场销售的以转基因作物为原料的产品加以注明。对于人体基因和人工智能，其发展前景的不确定性则更让人担忧。《两界智慧书》（第二部分《了悟往来》）引述了剑桥遗传学教授奥布里·德格雷等人的观点：他们已经破解了衰老基因，2100 年后出生的人可活 1 000 至 5 000 岁；以色列希伯来大学尤瓦尔·诺亚·哈拉利教授（Yuval Noah Harari）则认为，300 年后，统治地球的已不是人类！有人预言，再过数十年，人工智能就将超过人类，终结者将至，"留给人类的时间不多了"！士尔深刻地指出："伴随着人类生存和进步的工事器物，是继续像老黄牛一样陪伴人类生息劳作，还是像脱缰的野马、疯狂的饿兽冲进人类的家园？何去何从，的确到了应该引起人类深刻反思和重视的时间节点了。"

近代以来，人们的生存方式发生了很大变化。人文精神的兴起和自然科学的迅速发展，使人的主体力量不断发展壮大，人类认识到自身的巨大力量，不断扩展认识、改造自然和社会的深度与广度。在这一时期，哥白尼的太阳中心说、布鲁诺的宇宙无限论、伽利略对星空的发现，都给经院哲学以致命打击，从而使自然科学从神学的羁绊中解放出来。人文主义在推动历史进步方面发挥了巨大作用，也提升了人在社会发展中的主体地位。笛卡儿的"我思故我在"的命题是思想史上人们理性自觉、主体凸显的重要标志，但这也是"主客二分"形而上学思维范式的滥觞与缘起。在"我思故我在"这一命题中，"思"作为主体的本质规定被凸显出来，由于"思"的能动性使理性的人高高地凌驾于客体之上，从而形成了"主客二元对立"的价值观念。"主客二元对立"即主体与客体是不同等级的存在，即"主奴关系"，主体就是要征服客体，人相对于自然就是主体，人类发展科学技术，就是为了征服自然；"我"相对于别人就是主体，使别人"臣服于我"。也即说，由于人类对自身理性的盲目崇拜、对主体性的过度挖掘，导致在人的主体性不断得到张扬的同时，人类的思想与行为也走向了极端——人们错误地认为，自己是世界上至高无上的征服者、压迫者，人类可以摆脱自然与社会的任何限制。如培根认为，科学的目的就是"拷打出自然的奥妙"，对待自然必须"在她漫步时紧追不舍"，使她成为"奴隶"，"强制令她提供服务"。这是理性滥用、主体性极度膨胀的后果，但实质上是将主体力量加以抽象化、绝对化，结果使人作为社会发展主体在现实中失去真实性。

在早期现代化理论那里，是"物"占据了发展的中心位置，"以物为本"，将财富、财富的增长甚至财富的增长速度视为发展的基本尺度，以致物奴现象严重、拜物主义猖獗。殊不知，人有肉体的人和精神的人，人的整体由肉身和灵魂两部分组成；肉体的人要维持肉体生命离不开健康的食物，精神的人要维持精神生命也离不开精神食粮。文明演进的根本目标不仅要解决肉躯的温饱，更要让每个生命个体都能精神有食粮，灵魂有居所（《两界书》前言）。

三、人类命运共同体哲学基础的深刻阐发

当代世界正处于社会大转型与调整时期，世界多极化、经济全球化、社会信息化、文化多样化深入发展，全球治理体系和国际秩序变革加速推进，各国相互联系和依存日益加深。但同时世界又充满了不稳定性、不确定性，和平赤字、发展赤字、治理赤字是摆在全人类面前的严峻挑战。对此，习近平同志提出了"构建人类命运共同体"的中国方案。该方案已被多次写入联合国相关文件和决议中，产生了广泛的影响，为当今世界的和平与发展提供了深具中国智慧的路径选择。

人类命运共同体何以可能、如何可能？为此，士尔在《两界书》中做出了深入思考与探析。如果说《两界书》前四卷《创世》《造人》《生死》《分族》，主要探讨世界与人类"从哪里来"的"本来"问题，《立教》《争战》《承续》《盟约》《工事》《教化》六卷是讨论"来干什么"的"往来"问题，最后两卷《命数》和《问道》则是思考"往哪里去"的"未来"问题。在追问了整个世界的本体问题、剖析和反思了人类现代社会的成与败（得与失）之后，士尔对世界和人类的未来进行了深沉的思考并发问："人类何去何从？是浑浑噩噩地放任随流，还是自警自省而有所作为？是修睦向善，还是一如既往地搏争恶斗直到世毁人亡？"

士尔在《问道》一卷中塑造了六位先贤（先知），分别表征人类文明史上有代表性的思想学说；构筑了一个"六先论道"的纵观平台，针对人生的意义、生命的价值、善与恶等本原问题，力图融合各家之说，贯通各派之言，涵括儒家的仁爱与修齐、道家的阴阳与自然、佛家的色空与顿悟、希伯来的悖逆与信约、古希腊的理

性与法意、世界的恒在与无常等思想，融合升华，整体性地回应人类向何处去、如何去的困惑，冀解人类的终极之问。士尔认为，站在这样一个重要的历史节点，人类唯有从过往的历史进程中汲取全人类的智慧，以世界眼光、人类情怀、历史担当，以命运共同体的姿态携手前行，才能应对未来的挑战，拥抱未来的机遇。根植华夏、和合万邦，文明互鉴、道通天下——亘古弥新的中国智慧和人类文明，应能为困顿中的人类和世界的前行发展做出历史性的贡献。

具体而言，《两界书》对人类命运共同体哲学基础的思考包括如下几个方面：

（一）基于大同思想，阐发人类命运共同体"天下为公"的价值共识。

"大同社会"出自《礼记·礼运》大同章："大道之行也，天下为公，选贤与能，讲信修睦，故人不独亲其亲，不独子其子，使老有所终，壮有所用，幼有所长，矜寡孤独废疾者皆有所养；男有分，女有归，货恶其弃于地也，不必藏于己，力恶其不出于身也，不必为己，是故谋闭而不兴，盗窃乱贼而不作，故外户而不闭，是谓大同。"这即说，大同社会追求的是天下为公的社会，实现的是天下人共同的利益。"穷则独善其身，达则兼济天下"（《孟子·尽心章句上》）也是这个道理。

在继承前人思想基础上，士尔立足当代社会，在《两界书》卷十二《问道》中提出了"敬天帝""孝父母""善他人""守自己""淡得失""行道义"等彰显中华文化精髓的六大要义，并特别强调："六说六言，至要者为行道义。行道义即行天道尽人义，顺天行道，为人正义。善恶必明辨，从善如流，嫉恶如仇。生死当不迷，生之坦然，死之如归。悟行须合一，修在当下，皆为道场。"

（《问道》7 章）《盟约》中的德教笃行守信、与道为约、重情好义（《盟约》6 章），《问道》中的耶维以身践行、广播天道大义（《问道》5 章），以及"顺天行道，为人举义"的倬尼、倬尔父子（《问道》5 章）等，都是"行道义"的典范楷模。

士尔以此揭示出，无论是古代抑或现代，无论个人还是民族国家，均不能仅仅关注自身利益、实现自身利益，而且要关注、实现公共利益、共同利益。人类命运共同体的价值观念与大同社会关于公平正义的理想追求是一致的。人类命运共同体理念具有超越民族国家，而从人类角度思考问题的胸怀，蕴含着在空间上将秩序和价值推展到国家间的恢弘气度。据《史记》记载，作为中华民族始祖的黄帝就已提出了"万国和"的倡议，主张打破万国之间的冲突，建立国际秩序。大禹实现了"九州攸同""四奥既居""四海会同""万国为治""声教讫于四海"的大一统格局。当代全球化进程面临着生态危机、金融危机、难民危机、局部战争、恐怖主义等一系列问题和挑战。这一系列问题和挑战严重威胁着整个人类的共同利益和整体利益，破坏着人类的可持续生存和发展。没有哪个民族国家能够独自应对人类所面临的各种挑战，为此必须调动起所有国家和民族的积极性、能动性，同舟共济、共同应对，打造、构建人类命运共同体，从整体上谋划长远利益、现实利益以及各种利益的平衡和共赢，秉持"和平、发展、公平、正义、民主、自由"的人类共同价值，推动国际经济治理体系朝着更加公正正义、合理有序的方向发展，更好地造福于世界人民。当前，中华民族迎来了从站起来、富起来到强起来的伟大飞跃，迎来了实现中华民族伟大复兴的光明前景，中国人民完全有信心为人类对更好社会制度的探索提供中国方案，做出更大的贡献。

（二）基于和合文化，阐发人类命运共同体的和谐精神和开放观念。

"和合文化"是中国文化的重要特征和基本价值取向，讲求的是"和而不同""以和为贵"、求同存异、与人为善。在5 000多年的文明发展中，中华民族一直追求和传承着和平、和睦、和谐的坚定理念。中国人自古就推崇"协和万邦""亲仁善邻，国之宝也""四海之内皆兄弟也""远亲不如近邻""亲望亲好，邻望邻好""国虽大，好战必亡"等和平思想。这些理念在中国代代相传，深深植根于中国人的精神中，深深体现在中国人的行为上。

与此相一致，"构建人类命运共同体"这一中国方案，也将"和谐相处、合作共赢、和平发展"作为核心原则。士尔在《两界书》中也揭示和阐发了这一原则。《两界书》卷六《争战》部分以十一章的篇幅分别讲述了部族之间、部族内部或因"物"（包括领地、物产、水资源、美女、部族地位等），或因"意"（包括崇拜对象、部族道统等）而引发的矛盾、冲突和战争。面对人类不断地争斗，该怎么办呢？卷六第十一章《天使巡望》，借天帝之口提出化解之道："灵道既赋人，冀人以身载道，以灵制欲。人自修为，族自承续，何去何从，可续观续望。天帝既造人，自可制人。天帝何制人，自依人修为。"这即说，寄希望于人类"以身载道，以灵制欲"，寄托在人类的修为之上。

对此，士尔在卷十二《问道》一章的"六大要义"思想中再进一步给予了阐发。六大要义，其中四大要义"孝父母""善他人""守自己""淡得失"均与此有关。孝父母："孝"是最具中国传统文化特点的一种核心理念，《两界书·立教》以族规族戒的方式，倡导孝道在族统延续中的重要作用；"百善孝为先"，通过强调孝敬、孝顺之心而确立人类生活中应有的伦理规范。善他人：中国文化格外重视"人与他人"的关系，并以"仁善"思想为核心。《论语·里仁》曰："德不孤，必有邻。"《孟子·离娄下》："仁者爱人。"《两界书·教化》讲述了一个"双面人"的故事：人有双面，是因身有双心，一心向善，一心向恶，故人要扬善弃恶；《两界书·命数》讲述了"种瓜得瓜"的故事；《两界书·问道》详尽讨论了"何为人"的问题，倡导"仁为人所在"，目的在于从人与他人的关系层面来厘定人与人之间应有的社会准则。守自己：旨在从个人人格修守的层面来确立人之为人而应具有的自我规范。《两界书·教化》通篇讨论人的"教化"，"尤当善行未得善报，人心愈须守正"（《问道》5章），"守约践约，终得至高善报"（《问道》5章），"人言无信，类同犬吠"（《教化》7章）等，均主张要重视个人的修身守正，强调克己自省。淡得失：旨在从功利的层面确立人在现世生活中应有的生活观、价值观。《两界书·立教》陈述各族戒规在信仰层面不尽相同，但在个人行为规范上颇多相通之处，提出或"该你所得可得，非你所得勿得"（《立教》6章），或"不可抢占他人财物，须自己种粮养活自己"（《立教》9章），强调先人后己、看淡得失的人生观和世界观。

士尔认为，无论是古代还是当代，无论是一国之内抑或国家之间，都应"以和为贵"，包容互鉴、求同存异；"和而不同"已经成为一种基本趋势、一个社会交往的基本规则，同时也是一种国际原则。这种原则要求各国之间，要充分尊重各国文明多样性、发展道路多元化，相互借鉴，取长补短，如此方能推动人类文明进步。否则，把自我利益至上化、狭隘化，实行所谓丛林法则，以力量、实力横决天下，损害他国核心利益和全人类共同利益，必然导致世界秩序紊乱，给人类造成动荡、战争和灾难。构建人类命运共同体，充分体现了中国文化有容乃大之和合性、包容性，也彰显了中国优秀传统文化的世界价值和现代意义。《礼记·中庸》有谓"万物并育而不相害，道并行而不悖"，正是这些"并行不悖之道"才能搭建起不同文化之间的心灵桥梁，才能为人类命运共同体搭建起精神纽带。

（三）基于"道法自然""天人合一"的宇宙观，阐发人类命运共同体的生态哲学思维。

中华文明积淀了丰富的生态智慧。孔子说："子钓而不纲，弋不射宿。"《吕氏春秋》中说："竭泽而渔，岂不获得，而明年无鱼；焚薮而田，岂不获得，而明年无兽。"此外，"道法自然""天人合一"的哲理思想，"劝君莫打三春鸟，儿在巢中望母归"的经典诗句……都蕴含着质朴睿智的自然观。"道法自然"源自《道德经》："人法地，地法天，天法道，道法自然。""道法自然"揭示了整个宇宙的特性，概况了自然、社会以及人类思维运行的规律，宇宙天地间万事万物均效法或遵循"道"的"自然而然"规律，道以自己为法则。

"天人合一"是指人与自然环境的和谐融合。《乾卦》九五《文言》曰："夫大人者，与天地合其德，与日月合其明，与四时合其序，与鬼神合其吉凶。先天而天弗违，后天而奉天时。天且弗违，而况于人乎？况于鬼神乎？"圣人能根据天地、自然界的变化情况来调整自己的行为以符合自然规律；根据日月运行的情况使自己的日常起居符合日月运行之规律；依据四季变化的周期使自己的劳作符合季节交替的规律；依据隐秘莫测玄妙的东西来预判将来行动的吉凶。先于天时行动，与天时不会违背。后于天时行动，与天时又不会违背。何况人呢？何况隐秘莫测的事情呢？人是天地所生，就要顺应自然法则，与大自然和谐共处，否则就会受到大自然的惩罚。

在《两界书》卷十一《命数》中，士尔通过"天象迷乱""地象变易""物象化异""人象迷乱"等所带来的"怪象迭出""果粮不常""本能颠倒""人自生变"警示人类违背自然所导致的自然灾难，以及自然界对人类的惩罚。在卷十二《问道》中则提出应对与化解之道，这即"六义之本"——"敬天帝"（敬天地）："六说六言，致本者为敬天帝。敬天帝即敬天地。人生天地之间，举头三尺有神明，离地半寸无根立。天意在上难违，地气在下不绝。心无敬畏，胆大妄为。人自为主，终将自毁。人享天地之眷，凭天地立身，得天道指引。故天道自然为人主，高天大地为父母。"

敬天帝，即敬天地。"天帝"是古代华夏文明话语中的至高天神，俗称"老天爷"，亦即"昊天"，他并不依托于某一特定宗教而存在，而是属于神话信仰的范畴。《两界书》中"敬天帝即敬天地"，明确将"天帝"与"天地"同义，在强化"天帝"信仰属性的同时，特别泛化了"天帝"的特指性，赋予其自然普遍意义。士尔提出，"六说六言"中最根本的就是"敬天帝"（敬天地），即对大自然（老天爷）要有敬畏之心，坚守道法自然、天人合一。

在这里，士尔认为，人类命运共同体的构建也体现了中国传统文化中的上述生态智慧。打造人类命运共同体，是一个多元要素构成的系统工程，必然包括"构筑尊崇自然、绿色发展的生态体系""共建地球美好家园"这一重要内涵，建设一个共同繁荣的世界。从全球视野看，经济全球化加剧了全球生态危机，同时也推动了全球生态治理；工业文明对生态环境造成的破坏是全球性的、系统性的，这是全球面临的共同问题，需要世界各国共同应对。提出构建人类命运共同体，不仅彰显了全球绿色发展意识的觉醒，而且承载了人类对生态灾难的历史思考。全球生态环境问题的解决必须依靠国际合作，只有合作，兼顾各国的现实利益和世界长远利益，才能克服国家间存在的利益差别及其导致的矛盾，把共同利益放在首位，取得共识，展开协调行动，从而实现全球生态治理，建设一个持久和平、普遍安全、共同繁荣、开放包容、绿色低碳的世界。

田启波

深圳大学教授、博士生导师

界的范畴意义与工具价值

刘洪一

世界哲学版图重绘与西方哲学中国化的学理意义、当代价值不言而喻，从中西哲学的根基出发，在逻辑底层发掘中西哲学相通的逻辑起点和秩序原理，是一项重要的基础工作，这既要求以比较通观的思想视野构建融通的话语系统，更要对中西哲学的发生基原深入钩沉，对古典思想资源进行创造性融合转化。界（bounds）的范畴意义与工具价值的发掘，提供了这样一种探索的路径和可能。

界，汉字从田从介，畍或界，境也，本指田地之边界。界在中国古代文化中有丰富的语义：一为地界、边界，《孟子·公孙丑下》："域民不以封疆之界，固国不以山溪之险，威天下不以兵革之利"（焦循，253—254页）；二为毗连、接界，《荀子·强国》："东在楚者乃界于齐"（王先谦，第356页），班固《西都赋》："右界褒斜、陇首之险"（萧统，第6页）；三为分界、分划：孙绰《游天台山赋》："赤城霞起而建标，瀑布飞流而界道"（同上，第312页）；四为界限、限度，《荀子·礼论》："求而无度量分界，则不能不争"（王先谦，第409页），《后汉书·马融传》："奢俭之中，以礼为界"（范晔，第1954页）；五为境域、范围：佛家之欲界、色界、无色界等。至于颜师古注《汉书·扬雄传下》所谓"界，间其兄弟使疏"（班固，第 3573 页）之离间意，应为界的引申语义。

界的初始本义是一个空间概念，是对空间范围、阈值、限度等的标识界定，蕴涵了多与少、大与小、有限与无限等基本含义。基于界的这一语义属性，界的内涵多有延伸、转化，比如界分、义界、界定、连接、媒介等意义的生成。实际上，在东西方文化哲学认知中，界不仅是一般的界限尺度，还具有一种普遍性的范畴意义和逻辑工具价值。

一、界的范畴意义

深入地看，中国古代哲学的核心概念无不建立在界的运思基础上，界是中国古代儒释道诸学说的思想基础和思维基石。自伏羲一画开天地，易以阳爻"—"、阴爻"--"为始基，构制易理体系，黑格尔称"那些图形的意义是极抽象的范畴，是最纯粹的理智规定"（黑格尔，2009 年 d，第 131 页）。这个"最纯粹的理智规定"即以界为分、因界而立，生成了阴与阳、乾与坤等相对范畴，以此为基质演绎易经的繁复图谱。《道德经》有谓"道生一，一生二，二生三，三生万物"（第 42 章），道为《道德经》之核心；何为道？《周易》称"一阴一阳之谓道"，《道德经》称"万物负阴而抱阳"（第 42 章），故以《道德经》的全部思想亦是建立在阴、阳界分的思维基础上。《黄帝内经》的思想基础是阴阳离合论，它所运演的系列概念和施治方法，包括虚实、表里、顺逆、邪正、左右、彼我、过与不及等，也都在界的运思上对天、地、人给予辩证综观："夫人生于地，悬命于天，天地合气，命之曰人。……天有阴阳，人有十二节，天有寒暑，人有虚实。能经天地阴阳之化者，不失四时。"（姚春鹏，第 154 页）《周易参同契》融易、老、儒、阴阳五行及炼丹术，不只是道教金丹、气功理论之圭臬，亦是汇综古代各家学说之集成，开篇《乾坤易之门户章第一》即言："乾坤者，易之门户，众卦之父母。坎离匡郭，运毂正轴。"（刘国樑，第 2 页）是讲乾坤在坎离等六十四卦中的核心地位，全书以阴阳乾坤为基轴，以刚柔、寒暑、魂魄、往来、清浊、邪正、雌雄、喜怒、有无等概念的关系及其转换为核心，既突出事物界分之属性，也强调事物界分之"度"，诸如"期度""校度""推度""配位""轨""撰"等等，"阴阳为度，魂魄所居"（同上，第 116 页），"五行守界，不妄盈缩"（同上，第 93 页），以此推导天地人三者的关系机理。不仅如此，《周易参同契》在丹经学术里还加入了天干地支四季时辰诸因素，对"度"的界分十分细致，并上升为定则："土游于四季，守界定规矩。"（同上，第 63 页）

儒家思想盖以仁、义、礼、智、信为要义，尤以仁为核心，不同于易道学说对天地自然之形上属性的关注，它更强调人以及人与人的关系，仁及相关概念实则是一个有关"我"及"我与他"的问题，是人提升自身仁德修养、调理人际关系的问题，本质亦是一个界的问题。孔子说仁，谓曰"克己复礼为仁"，"子所不欲，勿施于人"；孟子称"老吾老，以及人之老；幼吾幼，以及人之幼"，谈论的本质均是个人仁德修养之界和人际关系之界的处置调适问题。不仅仁、义、礼、智、信诸概念如此，恕、忠、孝、悌等亦莫例外，皆以人与人际的界分关系为思想建构的内在逻辑。黑格尔称孔子"只是一个实际的世间智者，在他那里，思辨的哲学是一点也没有的——只有一些善良的、老练的、道德的教训，从里面我们不能获得什么特殊的东西"（黑格尔，2009 年 d，第 130 页），这说法显然是武断的，他对孔子学说的底层哲学逻辑未及深入考辨，对《周易·系辞》通篇"子曰：乾坤，其〈易〉之门邪"之类的思辨铺陈亦不了解。

佛学思想关于地狱法界、饿鬼法界、畜生法界、阿修罗法界、人法界、天法界、声闻法界、缘觉法界、菩萨法界、佛法界等十法界，以及生、住、异、灭四相说等，无不建立在有与无、色与空、圣与凡、常与无常等界的概念范畴之上。《坛经》论佛，谈及"蕴之与界，凡夫见二，智者了达其性无二，无二之性即是佛性"（尚荣，第 34 页），蕴指色蕴、受蕴、想蕴、行蕴、识蕴之五蕴；界指十八界，亦作"十八持"（同上，第 189 页），含六根、六境、六识（亦有六尘、六门、六识之说）合为十八种类，即十八界，显然是以"蕴"的差别与"界"的不同，来论及佛性可达的通融，以及佛性对差别的超越。惠能论及"二道相因，生中道义"时，明确告曰："设有人问：何名为暗？答云：明是因，暗是缘，明没即暗。以明显暗，以暗显明，来去相因，成中道义。余问悉皆如此。汝等于后传法，依此转相教授，勿失宗旨。"（同上，第 193 页）惠能此处论说"中道义"，亦是建立在明与暗、因与缘之"界对"之上。可以说，离开了有与无、色与空、圣与凡、因与缘、来与去、明与暗、常与无常等界的范畴基点，佛学的框架和体系便无以成立。

古希腊哲学表现了与中国儒释道不尽相同的概念范畴与认知方式。毕达哥拉斯学派认为数是万物的本原，以数为基点和万物构成原则，提出有限与无限、奇与偶、一与多、左与右、男与女（阳与阴）、静与动、直与曲、明与暗、善与恶、正与斜等十个相互关联又相互对立的范畴，以此建立毕达哥拉斯学派对世界的认知体系（亚里士多德，2009 年 b，第 15 页）。这十对范畴中，有限与无限、一与多是最基本的范畴，在此基础上延伸了左与右、善与恶、直与曲等，这与中国道儒思想显然有别，但在界的逻辑运思上不无相通。关于宇宙的范围，亚里士多德认为"宇宙的上部各方面都有界限"（亚里士多德，2009 年 a，第 276 页），在亚里士多德关于物理学、天象学、宇宙论、形而上学的理论演绎中，界与界限的问题始终是其范畴建构和逻辑论证的基轴。欧几里得《几何原本》开篇即谓："界者，一物之始终"，并进而指出："点为线之界，线为面之界，面为体之界，体不可为界。"（欧几里得，第 26 页）利玛窦在关于《几何原本》的中文译引中指出"几何"的本质是："几何家者，专察物之分限者也。"（同上，第 6 页）并强调量天地、制机巧、测景、造器乃至为国从政之"大道小道，无不藉几何之论以成其业者"的功用（同上，第 7—8 页）。欧几里得数论及哲学的逻辑运思明显建立在界的基点和关系之上，只不过阈于对空间的认知限度，欧几里得称"体不可为界"是有明显局限的——这样讲，可能有违徐光启对《几何原本》"不必疑，不必揣，不必试，不必改"的译训（同上，第 13 页）。"希腊精神就是尺度、明晰、目的，就在于给予各种形形色色的材料以限制，就在于把不可度量者与无限华美丰富者化为规定性和个体性。"（黑格尔，2009 年 d，第 178 页）黑格尔对希腊哲学的这一概括是贴切的，但他同时妄评"东方无尺度的实体的力量，通过了希腊精神，才达到了有尺度有限度的阶段"（同上，第 177—178 页），显然是错误的，黑格尔这里论及的东方是指中国哲学和印度哲学。

希伯来-犹太思想及基督教学说彰显了突出的神学性，其显著特征是在世界与人的两个基点上，创设至高无上的神——上帝，并以上帝为统纳，设立了上帝与世界之间的创世（creation）、上帝与人之间的天启（revelation），以及上帝主导下的人与世界之间的救赎（redemption）三种基本关系，以此形成一个形上与形下结合、经验与超验结合、基于现世又超越现世的神学思想体系。（参见刘洪一，1995 年，第 346 页）在这一神学体系的建构中，上帝与人的关系是核心，上帝与人之间界的设立与连接，蕴藏了犹太-基督教思想建构的关键奥秘。与人不同，上帝是自在永在（I AM WHO I AM）和无所不能的，因此对人而言，上帝的绝对性和超然神性毋庸置疑；人与神相对，要实现与神的连接，就必须"逾越"人神的界限，而逾越的唯一纽带来自上帝与人所订立的"约"（Covenant）。"约"在犹太-基督教思想中极其重要，"以色列存在的全部基础是建立在她同上帝的契约上"（见刘洪一，2004 年，第 185 页）。"约"的概念最早源于近中东地区的贸易交换，希伯来《圣经》将贸易契约转化为上帝与人的契约。犹太教作为典型的民族宗教，与上帝所订之约被严格规限在本民族之内，故希伯来《圣经》充斥着强烈的民族意识，希伯来（以色列）与异族间的界限格外明显，包括以戒律的形式规定不可崇拜异神、不可与外族通婚、严禁迁徙界址等。基督教与犹太教分离另立新约（New Covenant），作为普世性宗教，它完全淡化了族群的界限，强调的是以对上帝的信仰为标尺的"虔诚者"与"伪信者"的界分。但不管怎样，在犹太-基督教的神学体系中，上帝与人、人与人（本族与异族、虔诚者与伪信者）之间的关系，均以典型的界分思维设立和连接，界是其全部学说建构与推演之钤键。

这里，易道哲学采以阴阳为核心、形上与形下结合、思辨与感悟结合的天地人通观推演，儒家思想更多地集中于以仁为核心的人伦道德演化，佛学以有无、色空等为核心推演法界学说及其生命观，希腊哲学以数理为核心构建理性逻辑系统，希伯来-基督教思想则以超验上帝为核心，建构神圣与世俗、超验与经验结合的神人一统世界——这些不同的思想体系表征了从思辨到感悟、从数理推导到神学演绎等人类精神史上有代表性的思想方式和思想体系，但在思维认知的逻辑底层，令人惊奇地展现了相同的逻辑原理和运演原则，即均以界为其认知的逻辑起点和基本范畴，再以不同的概念形式和表述方式建构起各自的思想体系。

界作为思维认知与对象物的第一个交点，再集中不过地体现了"范畴"的本义，因为范畴（category）的原意即为种类、等级，是对世物类性与数量的界分定义，界的本质正是以对世界万物的初始性界分、基原性界定，呈显世界万物的差异性存在，并由此开启对万物的逻辑认知。显然，界的范畴不同于一般范畴，不同于有与无、存在与非存在、阴与阳、变与不变、一与多、有限与无限、质与量、时与空、名与实、质料与形式、同一与差别、善与恶、色与空、圣与凡、因与缘、常与无常等东西方哲学的那些基本范畴，在认知的逻辑序列上，界总比那些范畴早了一步，成为各类范畴的催生者、叫醒者，呈显了一种元范畴或"范畴中的范畴"意义。

概言之，界的元范畴意义首先体现于它在人类认知序列中扮演的逻辑启始功能。作为初始性的认知范畴，界在对世界万物的性与数、质与量做出最初的界分之后，世界万物的差异性和多样性才有了认知前提，人类不同的思想逻辑才有了序列的生发端点。"要找出哲学中的开端，是一桩困难的事……开端的方式，无论是这一个或那一个，都会遇到反驳。"（黑格尔，2009 年 a，第 51 页）尽管如此，黑格尔还是知难而上地去回答"必须用什么作科学的开端"这个出力不讨好的问题。沿着《精神现象学》的逻辑轨迹，他认为"本原应当也就是开端，那对于思维是首要的东西，对于思维过程也应当是最初的东西。……开端是逻辑的，因为它应当是在自由地、自为地有的思维原素中，在纯粹的知中造成的。"（同上，第52—53 页）在回答如何"在纯粹的知中造成"的问题时，黑格尔的辩证观值得称道："开端并不是纯无，而是某物要从它那里出来的一个无；所以有便已经包含在开端之中了。所以开端包含了有与无两者，是有与无的统一。"（同上，第59页）黑格尔的贡献在于他把有与无的统一作为哲学的开端，既充满辩证法，也从存在的源头去发现哲学的开端。但从哲学的认知序列而言，世界的有无显然已是哲学的认知规定，既不是逻辑序列的起点，更不是逻辑工具。有与无及两者的统一可被视为世界的最初存在和存在形式，但并非最初的逻辑本体，而是逻辑的运用、逻辑的对象和结果。故把逻辑的对象、结果当作逻辑工具，把哲学开端的对象等同于哲学开端，显然是一个混淆。但黑格尔的思维底层显示了哲学开端的位置所在，以及开端最初是如何发生的。

到了怀特海的过程哲学，他在讨论世界的"终极性范畴"时引入了"共在"与"创造性""多""一""同""异"几个概念，认为"'共在'是对任何一个现实机缘中各种实有以各种特殊方式结合'在一起'的通称。因此，'共在'要以'创造性''多''一''同''异'这些概念为前提。终极的形而上学原则就是从分到合的进展，创造出一个与那些以析取方式出现的实有不同的新颖的实有。新颖的实有是它在'共在'中发现的'多'，同时也是它在析取的'多'中留下的'一'，它是一个新颖的实有，它综合了以析取方式存在的多个实有。'多'生成了'一'，'一'又增进了'多'。按其本性这些实有是由析取之'多'走向合取的统一过程。这个终极性范畴代替了亚里士多德的'第一实体'范畴"（怀特海，第36页）。怀特海在"产生新颖的共在"这一动态的过程逻辑中去发现终极性范畴，较古典形而上学的形式推演是一个进步，但他认为"'创造性''多''一'是包含在'事物''存在''实有'这三个同义词的意义中的终极性概念。这三个概念构成终极性范畴，是其他更具体的范畴所依据的范畴"（怀特海，第35页），还是出现了逻辑偏差，他误将终极范畴的"所在处"当成了终极范畴——这个"所在处"就是怀特海所言的"创造性""多""一""同""异"诸概念的"在一起"。"多"与"一"、"同"与"异"倒是具有了终极范畴的潜质和构因,但还不是终极范畴本身,准确地讲是制造终极范畴的构件和通向终极范畴的台阶,而真正具有终极范畴意义的,是能够创生多与少、同与异的界分工具——界,界才是多少之母、同异之父。在这里,界与多少、同异的逻辑辈分是再清晰不过的了,与有无、多少、同异等范畴相比,界的逻辑起点显示了特有的初始性与唯一性、单一性与不可分性。

界的元范畴意义还体现于以界为始源基质,对一般范畴的构制和对自然秩序与人事认知的贯通发挥了关键的机理作用。范畴作为人类思维对世界万物的认知联结,核心在于对万物之性数、质量等基本属性、关系的判断。作为逻辑起点,界的基质禀赋着明晰边界、划定场域、界分类性、度量多少、建构关联、构制动变、调适平衡等机制功能,人类认知的一般范畴——从对混沌界分出最初的秩序开始,诸如有与无、一与多、时与空、变与不变、动与静、阴与阳、乾与坤、名与实等本体存在范畴,原因与结果、同一与多样、物质与精神、主体与客体、有限与无限、思维与存在、内容与形式等物质论、概念论、知识论、实践论范畴等,无论从感悟、神学、超验还是从理性、科学、经验等不同的立场和方法出发,无论建立于何样的认知界面,其构制与运作的逻辑底层都离不开界的根据、界的坐标和界的机制原理。

值得重视的是,界的秉性机理在自然秩序与人事认知的贯通联结及人文建构中发挥了根本作用。人在宇宙自然中的位置始终是人类思想的基本命题,人受自然统纳,但又不是一般的自然元素和自然形式,"人是自成一个等级、一个体系、一个类的,"(北京大学哲学系外国哲学史教研室，1963 年，第 575 页）消弭人与自然的间隔，在自然秩序与人事认知之间建立起贯通联结，既是哲学的题旨本义，也是人文建构的关键。作为逻辑认知的启始，界处于自然秩序的最前端，以界的否定-肯定方式使混沌走向万物共在的宇宙，本质是走向秩序。宇宙的古希腊语（kosmos）原意即为秩序（order），西方哲学的一个重要传统是将宇宙视为一个内在统一的系统，[1] 世界万物因秩序而获得联结与和谐，"宇宙本身只不过是一条生生不已的原因和结果构成的链条"（同上，第 595 页）。而且，秩序是宇宙的秩序，既充斥自然，又运行于人间；既致自然和谐，也使人事持衡。有了宇宙自然秩序的开启，人文建构才有了再创造的条件；有了自然秩序与人事认知的联通，才使哲学从天上来到人间，并从人间仰望星空。在这里，秩序是宇宙的经络，也是万物的纽带；是界的形制，也是界的逻辑——归根结底，界的秉性机理从宇宙基原上构制了秩序，并通过秩序贯通和联结了自然与人事。

中国哲学中宇宙概念的内涵不同于希腊哲学："往古来今谓之宙，四方上下谓之宇，道在其间，而莫知其所。"（《淮南子·齐俗训》）这里的"宙"与"宇"分别指的是空间与时间，是一个典型的界域概念，未上升为形上秩序，具有形上法则意涵的是运行其间的道。道的概念隐藏了中国哲学的核心奥秘，但道的后端还存有一个隐在的关键："人法地，地法天，天法道，道法自然"。（《道德经》第 25 章）自然在人、地、天、道四者相法的逻辑链接中处于序列的终端，呈显了逻辑运演的终极性；在以天、地、人为基本框架，以道为运行规则的世界结构中，自然对这一结构的要素和规则

---

［1］ Robert Frodeman 等曾发文《当哲学迷失了方向》（When Philosophy Lost Its Way），指出 19 世纪后期由于大学的制度化安排而导致了西方哲学对人文研究与自然研究的分离，并视之为哲学的迷失。参见 Soames，THE WORLD PHILOSOPHY MADE，PRINCETON UNIVERSITY PRESS，2019. p. ix.

实施了涵盖统纳，显示出绝对的统摄性；同时，自然既是人、地、天、道的终极原则，又是人、地、天、道的凭依、域限和实现路径，它无所不在、无始无终，呈现出弥散往复的循环性。在这里，自然与道的概念存有重叠："自然，盖道之绝称"；但又不尽同，相较而言，道的概念更具人文建构，且属"有物混成"，而自然更具基质本原意义："不知而然，亦非不然，万物皆然，不得不然。"（王利器，第433页）自然以其终极性、统摄性、循环性实施了对天地人与道的全然统纳，在此统纳下，自然秩序与人文设置成为一个整体，两者的贯通成为必然。通常情形下，中国古典文献多以道的辩证来论析自然之本质，特别是有无相生、阴阳互化的道原机理，更是精辟地揭示了自然的逻辑根本："道通其分也，其成也，毁也。……有乎生，有乎死，有乎出，有乎入，入出而无见其形，是谓天门。天门者，无有也，万物出乎无有。有不能以有为有，必出乎无有，而无有一无有。"（《庄子·庚桑楚》）这里讲述了道对成毁的界分合成，特别讲述了有无相生的基本原理，不仅揭示了自然之根本，更昭显了界在逻辑底层的关键运思。除了有无、阴阳等形上的界分，中国哲学最具人文建构的操作要数对天人的界分，"明于天人之分，则可谓至人矣"（《荀子·天论》）。天人之分作为中国哲学人文建构的逻辑主轴，既演绎了"无为""天地不仁"（《道德经》第5章）等素朴价值，也生发了"天地与我并生，而万物与我为一"（《庄子·齐物论》）、"万物皆一"（《庄子·德充符》）等丰富思想，通过天、地、人的分合转化，推衍出中国哲学丰富的内涵。天人的界分与连合是中国哲学人文建构的关键，也是自然秩序与人事认知联结的机枢。

　　同时，从逻辑认知的发生论看，界的元范畴意义还体现于在存在与意义的最初生成中，界发挥了关键的创造作用。界的创造本质是在混沌虚空中以界的否定实现创生的肯定，并以否定与肯定的统一实现存在与意义的生成。在存在与意义生成之前，各种学说——包括东西方神话、传说、哲学、神学、科学、玄学、神秘主义等等，本质上都是通过假设、寄托、缅想、推理等方式，预设超自然、前逻辑的造物者，预设宇宙本原与万物之肇因，诸如上帝、神、德穆革（Demiurge，意为"造物主"）、太一、道、无、虚空等等，现代科学则预设了宇宙爆炸奇点——通过诸种预设来开启万物存在与意义的诞生。问题的关键在于，这种对创造本原的终极预设本质上都是建立在超自然、前逻辑基础上的原始性假定，尽管后续的演绎充满了来自神学、哲学、科学等方面的缜密论证，并使原始性假定获得相应的逻辑自洽。但这种逻辑自洽只能是相对和暂时的，即使在封闭的神学体系内，稍加理性审视就不难遇见预设的矛盾，比如包括卡巴拉（Kabbalah）神秘主义在内的犹太教传统，就曾深刻地质疑为何"至善""全善"的上帝会创造邪恶，以致推导出上帝也是善恶矛盾的结合体——这种对上帝的质疑论辩成为一个犹太传统："犹太文献充满了悲伤和哀歌、怨诉与争辩，所有的异议都针对上帝对他的人民施以了不公平的待遇。"（Layther，p. xv）要消除神学预设与理性认知的抵牾，修复前逻辑假定与理性逻辑间的裂痕，就只能以重新设定上帝的初始完满来实现，这样"至善"的上帝便有了对反综合的矛盾属性，上帝也才得以合逻辑地发挥启始开端的作用。不难看出，在形形色色的超自然、前逻辑预设的逻辑底层，本质上都离不开界的关键作用，因为在宇宙自然与逻辑理性的原则基础上，只有界通过对混沌的介入才创造了存在的边界、意义的阈值。如果按亚里士多德所认为自然与人类的理性作用可被视为世界第一原理，那么界则是世界存在与意义诞生的第一创造工具。

这里潜存着一个尖锐的问题：界从何来？"界主"为何？这似乎不得不重新回到前述神话、传说、哲学、神学、科学、神秘主义等的种种假托与预设，因为通过对上帝、神、太一、道、空、无、奇点等超自然、前逻辑的原始性假定，宇宙本原与万物肇因的问题似乎就可以一蹴而就地解决了。界的逻辑显然不是这样。在自然与逻辑理性的框架下，界与自然、理性共在，并在与自然、理性的共在中表现出界的自在性和自主性，也就是说，只要万物自然与人类理性存在，界就是自在自主的，也可以说，界物一体，人界同在。至于界的有限性和宇宙的无限性问题，诸如笛卡儿把"无定限"（indefinitum）归结为人的理智无法理解的界限，本质上也离不开界的坐标参照，无限也是界限的特定标识和量度；而《淮南子》《文子》等所谓"朴至大者无形状，道至眇者无度量"的思想（参见《淮南子·齐俗训》《文子·自然》），显然是将朴、道归入了超验的前逻辑范畴。

界作为范畴中的范畴，其意义和作用贯通于文化哲学的全过程，界的认知功能和哲学语义大致包括本体论方面的：界1：界限、限制，界2：差异，界3：界域，界4：境界，界5：界别、领域，界6：端点、极，界7：界对、两仪、阴阳；认识论方面的：界8：界分、区分；界9：界定、界说、义界，界10：边界，界11：界线，界12：范围，界13：维度、向度；工具论实践论方面的：界14：限定，界15：界尺、尺度、标准，界16：界面，界17：视界，界18：界隔、离间，界19：关联、媒介，界20：接界，以及其他如界21：权界，界22：世界等诸多含义及演绎（参见刘洪一主编，第7—9页）。一个"界"字，蕴涵了本体存在的属性与现象、范畴与观念、结构与质量、关联与变化，也包含了认识与实践的方法与工具、维度与尺度等，几乎涵盖了哲学认知的全部范畴内容，在西方语言中很难找到一个对应的词汇与其直接转换。这不是偶然的，一方面体现了汉语言的特殊张力，另一方面根子还是在于界的元范畴基质秉性，因为"限制和界限属于本质之物"（费尔巴哈，第 113 页），界限与差异是世界万物的本质规定。界开启了认知世界的第一步和关键一步，在这个意义上可以说，界是世界万物的接生婆，是属性之父、量度之母。

二、界的逻辑工具价值

界在哲学认知中的意义和作用是贯通的、全方位的，其工具价值首先体现在作为认知事物的基准（criterion）和尺度（scale），界在事物的属性、量度、状态、关系等的规定中，在世界多样化和万物差异性的生成中，发挥了基础性的界尺作用，没有界这个基准尺度的存在和运行，世界就只能是混沌一片。

这里，界尺的基准工具意义不仅是量度的概念，更是质的规定性，是量度与质性的关联统一。"一切实有的东西都有一个尺度"（黑格尔，2009 年 d，第 362 页），黑格尔在论及实有的本质时指出："实有是规定了的；某物却有一个质，在质中它不仅被规定，而且被界限着；它的质就是它的界限，带着这种界限，起初它是肯定的、静止的实有。"（同上，第 125 页）这里明白地强调了界的界限尺度对万物实有的本质界定。不仅如此，黑格尔还发现"尺度是有之具体真理；因此许多民族把尺度当作某种神圣不可侵犯的事物来尊敬"（同上，第 357 页）。以界的界限尺度为基准，东西方哲学在认知宇宙万物时还有多种多样的深化演用，比如西方思想关于比率、比例的讨论，关于"由于比例而成为和谐的"思想（同上，第 167—266 页）等等，都是在界限的尺度内涵上对其工具价值做出的延伸和运用。

中国哲学的一个重要特征是以阴阳界分为基轴，通过阴阳、乾坤、善恶等对反范畴的界限——亦即尺度的运用，来表达对天地人的关联认知，以及对修身齐家治国平天下之经世思想的演用。马王堆汉墓出土帛书《经法》专章讨论"四度"问题，认为"规之内曰圆，矩之内曰方，悬之下曰正，水之上曰平。尺寸之度曰小大短长，权衡之称曰轻重不爽，斗石之量曰少多有数。八度者，用之稽也……王公执之以为天下正"（陈鼓应，第 115 页）。《经法》从规之圆、矩之方、悬之正、水之平、尺寸之短长、权衡之轻重诸方面，以中国哲学话语方式深入论及度的"用之稽"，也就是尺度的基准规则问题，天地人三稽之用各有不同，但稽的尺度基准意义是相通的，而"天下正"则为稽之用的至高目标。《经法》同时论及了法和法度的问题，本质上亦是在论述尺度的重要，认为"法度者，正之至也"（同上，第 71 页），这与《管子》所谓"法者，天下之程式也，万事之仪表也"（《管子·明法解》）不无类通。在这里，西方之尺度"规定性"和中国之尺度"用之稽"，虽然概念语境与表述方式不同，但都揭示了界的界分、界限是尺度生成和演用的基原根据，界尺在认知活动中起到本质性的基准工具作用。

界的元范畴意义和界尺的基准认知功能，决定了界的认知价值并不止于一般的工具范畴，而更上升为一种认知范式，一种系统性的认知机制和模型机理。界的范式以界的元范畴为逻辑起点，以界尺的基准工具为杠杆，以世界万物界分存在的基本性态有、无、合、变为转换机枢，形成有界认知、无界认知、合界认知、变界认知四种主要范式，通过有界、无界、合界、变界之"四界看世界"，建构一个辐辏会通、圆融循环、开放无限的认知机制，以达致对世界万物之绝对性、相对性、特定性和不定性的综合认知。

有界认知聚焦界的本体性含义界限与限制、差异、界域、边界、境界、端点与极、界对、两仪与阴阳、世界等，从世界万物的普遍有界性出发，以界为认知基点、逻辑起点和基本工具，揭示世界的本原本质是界分差异，界分差异是世界万物的本质规定，万物由界而生、界物一体在世界的启始、存在和演变中具有本质绝对性。

"一切事物都是有差异的，或者说：没有两个彼此等同的事物。"（黑格尔，2009b，第 43 页）从万物的开端来说，如前所言，界发挥了关键的创生作用，是界从混沌中制造出差异，将世界万物创制区分开来。当然，界分差异的最初生成有其特定机理机制，界的机理本质上是一个无与有、同与异、本与他的关联运动，"开始的东西，既是已经有，但同样是还没有。所以有与无这两个对立物就在开端中合而为一了；或者说，开端是两者无区别的统一"（黑格尔，2009a，第 59 页）。这里很清楚地表明事物差异的对立统一是开端生成之关键。界的对立统一秉性意味着自开端起，界既是世界多样化的制造者，也是万物对立及其生命力的创造者。界分差异作为世界万物存续的基本原理，从形下物质到形上观念，从时空质量到结构能量，只要宇宙万物是一种差异化的存在而非无差异的混沌，那么万物以界分为根据、以界限为依存、以界域为依托的原则就不会失效，世界以界为本、万物界分差异的普遍性、恒定性、本质性就不会改变。

有界认知以有的肯定形式出现，以界的否定形式完成，在对事物的限定性否定中实现对事物存在与属性的义界，所以有界认知之否定实际上包含了对存在与意义的肯定，在有界认知的逻辑底层蕴涵了一个否定-肯定相统一的辨证机理。

与有界认知不同，无界认知聚焦万物差异的生成方式和对立辅成关系，认知万物界分差异的衔接缓冲和有界-无界的存在状况，指向世界万物既相互分离又相互依存、既本质差异又辅成过渡的关联机理，揭示世界万物本质差异的相对性。

无界认知在有界认知的基础上，首先揭示世界万物的本质差异是以对立辅成的方式生成，事物的本质差异性建立在对立辅成的关联域场（realm）上，差异物之间异质吸补、互为对成。《道德经》有谓"万物负阴而抱阳，冲气以为和"，《周易参同契》有称"物无阴阳，违天背无"，又谓"雄不独处，雌不孤居"，并且明言"阴阳闭塞，万物不生"（刘国樑，第 139、150、108 页）。希腊哲学家用另一种方式表达有关世界的"对成"思想："恩培多克勒该是第一个将动因分为相异而相对的两个来源……留基伯与他的同门德谟克利特以'空'与'实'为元素，他们举'实'为'是'，举'空'为'无是'；他们并谓是既不离于无是，故当空不逾实，实不逾空；他们以此为万有的物因。"（亚里士多德，2009 年 b，第 13 页）至于毕达哥拉斯学派关于有限和无限、奇和偶、一和多、右和左、阳和阴等的"十对原理"影响更为广泛。东西方哲学对世界万物本质差异的对立辅成原理有不同的表述，但潜含了相通的逻辑运思，在此认知下，物性边界得到了消解，"实在永远是一种渗透，或者是同和异的合流：同和异相互渗透而叠嵌在一起。……这个宇宙的各个部分和它邻近的部分在多重方向里紧密交叉，因而这些部分之间无论哪里都没有明显的分界"（威廉·詹姆士，第 140—141 页）。

无界认知特别关注万物差异辅成的内在关联和关联方式，也就是万物有界-无界的存在状况和机理机制。万物互为界限且各有边界，并形成各自的范围、领域，这是万物构制的基本原理，万物存在与运行均离不开这一基本的逻辑图谱。万物既以界分、界隔（separate）、离间（alienate）为区分，更以关联（correlation）、接界

（border）为连接，从而形成一个对立统一的域场（realm），否则便丧失了存在的凭依，万物生息、动变的奥秘即隐藏于这一机理框架。问题的关键在于事物间的相互界限及由此关联的边界调整，它不仅决定了事物存在的性数质量，而且嵌含了万物差异的关联准则和行动原则。

差异性排他（exclusive law）是万物存在的一种基本原则，这是由世界的多样化和万物的差异性本质所决定的。差异物之间在一般属性上有时体现为一种绝对的对反，事物间以相互排斥的关系出现，彼此是一种根本性的逻辑否定，比如阴阳、天地、昼夜、水火、干湿、冷热等等，在此类排他对反中，相关对反物的否定关联是世界构制的逻辑基轴，缺失了基轴的一端也就失去了构制世界的维度，有佛学理论称之为抗争性因果关系："正相反对的部分不但在逻辑上相否定，而且是对方的抗争对手。正确地说，这根本不属于背反项（Anti-phasis）的逻辑矛盾，它可以称之为抗争性的因果关系（Contrapugnating Causalty）。这种情况下，争斗的两方将对方逐出各自的领域。"（舍尔巴茨基，第485页）在这种抗争性的争斗中，双方的目标都是消灭对方，或将对方逐出自己的界域。

而万物差异性存在的通常状态是建立必要的缓冲过渡，呈显的一般原则是纠缠原理（law of entanglement）。任何差异物的存在有赖于在相关对反物之间建立起联通的媒介，使对反的否定呈现为有缓冲、有过渡、可存续的逻辑秩序和自然价值。在差异化的对反物之间，界的媒介（medium）起到关键作用，它不仅联结对反物，还调解矛盾、调适力量平衡，"在两个极端之间有一个中间者是必要的，它是自然万物的真正的作用因，这作用因不仅具有外部的，而且具有内部的性质"（布鲁诺，第48页）。界的媒介意义已不止于势力范围的裁判，而更具本质的规定，黑格尔的"异在"

（Anderssein）概念间接地表明了界的媒介价值："异在在此处已不复是质的东西，也不复是规定性和限度，而是在本质内，在自身联系的本质内，所以否定性同时就作为联系、差别、设定的存在、中介的存在而出现。"（黑格尔，2009 年 c，第 251 页）从根本上讲，界的媒介缓冲机制是世界差异化存在的必然要求——有了缓冲的调适，才能弥补差异的断裂，差异化存在才是一个常态的存在，世界的多样化价值才能得以实现。

合界认知聚焦世界万物差异、界限、界域的本体，突破界别、领域、义界、边界的限制，整合不同的认知维度、向度（dimension）、界尺、标准（rule, scale）、视界（visual field, horizon），即通过对各种界限的突破、融通、综合和重构，达致对事物交互性的整合认知。合界认知以有界认知和无界认知为基础，但并非两者的简单叠加。合界认知设定有界-无界共在、融通界限之界限的思维程序，从对事物有界否定的差异绝对性与无界否定之否定的差异相对性的统一中，从对事物不同界域、不同维度的交互认知中，界定事物的特质存在及其特定属性。

中国古代哲学蕴涵了某些典型的合界认知思维运作，《周易·系辞上》曾有"参伍以变，错综其数"之论："《易》有圣人之道四焉，以言者尚其辞，以动者尚其变，以制器者尚其象，以卜筮者尚其占。……参伍以变，错综其数。通其变，遂成天下之文；极其数，遂定天下之象。"这里是说以圣人四道"辞""变""象""占"之法，相互转换配合，才能得出神通的结论。马王堆汉墓出土帛书《十大经》有载："昔者黄宗，质始好信，作自为象，方四面，傅一心，四达自中，前参后参，左参右参，践位履参，是以能为天下宗。"（陈鼓应，第 196 页）此处叙说黄帝前后左右有四方目，四面达观会于一心，多方反复、相互参照，取象于天、取度于地、取法于人，这是黄帝"能为天下宗"的原因。《韩非子·八经》有曰："参伍之道：行参以谋多，揆伍以责失。"《淮南子·泰族训》亦曰："昔者五帝、三王之莅政施教，必用参五。何谓参五？仰取象于天，俯取度于地，中取法于人。"古代哲学"参伍以变""四达自中"，以及取象、度、法于天、地、人等思想，都在一定程度上体现了合界思维的思想特征。

战国时期著名辩士公孙龙所谓"坚白论"，实则潜含了不同凡响的思维转换。"坚白论"以"坚、白、石三"为论题，以主客答问形式就石的触觉"坚"与石的视觉"白"的不同属性和如何认知展开讨论，所论"离坚白"提出一个重要的思想："得其白，得其坚，见与不见离。——不相盈，故离。离也者，藏也。"（《公孙龙子·坚白论》）这里隐含了两个层面的逻辑：一是物性本体的，存在着离与藏的根本关联，离者分离、界分；藏者隐藏，实则有关联、包含之意，且是"自藏"，说明了一物多性的问题；二是认知层面的，即"得其白"或"得其坚"，是由于"见与不见"的分离，即是事物的不同属性因触觉和视觉两种不同认知方式而疏离，而"目不能坚，手不能白"，"力与知果不若，因是"（《公孙龙子·坚白论》）的客主问答，不约而同地强调了认知的方式不同则结果必然有异的逻辑。这里客主之间逻辑路径不同、论点有异，但对事物属性的离、藏关联以及不同认知方式之认知功能的界分，是一致相通的。后有墨家对公孙龙"离坚白"进行针对性反驳，认为同一块石头必然兼具既坚且白的两种属性，提出与"离坚白"完全相左的"坚白相盈"说（孙怡让，第 363 页），认为只有"坚异处不相盈"（同上，第 344 页），即两块不同的石头才可能导致坚白的分离。但无论"坚白相离"还是"坚白相盈"，在其运思的逻辑底层都揭示了事物属性的多样性和单一认知的局限性，其间运行的合界思维是根本相通的。

一把尺子量不完丰富的世界。合界认知意味着一种突破了界限的界限、实现界限融通的逻辑路径和思想方式，它以尺度交互为特点构制了一种认知的通用工具。尺度的交互类似于黑格尔所论"尺度的联合"，不同尺度的相互关联对认知事物的本质发挥着重要作用："尺度被规定为诸尺度的关系，这些尺度构成有区别的、独立的某物的质，用更熟习的话来说，构成事物的质。"（黑格尔，2009年a，第379页）尺度交互是以不同的逻辑维度对事物属性加以交互认知，体现了不同标尺法则的共用。《黄帝四经·经法》通论自然与社会，《论》第六提出"七法"作为"物各合于道，谓之理"的准则，七法包括"明以正者，天之道也。适者，天度也。信者，天之期也。极而反者，天之性也。必者，天之命也。顺正者，天之稽也。有常者，天之所以为物命也。"（参见陈鼓应，第130—131页）此处所论七法，是以"合道""合理"为总纲，从七个不同维度做出认知判断。至于《经法》所论国家治理"六枋"之术，就更具直接的工具意义了，这"六枋"（亦称"六柄"）分别是"观""论""动"、"抟"（专）、"变""化"，（同上，第138页）各有特定的要求。《尹文子》曾对不同尺度的不同功用做深入论证，特别强调了"百度归一""皆准于法"的思想。（黄克剑，第147页）

同时，合界认知还意味着一种认知价值——一种以界限融通为思维特征，以尺度交互为思想工具的价值集约，这种价值集约不仅集合事物不同维度的整体信息以增进认知的可靠，且在尺度交互的逻辑坐标中，在对事物共性与差异性的统一中，确定事物的特质存在和特定性。亚里士多德提出过"全""共"两个重要概念，并在"全"与"共"的命意下讨论了"属内的差异"和"质别"的问题——也就是属下特殊事物或事物的特定性问题，他提出"那些事物称为'于属有别'者，（一）其切身底层不同，一事物的底层不能析为别一事物的底层，亦不能将两事物的底层析成同一事物，例如通式与物质'于属有别'；以及（二）事物隶于实是之不同范畴者；事物之所以成其为事物者，或由怎是，或由素质，或由上所曾分别述及的其他范畴。"（亚里士多德，2009 年 b，第 129 页）亚氏的这一观点显示了在"全""共"概念下，从不同方式（怎是）、不同质量（或素质）、不同范畴去认识"事物之所以成其为事物者"的综合原则，体现了类通于合界认知的思想逻辑和价值集约。

变化的世界需要变化的工具和变化的尺度。变界认知聚焦事物之界限、界域、边界及关联、接界的变化，也就是聚焦事物存在与发展的动变本质，以界的维度（dimension，interface）、界尺标准等的融通变转，认知万物属性义界之变，认知万物自然禀赋的不定性特征。变界认知的逻辑秩序建立在认知界域、认知维度和尺度标准的变化转换上，即在不定的世界面前，变界认知与认知对象之间形成自然洽同的应变机制，以界域、维度、界尺的随机调适和自觉变换，回应万物的复杂性、不定性。

变界认知明显蕴涵了东方哲学之辨证与感悟、形上与形下结合的运思特征，并与西方哲学的逻辑推演融通转换。《周易·系辞上》显示的是典型的东方式认知："生生之谓易，成象之谓乾，效法之谓坤。极数知来之谓占，通变之谓事，阴阳不测之谓神。"这里表述的是一种既抽象又具象、既明晰又含混的思想认知。

公孙龙《通变论》所述"二无一""青以白非黄"的思想虽然局限于概念"名"的范畴推演，但揭示了事物"相与"必然通变的基本规律，以及在名与实的关联内涵上出现的变化，其间隐含了认知运思的变转。与中国式认知明显有别，维特根斯坦关于哲学目的的论述表达了西方式认知特点："哲学的目的是从逻辑上澄清思想。

没有哲学，思想就会模糊不清：哲学应该是思想清晰，并且为思想划定明确的界限。"（维特根斯坦，第 48 页）《两界书》借道先、约先、仁先、法先、空先、异先六位先贤之口，从感悟与理性、信仰与逻辑、思辨与怀疑等不同的思想方向，围绕"何为人""生而为何""善恶何报""来世何来"等本原问题进行讨论，参伍论辩、错综其义，其中异先之异论是一种不同寻常的批判怀疑思维，所论"世上无物有恒，恒皆为表，异则为本。异以恒表，恒以异终"的思想（士尔，第 312 页），显然是对世界未知性、不定性的一种表述。

变界认知的根本意义在于，在对世界万物不定性的认知中呈现出确定性的认知价值，显示人类在世界不定性面前的生命态度，而顺道合度集中体现了变界认知的价值要求。道者，天地大道，一阴一阳之谓道；度者，法度，尺度，事物之性数与质量的逻辑规则，世界万物动变运行的调适准绳。顺道合度即顺应天道、循法执度、合乎自然，协和人与万物在阴阳两仪、对辅两界应处的位置，于人而言，就是在世界的定与不定的动变游移面前，应确定持有的生命价值。《周易·系辞上》有言："是故形而上者谓之道，形而下者谓之器。化而裁之谓之变，推而行之谓之通，举而错（措）之天下之民谓之事业。"变界认知以认知界域与认知维度的变通为机枢，通过以变致通、以通化变的致用指归，来达到"举而措之天下之民"的事业人德。

这里，变界认知的思维变转与逻辑指向是清晰明确的：首先是通过思维边界的融通变换，即以多维变换的合适工具自然洽同地对接认知对象，杜绝一刀切的强制；其次是通过思维指向的弹性变换，适应万物化异的维度扭曲，在事物的变异与不定中确立明确的事业准则和人德价值，从而接近世界真理和生命意义。所以在变界认知中，世界的不定性是一种定性：不定性不是虚空，而是实在；

不是困顿，而是选择；不是鬼怪，而是自然——也就是说，变界认知的范式意义最集中地体现在通过对不定性的认知，呈现出确定性的价值准则。

三、界的发现及意义

首先是界在逻辑认知中的根基性特征，界作为范畴中的范畴、元范畴，明确地厘定出逻辑的起点，并在逻辑底层找到东西方哲学的根本会通。界的独特认知价值在于，界先于有与无、一与多、有限与无限、阴与阳、乾与坤、名与实、质与量、时与空、变与不变、同一与差别、善与恶、色与空、圣与凡、常与无常等东西方思想文化的认知范畴，对世界万物进行的是一种初始性界分和基质性界定，由此开启人类思想认知的逻辑序列；以界为基轴，各种思想认知体系得以构制，尽管采用了不同的概念范畴、结构形态、推演方式和价值指向，但在认知的逻辑底层无不以界为逻辑起点，蕴涵了相通的认知原理和逻辑秩序，并实现了多样化的意义生成。在这里，界成为东西方不同思维方式、思想体系共通的逻辑规定，成为东西方哲学的共通根基。

其次，界在思想认知中呈显出基本的原理性特征，以及普适性基准工具的机理功用。界最早来到混沌面前，对事物的性数、质量、关系、状态等基本问题做出初始的界分、限定和义界，与世界同生死，与万物共存亡。以界的介入为开端，以世界万物的界分差异为机理，以万物有、无、合、变的基本性状及其相互变转为认知维度和认知机制，聚焦世界万物之绝对性、相对性、特定性与不定性，构制出一个系统化的逻辑秩序和原理图谱，界对这一秩序原理的揭示不仅体现为认知世界的原则，也体现为普适性的基准工具，亚里士多德曾把哲学分成"第一哲学"和"次于'第一哲学'的哲学"，认为研究有的本身及其秉性的学问为第一哲学，其他各种科学都不是一般地讨论有本身，例如数学就是割取了有的一部分研究这个部分的属性（参见北京大学哲学系外国哲学史教研室，第234、237页）。亚里士多德对哲学与科学的层级之分，建立在以有为本、有下有种、种下有属的逻辑序列上，对后世产生深远影响，怀特海创设的"层论"（Stratalism）概念虽然建基于过程本体论（Dziadkowiec，2017，pp. 109-121），但与古希腊的层级学说不无关联。界的原理及基准工具功用不仅体现了亚里士多德所谓第一哲学特征，甚至还前于"有"的存在，体现了一种"前第一哲学"特点，因为如果没有界的诞生，没有界对性类与质量的最初定义，也就失去了一切逻辑推演的基础。

再者，界在思想认知中呈显了突出的融通性特征，并在融通创造中实现中国话语的一种本质构建。首先是界对东西方认知范畴的融会统纳。范畴作为东西方哲学的基本工具，因体系话语不同而呈现为不同的概念表述，但在概念表述的差异中却同样呈现了范畴构制的对辅特征，即在初始性的范畴生成中，范畴常常是以两者关联的对辅形制出现，对辅的范畴之间具有孪生与对反的双重属性，这种对辅形制建基于界的否定-肯定相统一的逻辑机理，所以界对东西方范畴的融通不是范畴形式的比附嫁接，而是范畴的结构形制及其内在逻辑机理和认知机制的融通。其次是在界的原理与算法的统纳下，东西方思想的逻辑秩序实现了超越性对接。界的原理性与普适基准工具功用，体现在界的认知实践上形成了一整套系统化的认知原则、逻辑模型，特别是以界这一东西方思想的根基会通为逻辑起点，以界的原理与工具为认知原则和标尺，以有、无、合、变万物存在发展的四种基本性态及其相互关联为基轴，构制了有界认知、无界认知、合界认知、变界认知的认知秩序和范式模型，在"四界认知"的思维底层和机理机制中，东西方哲学的逻辑秩序得以有机对接，并在对接中实现升华超越。

在界对东西方认知范畴的融会统纳和逻辑秩序的超越性对接中，汉字"界"所禀赋的独特语义与哲学内涵发挥了不可替代的作用。界在汉字文化语境下因禀赋了空间之范围、阈值、限度等的标识意义而生发出界分万物大小与类性的认知功能和形上工具价值；又因界在认知世界时无处不在地触及和构制了万物存在之本体与本质、发生与结构、类性与质量、关联与动变等层面的逻辑秩序，从而扮演了一种通用和无所不在的认知功能。汉字界呈现了一种独有的哲学意义与认知张力，特别是界对哲学范畴及逻辑秩序的高度统纳，不仅显示了中国语言和哲学文化独有的丰富内涵和宝贵价值，而且典范地表征了在东西方文化哲学认知体系的融通与创造中，中国话语实现了一种本质性的构建与彰显。界的范畴意义与工具价值的发掘，体现了一种源于中国文化根基，以华夏运思为机理基轴，以东西融通为辐辏机制的普适性思想认知，从界的源头和本根出发，通过对范畴起点、底层逻辑、基准工具的发现创造，一方面寄望从思想深层寻找回应人类面临空前挑战的方法路径，用以修复和克服轴心时代以降日趋严重的思想分裂，消弭盲人摸象的偏执，以认知共同体去建构智慧共同体和人类命运共同体；另一方面也对重新审视世界哲学版图的坐标与构制，推动西方哲学中国化和中国哲学世界化，做出一项基础性的抛砖讨论。

参考文献

古籍：《道德经》《周易》《论语》《孟子》《淮南子》《庄子》《荀子》《文子》《管子》《韩非子》《公孙龙子》《墨子》《尹文子》等。

班固，2011 年：《汉书》，颜师古注，中华书局。

北京大学哲学系外国哲学史教研室，1961 年：《古希腊罗马哲学》，商务印书馆。

1963 年：《十八世纪法国哲学》，商务印书馆。

布鲁诺，2009 年：《论原因、本原与太一》，汤侠声译，商务印书馆。

陈鼓应，2016 年：《黄帝四经今注今译——马王堆汉墓出土帛书》，商务印书馆。

范晔，2011 年：《后汉书》，李贤等注，中华书局。

费尔巴哈，2009 年：《对莱布尼茨哲学的叙述、分析和批判》，涂纪亮译，商务印书馆。

黑格尔，2009 年 a：《逻辑学》上卷，杨一之译，商务印书馆。

2009 年 b：《逻辑学》下卷，杨一之译，商务印书馆。

2009 年 c：《小逻辑》，贺麟译，商务印书馆。

2009 年 d：《哲学史讲演录》，贺麟、王太庆译，商务印书馆。

怀特海，2011 年：《过程与实在》，李步楼译，商务印书馆。

黄克剑，2012 年：《公孙龙子（外三种）》，中华书局。

焦循，1987 年：《孟子正义》，沈文倬点校，中华书局。

刘国樑，2014 年：《新译周易参同契》，黄沛荣校阅，三民书局。

刘洪一，1995 年：《犹太精神》，南京大学出版社。

2004 年：《犹太文化要义》，商务印书馆。

罗素，2009 年：《西方哲学史》上卷、下卷，何兆武、李约瑟译，商务印书馆。

欧几里得，2011 年：《几何原本》，徐光启译，王红霞点校，上海古籍出版社。

尚荣，2013 年：《坛经》，中华书局。

舍尔巴茨基，2009 年：《佛教逻辑》，宋立道、舒晓炜译，商务印书馆。

士尔，2017 年：《两界书》，商务印书馆。

斯宾诺莎，2009 年：《笛卡儿哲学原理》，王荫庭、洪汉鼎译，商务印书馆。

孙怡让，2001 年：《墨子闲诂》，孙启治点校，中华书局。

王利器，2000 年：《文子疏义》，中华书局。

王先谦，2018 年：《荀子集解》，沈啸寰、王星贤点校，中华书局。

威廉·詹姆士，2009 年：《多元的宇宙》，吴棠译，商务印书馆。

维特根斯坦，2009 年：《逻辑哲学论》，贺绍甲译，商务印书馆。

萧统，2000 年：《昭明文选》，华夏出版社。

亚里士多德，2009 年 a：《天象论　宇宙论》，吴寿彭译，商务印书馆。

2009 年 b：《形而上学》，吴寿彭译，商务印书馆。

姚春鹏，2012 年：《黄帝内经》，中华书局。

Dziadkowiec, Jakub and Lamza, Eukasz. , 2017, *Beyond Whitehead：Recent Advances in Process Thought*，Lanham，Bouldere，New York，London：Lexington Books.

Layther, Anson. , 1990, *Arguing with God：A Jewish Tradition*，Northvale，New Jersey，London：Jason Aronson Inc.

Silberstein, Laurence J. and Cohn. , Robert L. , 1994, *The Other in Jewish Thought and History*，*Constructions of Jewish Culture and Identity*，New York & London：New York University Press.

Soames，Scott. , 2019, *The World Philosophy Made*，Princelon & Xford：Princeton University Press.

刘洪一

深圳大学文科资深教授

中国比较文学学会副会长

本文原载《哲学研究》2021 年 11 期，收录本书有改动

《两界书》与人类文明

《两界书》：一本兼容东西文化价值的奇书

（美国）顾明栋

在 1973 年冷战尚在进行之时，20 世纪最睿智博学的历史学家和历史哲学家阿诺德·约瑟夫·汤因比指出，除非地球上差异巨大的文化、传统和文明很快融合成一体，生活在这个技术发达世界的人类可能以自杀式的方式走向毁灭。他还认为，全球统一需要建立在精神统一之上，也就是说人类需要找到一个共同的精神信仰作为统一的精神黏合剂，以此把各个种族和国家的人联合到一起。在谈论这种可能的黏合剂时，汤因比高度重视以儒家思想为内核的中华文化。士尔先生新近出版的《两界书》（商务印书馆，2017 年）则给这种精神黏合剂中添加了新的元素。以中华文化资源为经、以其他文化和传统的知识资源为纬，分析了世界之源和人性之本，剖析了人类社会的过去、现在和将来，并雄心勃勃地尝试把世界上主要的文化遗产为人类编织成一本普世史诗。这部史诗有望成为我们这个时代的现代经典。

该书在诸多方面都配得上"奇书"之称。刚拿到书时，吸引我的不是它的内容而是它的形式。在浏览该书时，我一直在想：这是一本什么样的书呢？学术专著抑或文学创作？我知道士尔先生是一个学者，自然会认为这一定是本学术著作。出乎意料的是，该书其实是一本文学创作，包含一百多个相互联系的神话、传说、故事和民歌，富有想象力地叙述了人类文明的演化。在书的开篇，一个叫士尔的人类学家在中国偏远的西部做田野调查，在调查的过程中他突然产生一种类似于宗教启示和禅宗顿悟的奇特体验，并被一股神奇的力量裹挟着穿越时空游历了美索不达米亚、埃及、巴比伦、印度、中国、以色列和希腊。这次奇异的旅行之后，他再次经历一次奇特的体验，这次体验向他揭示了笼罩人类的秘密。这两次富有启示意义的经历带来解释人类秘密的钥匙，整本书即产生于此。这把钥匙用中文汉字写出来就是：两界（可译成英文的"two worlds""two dimensions""two realms""two spheres"等等）。在这里我想花点儿时间谈谈书名的翻译。依我之见，该书包含一系列二元世界：天界地界、时界空界、生界死界，以及多个异质维度：物界心界、灵界肉界、善界恶界、神界俗界等等，它们以二元对立和相互补充的方式错综复杂地缠绕在一起，因此该书不妨译为"The Book of Worlds in Bi-Polar Complementarity"。

谈完该书源于文学创作之后，我得说明，这只是它两极形式的一方面。它不仅仅是一本文学著作，同时还是一本学术著作，精心构思，周密研究，以言简意赅、文白相间的文体表述和文本形态模糊了哲学和文学之界限，跨越传统的文体和文风。正如在前记结尾所讲："天启为导、文献为据，生历为验、凡心问道，或辨析梳理，或检索列序，士尔一一据实辑录，秘奥难解之处亦不遗漏"。作为创作，该书兼具现实主义、荒诞主义、超现实主义、荒诞现实主义和后现代主义的特点。在列举上述多种鲜明的特征后，我有充足的理由认为，该书说到底值得被称为"奇书"。

以上论述只能回答该书到底是学术专著还是文学创作的表面问

题，其内在情况则远复杂于此。在思想意识上，该书可以哲学思考和宗教启示的方式阅读。在文体上，该书可视为神话、传说、魔幻现实故事甚至科幻作品的文集。作为规范的学术著作，该书涉猎众多人文和社会科学，包括历史学、人类学、考古学、语言学、艺术学、美学、经济学、政治学，甚至生物学和进化论。此外，该书还可做参考书，有索引和插图目录供方便查找及使用。作为人生和生活指导，该书可作为自我修炼提高的手册来阅读。作为跨文化研究，该书涵盖东西方文化，包括东方的思想流派如儒家、道家、佛学和伊斯兰教以及西方的宗教如犹太教、基督教和希腊多神教。该书最不同寻常之处是，作者采用大量的知识和文化素材，熟练地将这些素材整合成一个统一的主题，然后令人信服地表述出来，并以这种整合为结构建立了一个条理清晰的体系。譬如，在《开天辟地》这一章，其巧妙编造的叙述就从东西方传统中获取了灵感和素材。

除了在文本形态和文体形式上与众不同之外，该书因其辽阔的广度和深远的视野在内容上则更为令人称奇。就内容而言，该书的中心主题是什么呢？读完此书，我认为该书的主题内核由几个关键思想组成。首先，它创造性地综合了有关创世的神话和传说。在卷一的卷首语中，作者提出那个终极但无解的问题："世界从何而来？""世界的源头在哪里？"之后各章富有想象力地描述了古代文明中有关创世的主要神话和传说。本部分最富独创性的是，作者把西方的创世神话和中国道家的宇宙发生论和宇宙观很有想象力地融合在一起。就我们所知，西方有关创世的神话一直建立在人格神之上，然而道家的宇宙发生论则是建立于自我生成的虚无之上的哲学表述。经过作者巧妙的转换，有关创世的描述既不是基督教的也不是道教的，它也不源于任何特定文化，而是从作者所吸收全部文化素材中诞生出来的一个新的创世神话。其次，它传达了人类生存的哲学愿景，这一愿景也在高更带有法语标题的名画之中表述过：*D'où Venons Nous/Que Sommes Nous/Où Allons Nous*（我们从哪里来？我们是谁？我们去哪里?)。高更的油画是带有寓意的视觉表达，士尔先生的著作则是有着相似思想、视野和思考的言语表达。在卷二的卷首语中，作者提出这些问题："人类如何起源？人类从何而来?"把这两个问题作为主线，卷二对人类如何形成做了新的描述。已有关于造人的描述包括神创论、达尔文的进化论、现代基因理论以及外星人创造论，该书的描述与这些都不同，它没有把自己限制在某种特定的造人论中，而是提出一种新的观点，关注人类为何被创造、人类与宇宙其他诸多动植物区别何在、人类在这个世界的使命是什么。此外，该书还探索人类为何分为男女两性、两种性别如何产生以及两种性别间的关系。还有，该书提出一个有意思的想法，把人分为三个阶段："初人""中人"和"终人"。卷二专注于前两个阶段，而把第三个阶段留待将来去探寻。在之后各章中，作者富有想象力地分析了人类面临的根本问题。卷三试图从神话、哲学、宗教和科学多个视角回答为何存在生死的问题。卷四集中于民族和种族，试图回答人类为何在肤色、面部特征、语言、习俗和生活习惯方面存在差异的问题。卷五研究宗教的起源和本质以及宗教如何对人类社会的进化产生影响。卷六分析战争和人类冲突的起因，并把这些因素归结为两类：物质方面的原因和精神方面的原因。就人类冲突原因的形式而言，有两种形式：内部冲突和外部冲突，两者经常微妙地纠缠在一起。卷七集中于人类文明的进化，特别关注诸如婚姻系统、传统与调控、风俗习惯等人类制度以及家庭和社会的管理方式。卷八研究社会契约的起源以及人类关系及互动的不同形式。卷九探查人类通过物质提升的方式所取得的发展，探索物质发展与情感、智力及精神发展的联系。卷十集中于政治教育和道德修养，揭示了它们如何起到完善人格和规范家庭、社会的作用。卷十一试图回答关涉人类的两个终极问题：因个体生命注定要终结，人类能永存吗？人类最终会走向何方？卷十二是本书的最后部分也是总结部分，总揽本书所探究的全部问题，尝试最后一次思考生存的意义、生命的本质以及人类的未来。

上述主题式的概括可能会给读者一个印象，认为该书无异于其他跨文化哲学家和思想家所写的著作。这一印象部分正确。正如我在本书评的第一部分所指出的，该书既是学术著作也是文学创作。毫无疑问，这是一本学术著作，但不是以抽象论证的方式展示，而是以神话、传说、寓言、故事、历史小说的形式富有想象力地描述。在这一点上，该书让我想起道家鼻祖庄子的著作。《庄子》被普遍认为是中国传统中建立道家学派的奠基之作。在介绍深奥哲学思想时，庄子不用现代哲学家普遍偏爱的抽象语言，而是用神话、传说、寓言以及文学轶事来阐释他深刻的、多数情况下神秘莫测的思想。阅读士尔教授的书，我想说他采用了一个类似的方法，当然是在进行一项不同的工程。庄子在建立他的道家思想体系时使用了一种创造性的语言，士尔教授则用一种史诗语言对人类的起源、文明的演化以及诸如世界观、生命意义、人类命运和未来等哲学问题进行学术研究。事实上，全书构建了一个"Weltanschauung"，但它不是"特定的哲学或生命观"，也不是"个体或群体的世界观"，正如这个德语单词所定义的，它是一个从世界文化众多根源中衍生、建立在东西哲学思想和宗教信仰之上的世界观。除此之外，作者自创的思想也是该书的特色。鉴于其独有的特色，该书兼具学术思考和文学创作的优点。总而言之，品读该书之时读者绝不会对其学术探究产生索然无趣之感。

作为一本创新著作，该书对我们这个因全球化和快速技术革命所带来种种危机而困扰的时代意义非凡。随着冷战的结束，我们目睹了一股离心之力。这股力量刺激不同的国家、地区、民族和精神信仰卷入冲突、斗争甚至热战，以亨廷顿提出、颇具争议的所谓"文明冲突"的方式威胁着全世界。从这一点上讲，士尔先生的著作可能会对我们阻止文明冲突的努力做出有意义的贡献。在本体论方面，该书虽然集中表现了中华文化的精神，同时也是一个有普世价值的文化和知识体系。该体系吸收了来自埃及、美索不达米亚、印度、希腊、罗马、犹太教、基督教、中东等传统的思想、价值和精神信仰，将世界上主要的知识思想、文学创作、宗教信仰和民族价值升华、融合在一起。因其对我们从哪里来、到哪里去的敏锐洞察，该书在我们努力寻找人类所面临环球危机的智性解决方案时，可以提供较多的精神食粮。因此，作为一本富有跨文化价值的现代经典，值得所有对人类的过去、现在和将来感到关切的人阅读，也值得翻译成多国文字。我新近了解到，本书正在翻译包括英文、日文在内的多种文字，作者还新出版了《两界书》的系列著作《两界智慧书》和《两界慧语》。

顾明栋

美国达拉斯德克萨斯大学教授

英文载于 *Journal of Chinese Philosophy*（Month 2019）；中文载于《中国比较文学》2019 年 3 期，黄海静译

一部创造性的奇书：以神话讲述文明

张隆溪

　　士尔所著《两界书》从很多方面看来，都是一部极具创造性的奇书。它既不是一部小说，也不是一部历史，但又是综合两者，以文学叙事和想象虚构的神话来讲述文明发展的历史。无论在叙述方式还是在内容方面，这都是一部很少见的著作。这是一个讲述人类从初创到逐渐成熟、从野蛮走向文明的故事，而在这个故事当中，宗教的产生发展以及神的作用，都占有相当重要的地位。放在中国文化的背景上看来，这一点尤其有特殊的意义，因为传统中国文化与西方、中亚等许多其他地方的文化相比，在宗教意识方面显得很薄弱。《论语. 述而》，"子不语怪、力、乱、神"，孔子不讨论鬼神；《八佾》，"祭如在，祭神如神在"，这"如"字用得很妙，表明孔子对祭祀当中鬼神的存在，持一种不置可否甚或怀疑的态度。《先进》："季路问事鬼神。子曰：'未能事人，焉能事鬼？'曰：'敢问死。'曰：'未知生，焉知死？'"鬼神的存在、死以及死后的世界、灵魂的去向等等，从宗教的观点看来，这些都是非常重要的问题，可是孔子对此却完全没有兴趣，甚至不让学生去追问和思考。也许由于孔子和整个儒家传统的深刻影响，宗教意识的薄弱可以说是传统中国文化的特点，是中国人在思想意识方面的性格。这是一种早熟的理性态度，孔子也的确是一位理性的思想家，这使中国文化没有许多宗教传统的排他性而具包容性，也使中国历史上减少了基于宗教信仰的根本冲突。孟子相信人性善，与告子争辩时说："人性之善也，犹水之就下也。人无有不善，水无有不下。"甚至认为"人皆可以为尧舜"，使中国传统中又增加了对人之基本道德甚高的期许。这种人性善的信念和很高的道德期许，引向讲究天地良心即注重德性的社会良知，但却缺乏如何对付违背良知和公德之恶行的制度设计，也容易倾向于一种理想化的社会愿景。

缺乏对神的敬畏，尤其缺少对人性恶的深刻认识，在很多学者看来，往往就是中国文化一些严重弊病的根源。张灏先生从政治学和思想史的角度，就曾批判过中国文化缺乏对人性恶之认识，缺乏直面现实的"幽暗意识"。他解释说："所谓幽暗意识是发自对人性中或宇宙中与始俱来的种种黑暗势力的正视和省悟；因为这些黑暗势力根深蒂固，这个世界才有缺陷，才不能圆满，而人的生命才有种种的丑恶，种种的遗憾。"[1] 这种"幽暗意识"在各种文化中都或多或少地存在，但其"在西方文化中的主要根源却是古希伯来的宗教。"[2] 基督教尤其是宗教改革时期的清教，就继承了希伯来即犹太教的这种意识。张灏说："清教徒的幽暗意识随时提醒他们：道德沉沦的趋势，普遍地存在每个人的心中，不因地位的高低，权力的大小，而有例外，就人的罪恶性而言，人人平等！因此，他们对有权位的人的罪恶性和对一般人的堕落性有着同样高度的警觉。"[3] 这种对人性恶的认识和对有权者会滥用权力的警觉，最终

---

[1] 张灏：《幽暗意识与民主传统》，联经出版事业股份有限公司，1980年，第4页。
[2] 同上，第5页。
[3] 同上，第10页。

导致的政治设计，便是制约当权者的民主和法治。所以西方政治学者有一种普遍的共识，都认为"自由主义的一个中心观念——'政府分权，互相制衡'的原则就是反映基督教的幽暗意识。"[1] 这样看来，西方的宗教，尤其是希伯来宗教的幽暗意识，即对人性恶的警觉，与西方的政治制度之间竟有这样令人意想不到的联系。在中国文化中，这方面的思想资源就相对薄弱。

正是在这一点上，我们可以看到《两界书》的特点之一，那就是非常重视宗教的作用，而且从头至尾，神与人都有十分密切的关系。书一开头就不同寻常："太初太始，世界虚空，混沌一片。天帝生意念，云气弥漫，氤氲升腾。天帝挥意杖，从混沌中划过。天雷骤起，天光闪电，混沌立开。"这几句颇有气势，一连几个天字的出现，令人印象深刻。作者的注释举出《易纬》《庄子》等中国古书，甚至甲骨文为依据，但了解西方宗教文化的读者，却不能不想起基督教《圣经·旧约》一开始《创世记》的描述。《两界书》描写天帝以言说来创世："天帝说：'上要有天，下要有地，中间安置万物。'于是，高高天穹造出，坚硬大地造出。"这也使人记起《圣经》里著名的句子："神说：'要有光'，就有了光。"《两界书》叙事语言的特点是多用排比句式，这也正是《旧约》语言的特点，当然也是中国古代诗文的特点。这种排比句法不仅是一种修辞手段，更是《两界书》基本观念的显现，即"世有两界"，而且两者之间有相辅相成之辩证关系。此书以天帝创世开篇，以叩问天道、灵符赐福来结尾。书后面的作者简介说，士尔研究儒、道、释与希伯来-犹太等中外文化，《两界书》的内容正可以印证作者的兴趣和专长。此书用文白相杂的汉语表述，随处可以见出浸润于中国文化

---

[1] 张灏：《幽暗意识与民主传统》，第 11 页。

的印记，同时也很明显带有希伯来-犹太文化的影响。其叙述可以看出把中国传统与犹太《圣经》也即基督教《圣经·旧约》相融合的叙述，同时也尽量吸收关于各民族历史、文化、习俗的人类学知识。此书不仅以天帝创世开始，而且书中颇多神与人之间达成契约，人违背契约而表现出各种邪恶、腐败或懒惰、贪婪等习性的描述；也有上帝惩罚堕落的人类各族，各族订立戒规的故事；还有人欲造高塔达于天庭，却终于坍塌等情节；这些都或隐或显与《旧约》的记载相呼应，同时也兼有各民族一些共同的神话传说。然而有趣的是，《两界书》讲到人性时，并没有倾向希伯来宗教里那种人性恶的幽暗意识，却采取了善恶兼半的说法，显露出中国传统中注重人性善之观念的影响："人身道欲相叠，却未得交融。不及持久，即道欲分离。道消隐，顽疾出。"并在注释里说明，"这里以人性的本原为逻辑起点，与'性本善''性本恶'的论说不同，并不纠缠于对人性的正或反的两极判断，而是在'天帝灵道'的话语体系中，强调人身的'道''欲'并存状况"。这就把中国传统对人性善的期许糅合于希伯来宗教对人性恶的警觉，由此而超越善恶两极的对立。这是这本书一个重要特点，因为在中国传统的文本和思路之外，作者的眼界更开阔，以世界为范围去关怀人类各民族的文明发展和灵魂的归依。把这个观念放在上面有关西方宗教的幽暗意识与中国文化传统的讨论中，甚至放在中西文化和政治体制异同的思考中，都可以发人深省，引发读者去思考在神话象征背后的重大问题。所以从文学叙事的角度，《两界书》讲了许多关于神与人的故事，但其意义又不在文字表面，更不是宣扬宗教信仰甚至迷信，而是在我们这个时代，以中国文化为根基，吸取西方文化和其他各民族文化的精髓，深入思考和探寻"人类灵魂居所"。在这个意义上说来，《两界书》又是一部寓意颇深的书，一部少见的奇书，不仅可以欣赏书中讲述的故事，更值得读者去认真体味和思考其中的象征意义。

张隆溪

香港城市大学讲座教授、美国哈佛大学讲座教授、欧洲科学院院士，国际比较文学学会原主席

新时代　新经典

——《两界书》的人类共同价值

（日本）海村惟一

一代有一代的学术，一代有一代的经典。

新时代呼唤着新经典的诞生。士尔的《两界书》应运而出。[1]

《两界书》前记曰：（七彩）云石通灵，有娓娓细语发出，清彻而幽远，仿如天籁妙音。天音回旋不绝，传之不闻，其意难辨，惟有士尔能够心听。……面对苦思数十年不得其解的文献哲书、世态人象，士尔突得开悟，似寻到了解密之钥。密钥之码为"两界"。由此，作者士尔十年磨一剑，用解密之钥，以"天启为导、文献为据，生历为验、凡心问道"，以心魂铸成《两界书》十二卷，解人类本源、宇宙规律之密。对此，畏友著名哲学家、夏威夷大学终身教授成中英先生认为《两界书》"绝对是一本充满哲理与智慧的好书"，可谓"世纪杰作"。

魏文帝曹丕曰："盖文章经国之大业，不朽之盛事。"故杜甫谓之"文章千古事"。"文章"何以"千古事"，韩愈便以"以文贯道"

---

[1] 2017 年 5 月《两界书》由商务印书馆出版，并于 9 月 27 日在北京商务印书馆涵芬楼召开了首次专家研讨会。该书得到与会专家的高度评价，多家主流媒体进行了深度报道。

而回应之，并以此人文精神开创了"散文"的新文脉；传之者周敦颐更凭"以文载道"奠定了汉字文化圈的"文章经国"之"大业"。故而，笔者则认为《两界书》创新文脉，以文传道，建构人类命运共同体，可谓新时代的新经典。

纵观《两界书》：结构严谨，文字天然，思维清晰，化典精准，文脉新颖。全书共十二卷，各卷篇目曰：《创世》《造人》《生死》《分族》《立教》《争战》《承续》《盟约》《工事》《教化》《命数》《问道》。这些篇目首先令人想起了《论语》：《学而》《里仁》《述而》《乡党》……

细读《两界书》可知，作者士尔身居当下，昼与时俱进，夜与空共思，跨越两界，来往天地，学贯东西，问通古今，悟行合一，日积月累，道统加持，意识超前，文体创新，自觉自悟，曰：通"天地人"三才者，士尔也。

精读《两界书》，笔者则认为其人文关怀体现在其融合东西智慧、超越古今文脉，以"六说（儒、释、道、希伯来、希腊等）不悖，皆有其悟"融合交汇为"合正大道"，并精准地归纳为"敬天帝、孝父母、善他人、守自己、淡得失、行道义"的六大中华文化之精髓，以此建构人类命运共同体，并以崭新的文脉和话语，创造了一个新的文化语境，揭示了人类文明的共同价值观念。细考如下。

第一价值观念："敬天帝"。案"天帝"于《两界书·卷一·创世》第一章《开天辟地》第一节《太初》。其曰："太初太始，世界虚空，混沌一片。天帝生意念，云气弥漫，氤氲升腾。天帝挥意杖，从混沌中划过。天雷骤起，天光闪电，混沌立开。"作者在注里对甲骨文字"帝"的文化诠释、古典文献的深度印证，并佐以现代大爆炸理论，提出了自身的"天帝生意念""天帝挥意杖"之说。

由此可见，作者认为"天帝"乃"万物主宰"并"司掌宇宙乾坤"一说是其周密论证的结果。再案"天帝"于《两界书·卷十二·问道》第七章《何为人主》第二十一节《至本者敬天帝》。其曰："敬天帝即敬天地。人生天地之间，举头三尺有神明，离地半寸无根立。人自为主，终将自毁。人享天帝之眷，凭天地立身，得天道指引。"作者士尔问道的结果便是"天道自然为人主，高天大地为父母"，即具有人类文明的共同价值："敬天爱人"。作者自注亦曰："天帝"乃人类须内心敬畏之寄托，自在永在，人生所依。故作者士尔以"敬天帝"的价值观念建构人类的信仰层面的价值体系。

第二价值观念："孝父母"。案《两界书·卷五·立教》第六章《雅族八戒》第一节《八项戒规》，其第五戒曰："雅人后代须孝敬父母。亦孝敬父母之父母，孝敬父母之兄弟姐妹。""雅族"乃人类七族之首。再案《两界书·卷五·立教》第九章《函族七戒》第一节《函那颁戒》，其第三戒曰："函人子孙须孝敬父母。须孝敬祖父母，孝敬父母之兄弟姐妹，孝敬年长之人。""函族"乃人类七族之次。追溯人类的原始文明既有孝敬父母、孝敬祖先的宗教观念。就中国文化的优秀传统而言，"孝父母"则是"一种核心理念"。作者士尔以《论语·学而》"孝悌者也，其为仁之本与"为原典，创新性发展了"百善孝为先"的中国传统文化，融入雅族、函族之戒，以"孝父母"的价值观念建构人类的伦理层面的价值体系。

第三价值观念："善他人"。案《两界书·卷十·教化》第二章《双面人国》，《两界书·卷十一·命数》第五章《种豆得豆》第一节《善种在心》，《两界书·卷十二·问道》第四章《何为人》第八节《人之为人，由恶化善》，可知，作者士尔从不同文化视域来论证人之善恶。作者自己归纳"双面人国"的故事为"人有双面，是因身有双心，一心向善，一心向恶，故人要扬善弃恶"。作者士尔把人类各族的"人之为人，由恶化善"的观念融化于中国儒家文化的核心"五常仁为首"的"仁善"思想里，以"善他人"的价值观念建构人类的社会层面的价值体系。

第四价值观念："守自己"。案《两界书·卷十·教化》第七章《王入歧道》第六节《人言无信，类同犬吠》曰："言为心声，言无信盖因心无诚。"再案《两界书·卷十二·问道》第五章《善恶何报》第三节《善善相长，恶恶相加》曰："尤当善行未得善报，人心愈须守正。"《两界书·卷十二·问道》第五章《善恶何报》第四节《守约践约，终得善报》曰："守约践约，终得至高善报。"作者士尔更是将此契约观念融合进中国经典《论语》、《礼记》重视个人修身守正的传统观念，古典文学刘歆《遂初赋》"守信保己"的传统理念，以及"守身如玉""安贫守道"等民间俗语之中，以"守自己"的价值观念建构人类的个人层面的价值体系。

第五价值观念："淡得失"。案《两界书·卷五·立教》第六章《雅族八戒》第一节《八项戒规》，其第八戒曰："雅人须自己劳作，自己收获。该你所得可得，非你所得勿得。"再案《两界书·卷五·立教》第九章《函族七戒》第一节《函那颁戒》，其第七戒曰："不可抢占他人财产，须自己种粮养活自己。"作者士尔将此雅族、函族戒规观念融合进中国老庄重视"先人后己、看淡得失"的传统观念，文人志士"淡泊明志、宁静致远"的传统理念，以及儒道释的"舍得观"之中，以"淡得失"的价值观念建构人类的功利层面的价值体系。

第六价值观念："行道义"。案《两界书·卷十二·问道》第七章《何为人主》第二十二节《至要者行道义》曰："行道义即行天道尽人意，顺天行道，为人正义。善恶必明辨，从善如流，嫉恶如仇。生死当不迷，生之坦然，死之如归。悟行须合一，修在当下，皆为道场。"此乃《两界书》主人公之一"六位先贤先知"之首"道先"告诫后代的"至要"之理,包含了人类的最高智慧。超越宗教的意识范畴:"顺天行道,为人正义";融合东西的哲人理念:"善恶必明辨,从善如流,嫉恶如仇";直指生死的人类迷津:"生死当不迷,生之坦然,死之如归";完善心学的知行合一:"悟行须合一,修在当下,皆为道场"。作者士尔对"行道义"做了如下的归纳:其"旨在从现世生活的实践层面强调对至高道德义理的践行,体现了中国文化知行合一的生命追求、世界观念和价值取向。"由此可见,作者士尔以"行道义"的价值观念建构人类的实践层面的价值体系。

综上所述,《两界书》的作者士尔凭其自身的人文关怀,超越汉字文化圈的思维范畴,融化字母文化圈的戒规观念,创新汉字文章之脉和话语,承传东西文明的优秀传统,并对此进行了创造性的转化,"以文传道"揭示"敬天帝""孝父母""善他人""守自己""淡得失""行道义"等的人类文明的共同价值观念。因此,笔者认为《两界书》是一部新时代"以文传道"的新经典。

2017 年 11 月 2 日于日本福冈香椎听涛阁

海村惟一

日本福冈国际大学教授,《两界书》日文译者

一部充满明道淑人之心的新元典

郁龙余

2014 年 10 月，习近平总书记在《在文艺座谈会上的讲话》中深刻指出："人类社会每一次跃进，人类文明的每一次升华，无不伴随着文化的历史性进步。"[1] 读罢文化人类学家士尔先生的《两界书》，我的第一个感觉是，习总书记的论述揭示了人类文化发展史上有一个重要规律，是不刊之论。同时感觉到士尔的《两界书》，是中华民族进入新世纪之后涌现出来的一部充满新哲思的新元典，是文化的"历史性进步"的一个具体体现。

中国的诸子时代，即春秋战国时代，是一个百家争鸣的时代，出现了道家、儒家、墨家、法家、兵家、杂家等众多学派，出现了老子、孔子、孟子等众多哲人和他们的元典。

和中国诸子时代几乎同时，世界上其他几个文明中心如印度、欧洲，也集中地出现了一批哲人和元典。德国现代哲学家雅斯伯思称之为"轴心时代"，并认为："人类一直靠轴心时代所产生的思考和创造的一切而生存，每一次新的飞跃都回顾这一时期，并被它重

---

[1] 习近平：《在文艺座谈会上的讲话》，新华社 2014 年 10 月 15 日稿。

新燃起火焰。"[1] 尽管有人不同意雅斯伯思的观点，但大多数学者认为雅斯伯思所说总体不诬。

人类历史上，无论东方还是西方，几乎所有的哲人和元典的出现，都集中在社会前进到十字路口的关键时候。当今中国，迎来了民族复兴的伟大时代，是人类命运共同体建设的首倡者和推动者，同时又出现了严重的物欲横流、唯我独尊和精神空虚、信仰缺乏的情况。诸如贪腐成风、穷奢极欲、卖身求荣、鼹鼠成群、黑道横行、巧取豪夺、鱼肉百姓，等等。国际形势混乱不堪，以莫须有罪名侵略颠覆他国，斩杀国家元首，中亚、西亚、北非人民深受恐怖主义之害，难民如潮，殃及欧洲，地球不断变暖，自然灾害频发而巴黎协定步履维艰，等等，不一而足。人类走到了新的十字路口，东西方人民呼唤既切中时弊、又高瞻远瞩的元典。令人欣喜的是，作为建设"人类命运共同体"思想的倡导者，习近平主席登高望远、审时度势，在治国理政、协和天下两个方面，提出了一整套系统、深邃的方针政策和思想理念。受此感召，一批与之相呼应的具有时代品格的新元典应运而生。士尔的《两界书》，是其中之一。

《两界书》具有哪些新元典的时代品格呢？

一、文明互鉴：彰显普适性

从农耕时代、工业时代到今天的电子时代，时空不同了，但人类的基本精神、基本价值没有变化。这就有了文明的传承和进步。人类文明的传承和进步，是依靠交流互鉴来实现的。交流互鉴的范围和规模愈大，人与人的距离就愈小，当下已经是"地球村"时代

---

[1] 雅斯伯思：《历史的起源与目标》，华夏出版社，1989年，第14页。

了。《两界书》哲思加文思，将中国、印度和西方的文明元典加以分析比较，熔铸锻造成一个全新的时代元典。此书有主有次，又不偏不倚，拥有极大的普适性，是可供人们共有共享的精神家园。

普适性来自超越和融合。《两界书》超越东西，融合古今，真正做到了横渠四句"为天地立心，为生民立命，为往圣继绝学，为万世开太平"。《两界书》所说都是人类通义，地球村村规。例如，"道、约、仁、法、空、异"六论，极具人类普适性：

> 以道为统，无统不一，无一何生万物。
>
> 以约为信，无信不通，无通何生和合。
>
> 以仁为善，无善不爱，不爱何生家邦。
>
> 以法为制，无制不理，无理何生伦序。
>
> 以空为有，无有不在，无在何生世界。
>
> 以异为变，无变不化，无化何生久远。
>
> （《两界书》第 354—355 页）

作者认为："六说各有其用，可成对世界的综观。"因为六说综合统摄了东西方的核心价值观，因而普遍适用于各国，是"天下要义"。

六说之后是六言敬、孝、善、守、淡、行，六言是"天下六说之精旨要义"：敬天帝。孝父母。善他人。守自己。淡得失。行道义。

六言之中，至本者为敬天帝："敬天帝即敬天地。人生天地之间，举头三尺有神明，离地半寸无根立。天意在上难违，地气在下不绝。心无敬畏，胆大妄为。人自为主，终将自毁。人享天地之眷，凭天地立身，得天道指引。故天道自然为人主，高天大地为父母。"

六言之中，至要者为行道义："行道义即行天道尽人义，顺天行道，为人正义。善恶必明辨，从善如流，嫉恶如仇。生死当不迷，生之坦然，死之如归。悟行须合一，修在当下，皆为道场。""敬天帝（敬天地），强调敬畏之心"；"最重要的是'行道义'，强调践行的重要"；"事事皆为修行，处处皆为道场"。

《两界书》的普适性，还来自其讲故事的四原则：其一，讲故事不能鸡对鸭讲。以世界古代神话共同具有的"创世""造人"等原型故事为引言，搭建普适性的故事平台，设置不同族群共同关注的话题语境。其二，讲故事不能自说自唱。设立讲者与他者之间的对话——他者包含了不同的听者，在讲者和他者之间建立起思想对话和情感交流。其三，讲故事不能没有情节。融合东西方素材，由典而出，化陈出新，似有相识，不曾相见。其四，讲故事不能没有主题。以文明演进为主线，构建人性思辨和人类命运的话语体系，在对人类有代表性的儒、释、道、犹太 - 基督、希腊哲学等学说，论析辨证的基础上，提出"六说六言，皆有其悟"的论断。

如此，这六说六言和整部《两界书》的普适性，不仅在东方、西方，而且在人人、处处。

二、古事新说：彰显时代性

任何一部伟大的作品，总是带着时代的胎记来到人间。古人喜欢用传奇故事来表达这种时代性，如"伏羲画卦""文王演易"，表达的是《周易》的夏商周的时代性。在资讯发达的今天，我们可以这样直接地表达《两界书》的时代性：此书诞生于实现中华民族伟大复兴的中国梦的时代，融汇古今，互鉴中西，具有鲜明的马克思主义、毛泽东思想和习近平政治学的时代烙印。

《两界书》的时代性，还具体地表现在对中国学术经世致用传统的忠实继承上。

孔子治六经（六艺），皆为实用之学。《庄子·天下》曰："《诗》以道志，《书》以道事，《礼》以道行，《乐》以道和，《易》以道阴阳，《春秋》以道名分。"几千年的中华发展史和当下中华民族复兴的雄伟步伐昭示天下：孔子是正确的。今天，我们有责任、有义务，将孔子和中国学术经世致用的传统加以继承发扬。士尔的《两界书》，古事新说，以古鉴今，古为今用，处处彰显其时代意义。

《两界书》的写作，来自作者的一次西部奇遇和以天下为己任的社会良知及责任。

士尔在《两界书》的《前记》中写道：2002年夏秋之交，作者为田野作业，来到西部不毛之地、天老地荒之境。一日夜晚，士尔从所居窑洞爬上三千米高坡，气喘吁吁。他顺势躺下，背贴大地，仰望高天，亲身体验所谓天人合一。两个时辰后，士尔飞升，直达高远之处。心眼所见，尽为见所未见。多日之后，村人发现士尔在高坡卧躺，头枕七彩云石。村人极喜，喂水呵护。士尔苏醒后，其失而复现之谜，无人能解：失踪？夜游？梦幻？UFO所为？抑或其他不明之说？

回家之后，他苦思冥想，夜夜难眠。一日，突然电闪雷鸣，风雨交加，天穹开裂，大地撼动。云雾缭绕之间有闪闪光亮泛出，待定睛观望，竟是那块七彩云石在发光！似天云浮动，如超凡之境再现。云石通灵，天音律动，物意无间，时空合融。满屋的石器、泥版、骨甲、兽皮、文献碎片霎时变成活物，或张目开口或浮游移动。尤令士尔惊诧不已的是，那三张古旧羊片竟跳显出一组组神奇的字符，字符混而有序，杂而有章，简朴而大意。面对苦思几十年不得其解的文献哲书，世态人象，士尔突得开悟，似寻得了解密之钥，密钥之码为"两界"。"天启为导、文献为据、生历为验、凡心问道，或辨析梳理，或检索列序，士尔一一据实辑录，秘奥难解之处，亦不遗漏。经十年而不渝，他殚精竭虑，游走于现世彼岸之间，终成《两界书》十二卷。"

批判，是一切元典的应有之义，是以古鉴今的基础和时代性的保证，《两界书》的批判，包括作者自我批判和古事批判。

在《两界书》中，士尔说自己白天俗务缠身，一地鸡毛，观蝇营狗苟戏闹。他感到，他曾执迷的那些论著，多是不着边际的无用皮毛。对一位事业有成的学者来说，需要极大的勇气，没有大彻大悟是根本做不到的。士尔曾向笔者说过，写作《两界书》，历时十年有余，每天凌晨三点至五点，风雨无阻，雷打不动。其间，几次想辞去一切俗务，专心写书，可见其自我批判之坚决，社会良知及责任心之可嘉。

对古事的批判，《两界书》中俯拾皆是。

人类有三顽疾（心中无主，自以为大；开口不闭，婪得无厌；懒于劳作，溺于淫欲），古今皆然。《两界书》对其批判，入木三分，犀利彻底：

众人滥行心力，心中无主，自以为大。双目虽开，然不视头上有天，脚下有地。心智虽聪，然不识天高无及，地厚几深。

众人开口不闭，婪得无厌，能食者尽食。始由口婪，进而心贪。得一者进二，得二者进三，能得尽得，欲壑不填。

众人懒于劳作，溺于淫欲，男女交合没了没完。男女十岁即始交合，有同兄弟姐妹之合，有同父母交合，有同祖父祖母交合。女人一次可生六子，多者能生八子。

这样的后果十分严重:"饥饿蔓延,众人懒惰依旧,纵欲依然。饥饿至极,强悍之人即以弱人为食,如食幼畜一般。"

在人类历史上,族群争斗无有穷期,尤以游牧、农耕两大族群的争斗最为常见。作者写道:

> 布族与函人、雅人结下族怨世仇。
>
> 函族与雅人亦纠纷不断,结下族仇。
>
> 族仇既结,世代难解。函人、雅人、布人各族之后多有纷争,族战不断。希人、耶人、微人之后亦常有争战,难有平息。

人类走过了漫长的蒙昧时代。士尔以今人视野进行客观叙述,既是对古人愚昧的批判,更是对今人的鞭策,何时能彻底根除这种种愚昧!

古语道:鸟为食亡,人为财死。《两界书》对愚昧中人批判道:

> 百工场内,工事恶胀,天地不胜,人为器奴。超度无所不在,工物暴行,灵道不畅,人性不张。
>
> 天地苦忧,天脸灰沉似地皮,地皮病瘠似癫痫。有天使巡游,见西海之岸人为器制,速报天帝。

结果是"天帝明察,遂升海水百尺,淹西岸于海底,遍野山岛即成大海"。这里,借"大西洲"传说,说今日全球气温上升之害。当下房奴遍于国中,过度装修,锯声、锤声不绝于耳,粉尘、雾霾布满空中。木石胜人,岂能安居!地球变暖,南北极冰冠融化,无须天帝明察,海平面自然上升,不知又将有多少"大西洲"沉没海底。

人心不古，古已有之。《两界书》专设一章《双面人》："帝山之东南西北各地，昔时皆有双面人国。""双面之人，前后皆有脸面。前脸端庄色正，慈眉善目。后脸貌似恶鬼，形态各异。因多以正脸示人，后脸渐小，常以多发遮掩。面由心生，人有双面，盖由内有双心。一心向善，一心向恶。善心以善面向人，恶心以恶面向人。"双面人国经多年变演，渐成单面之人。后双面人国消逝，世存均为单面人，多以善面示人。"然面皮虽一，面容万多。善面易呈，秉性难改。时面由心生，由相知心。时饰面隐心，善恶不辨。""故曰识面易，识心难。一时识心易，恒久识心难。"

除了双面人，还绿齿人。"绿齿人常时与人无异，开口言笑显皓月白齿，友善亲近，其乐融融。每遇适时之机，恶邪由心作祟，其齿由白变绿。绿齿硕大，锋利无比，或吸吮人血，或戮食人肉，尤以妇孺良善之人常遭食杀。"（《两界书》第216页）

自古有"画虎画皮难画骨，知人知面不知心"之语。大奸若忠如汪精卫、周佛海有之，疯狂网络骗子有之，诬蔑岳飞精忠报国者有之。《两界书》所述之事，皆有所据，皆有所本。或有文章记录，或有民间口传。而在当今皆有显现，甚至于今为烈。足见人类走出蛮荒愚昧之路，何其艰难漫长！荀子说："前车已覆，后未知更何觉时！"《两界书》的一大宗旨就是劝喻世人，前事不忘，后事之师。这就是此书的时代性。

三、正心安魂：彰显实用性

以古鉴今，目的是解决现实问题。方法有多种多样，所谓"水来土掩，兵来将挡"，所谓"见招拆招"。最好最彻底的办法是釜底抽薪，从源头上彻底解决问题。不论古今，社会出现问题，一定是人出了问题，是人心出了问题，是灵魂出了问题！心病还得心药治。根治社会顽症，须从正心安魂上下功夫。士尔的《两界书》，以其祛邪固本、诊治社会痼疾的实用性，托举了现实意义。

历史上，人类总是在各种关键时刻，制定出各种盟约、戒律、训示，目的是招抚、安顿各种流离失所的魂魄，慰藉规正各种受到伤害、蛊惑的心灵。《两界书》用自己的语言，向人们再现了各种盟约、戒律、训示。

雅族人失去灵道，遭受雅人"万能之帝"赫雅传来"天音"训诫："我降灾祸于你们，遍地雅人全都见证。山崩地裂，皆因族人迷失灵道，像畜牲一样。你们像走兽般自大贪婪，像牲口般懒惰享乐。赫雅不示惩罚，族人无以警醒。"雅人族领雅西受灵之后便召集族人，将戒律重复宣谕两遍，是为《雅族八戒》：

雅人尊崇赫雅为万能之帝。赫雅为世上唯一万能之帝。

雅人尊崇带翅红狮。带翅红狮举世无双，乃万能族帝之神使，雅人全族之护引。

雅人全族尊崇赤红之色为族圣之色。赤红之色乃雅人全族吉瑞之色。

雅人后代不可与异族通婚结合。因雅人乃万能帝赫雅之圣民，凡同异族男女通婚者，须从雅人之中剪除。

雅人后代须孝敬父母。亦要孝敬父母之父母，孝敬父母之兄弟姐妹。

雅人后代不可乱交。不可与兄弟之妻、姐妹之夫乱交。男人不可与男人交合，女人不可与女人交合。男人、女人皆不可与任一畜牲交合。

雅人后代不可杀人。若外族人先杀雅族人则在例外。掠杀本族人者，则须以命偿命。

雅人后代不可偷窃。不可偷食别人园内之果，偷别家屋内财物。雅人须自己劳作，自己收获。该你所得可得，非你所得勿得。

雅人得谕受戒，即为雅西率领，日出而作，日落而息。族人相安和睦，勤勉守规，劳作有序。

函人遇大洪灾，巨鳌相救，函那得灵，向族人宣谕，是为《函人七戒》：

众族人，你们皆须尊崇世上唯一天帝。唯一天帝为函帝，即函人之帝，不可另有异神。

众族人，你们皆须尊崇天帝神使。神使护爱函人。拯救灵导函人。神使无所不能，可保全函人族命，可成就函人精魂。

函人子孙须孝敬父母，须孝敬祖父母，孝敬父母之兄弟姐妹，孝敬年长之人。

函人不可乱交。不可同牲畜、走兽交合，不可同弟兄姐妹交合，不可同父母及父母之兄弟姐妹交合。

函人不可杀人，杀人须以命偿命。

函人不可偷窃。不可抢占他人财物，须自己种粮养活自己。

雅普和希罗历尽艰险，在大洪水中漂浮七昼夜来到孤岛，被拥为王为后，男女随从相互倾慕者，亦各择佳期，结为夫妻。雅普、希罗将此次岛命名为"普罗岛"，订立《普罗教规》：

普罗教尊崇万能天帝。万能天帝大恩浩荡，无所不能。

普罗教尊崇仁爱，凡尊崇万能天帝者皆须仁爱待人，彼此互为兄弟姐妹，不分贵贱，无分族类。人当有福共享，有难共当。

普罗教尊崇孝敬。教人皆要孝敬父母，亦要孝敬父母之父母，孝敬所有年长之人，无论自家外家。

教人不可乱交。不可与兄弟之妻、姐妹之夫乱交。男人不可与男人交合，女人不可与女人交合，不可与任一牲畜交合。凡乱交者刺青于脸面，以作羞辱标记。

教人不可杀人。凡杀人者须偿命被杀。如遇异教凶恶之人来袭，可自卫还击，可痛杀来袭恶人，一个不予留存。男人皆须上前迎敌，有胆怯躲避者，可被斩杀。

教人不可偷窃。不可觊觎他人财物，不可不劳而获。该获者当获，非己者莫取。凡伸手拿取非分之物，皆为偷窃。偷窃石榴三个以上者，可斩断一根手指。偷窃十个以上者，可斩断五根手指。偷窃其他财物者，由教内律士以此类推判定。如偷窃者为律士亲眷，须换另外律士判定。

以上所引《雅族八戒》《函人七戒》和《普罗教规》是不同族群在不同地点、时间订立的，内容大同小异，说明人类各族群在生存斗争中形成的价值观基本相同。还有一个共同点，这三部戒规都是在族群经历生死存亡的重大事件之后，痛定思痛订立的，对族群今后的发展，有着正面而长久的指导意义。这告诉我们，世界上没有笔直平坦的大道可走，人类自古就在充满急流险滩的大风大浪中砥砺前进。

《两界书》中，还记述了一些其他戒律、教规、婚制。古人宗教分族内教、普世教两类，族内教随血缘，外族人不得信教，普世教不分族内族外。这样，通婚成了决定是族内教还是普世教的关键。上述雅普和希罗本属不同族群，因大洪水结合在了一起，在孤岛上被拥为王为后。所以《普罗教规》不禁止异婚通婚。

但是，真正的跨族婚姻，经历了一场巨大的磨难和考验，

雅族王子雅荣年十八，英俊威武。一日外巡，在界山遇见希族为主希玛，貌若天仙。几经周折，两人互生爱慕。但是异族通婚，为两族族规不容。雅荣经滚石极刑而不死，国王判令破例，雅荣斩臂志谢，老王口喷鲜血。倒毙于王座之上。新王独臂雅荣继位。两族举行提亲对话，众人分立两边，个个怒目以对。希玛突然大声嚷叫：愿嫁雅荣，愿作雅荣之妻！希族王希尼果几经踌躇、几次争拗、几番僵持之后，最终心动，应允希玛之求，成全希玛、雅荣的跨族婚姻。"成婚当日，族人休工同乐，雅宫内外一片喜庆，到处张灯结彩。""岁月流转，世代延绵。后雅希两地接壤处，联姻合族之人事渐多，蔚成风气。族规族俗亦多杂合，与雅希本族各有同异。后渐成一脉，称曰嘉人，意为雅希和合之人。"

除了婚约，先人们还有各种物事之合约，如牲畜粮油交易，布匹粮油交易，宝石交易。开始，宝石黄金不为人所共识。物以稀为贵，后来，渐成各族通行宝币，以之可以易所需之物，甚至可以易家奴妻女。

有了各种盟约、戒律、训示、婚约、合约，人类社会在发展过程中，依然会出现种种迷乱现象：多生怪胎，无奇不有；男不爱女，女不爱男；宁与尸骨交欢，不与活人交合；等等。

人象物象否泰逆转，人们疑而惑，惑而惧。未满十岁的裴德，聪慧好学，尚德寻道："若如来好之言，世将惨绝而灭，众人孜孜所求，何意之有？先辈仁德之诲，何意所在？"来好答曰：裴德莫怕，裴德莫弃。"道化所成，人以载道。修德树仁，苦亦为乐。天帝播灵道，万众有承接，不枉喜乐来好！"接着，来好详论未来可

来喜乐世界：那时良善布满人间，"羔羊以母狮为奶，哺乳长大。
猛兽以雏羚为子，舔舐抚爱。刀枪熔炼，铸造犁锄，干戈尽化玉
帛"。

于是，天下寻道之士，涉千山万水到天道山问道。此处有道
先、约先、仁先、法先、空先、异先等六先，居台论道。这六先论
道千年，道统有别，异中有同，并不致合。寻道者所问，皆为根本
问题：生而为何？何为人？善恶何报？来世何来？何为人主？六先
一一作答。"道先曰毕，赐合正道符于维义、维戊，并授六合花种，
嘱其善播善种。"

回到家乡，维义、维戊"六合花种各分其半，山坡河畔四处遍
播"。后遇各种困难，"维戊耐性尽失，荒废而弃"。而"维义耕耘
不辍，持之有恒。年近花甲之际，维义所种六合之花遍野尽开，香
满人间"。维义得天谕："六合之花，实为心花。花种在心上，生在
身上，开在行上，果在人间。"维义化用六说六言，遍播六合心花，
是为维义六悟：

> 道统大千，道可受而不可悖。
>
> 约信万民，约可守而不可违。
>
> 仁修自身，仁可固而不可懈。
>
> 法制众生，法可循而不可逆。
>
> 空得世界，空可悟而不可弃。
>
> 异变久远，异可适而不可滞。

这样，维义得道践行，坦然一生，后人多以他为范。有谓：六说六
言合正道，两足两界走一生。

结语

　　自诸子时代至今已有三千年，跨越农耕、工业时代而今已进入电子时代。这是一个迄今为止人类最文明的时代，又是一个最愚昧的时代。1997 年 7 月汤一介和法国科学院、美国科学院院士艾·李比雄，进行了一场题为《如何面对人类的痛苦——今天人类的痛苦和两千年前相比是增强了还是减弱了》的对话。李比雄说："科学解决了很多问题，但我认为今天人类的痛苦是大大增加而不是减少。"[1]主要原因是工业革命把大自然母亲变成了征服对象——奴隶。20 年过去了，情况不但没有好转，反而变得更为严重。人类来到了新的历史十字路口，亿万民众彷徨、困惑，许多精英、富人的灵魂流离失所。无论贫富贵贱，无论东方西方，人们都需要安抚、指引。士尔以十年心血著成《两界书》，说古论今，汇通东西，是心血和智慧的结晶，可为迷失方向的魂魄引路，可为受伤受虐的心灵诊疗。

　　作者在《引言》中说："世有两界，天界地界，时界空界；阳界阴界，明界暗界；物界意界，实界虚界；生界死界，灵界肉界；喜界悲界，善界恶界；神界凡界，本界异界……两界叠叠，依稀对应；有界无界，化异辅成。芸芸众生，魑魅魍魉；往来游走，昼夜未停。"顾炎武说："君子之为学也，非利己也。有明道淑人之心，有拨乱反正之事，知天下之势之何以流极而至于此，则思起而有以救之。"（顾炎武《亭林余集》）《两界书》非利己之书，是为明道淑人之心，为拨乱反正。

---

[1] 乐黛云主编：《迎接新的文化转型时期——〈跨文化对话〉丛刊》，上海文艺出版社，2006 年，第 5 页。

　　社会发展，如人奔走。左脚步大，右脚步亦大；右脚步急，左脚步亦急。文明与愚昧，如影随形，始终伴随人类前进。历史发展到了十字路口，需要指示路牌。读罢全书，我以为《两界书》就是我们心灵的指示路牌。无论何等人物，特别是那些精英人物、成功人士、商业巨子、学界大师、艺术大家，不管身处顶峰还是谷底，甚至我还要固执地说，那些在牢里牢外的"人物"，只要细读此书，掩卷体味，必定开卷有益。甚至让人大彻大悟、脱胎换骨，完全摆脱困境，迎来全新的人生。民众因读此书而走向顺境，社会自然由此而变得安康祥和。

　　《两界书》是诸子时代以来的一部新元典，在学科跨度、知识广度、哲理深度上，超越了古今中外一切同类书籍，是一部最新的中国版的文化人类学故事书。

郁龙余

深圳大学教授，印度研究中心主任

彰显文化经典　展现文化自信

何　山

　　我上月底应邀回国在深圳就传承敦煌文化艺术一题，接受了香港《大公报》《文汇报》两报记者的采访。其间，有幸拜读了士尔先生的大作——《两界书》，让我受益匪浅，感触良多：《两界书》以其瑰丽的想象、多学科的交融与综合、大胆的探索与求新，和优美文笔与深刻的思想内涵，共同铸就了《两界书》中的人类文明：从万物空濛至终极问道，跨越时空、蔚为壮观的波澜壮阔的画卷。细细品读，真是字字珠玑、行云流水，无不闪耀着儒、释、道和基督的智慧光芒。作者以其广博的胸怀、开阔的视野、深厚的学识，将此文化瑰宝呈现于世人眼前，值得庆幸。

　　《两界书》呈现出希伯来犹太-基督的《圣经》伦理与儒家伦理相交融，以及中西方交化相交触所产生的新型的文化形态和思想体系。神圣本体，上帝和天，是《圣经》伦理和儒家伦理的基点。上帝既是伦理价值的创造者和赋予者，又是道德律法的来源和依据，还是善恶评价的标准；儒家尤其是孔孟，亦将天视为人类价值和道德的最终依据，德由天赋，天为德本，人的道德价值本原于天。上帝创世造人，有始终、有秩序，创造方式清楚明白；儒家肯定天生人后，生人方式并说明；《两界书》（卷一《创世》、卷二《造人》）中的天帝创世造人，虽有神话中盘古的影子，但亦有学术的创新，如：将人分为"初人""中人""终人"三个阶段。《两界书》卷三《生死》第二章《天门泄洪》中描述的"天帝了悟，良人存留"，而上古神话中的女娲补天和《圣经·创世记》第6章到第9章记载的挪亚方舟故事，创造世界万物的上帝见到地上充满败坏、强暴和不法的邪恶行为，于是计划用洪水消灭恶人。这两者是何其相似，皆可视为天门泄洪的"本源"。

《两界书》把握中西方文化的特性与共性，宣扬"爱与仁"为教化之本。爱是《圣经》的基本原则，仁是儒家伦理的总纲。《圣经》之爱包括"爱上帝""爱邻人"两个命题，具有总体意义和价值，公义、公正、平等、怜悯等从不同角度对爱做出解释。儒家之爱是血缘与泛血缘的统一，爱由家庭而推向天下、万民和世界，是"博施于民而能济众"，"亲亲而仁民，仁民而爱物"，"爱人如己"和"仁者爱人"名异实同；爱和仁的原则相通：《圣经》的"爱人如己"和儒家的"仁者爱人"都遵循一个基本的原则，即"己所不欲，勿施于人"的"金律"；爱与仁的思想功能、社会效用和价值目标相似；都教诲人们爱人如己、孝敬父母、尊老爱幼、扶贫济弱、规矩守法、不离经叛道、服从统治、遵守安排。基督教的平等、公义的理想社会与儒家之"大同"世界是相似的社会理想与目标的设定。《两界书》（卷十二《问道》第七章《何为人生》）则响亮地喊出了"仁善为万众心主"。

《两界书》以中国传统文化为本，吸纳外来文化思想之精髓。在世界文化多元化中寻找民族文化主体性与普遍性相融合，正如同过程哲学家、建设性后现代主义理论领军人物柯布（John B. Cobb, Jr）认为的"在根蒂深处，过程哲学和建设性后现代主义与中国传统文化有许多相通之处"，而且主张"中国文化特别是作为其根基的儒、道、释所倡导的天地人和、阴阳互动的价值观念，以及中庸、中道、中观的观察和认识世界的哲学思辨和行为规范，不仅成为生态运动的哲学基础，同时也成为未来后现代世界的支柱性价值观念"。而《两界书》（卷十二《问道》第五章《善恶何报》）则娓娓道来，"善人问报"，"君子行道，路有犬吠"，"善善相长，恶恶相加"，"守约践约，终得善报"，"因果相报，大律不改"，"顺天行道，出凡入圣"。

凡此种种，无须逐一列举，兼容并包，兼收并蓄。向外，在吸取异域的营养；向内，在挖掘和充实自己的灵魂；是《两界书》独特之处的明显特征。在包容中创新，感悟文化的自信，因此皆书实乃一部体现生命本原、生命价值的"奇书"；一部发人深思的文、史、哲诸多方面的教科书；一部生活的哲学和难得的鸿篇巨制。

无疑，对我们所倡导的，"一带一路""华戎所交一都会"的敦煌及其敦煌文化艺术的研究、继承、发扬与创新，具有十分重要的指导性意义。

为此，特向《两界书》的作者士尔先生表示深深的敬意。

2017 年 12 月 16 日于美国洛杉矶蒙特公园市松岚精舍

何山

旅美画家、学者

追问文明从何而来，又向何处去？

高建平

近日拿到士尔先生的《两界书》，眼前一亮。真是一部奇书，不像小说，不像哲学，也不像神话，通篇在讲故事，很好读。在阅读艰深的学术著作、规范化的学术论文之余，翻看这本书，这是一个享受。读完后，又觉得意味深长，平易之中直指文明的幽深之处。

翻看这本书，首先碰到了两个问题：谁是士尔先生？有哪"两界"？

先说第一个问题。书中交待：第一，士尔先生是一位人类学教授，外出考察时曾失踪多日，梦游奇境。以此为引导，苦心经营十载，成就此书。由此而言，士尔先生是本书的叙述者，是士尔先生在说在写，我们要以此作为理解此书的基础。第二，书中第十一章又讲道，"帝山东南八百里，依山临海，居一凡常人家，男名士，女名尔"。书中又讲道，"士半百之年，一日耕于田间，暴雨突降，天光四起。士感皮肉尽裂，脑髓暴涨，天光穿身。眼前万物不见，惟见数码轮显，细观万数，盖以一、二、三、四、五、六为基，演绎变幻"。这里所讲的数字，就指"一本、二维、三生、四象、五行、六说",是天光开眼所见之物。我们又由此而确定,士尔是书中的人物,是作为叙述者的士尔先生笔下的士与尔两个人物。士尔所代表的深意还不仅如此。如书中所说,士与尔是凡常人家的夫妇,合而生三娃。六数指"万古而来,大千世界,实乃无生有一,一分二维,二合生三,三衍万物,万物四象,根于五行,行于六说,六说合正,成七归一"。合"一、二、三"的道理,是指一方面,有生于无,有一分殊而为二,合二而三生,三生万物。另一方面,三果生于元树,三者为多,三者也为异。不会尽辛,也不会尽甘。文明进程之伟大,人生命运之复杂,尽在于此。因此,士与尔是"二",由此生"三"。

这样一来,我们有了三个"士尔":作为叙述者的士尔先生,他笔下的士与尔这两个人物,以及这两个人物所代表的"一、二、三"的世界大道。

由此再说"两界"。书中说到"天界地界""时界空界""物界意界"等诸种划分,但最根本的"两界",还是生与梦的两界,是人眼与天眼所见之两界。庄生梦蝶,庄生是一界,蝶是另一界。故事虽奇幻而荒诞,但《庄子》书中所强调的在两界游走,从而获得对人生的透彻了解,仍有意义。真与美,是两界。循真求美,常常求之不得;以美启真,则可真美俱在。这就是书中所说的,要开"天眼",以天眼看人世,看出深层的意味。

有了前面"一、二、三"道理,还要接着讲"四、五、六"的道理。"四"是"四象",东南西北有四方,春夏秋冬有四时,文明正是在空间和时间之中展开。"五"指五行,世间一切事物中,以金木水火土为五行。五行不是指五种元素组合成世界,而是代表一种化生的方式,以此方式,世界万物相感相生。五行感应而生万物,内有五官、五脏,外有五色、五味。五行相继又使时代有着循环性，通过循环，历史得到了螺旋性上升。这是一种中国特有的思维方式。在脱去了种种神秘主义的解释以后，可以从中显示出中国智慧。五行使这部融汇古今中西的书汇聚到中国文化的根脉来，成为一种以我为主的文明要素的大融合。

从传统再出发，作者提出了具有原创性的对"六说"的总结，由此，"故事"最终走向"道理"，"文学"也由此走向"哲学"。"六说"以"六先论道"的形式出现，分别为"道先""约先""仁先""法先""空先""异先"，分别为不同文明的结晶。他们之间相互论辩，说明成人、成善的道理。

不同的文化，有各自的传统，在自己的思维体系中，也各自成理。但是，不同的文化要对话，不同的思想要碰撞，不同的道理放在一道，会升华出大道理。"六说"要归一。本书就体现出在历史发展之中，文明通过对话，使小道理融合成大道理的过程。

这是一部融合了哲学、神话和文学的书。我们可以从中读到许多宗教和神话的故事，但却洗掉了一些宗教的陈旧的痕迹，保留了传说所具有的亲近和亲切的内容。一些故事，读来似曾相识，又经过了改造。荒诞的部分去掉了，繁琐的叙事去掉了，留下了简洁的故事，以及融合在故事之中的一些深刻的道理。

从天地诞生、到造人、到洪水所起的惩恶存善的作用，再到生命、族群分化、教义形成、争战，将这些故事娓娓道来。作者深入这些元典之中，不仅了解它们，而且深入其中，把握其精神，再从中走出来，站在一个新的高度来审视这些元典，将其中的故事进行重新编织。从这里，我们可以看到，文明是如何建构起来的。人类都面临一些共同的话题：从哪里来？到哪里去？生、死、活、群、爱、恨、情、仇，如何展现？如何处理？这些话题最能引起共鸣。选出这些话题作为主线，故事就有人读，讲的道理就有人听。

人的天性，就是爱读故事、听故事的。这本书讲的是一些老故事，但故事要新编，老故事可以有新讲法，讲出新内容。对于熟悉这些故事的人，可以看出悠远的历史的影子，似真亦幻，沉郁而厚重。对于还不熟悉这些故事的人，可以成为进一步阅读元典的导引，奇特而有趣。

关于讲故事，作者确定了"四原则"，它们分别是：一、讲人类共同关注的话题；二、有对话意识，注重与读者的情感交流；三、化东西方的原典素材，形成故事情节；四、以文明演进为主题。

基于这"四原则"，形成了本书的一些特点。这些特点，综合起来讲，就是：第一，打破学科间的壁垒，将神话和历史、哲学与宗教、文学和学术结合在一起，从讲故事出发，从故事的选择和叙事方式中，见出思想成果。第二，尽量选用一些重要的宗教、神话，以及经典的历史和文学著作中的，人们所熟悉的故事，重新叙述，挖掘中外各种文明中最深层、最能打动人的内容，又以新的形式呈现出来。第三，展现出人文的情怀。这些情怀，原本就存在于许多元典之中，但元典也要淘洗，留下来的是精华，读元典也需要有现代立场，从现代的眼光来看元典。第四，很好地处理了中国与世界的关系，包容进了世界各文明的内容，又渗透进中国的精神。从世界看中国，又从中国看世界。努力讲沟通，讲理解，既讲文化的"和而不同"，也讲文化间的"见贤思齐"，更讲中国文化所要提倡的"文化自信"。

最后，我们可再次回到"两界"的话题上来。有肉眼，也有天眼，由此有"两界"。人要脚踏实地，也要仰望星空，人要生活在日常的世界中，也要有梦。天眼给人以另一个维度，这本书也向我们展现了另一个世界。另一个世界不与"人眼"所看到的世界绝缘。"天眼"所见会提升"人眼"的能力,"梦想"会使人深化对现实的认识,星会照亮地上的路。

这是一本奇书,也是一本有价值的好书。推荐读一读这本书,在阅读艰涩的哲学著作、高度规范化的学术论文之余,读一读这本书,能给人休息,也能给人启示。在我们困于一些疑难的学术问题之时,这本书也会使人豁然开朗,悟出很多的道理来。

高建平

中国社会科学院研究员,中华美学学会会长,中国中外文论学会会长;曾任国际美学协会主席,中国社会科学院文学研究所副所长兼学术委员会主任

本文原载《中国图书评论》2018 年 2 期

讲好文明进程中的人类命运共同体故事

任　珺

　　讲故事是全人类共有的现象，而故事则是人类文化记忆的重要载体。以往叙事原则建立在"普遍性-对立性"观念之上，以区别"我们"与"他们"，在阐释"我们"合法性过程中制造了敌人。如今讲述人类命运共同体，尤需非对抗性的故事模式，人类既是"我们"也是"他们"。士尔先生的《两界书》面对全球化时代多元文化背景的读者，坚持民族立场、世界视野与人类胸怀，创新性地讲述了一个寓意深远的故事。

　　在提纲挈领的《导论》中，士尔先生以古今中外、人人所关注和困惑的问题为导向，将人类根本性问题置于不同观念的认知框架中加以理性辨析。要回答人类社会进程中的诸多问题，绝非易事。士尔先生借六位先贤先知之口，将人类不同文化思想体系综合观照，"向着人类精神世界的最深处探寻"，深刻思想背后渗透出作者浓浓的人文情怀。

　　"开天辟地"和"人类起源"是创世神话的主要内容，它是人类幼年时期用幻想、虚构的形式对自然、宇宙所做的描述和解释。在世界神话体系中，虽然对于世界初始与人类诞生，不同文明有着不同的看法，然则观照和比较起来，又都有着某种相似之处。《两界书》正是利用原始观念中相似的世界观，建构出人类命运共同体最初的意识，并搭建起普适性的故事平台，设置了不同族群均关注的共同话题或相同语境，从而呈现出各种文明之间的可沟通性及平等对话的可能性。

纵观历史，尽管人类讲故事的形式在不断改进，但历代经过反复检验和值得信赖的模式都会涉及：阐释个人、个人与群体、个人与他人、个人与共同体之间的关系；构建高度的社群认同度，处理如何结盟、原则及共同的规则，如何赢得他人支持等。即解决人类历史上"我们"的群体、"他们"的群体从何而来；如何从亲属群体结集成大型非亲属群体（譬如政治群体）；如何解决"集体行动问题"，建立相互依赖的群体。对人类命运的思考，是人类历史的重要课题。不同族群对生命长短、族群分化、教义形成、异族纷争、习俗流变、人性教化、往时来世等，均有相通的关切。这些内容既是叙事的情节，也是叙事框架。借助故事的形式展现人类共同的情感追求及精神发展的过程，更容易接近读者并打动他们的心灵。《两界书》用神话、魔幻等手法展示人类在面临无法抗拒的灾难时，可以做出怎样的抉择，让人们面临现实不可能面临的绝境，从中感悟生命真谛。这里既描述了人类共同的命运，又反映了不同族群或对命运的妥协，或不屈服于命运和神谕下的抗争。宏大的叙事角度，让人类以全知全能的眼光看世界，从而思考自己的命运。在这种感觉下，很容易发现世界作为整体，各地皆有联系；同时也让人类对自然、宇宙产生敬畏之心，建立内省性精神生活。

叙事作品中传达的思想，代表着作者所创造的"虚构"世界及"真实"世界之间的联系。"虚构"世界与"真实"世界之间既可能是再现性的，也可能仅仅是警醒我们去关注现实中的某一方面。因此，士尔先生作为故事讲述者，说的是一个人类文化记忆的故事。促使他讲故事的动因不是对人类历史的再现，而是再创造性的构思。重新创作的元素来自不同文明的历史传统和人类共同价值，目的是增强感化人心的力量。《两界书》吸纳了不同宗教神话、历史传奇和虚构性民间传说等叙事形式，在叙事的再现性、例释性及审美性等诸层面达致一种流动而不失统一的平衡。士尔先生依托隽语性的修辞形式表露出对"至美"的追求，凭借不同思想中的伦理对话传递对"向善"的颂扬，从而表达了对人类整体命运的终极关怀。

《两界书》具有三个方面的重要价值。第一方面的价值体现在它演绎了人类文明发展脉络。《两界书》通过文学叙事的形式将不同文明的基本元素重新组合编码，构思出不同文化背景下各族群均可感知的经验及历史。尽管书中描述的是再创造性的历史，但同样也是"真实"的人类历史。人类进程中不乏因利益争夺而触发对峙，因权力欲望而滋生冲突，因人性矛盾而遭遇困境；伴随着大量的战争及流血事件，不同文明之间、不同宗教之间和平与包容尤显珍贵。思维模式和行为模式是民族文化的表征，不同文明在思维模式和行为模式上存在差异，而这种差异正是导致文化冲突的深层次原因。亨廷顿"文明冲突"理论，即认为文明间的关系是竞争性共处。人类文明发展至今，漠视、消极对待文化差异都是不现实的。士尔先生倡导人类必须秉持积极的态度促进沟通互鉴，坚持"和而不同""求同存异"的处世方法。不同文明的交流、交融和生长，事关人类整体未来。

第二方面的价值体现在它探究了哲学本体论问题。本体论是关于世界本原，关于存在的本质的学说。从古希腊开始，诸多哲学家进行了艰难求索。中国古代哲人也对天地万物产生、存在、发展变化的根本原因不断思索。《两界书》不仅提出世界之起源问题，而且还研究世界是怎么样的，即存在的状态是怎么样的；更重要的是该书深入到世界的存在与人类主体的实践关系问题。士尔先生本体论的探究重心从对外部世界的诘问，转移到人的自我理解、自我反思及主体如何阐释和把握客体方面。凡人问道为该叙事作品增添了人生哲理的意味，解答了人类应遵循的行为模式："敬天帝""孝父母""善他人""守自己""淡得失""行道义"。这六个基本要义集中而系统化地突显了中国精神的核心内涵，分别从信仰、伦理、社会、个人、功利、实践等层面，建构了一个完整的思想与价值体系，涵括了世界观、价值观和人生观的全部范畴。

第三方面的价值在于它构建了人类命运共同体的命题。如果我们不能把握中国与世界关系的战略走向，认清中央关于国际形势判断和外交决策部署的话，我们就无法理解此方面影响的重大深远。许多国家和地区之间在历史交往中积累了错综复杂的恩恩怨怨，犹如《两界书》中所描述的异族纷争、教派之争、权力内讧等等，深层次民族矛盾和利益冲突一时难以化解。可是人类历史发展到全球化时代，全球性问题层出不穷，不同国家和地区之间的相互依赖却日益加深。人类社会已成为"一荣俱荣，一损俱损"命运相连的共同体，人类原先坚守的"以邻为壑""零和博弈"的认识论和思维方式，已不能解决全球性的危机。《两界书》不仅构建了关于人性思辨的话语体系，而且还进一步丰富和充实了关于人类命运共同体的话语表述，归纳出人类社会创造的那些具有普遍意义、能够普遍适用的世界观、价值观和人生观。这是凝聚不同族群携手构建人类命运共同体的根本。

赫拉克利特认为"万物皆流变，无物常驻"。然而对和平、发展、公平、正义、民主、自由的追求，却是人类前行路上的永恒命题。《两界书》凭其内在的思想品性及价值吸引，必将会获得世人更多的关注。

任珺

深圳市社会科学院文化研究所研究员

本文原载《中国社会科学报》2018 年 4 月 26 日

《两界书》：一部文明史诗

侯灵战

　　初读《两界书》犹如见武林绝学《易筋经》，疑惑又恍惚；再读《两界书》宛若看《山海经》，诧异又惊艳；又读《两界书》，却如品《道德经》，冷峻又玄思。欲言又止，感受太多，说了却似乎不及机理，生怕误读显示自己的无知。《两界书》既像一部文学作品，又像一部学术著作。阅读《两界书》，挑战着本人文体成见、阅读期待，又丰富了我的文体认知、阅读经验。这种复杂、挣扎、纠结、困惑的阅读体验，估计很容易让普通读者中断阅读过程，甚至会草率做出一些不确切的结论。该书由商务印书馆出版，估计是看中其读者群具备较高的学术素养，对《圣经》、佛经、荷马史诗等东西方元典有一定阅读经验，对老子、孔子、柏拉图、亚里士多德等的思想比较熟悉。这样的读者，即使本书有点过度"陌生化"，阅读理解有些延宕，但未知的诱惑最终会吸引其完成这个曼妙的阅读过程。每个人对文章的评判，总要放在心中现有的文体框架中进行。一个崭新的文体，总是冒着触怒读者的市场风险。《两界书》应属于一类国内读者接触较少的跨文体、元叙事的文明史诗，其以人类创世为基原，扬弃世界各大文明的利弊，重建人类文明的历史进程，从源头上重新思考人类文明的演变进程。

一

　　人们对史诗文体的认识主要来源于对古希腊荷马史诗《奥德赛》（Odyssey）和《伊利亚特》（Iliad）的阅读认知。中国读者接受史诗文体，出自于近代以来西方文化——特别是《奥德赛》和《伊利亚特》的中译本——在中国直接或间接的传播，而带来的崭新的文学体验。严格对照荷马史诗文体特点，汉语文学史没有出现过史诗文体，中国诗学也没有出现对史诗文体的理论提炼。现代学术史中把商周时期《诗经》中的《生民》《公刘》《绵》《皇矣》《大明》等5首诗认定为史诗，是接受西方史诗文体后的扩大化追认。《生民》《公刘》等确实具有史诗的某些特征，但篇幅短小，跟希腊文明的荷马史诗相比，称其为中国版的史诗还是缺乏说服力。正因为此，《生民》《公刘》《绵》等影响力有限，后世没有受其影响产生类似的文体，不过其诗体却成为后世中国叙事诗的源头。中国少数民族史诗如藏族《格萨尔王传》、蒙古族《江格尔》、柯尔克孜族《玛纳斯》的发掘整理，以史诗体裁相类分，多少也受荷马史诗的影响。

　　史诗一般会被认为是某个族群从"野蛮"步入"文明"时代的文字记录，史诗反映出的伦理价值观一般也会被认为是该族群共通的"民族精神"（黑格尔）。我们几乎可以通过《奥德赛》和《伊利亚特》这两大史诗，了解几千年前的古希腊人的日常生活及其精神世界。一个历史悠久的民族倘若没有史诗，似乎是非常遗憾的事情。自希腊史诗文体传入中国，中国作家、诗人都梦想创作一部史诗作品以弥补史诗缺失的遗憾，以对得起中国四千年文明史以及辉煌的诗歌国度。史诗成为缠扰中国作家诗人内心的一种情结，"史诗""史诗风格""史诗气质""史诗题材"等因此成为对一部文学作品的极高赞誉。史诗不仅出现在诗体文学中，也出现在散文体文学中，比如陈忠实的《白鹿原》、阿来的《尘埃落定》，文学界经常称赞其为"史诗性小说"。史诗甚至荡出文学界，出现了音乐史诗、舞蹈史诗、电影史诗等说法。回到诗体文学中，自荷马史诗传播到中国以来，中国新诗不乏史诗创作尝试，像郭沫若、郭小川、贺敬之都有这方面不够成功的创作。"文革"结束后，受西方"寻根主义"思潮激发，中国诗歌出现了史诗文体新一轮尝试，其中最成功的是杨炼和江河，《礼魂》《半坡》《敦煌》《三世佛》《诺日朗》《纪念碑》《祖国啊祖国》《太阳和他的反光》等长诗或组诗一般被认为是比较成功的史诗性作品。

把士尔先生创作的《两界书》放在中国史诗创作史这个粗略的框架中理解，《两界书》是史诗文体创作在中国文学史的进一步推进，可以说是中国史诗创作发展的一个标志性成果。以往史诗创作，中国诗人有意无意以填补中国史诗空缺的心态进行创作，他们想象自己生活在中国远古神人共存的荒原时代，与女娲、后羿、炎帝、神农等《山海经》人物或佛道神话共存对话和汲取诗情，演绎他们的世界观和英雄事迹，重建黑格尔所说人类从"混沌时代"觉醒的精神面貌。与上述不同的是，《两界书》撰写的不是中国的民族史诗，而是聚合各大文明之后的人类文明史诗，是以当代学人视野重构的人类文明史诗。

士尔先生学贯中西，该书糅合中国儒、道、释和西方的希伯来文化、希腊文化等要素，对整个人类文明史加以综观演绎，是置放于全球通史框架中对世界文明演进的一种审视、反思和整合，正如著名华人学者"第三代新儒家"代表成中英先生所说："作者以生动的文学笔法和超凡脱俗的想象力，对人类文明初开的心灵和自然生命的欲念进行了半寓言与半历史的陈述，非常明确地透露出人类对世界万物的求知精神与生命价值的追求激情，因而也让人的身心陷入种种存在的界限的概念网络之中，借界限以凸显价值的理想、生命的境遇，同时也借界限显示了生命的有限性、生活的曲折性与历史的诡异性。"[1]

二

传统来说，史诗以题材为标准常分为英雄史诗和创世史诗，其中英雄史诗以荷马史诗《奥德赛》和《伊利亚特》为典范，创世史诗以希伯来《圣经》（即《旧约》）中的《创世记》以及《吉尔伽美什》等为元典。创世史诗主要讲述天地的形成、人类及万物的起源，还反映了人类童年时期以原始氏族部落为社会单位的生活图景，涉及开天辟地、万物起源、人类诞生、自然灾难、工具发明、原始农耕、畜牧渔猎、部落冲突、风俗礼制、科学艺术、宗教哲学等各方面的内容。士尔先生是研究希伯来犹太文化的学者，熟悉近中东文化，《两界书》卷一《创世》与希伯来《圣经·创世记》及《吉尔伽美什》等有深刻的互文关系，但《两界书》并非对近中东创世史诗的简单比拟，而是站在 21 世纪今天的视野上，融合了希伯来文化、两河文化、中国传统文化以及古希腊文化等，以一种元叙事的方式对人类文明起源进行重新演绎与超越。《两界书》叙述的是远古荒蛮的故事，反映的却是人类生命的根源、文明演进的秩序，以及文明的出路这类根本问题。

《两界书》分《创世》《造人》《生死》《分族》《立教》《争战》《承续》《盟约》《工事》《教化》《命数》《问道》等十二卷，全书既

---

[1] 成中英：《两界书的问题、范式和界域——从〈两界书〉论起》，《中国社会科学院研究生院学报》 2018 年第 11 期，第 5 页。

不是以历史写实的手法叙述文明史，也不是以传统的文学虚构描摹人类发展，而是以诗化哲学为思想认知和叙事逻辑，以基原性的文化要素为素材，以根基性、原理性的元叙事手法，高度凝练地表现出文明演进的基本形貌、流变轨迹和秩序原则，行文夹叙夹议，诗思融合，理趣盎然。

先看卷一《创世·开天辟地》的首节《太初》，对比中国、古希伯来以及古希腊的创世文献：

太初太始，世界虚空，混沌一片。

天帝生意念、云气弥漫，氤氲升腾。

天帝挥意杖，从混沌中划过。

天雷骤起，天光闪电，混沌立开。

      ——《两界书·创世》

起初神创造天地。

地是空虚混沌。渊面黑暗。神的灵运行在水面上。

神说，要有光，就有了光。

神看光是好的，就把光暗分开了

      ——《圣经·创世记》

道冲，而用之或不盈。

渊兮，似万物之宗。

挫其锐，解其纷，和其光，同其尘。

湛兮，似或存，吾不知其谁之子，象帝之先。

      ——《道德经》第四章

宇宙之初，只有卡俄斯（Chaos），他是一个无边无际、一无所有的空间。随后他从自身诞生了大地之神盖亚（Gaia）、地狱深渊神塔耳塔洛斯（Tartarus）、黑暗神厄瑞波斯（Erebus）、黑夜女神尼克斯（Nyx）和爱神厄洛斯（Eros）。

——《希腊神话·创世编》

　　《两界书》的首节用了非常中国化的标题"太初"，体现出中国学者的文化本基和价值取向。世界各大古老文明在原初文献中都认为天地在创世之前处于空虚黑暗、氤氲的混沌状态，往往有一个或若干创世的"神"，各大文明不仅创世的主体有别，创世结果和创世顺序也不一致，这也反映出不同文明的世界观和思维方式各有不同，并影响了后世的文明范式。《两界书》塑造了一个独具中国文化色彩的创世意象——"天帝"，俗称老天爷、昊天，这里的"天帝"是一个既有人格化特点，又有超凡属性；既有自然属性（与"天地"谐音），又有超自然能力的、抽象与具象相结合的创造者形象，这一形象不仅开启了世界的创造，也开启了《两界书》的诗化哲学和诗化哲学的文明史诗叙事。

　　《两界书》前三卷《创世》《造人》《生死》以大尺度、极简化的方式，设立了几个重要的叙事单元，用新神话主义的方法首先探讨了创世学说中的"从哪里来，到从哪里去"的基本哲学命题，叙事框架明显综合了各种创世史诗和神话的特点，但又不同于任何一个既有的创世模式，特别是以中国文化元素为核心，结合一定的现代性内容，比如卷三《生死》中的"设命格"部分："天帝为人设命格，使人各有其命，命有法式，各人不致相尽同。一人一命数、一人一性情、一人一命格"。[1] 这已经不是几千年前文明之初对人

---

[1] 士尔《两界书》（第36—37），此处命格，极易误认为为宿命，根据《两界书》此处做注：命格指生命的格式、式法，也就是人的活法。

的理解，而是受了西方现代文明所改造每个"个体之人生存意义"的观点。每个人都不是他人的工具，每个人生存在世界上都有其独一无二的价值，都应该活出自己。

三

创世史诗一般涉及开天辟地、万物起源、人类诞生、自然灾难、工具发明、原始农耕、畜牧渔猎、部落冲突、风俗礼制等内容，而英雄史诗侧重以战争为题材，反映人类某些族群在历史上的民族迁徙或部落战争等重大历史事件。创世史诗和英雄史诗都会涉及部落冲突与战争，很难截然分开，但在描写部落冲突与战争中，英雄主角性格突出，事件构成比较大型的叙事单元，一般更偏向认定为英雄史诗；而创世史诗中出现的人物，一般不会贯穿史诗全文，随着编年史的演进，创世史诗不同时代会出现不同的聚焦人物。《两界书》作为一种元叙事，从卷四开始的《分族》《立教》《争战》《承续》《盟约》《工事》等六卷，出现许多独立的叙事单元，很多叙事单元有性格鲜明的人物。比较突出的叙事单元有：雅西、函那、希里、布达等族长传奇；函雅结仇、布人伐希、兄弟阋墙、撒人争女、雅希联姻、雅宁比剑、合血之盟、布帝之约等部落冲突故事；柳卡羊马、高崖沉金、筑塔造车等工匠事迹。这些章节出现了雅西、函那、希里、布达、雅普、希罗、函钦、雅侯、雅申、希曼、布禹、耶郁里、丹伦、雅曲、雅荣、希玛、雅宁、希晋、嘉弗、布其、柳卡、德敦、雅昆、函含、东甲、欧瑶、赛禺等性格鲜明的单元人物。《两界书》整体内容似乎隐约可以看出摩西五经中出现的草蛇灰线，但更多的是在改造和融合中国古代以及其他古老传说的基础上，所进行的新的叙事原创。

原始史诗一般结构比较不太严谨，像亚里士多德所总结的史诗特点那样，叙事的主要线索之外经常有节外生枝，经常穿插很多独立的传说故事，对史诗情节的进展起着阻碍和延缓作用。比如《奥德赛》中，奥德修斯在希腊大军攻下特洛伊之后的归国途中遇见海神掀起的风暴，在茫茫大海漂游 10 年，这个巨大的阻碍造成了《奥德赛》的全部故事。摩西五经的整体叙事链条中，《利未记》和《民数记》可以说是这个叙事时间之外的穿插和异文，虽然它与《创世记》《出埃及记》构成完满的整体，但其似乎插入一个性质迥异的规章制度、法律文本等，整体不符合现代人的阅读习惯。《两界书》按照编年体结构行文，叙事结构严谨，叙事时间匀称，没有占据多个卷章的人物聚焦，没有大段的时间空白和时间停顿，也没出现大篇幅的穿插和异文。《两界书》卷七有类似于圣经《民数记》方面的内容——各族清数（卷七《承续》第一章《各族清数》），但占据篇幅不多，其叙事中的"时间中顿"，不至于成为强行嵌入的异文。同样，《两界书》卷五《立教》中，也出现《申命记》类似章节的内容，同样没有成为强行嵌入的异文。《两界书》作为编年体叙述，到了卷十之后的《教化》《命数》《问道》，插入了类似于圣经文本的《约伯记》或《箴言》的哲学内容，成为逸出叙事之外的一段精彩的《天问》章节，诗化哲学的思辨特质异常明显。

以本人的知识积累和阅读经验来看，《两界书》主要的互文文本可能是希伯来《圣经》，但《圣经》的伟大并不意味没有遗憾。希伯来《圣经》叙事有排他的、专宠的、独优的民族主义立场，这在一定程度上成为后世西方中心主义的滥觞。《圣经·创世记》叙事有很多"时间空白"，比如《圣经》记载上帝创造亚当夏娃之后衍生闪、含、亚弗三族，后续叙事基本上沿着闪—亚伯拉罕—雅各—摩西—大卫—所罗门等链条叙述，含、亚弗两族的叙述成为

"未填补的空白"，后文基本上不见了。含、亚弗成为上帝造人之后未被遴选的、被抛弃的劣等族群。《两界书》的创世史诗叙事，显然持鲜明的文化多元主义立场。《两界书》在卷四《分族》之后，把人分成象征性的七族：雅、函、希、布、耶、微、撒，其后叙述各族的历史、宗族、语言、宗教等的分化、冲突和发展，虽然有重点不同，但没有制造某个族群叙事的"时间空白"，而是呈显了色彩缤纷的文化丰富性，体现出文化多元主义立场。

原生态的史诗，一般是人类文明之初的口耳相传的集体产物；现代人的史诗，一般都是具有寻根主义倾向的个人创作。《两界书》不仅寻找中国文明的根，也探求人类各大文明的源头，它通过调研、筛选、提炼、嫁接、融合世界各大文明的文化资源，以夸张、变形、象征、魔幻等手法，再造神话般的远古幻象世界，寄希望对现代文明进行反思和批评，并从中发现对未来的有益启示。《两界书》这部分内容媲美《指环王》《哈利波特》等国外新神话主义思潮的文学作品，也能看到类似于《爸爸爸》《棋王》等国内寻根文学作品的文脉理路，其斑斓瑰丽的叙述情节完全可以成为精彩的影视题材。

四

《两界书》的卷十至十二分别为《教化》《命数》《问道》，整体并未脱离其创世史诗的叙事框架，而将诗化哲学下的文明史诗属性显著增强了。这部分叙事可以看出希伯来圣经《约伯记》《传道书》《箴言》、后先知书的某些暗线，更有中国色彩的《周易》《论语》《道德经》《天问》的影子，其对话风格似乎也有一些苏格拉底、柏拉图、亚里士多德的模糊背影。什么都有一些，但什么又都不是，呈现了一个"两界体思辨",对"界"这个根基性的哲学命题做出了多文化视角的辨析。

本书题名为《两界书》,显然是更倾心于对天地、时空、生死、灵肉、善恶、神俗等世界和人类根本问题的哲思。《两界书》在尾卷《问道》中,像屈原《天问》般地发问,聚焦"生而为何""何为人""善恶何报""来世何来""何为人主"等重大命题:

> 以道为统,无统不一,无一何生万物?
>
> 以约为信,无信不通,无通何生和合?
>
> 以仁为善,无善不爱,无爱何生家邦?
>
> 以法为制,无制不理,无理何生伦序?
>
> 以空为有,无有不在,无在何生世界?
>
> 以异为变,无变不化,无化何生久远?
>
> ——《两界书·问道》

《两界书》提炼出道、约、仁、法、空、异等"六先""六观""六言",旨在概括认知世界的不同方法、不同观念、不同价值取向,强调"六合正一、道通天下",也是力图集合人类共同智慧,从信仰层面、伦理层面、社会层面、个人层面、功利层面、实践层面等来实现不同思想、不同文化的最大公约数,促使不同文明和合共美、各美其美:

> 道统大千,道可受而不可悖。
>
> 约信万民,约可守而不可违。
>
> 仁修自身,仁可固而不可懈。
>
> 法制众生,法可循而不可逆。

> 空得世界，空可悟而不可弃。
> 异变久远，异可适而不可滞。
>
> ——《两界书·问道》

《两界书》哲思的内容虽然高度浓缩在本书的后三卷"时间停顿"的叙事单元，但本书前九卷部分也经常有精彩论述，前后呼应，诗化哲学的叙事逻辑是连贯始终的。当然《两界书》是一种跨界写作，其哲学观点和哲学思辨并未用现代职业学者常见的学术文体来表达，而是用学术史上比较少见的诗化方式和诗性载体表达，其内容又突破了历史、神话、宗教、哲学、文学等传统学科范式，这种诗化哲学的叙事创新是一种深层的思想创新，体现在文体文脉上，也使得一般读者接受起来有一定障碍和难度，诚如马原所说，《两界书》是"一次伟大的叙事冒险"。当然，《两界书》的诗学表达采取的是传统中国的赋体文写作方式，想象诡丽，文采斐然，"文字里浸透了一种中国式的美感"，这也是本书独有的诗学魅力。

五

研究史诗的学者容易接受以下观点：史诗是一个特定的历史时期的文学现象，是人类从野蛮时代带入文明时代的主要遗产。黑格尔说，史诗"在本质上就应属于这样一个中间时代：一方面一个民族已从混沌状态中觉醒过来，精神已有力量去创造自己的世界，而且感到能自由自在地生活在这个世界；但是另一个方面，凡是到后来成为固定的宗教教条或政治道德的法律还只是很灵活的或流动的思想信仰，民族信仰和个人信仰还未分裂，意志和情感还未分裂。"[1]社会演进促使文体的嬗变，史诗文体似乎成为渐趋消亡的文体，如巴赫金在《史诗与小说》中所说，史诗作为旧时代崇高文体的代表，已为新时代的小说文体所取代。史诗文体描写"绝对的过去"，溯源于民间神话传说，而不是个人经历和以个人经历为基础的自由的虚构，使史诗的时代远离当代。读者和作者之间，横亘着"绝对的史诗距离"，难以产生共情。[2]

史诗作为一个文体，特别有荷马史诗、吉尔伽美什史诗、《圣经·创世记》《出埃及记》、《摩诃婆罗多》、《罗摩衍那》等优秀范本，激发古今中外文人骚客对史诗文体的创作激情。西方文学史上留下许多史诗作品，特别像维吉尔、但丁、弥尔顿、塔索、歌德等借鉴英雄史诗、创世史诗等元素，创作《埃涅阿斯纪》《神曲》《失乐园》《复乐园》《力士参孙》《被解放的耶路撒冷》《浮士德》等这样伟大的史诗或史诗性作品。史诗的传承不仅使后世人们得以慎思追远，理解初民时代政治、经济、军事、宗教、社会生活等诸方面；史诗的创作，更让人以当代人的理念，重新审视、整理这个历史进程，让人在这文明通鉴中，重新思考人类历史是否可以走向一种新的可能。从这个角度思考，史诗不是一个过去时代的文体，而是一种历久弥坚、肩负特殊使命的文体。在后现代境况中，虽然人们更关注宏大叙事背后卑微人物悲喜交欢的琐碎细节，但文明通鉴背后的文明发展之路仍然为人文主义学者一直关注。

《两界书》不是一部传统意义上的创世史诗，而是一种崭新的文明史诗。它作为对传统史诗的重构与超越，以一种元叙事方式，展示人类从缘起到未来、从自然到人类、从物质到精神的全景，重

---

[1] 黑格尔：《美学》（第三卷）下册，朱光潜译，商务印书馆，1981年版，第109页。
[2] 引自巴赫金《史诗与小说》，收入钱中文编《巴赫金全集》第三卷，白春仁、晓河译，石家庄：河北教育出版社，1998年，第544页。

新演绎人类文明的发展史，揭示人类文明的演化秩序和内在原理。《两界书》以人类文明演进发展中的生死、分族、立教、争战、承续、盟约、工事、教化等事件为载体，对文化冲突与文化融合、乌托邦与反乌托邦等各种文化基本命题都做了高度概括的展示，体现出一代学人对人类过去、现世与未来的哲学思考，体现出一种融通性的文明整体观。

侯灵战

高校副教授

结·界·介：文明的冲突与融合

陈泳桦

《两界书》以文明演进为主线，讲述宇宙本体、生命哲学、契约精神等命题，以道先、约先、仁先、法先、空先和异先问道，展现道观、约观、仁观、法观、空观和异观。道观代表了宇宙万物的本原；约观代表了人类精神世界与社会秩序的建立；仁观对人性具有规范和调试作用；法观代表了法律逻辑秩序和理性主义精神；空观代表了佛教色空、轮回、物我、顿悟等的精神；异观代表了无常、神秘主义和不可知论。"六观"概括出人类文明重要而普遍的精神范畴，其中，异观概述了文明的症结和冲突；道观和空观表征着文明的哲学思辨；约观、仁观和法观体现出文明的融合和互补，仁观和法观在感性思维和理性思维上对文明起约束作用，约观作为文明通约的工具，整合了感性思维和理性思维。

一、"结"的形成：文明之争

士尔《两界书》用神话预言式的叙事方式将人类的演进分为三个阶段：初人、中人和终人。"初人"有两头、两心、四腿、四手，不分男女。为启迪人类心智，天帝将"初人"一分为二，一半为男，一半为女，将人再造为"中人"。"终人"是人类第三个演进阶段，士尔虽然没有进一步指出终人的发展形态，却不免让人将当前人工智能时代人类与机器并存的形态与人类文明的"终人"形态联系起来。随着信息技术和生物技术时代的到来，我们当前的世界正面临着一个新的临界点，"日益突显出严重的'文明病'症状：超级智能隐忧、基因技术隐患、生态危机、地缘政治与单边主义、文明割裂、思想隔绝、逻辑变异、秩序丧失、物奴现象与后物质主义并存，以及人性的退化、心智的弱化等"[1]，人类文明面临巨大的挑战。

（一）文明的进程

杰里米·里夫金和特德·霍华德从"熵定律"能量守恒的角度解释现存世界分崩离析的原因，并将"熵"作为一种新的世界观，以此用来解释当今社会在经济、能源、价值观念和制度上新的思维方式。阿尔文·托夫勒从科学技术发展的历程出发，将人类历史分为以农业革命为主导的第一次浪潮、以工业革命为主导的第二次浪潮以及以现代科技发展为主导的第三次浪潮。托夫勒主张我们要以新的世界观和新的理性逻辑去看待社会发展的演进，他认为，"许多国家同时感受到这两股甚至三股不同变化浪潮在以不同的速度和不同力度进行活动"[2]，正是如此，才有以农业化生产、工业化生产和信息化生产并存的生产方式；原始社会、奴隶社会、封建社会、资本主义社会和共产主义并存的社会形态；以及东方文明、西方文明和其他异质文明并存的文明形态。托夫勒的观点对我们认清

---

[1] 刘洪一：《文明通鉴与普惠文明：人类命运共同体的文明路径》，《深圳大学学报（人文社会科学版）》2019年第5期，第6页。

[2] 阿尔文·托夫勒：《第三次浪潮》，黄明坚译，中信出版社，2018年，第8页。

和厘清文明的根基提供了重要的借鉴作用，尤其是在第三次浪潮到来之际，新的生活形态、新的地缘政治关系、新技术带来的新产业和新业态的涌现，都迫切地需要我们以崭新的思维方式和价值观念重新去看待世界的本质、文明的变迁与重组。

（二）文明的冲突

当前世界是一个变异的世界，充满了诸多不确定性和神秘性。在《两界书》中，异先在回答倬尼关于善恶时提到，"恒无定律，异无定例，实乃普世律例，岂可追究至律至例？"以异先为代表的"异观"认为"无规律就是规律"。"无规律"体现出文明进程正在逐渐失去秩序、失去控制，也体现出"无规律"作为不可知、无定性文明形态的表征。尤其是当前世界风起云涌，随着单边主义、排他主义、极端主义、民粹主义、霸权主义和反全球化思想等的横行，在不同民族、国家和宗教之间产生冲突，世界文明分崩离析。文明的冲突又以物质文明与精神文明、科技与人文这两对文明范畴的冲突表现尤为突出。

第一，物质文明与精神文明存在冲突。在《熵：一种新的世界观》中，"熵"作为热力学定律，不仅只涉及物理世界，还制约着精神世界。作者认为，"一个文明社会如何组织它的物质生活，以及它对物质生活重视程度，决定了它追求精神文明的条件。一种世界观如果过分沉溺于物质生活的追求，就自然不利于整个民族的超然精神生活。相反，如果人类文明不是过分注重物质世界，那么人类作为一个整体就能更自由地超越于物质桎梏，与深邃而又无所不在的精神世界统一起来。"[1] 当前社会随着消费文化的异军突起，

---

[1] 杰里米·里夫金、特德·霍华德：《熵：一种新的世界观》，吕明、袁舟译，上海译文出版社，1987年，第6页。

人类物质需求旺盛，人类逐渐物化，成为"单向度的人"。就像杰里米·里夫金在所说的那样，"在多数情况下，我们占有的东西占有了我们。我们成了附属品"[1]。我们成为物的奴隶。

第二，科技与人文存在冲突。1959 年，斯诺在"两种文化与科学革命"的演讲中，将两种文化定义为"知识分子的文化"和"自然科学家的文化"[2]，也即人文科学和自然科学。斯诺不在于谈及哪种文化更优越，而在于论述两种文化分裂的事实和弊端。就像科学哲学家库恩所描述的那样，"科学和艺术（人文）是完全不同的两种范式，科学追求唯一的、最新的答案，而艺术则容忍各种不同的解释"[3]。追溯到 19 世纪，这两种文化由于知识体系和学科划分就逐渐开始分裂，尤其是在工业革命时期，为了适应现代化生产，学科分类越来越细。进入新世纪后，随着电子信息技术的快速发展，科技与人文的发展极不平衡，人们的心智明显滞后于科学技术，人变得工具化和条码化。一方面，随着生物技术的发展，基因编辑等技术的问世与应用，人们对生物工程在安全和文化领域格外担忧，由于生物技术引发的"超级瘟疫"能在全球广泛传播，"人们对生物恐怖主义、通过生物工程制造'超级瘟疫'的担忧日益增加"[4]；在文化上，一些话题，如克隆、干细胞、基因编辑等话题引起了激烈的争论，"揭示出人们在科学、宗教、道德这些问题的态度上具有难以跨越的社会、文化鸿沟"[5]。生物技术在克隆、干

---

[1] 杰里米·里夫金、特德·霍华德：《熵：一种新的世界观》，吕明、袁舟译，第 188 页。
[2] C. P. 斯诺：《两种文化》，陈克艰、秦小虎译，上海科学技术出版社， 2003 年，第 4 页。
[3] 托马斯·库恩：《必要的张力》，转引自周宪《文化间的理论旅行：比较文学与跨文化研究论集》，译林出版社， 2017 年，第 4 页。
[4] 尤金·撒克：《生物媒介》，转引自 W. J. T. 米歇尔、马克·B. N. 汉森主编《媒介研究批评术语集》，肖腊梅、胡晓华译，南京大学出版社，2019 年，第 105 页。
[5] 同上，第 105 页。

细胞和基因编辑方面的应用，消解了人类身体的独特性和唯一性，也消解掉了人类的主体性。很多科幻小说已经先于现实表达人类对生物技术滥用的担忧，西方第一部科幻小说《弗兰肯斯坦》通过主人公弗兰肯斯坦的视角，揭示出人类恣意想成为其他生物的造物主所付出的沉痛代价；石黑一雄的近作《别让我走》表现出强烈的生命意识，通过刻画克隆人短暂而又压抑的一生，叩问克隆人的生命伦理。如果说《弗兰肯斯坦》是通过人类视角去思考造物主的心理，那么《别让我走》则是通过克隆人视角去思考被造者的心理，两者互相映照，揭示出科学技术的双面性。正如麦克卢汉说，"如果不加批判地介入我们的技术，我们都要成为机器人"[1]。另一方面，海量信息在存储、访问和接收上造成瓶颈，信息"内爆"也使得人们对信息加载的能力减弱。克劳德·香农从热力学定律中借用"熵"的概念，提出"信息熵"，"信息是衡量人们选择消息时所具有的选择自由度"[2]，"信息熵"则是信息量化的结果，"可供选择的集合越大，做出某一独特选择的可能性也就越小"[3]，我们可以理解到，在面对海量信息的时候，算法追踪已经给我们选择出适配的信息，我们做出的个人自由选择反而越少。学者施展将海量信息和推荐算法生动地比喻为"信息茧房"，他认为，"信息茧房在某种意义上取消了'公共领域'的公共性"[4]，导致网络社交的单一性，人被置身于单一性的身份维度中。

库兹韦尔在《奇点临近》中提出在 2045 年左右，将存在一个技术奇点，人工智能将超越人类智能这一临界点。人类文明将到达

---

[1] 米歇尔·麦克卢汉：《媒介与文明》，何道宽译，机械工业出版社，2016 年，第 12 页。
[2] 布鲁斯·克拉克：《信息》，转引自 W. J. T. 米歇尔、马克·B. N. 汉森主编《媒介研究批评术语集》，肖腊梅、胡晓华译，第 130 页。
[3] 同上，第 130 页。
[4] 施展：《破茧——隔离、信任与未来》，湖南文艺出版社，2021 年，第 16 页。

一个新的临界点，人类与机器、虚拟与现实、环境与安全等将面临新的问题，旧有的思维工具已经无法解释世界文明的发展轨迹，因此需要新的逻辑工具重新去界定和诠释文明的本质和文明的进程。

二、"界"的划分：文明之思

在《两界书》中，以"界"为新的基本范畴和逻辑工具，重新去界定世界的秩序。道观代表了世界的本质，也即是"界"。士尔在《两界书》以天帝开天辟地开篇，"太初太始，世界虚空，混沌一片。天帝生意念，云气弥漫，氤氲升腾。天帝挥意杖，从混沌中划过。天雷骤响，天光闪电，混沌立开"。东西方有很多神话都以"混沌"作为世界的开端，如中国"盘古开天"的神话、苏美尔创世史诗、希腊神话、希伯来《圣经》、印度神话等。"天帝挥意杖，从混沌中划过。"世界一分为二，有了界限，并形成诸多"对成"的范畴。中国古代道家学说认为"道"是世界的本原，而"道"又分为阴阳两极；古希腊毕达哥拉斯学派认为"数"是万物的本原，同时衍生出有限与无限、一与多、奇数与偶数等十对范畴。东西方哲学都有将"对成"作为事物的本原。但在确立世界对立范畴之前，就已经形成了"界"的本原性。"'界'的思维认知与认知对象之间发生的第一个交点，是先于有与无、一与多、阴与阳、时与空等哲学范畴的一种基本的'元范畴'，同时也是最初始的逻辑工具。"[1]"界"使事物从有到无，形成世界的对立范畴。以"界"作为世界本原的"界本论"，一是消除了以单一物质作为世界本原，

---

[1] 刘洪一：《构建人类普惠新文明：机理机制与逻辑工具》，《中国比较文学》2021年第2期，第191页。

跳出了元素论；二是能够将世界文明存在的对立范畴都囊括在
"界"的范畴，"界"是一种元范畴和逻辑工具，"东西方不同思想
体系在思想认知的逻辑起点、基本范畴、基本工具、认知原理等逻
辑底层的根基性相通，是发现和建构新时代人类不同思想体系普适
性思想工具的逻辑基石和逻辑理据"[1]，东西方文明就能在不同文
明形态上吸收文明的精髓，提取文明的最大公约数，构建"人类命
运共同体"。"空观"在佛教思想体系中表现得比较突出，"作为对
人与世界之关系、物我之关系等问题的认知，空观实质上包含了对
个体与世界、有与无、现象与本体、生命价值、生命意识等基本问
题的特定认知，其理念内涵、思想方式在儒释道及其他思想体系中
均有相似相通的表现"。[2]"空观"贯通了"界本论"的"对成"
思想，并确立了人在现实层面的展开形式。如果说"道观"在于解
释世界的本质是什么，那么"空观"则进一步诠释世界的基本形态
有哪些。

"界"划分了同与异、偶然性与必然性、普遍性与特殊性、全
球化与本土化等对成范畴，"界"确立了世界的差异性。为构建人
类命运共同体，构建文明通约，就要确立以差异性为前提的共同
性。第一对重要的范畴是同与异。在《两界书》中，"六仙论道千
年，道统有别，异中有同，并不致合"。世间万事万物，异中有同，
同中有异，异同相生，异同的界限并不明确，两者可相互转换和生
成。第二对重要的范畴是偶然性与必然性。《两界书》中说："行善
道反得恶果。行恶道反享善果，时而有例，不足为奇怪。"行善未
必有善报，行恶未必有恶果，善恶和世间道德都具有偶然性和必然

---

[1] 刘洪一：《构建人类普惠新文明：机理机制与逻辑工具》，《中国比较文学》
2021 年第 2 期，第 192 页。
[2] 同上，第 188 页。

性，两者并不对应，而是相互交织，就像诺贝特·埃利亚斯所说的那样，"历史的过程，是偶然性和系统有序相互交织的结果，其长期性的能动性是有迹可循的，他反对两种极端的历史观：要么把历史看成是无法调控、无法把控的一团混乱，要么把历史看成是有目的、有计划的进程"[1]。历史与道德一样，是偶然性和必然性的相互交织。第三对重要的范畴是普遍性与特殊性。普遍性与特殊性是辩证统一的，两者可以相互转换。普遍性与特殊性对等于整体与个体、抽象与具体之间的张力。以"界"划分的几对对成范畴确立了以下几点：有界限、产生差异、对立共生、可相互转换，对不同文明体系中的文明通约、全球化进程中全球化与本土化之间的博弈提供借鉴作用。也即是说，不同的文明体系划分出不同的文明边界，产生了文明的差异，也正是这些差异形成了文明的多样化，在多元文明中可以选取普适性工具，提取文明最大公约数，构建人类命运共同体。

三、"介"的引入：文明之通

汉字"界"从田从介，"介"本身就是"界"的重要衍生。"介"是理解和沟通世界的重要方式，也是多元文化呈现和发展的重要载体，更是论证和展开"界本论"的重要途径。

"介"主要有以下几种重要的内涵：一是作疆界、界限之释义，后作"界（bound）；二有间隔，隔开（separate）的内涵；三有介入、居中（lie between、interpose）的含义；四有尺度、规模、比例（scale）的含义；五作独、特异（alone）的释义；六有细微

---

[1] 诺贝特·埃利亚斯：《文明的进程——文明的社会发生和心理发生的研究》，王佩莉、袁志英译，上海译文出版社，2018年，中文版序第4页。

（slight）的含义，通"芥"。究其根本，"介"包含了以下三对范畴，一是取前两种释义，"介"与"界"同义，具有边界的内涵；二是取第三种释义，表达一种间性关系；三是取后三种释义的共性，表达一种差异性。"介"体现出边界、间性和差异，分别从事物本身、事物与事物之间，以及万事万物产生差异的递进关系中去呈现和诠释文明的多样性和丰富性。我们要以整体性的思维、系统论的方法去理解"介"，正如雅斯贝尔斯将"轴心时代"作为整个世界史上唯一的一个整体上同时发生的普遍历史现象一样，他认为，"只有基于整个历史是统一的这一观念，我们才能把握通过经验可以理解的普遍历史的意义"[1]。因此，整体性、系统性是"介"通向文明融合的必经之路。在《两界书》中，仁观和法观分别代表解释世界的两种思维方式，即感性思维和理性思维，而约观则是整合这两种思维的逻辑工具，使得不同文化之间可以相互交流与借鉴。

（一）边界的拓展

"界"使得事物之间产生明确的边界，也确立了事物的对等关系，区分了文明的不同范畴，明确了自我与他者文化的内涵。边界的拓展是构建秩序的第一步，跨文化、跨学科和跨媒介是构建边界的三个重要途径。跨文化发挥主体作用，跨学科发挥方法论的作用，跨媒介发挥工具作用。跨文化、跨学科和跨媒介三者对于拓展文化边界、学科边界和媒介边界都发挥了重要作用。三者都采用比较的方法，发挥比较和互鉴的优势，发掘普遍性和特殊性之间的规律，就如周宪引用吉兰的观点指出，"比较方法其实就是对地方性

---

[1] 卡尔·雅斯贝尔斯：《论历史的起源与目标》，李雪涛、马健荣译，华东师范大学出版社，2018年，第6页。

和普遍性（或特殊性与一般性之间）紧张的自觉，因为任一比较总是处于两者的张力之中"[1]。把握普遍性与特殊性、全球化与本体化的关系，是构建文明通约的关键环节。

"跨文化"加速文明交流与文明互鉴，推进自我与他者文化的沟通。各个国家文化交流的历史由来已久，流动的异质性促进文化多样性的转换和生成。跨文化研究与当今全球化世界联系更为紧密，"跨文化研究与全球化、民族国家的兴起、国际政治、经济和文化交往增多密切相关……在跨文化研究领域，越来越倾向于达成如下共识：在当今文化冲突和危机不断的世界里，推进我们和他者文化的理解是各门学科最迫切的需求，而跨文化研究有助于这项工作"[2]。"跨文化"有助于我们深入了解异质文化的普遍性和差异性，文化的普遍性避免各个文明各说各话、鸡同鸭讲，差异性则是文明交流和文明互鉴最基本的前提。

跨文化研究促进了跨学科研究，近年来教育界开始关注跨学科发展态势，也制定出跨学科的相关政策。2019 年 8 月 26 日，教育部倡导大力发展"新工科、新医科、新农科、新文科"。"新文科"的提出就是跨学科最好的例证，"新文科"是对历史遗留的学科分类积习所做的优化对策，是对当前产业科技革命和产业变革引领的风向标，也是为应对全球变局、构建"人类命运共同体"所做的新探索。"新文科"构建的是跨学科的思维方式，"'跨学科'按照学科组织方式，从学科的概念、形式、特征、理论和方法出发，从分科治学到科际融合，重视学科间性，重组学科内部结构。"[3] "跨

---

[1] 克劳迪奥·吉安：《比较文学的挑战》，转引自周宪《文化间的理论旅行：比较文学与跨文化研究论集》，第 33—34 页。
[2] 周宪：《文化间的理论旅行：比较文学与跨文化研究论集》，第 29 页。
[3] 赵奎英：《"新文科""超学科"与"共同体"——面向解决生活世界复杂问题的研究与教育》，《南京社会科学》 2020 年第 7 期，第 130—135 页。

学科"从学科间性出发，旨在贯通知识的整体性，解决的是单一学科无法解决的问题，在全球化背景下意义重大。"跨学科"为解决全球协同合作、培养跨界融合人才机制，发挥巨大的作用。

跨媒介是文化传播和学科互鉴的重要载体，媒介传播具有普适性和穿透性。学者施展认为，信息技术时代人类秩序得以重新分配，在过去的历史里，"各国之间只在经济和贸易层面发生关系，在制度和观念层面不会形成太多的相互渗透效应"[1]。可是在当下信息经济时代情况就大不一样了，"数据是能穿透国界的存在，传统的物理隔离较难起作用，数据对国界的穿透会在政治上衍生出一些外溢效应"[2]。媒介传播不依赖传统的政治观念和政治制度，在精神文明上打破了观念和制度的藩篱；媒介传播不受时间和空间的限制，在任何时间和地域内都能传播；媒介传播对传播主体和接受主体没有限制，在某种程度上打破了阶级和民族的狭隘思想。

（二）间性的生成

"世界上从来没有完全孤立的事物，自生自灭，而总是和其他事情纠缠在一起。"[3] 在全球化时代，文化之间的联系更加紧密。"间性"作为文化对话与交往的思维范式，是对抗单一性思维的有力反击，它代表着一种更加开放和多元文明的构建。正如金元浦所言，"间性的研究是要探寻不同民族、不同文化、不同理论范式和不同批评话语之间在历史语境中的约定性、相关性和相互理解性，找出联系和认同的可能性与合法性（客观性）。间性秉持一种建构

---

[1] 施展：《破茧——隔离、信任与未来》，第 203 页。
[2] 同上，第 203—204 页。
[3] 诺贝特·埃利亚斯：《文明的进程——文明的社会发生和心理发生的研究》，王佩莉、袁志英译，第 261 页。

的姿态。"[1]"间性"的文本生成就包括主体间性、文本间性、语言间性、媒介间性和文化间性等。以"主体间性"为例,当下对"主体间性"的建构就是一个在不断生成、更新、转换的过程,"主体间性"是对自我和世界关系的一种把握。对"主体间性"的认知,来源于对"主体"的认知。人类对"主体"的关注,首先是从对"本体"的关注开始的,在经过几千年的探索后,人类将"主体"从"本体"的历史语境中脱离出来,实现向"主体性"的转向,开始"关注主体和客体二者在认知世界过程中建立的各种关系"[2]。"主体性"强调将"我"作为世界的中心。随着社会的变化,以自我为中心的"主体性"存在不足,并由此引发了某些非理性的危机。基于此,一些思想家开始将目光从"主体性"转向"主体间性",胡塞尔、海德格尔、齐泽克、布伯、哈贝马斯等人开始关注自我与他者的一种关系,并试图构建起一种理性的社会秩序。比如哈马贝斯就试图通过个体之间的"交往理性"来实现自我认同,这种"交往理性"是对和谐人际关系的建构,恰好体现出"主体间性"。"主体间性"的构建对当今文明的融会贯通具有启示作用,它的构建不仅拓展了文化主体在时间上的延展性,实现历史与当下的对话,也突破了空间的限制,实现异质文化的互动交流。

(三) 差异的互补

世界在不断分合聚变的过程中,全球化成为世界一体不可阻挡的趋势。全球化进程加速了各个国家的交流与互动,但也不可避免地抹杀了差异性。"全球化进程同时意味着两幅文化图景。第一幅

---

[1] 金元浦:《"间性"的凸现》,中国大百科全书出版社, 2002年,第8页。
[2] 赵永峰:《法兰克福学派论争:从阿多诺主体性到哈贝马斯主体间性——以哈贝马斯普遍语用学为例》,《重庆社会科学》 2020年第7期,第122页。

图景是特定文化扩张越出其边界进入全球。异质文化慢慢融入和整合进一个主导的文化……暗示了全球空间的一个征服和统一过程。"[1] 全球化有时被民族主义所利用和煽动，变成一种狭隘的全球发展观，"民族主义封装式思维，对内要从观念上把国内各种复杂的社会结构给化约掉，形成相对均质化的社会；对外要从观念上强化本国和外国之间的差异，使得彼此之间不可通约。"[2] 全球化和一体化加速了文明的同质化和普遍性，地方性和特殊性被稀释，尤其是强国对弱国的文化殖民，将不可避免地造成民族和文化的认同危机。"认同蕴含了复杂的'政治差异'及其权利关系。从民族的、种族的文化差异，到阶级的、社会分层的差异，再到性别的差异，各种亚文化的差异，甚至区域文化地域性的差异，等等，都可以包容在广义范畴之下。"[3] 可以说，文化认同是一个民族或者群体独特的标识，也是它们独特的存在。如果缺失文化认同，将导致文明冲突的升级，人类命运共同体的梦想遥不可及。要构建人类命运共同体，就必须要建立文明的差异性。文明的差异出现，文明的秩序才能出现。简而言之，全球化不是某种文化的统一和集成，而是多元文化共同发展的结果，而在这种多元文化共同发展的进程中，应该建立"共同性原则"，也即是亨廷顿所说的，"各文明的人民应该寻求和扩大与其他文明共有的价值观、制度和实践"[4]。这种"共同性原则"是建立在具有差异的基础之上，建立具有差异化的人类命运共同体。为构建这种具有差异化的人类命运共同体，实现全世界人民的交流，就要构建一个普遍性的文明通约。一是要尊

---

[1] 周宪：《文化间的理论旅行：比较文学与跨文化研究论集》，第80页。
[2] 施展：《破茧——隔离、信任与未来》，第27页。
[3] 周宪：《文化间的理论旅行：比较文学与跨文化研究论集》，第47页。
[4] 塞缪尔·亨廷顿：《文明的冲突与世界秩序的重建》，周琪等译，新华出版社，2010年，第295页。

重与接受异质文明，"多元文化的世界则是不可避免的……维护世界安全，则需要接受全球的多元文化性"[1]。二是要学习和研究其他文化，只有在深入理解多样文化的基础上，才能提取最大公约数，找出文明的通约。

在全球化进程中，各种思想和文明相互激荡，构建命运共同体举步维艰。"界本论"以"界"为世界的本原，构建以差异性为前提的命运共同体，推动文明通约与文明互鉴。

陈泳桦

中国语言文学博士研究生

---

[1] 塞缪尔·亨廷顿：《文明的冲突与世界秩序的重建》，周琪等译，第293页。

两界诗学：文明对话与反思超越

——论《两界书》的深层结构

黄秋燕

  《两界书》作为一本诗化哲学的巨著，蕴藏着丰富的意义空间。作者讲述了一百多个相对独立又相互贯通的故事，涉及古犹太、古希腊和中国先秦时代经典的认知，演绎人类文明的历史进程，突破传统历史、神话、宗教、哲学、文学等学科边界，创设了一个极具先锋性的叙事冒险和文本样式。笛卡儿的著名语录"我思故我在"，"思"是"在"的逻辑前设，海德格尔沿着他的思路，拓展了"在"的外延，尤其"此在"就是"人"。那么，这个语境下，它其实了展露一个深刻的事实，哲学是"在"之思，也是关于"人"之思。《两界书》这部功力深厚的哲学文本，以文学的艺术手法，表现出对"人"的思考。本书隐藏的副标题其实是"凡人问道"，凝聚了作者对于全人类未来的求索，这个层面上，我们会发现，《两界书》表面是写文明的对话和演进，实质上还存在一个丰富的深层空间等待我们去挖掘。本文作为填补这个空白的尝试，将着力探讨《两界书》的深层结构，并试图通过这种探讨丰富该书的后续研究。

一、闭合的世界和理想国的对照与对立：《两界书》的深层结构

需要说明的是：本文所探讨的深层结构不是叙事学意义上的情节结构，也不是结构主义者所说的无意识结构，而是指作品所表征的世界。前面说过，这本诗化哲学的著作是关于"人"的思考，直接呈现着人的活动和人的世界。由于人是一种共同体，它牵连各种关系结构，必然会造就出各种深层结构的世界。那么，本文所探讨的就是这个深层结构的能指系统，它是闭合的世界和理想国的对照和对立。

《两界书》的主体结构是人类文明相对独立但自说自话的闭合的世界，而这闭合世界的界限和边缘处，则存在着"六合花开""天光普照"的理想国，即昭示着超越各种文化圆融的普惠文明（Universally beneficial civilization）。[1] 闭合的世界与理想国的对照对立使《两界书》具有跨界的思维，形成富有张力的深层结构，这正是本书的迷人之处。顾明栋教授曾评价此书揭示了人类秘密的钥匙，即"两界（可译成英文的'two worlds''two dimensions''two realms''two spheres'等）"，[2] 它们以二元对立和相互对照的方式缠绕在一起，展现了两界诗学的故事空间。

《两界书》深层结构的主体部分都是一个闭合的世界，确切地说是一个文明-苯环结构空间。它有两种含义：（1）它的共轭性；（2）文明-苯环上的每个文明原子分布是一样的，任意一个因子发生

［1］刘洪一：《文明通鉴与普惠文明：人类命运共同体的文明路径》，《深圳大学学报（人文社会科学版）》2019年第5期，第5—12页。
［2］顾明栋：《〈两界书〉：一本兼容东西文化价值的奇书》，《中国比较文学》2019年第3期，第198页。

改变，其他文明原子分布也会改变。世界的闭合在书中首先表现为自成体系的哲学意象，即"六先论道"，"道先"是文明的基点或起点，反映了道家的思辨逻辑，"以道为统，无统不一，无一何生万物"，象征着认知方式和思维逻辑的设定，显示了文明全面发展的可能；"约先"代表了希伯来-犹太文明，"以约为信，无信不通，无通何生和合"，象征着精神与社会秩序的建立，是文明的标识和共同价值；"仁先"展现了儒家核心思想，"以仁为善，无善不爱，无爱何生家邦"，象征着规范人性、调适人际和道德伦理的价值追求，指向人的生命理想的大同；法先是一种理性主义传统，可追溯古希腊精神，"以法为制，无制不理，无理何生伦序"，象征着法理逻辑秩序和理性精神，体现领导者对社会的关怀或向往；"空先"是佛家的说法，强调要解决人的四根问题，方可消除凡俗，达到清净自在的境界，"以空为由，无有不在，无在何以生世界"，象征着色空、轮回、物我和顿悟的思维方式；"异先"是一个创造性的认识论，对既定本体的悖逆和挑战，"以异为变，无变不化，无化何生久远"，象征着无常、神秘和不可知的批判性世界观。从根本意义上讲，它们都是人类关系结构的文化精华。所以，我们将具体分析人类的关系所交织而成的结构。

首先，从《分族》篇开始，人类的初次冲突展现了一个简单的闭合结构：文明的垂直分布。造成这种现象的原因是地理分布导致文明差异。最早的人种分为七族，分别是雅、函、希、布、耶、微、撒，生活在不同的地带。雅地寒冷，雪多果稀，雅人肤白发黄，多毛发，体格健硕，擅捕猎捞鱼；函地温湿，地平水沃，函人肤色褐黄，体毛稀疏，身躯矮小，善耕种养畜；希地乏水，日盛少雨，希人肤色黝黑，喜居林中，擅追羚逐羊；布地多草，擅牧羊牧马；耶、微、撒等族依据所处的地理优势，安居乐业。然而，一次意外的自然灾害，布族的两兄弟布里、布达放牧闯入了函族区域，他们的牛羊啃食了函人的庄稼，函人心生愤懑，将牛羊大肆驱杀。于是，函、布交恶，相互拼杀，函人打死了布里，布达带着剩下的羊仓皇落逃。在回去的路上，布达遇到了雅人兄弟。雅人看到布达的羊群，心生贪念便强抢逮杀，布达与之拼搏滚入悬崖。因此，布、函、雅三族结下怨仇，相互筑墙围地，划界立国，养兵强武，刀戈相见，弱肉强食。我们会发现，地理环境的差异，导致不同族群的生存文化的背反，一旦其中一方发生偏移，另一方也随之发生改变。书中布族的牛羊啃食函族的庄稼，代表了游牧文明对农耕文明的破坏，显示了不同文明原子的共轭体本质：它们相互对照和补充。假如牛羊和农作物没有形成食物链的循环关系，便不会造成游牧文明和农耕文明的冲突；如果不是因为函地宜种农作物，布地宜放牧羊牛，也不会形成两地的生产方式，更不会造成食物链的蚕食关系。食物链本身就意味着一个闭合的世界，牛羊和庄稼所代表的文明也构成了一个闭合的世界。

但是，在这个闭合的世界的边缘和远方，存在着一个昭示希望的理想国度。七族立国之后，"蒙天帝灵荫，以元语表意。元语乃天帝创世之工，所言所声，人可无师自通"。天帝造人之初，赋人超凡心力，以便治理世界。人虽有男女，善恶、生死、悲喜、强弱等之分，但有一个终极的使命：人要实现初人—中人—终人的演进。前两个阶段代表了人的"闭合的世界"，"终人"则代表了"理想国的世界"。七族"承天帝造人发声之赋，各表族语族音，各书字符标记"，是摆脱初人进入中人的标志，可要想成为终人，需要完成天帝的任务，方能进入理想国。"待天地中人理世之效显成，合族合国将出，同族共生复现……普天之下，万众同生"，这是对人类发展的一个预想，一个超越不同文明的大同世界的憧憬。《礼记·礼运》记载"大同世界"是孔子对夏朝以前社会的一种想象，"天下为公，选贤举能，讲信修睦"……孔子并未见证这样一个河清海晏、政治清明的时代，"大同世界"的构想被称为一种乌托邦。但是，如果说《两界书》的深层结构仅止于文明乌托邦，那么，文本便可在此处画上句号。在《问道》篇，作者讲述了关于人类的另一个故事，有一对孪生兄弟，维义和维戉，两人跋山涉水，登问道山拜见六先，询问"何为人主"，六先逐一解答，二人顿悟了然，合六说为一，统为六言："敬天帝。孝父母。善他人。守自己。淡得失。行道义。"待两人回归乡里，播撒六合之花，世间"六合花开满地，天光普照山川"。也就是说，《问道》中的维义和维戉走向了具体的实托邦，完成了《两界书》中理想国由乌托邦向实托邦的转化过程，因此也展示了闭合的世界与理想国对照和对立并向后者通向的完整过程。

二：闭合的世界的运行：《两界书》中文明秩序的生成逻辑——对立辅成

《两界书》的主体结构是苯环形状的闭合的世界，而闭合的特征在于它所包含的文明原子相互独立而彼此共轭。不同文明有不同的演进路径和生成逻辑，这些差异共存一个平面时，便会形成某种结构。可以说，这是结构性必然，正如亚里士多德所说，"每个事物都有一种力量，使它要成为它的形式已经设定为其目的的东西"[1]。因此，文明的演化是一个由潜能到现实的变化，整个过程

---

[1] 撒穆尔·伊诺克·斯通普夫、詹姆斯·菲泽：《西方哲学史：从苏格拉底到萨特及其后》（修订第8版），匡宏、邓晓芒译，世界图书出版公司，2009年，第74页。

遵循一定的生成法则。所谓天有天道,人有人道,物有物道,不同的世道有不同的逻辑秩序。《两界书》以界为经,以人为纬,演绎人类文明和秩序的建构,展现了一种新的方法论:对立辅成。成中英教授解释它是"一到二,二到三"的发展过程,如《道德经》所言"道生一,一生二,二生三,三生万物",数字一、二、三就是极的基础,在此基础上演绎变幻,"三衍万物,万物四象,根于五行,行于六说,六说合正,成七归一"。同时,万物分阴阳两极,"一阴一阳之谓道"。"多元存在于二元的极限之间""多界也以两界为基础"。[1]简单来说,空间是由对立的二极力量合力而成,同时生成多极的力量。那么,对立辅成,其实就是揭示"一"如何生成"二"甚至多的逻辑过程,首尾呼应,构成结构的统一性。那么在书中,它表现为社会契约关系的规范化和再创性的螺旋上升。

　　《两界书》的《立教》《争战》《承续》和《盟约》各篇,主要讲述了人类社会契约关系的形成,涉及宗教、战争、婚俗、外交等多个主题,它们并非传统意义上的社会历史发展的必然产物,而是呈现了闭合的世界的"结构的统一性"。表面来看,《分族》之后,人类由"初人"进入"中人"标志着人类早期社会的产生。那么,按照马克思主义的历史发展观,社会组织形成必然需要相应的机构配置,上层建筑与经济基础呈现由下至上的结构。但实际上,它们展示的是闭合的世界的运行逻辑,是一种对立辅成的结构。《立教》篇中,雅人体格健壮,少受他族侵扰便骄惰奢靡。雅帝降天灾惩戒,后派红狮启示神谕,雅族从此立"八戒";函族居平原丘陵,遭暴雨倾盆,危在旦夕,天帝派巨鳌解救,函族遂立"七戒";希地天干地裂,寸草不生,希里逝高云拜雨神得神谕,希人立戒;布

---

[1] 成中英:《两界学的问题、范式和界域:从〈两界书〉论起》,《中国社会科学院研究生院学报》 2018 年第 6 期。

族草茂虫多，虫疫滋生，天虎降临驱疫避灾，布族立戒；耶族临海，常遭海啸侵袭，后移山奉戒；微族群居，不分辈序，多生怪胎，天火降灾惩戒，流散异族；撒族散居，心乱而不齐，内忧外患不止，有智师得天帝开启，立教制心。细致分析其中逻辑，不难发现七族"戒规"体现了结构内的对立辅成关系：七族的"神谕"生于惩罚，惩罚生于生活环境与社会行为的背反性。要是没有"一"的背反性，就不会创造出"二"，也不会有后面的"三"，也就是说，这种对立辅成的关系还是一种共轭性本质，揭示了结构的统一性，也就是闭合的世界。同样的情形也存在于《争战》篇，雅地天灾导致雅族流散，其中一个分支误入函地扎寨，函族大怒，拔旗烧屋，雅、函交恶；希族居山离水，于是开凿河渠，建筑堤坝，引天水入境，导致希族无水注入，河流干涸，希、布两族交恶；耶族避海而居，有人擅长种植农作物，有人擅养家禽，但是丰收节竞献的时候，耶族次子耶郁里的作物比长子耶菲力的更受欢迎，族内发生内讧，耶菲力族人妒恨耶郁里族人，相互斩杀眷人；撒族有一个美女丹伦，族王撒寅和撒带两兄弟同时看上，争相提亲，撒寅斥撒带变乱尊长之序，然后对剑厮杀。无论是族外争战，还是族内争战，都是一种对立辅成的关系，前者是地理位置与社会行为的背反，后者是等级制度和血缘制度的背反。如果不是耶菲力和撒寅将等级制度完全搬进家庭内部，便不会有兄弟残杀的悲剧；另一方面，如果不是耶郁里和耶菲力、撒寅和撒带构成血缘关系，也不会形成等级制度。也就是说，背反性是对立辅成的核心，对立辅成是文明秩序的逻辑起点，而战争作为逻辑运行的产物，是闭合的世界的内部增殖。

这种对立辅成的关系法则，不只是符合内部结构的统一性，仍然适用于外部结构的统一性。《分族》《立教》之后，产生的后果是各族物质文明和精神文明的冲突。因此《争战》篇中函、雅结仇，希、步相伐，新的对立产生，带来的结果是新的契约出现。在《承续》篇中，函、雅、希、布等七族制定各族婚约，皆不与外族通婚，承续本族血统。但对立的边缘正是融合，雅族的王子爱上希族的公主，两族联姻破规，互通往来。而后雅、希比剑交恶，为惩戒两族通婚所生的混血孩婴，雅族立祭婴之礼，希族立割礼。但通婚打开了一个巨大窗口，各族混血越发常见，经年历久，各族走向联盟。于是，《盟约》篇中出现了布族与撒族合血联盟。所以，《分族》《立教》《争战》《承续》和《盟约》也形成了一种对立辅成关系，它们代表了人类文明的秩序和规范的共轭体结构。如果说，在文明-苯环结构中，《分族》《立教》《争战》《承续》《盟约》作为文明原子，遵循对立辅成法则，相互交织形成了一个完整苯环，那么在每一个文明原子的结构内部，也是遵循对立辅成法则，形成内部结构的统一性。而结构内和结构外的相互对照，构成了秩序法则的统一性。

三、文明演进中的认识论：《两界书》中的跨界思维

《两界书》的深层结构是闭合的世界与理想国的对照与对立。闭合的世界有其运行逻辑，遵循对立辅成法则，形成了文明秩序结构内外的统一性。归根到底，秩序法则也是闭合的。由于对待闭的世界的态度不同，形成了人类文明演进的不同认知方式。所谓认知方式，本质是一种思维：以"界"作为认知与价值选择的理论前提。

首先，"界"的含义丰富，一般指区域、范围、边界。[1] 在中

---

[1] 成中英：《两界学的问题、范式和界域：从〈两界书〉论起》，《中国社会科学院研究生院学报》 2018 年第 6 期。

国传统文化中，它表现出多重语义，可以指地界、边界，《孟子·公孙丑下》："域民不以封疆之界，固国不以山溪之险，威天下不以兵革之利"；可以指毗邻、接界，《荀子·强国》："东在楚者乃界于齐"；可以指分界、划分，《游天台山赋》："赤城霞起而建标，瀑布飞逝而界道"；可以指界限、限度，《荀子·礼论》："求而无度量分界，则不能不争"；也可以指境域、范围，如佛家之欲界、色界和无色界之分。也就是说，"界"原初是个空间概念，对其进行引申转义，可指代标识差异的意义，那么，界本身包含了跨越差异的深层义。《两界书》以一种诗化哲学的方式讲述"界"的意义，它标识了"界"作为范畴意义上的认识论。在书中，它表现为人类心智的开启：知羞耻、辨是非、分善恶……

跨界思维的初级形态是人类萌生"类"的感知，指人逐渐在混沌中有了向清晰靠拢的察觉，开始对自我有了简单的区分，在书中表现为初人到中人的跨越。在《造人》篇，上帝造初人，人类一片蒙昧，"虽多头、多口、多耳、多目，多前腿、多后腿、多心，然与牛马虎豹诸兽相伴，行无大异，心无大别"。这时期人与兽并没有本质区别，也没有形成"类"的概念，无法区分人和人的不同，也无法区分人和兽的差异。于是，天帝决定开启人类的心智。行动的第一步是区分男女，"天帝将初人从中分开，由一为二，一半为男，一半为女"，从此人和人有了具体的轮廓，男凸阳根，女凹阴穴。第二步分人兽，"天帝使人直立而行，用后腿走路，以前腿持物"，人在行动上优于兽。第三步是唤醒人的羞耻心，凡经天水涮洗的人类，"男女毛发裸褪"，祛除毛发的遮羞布，人突然羞于赤身光裸难看。第四步是赋予人类共情心，"通窍悲喜，悲时会哭，喜时会笑"，人有了推己及人的情感共鸣之后，逐渐相互问暖。但是，这只是激活了人格三结构中的本能阶段。弗洛伊德认为，本我，位于人格结构的最底层，遵循一种快乐原则，重视感觉系统的调动，具有很强的原始冲动力量。初人虽然通窍情感，但并没有合理控制情绪的能力，即便产生了羞耻心，也只是停留在表层，他们白天以兽皮裹身，晚上依然回归赤裸，"身感愉悦，不再羞耻"。这种暂时性的羞耻心伴随本能冲动交替出现，是由于初人虽有"类"的感知，却并未形成感知的反思，这是低阶形态的思维。倘若要实现跨越式的突破，人类需要自发打破天帝给他们选定的界域，发挥自身能动性。人的优越性在于行动的灵敏性，当他们将行动付诸实践，日出而作、日落而息，形成反反复复的行动记忆，本能思维便会逐渐向稍许复杂的区域发散，学会在无序中总结规律，有了规律就产生了"类"。于是，"人"不仅在兽群得以区分，也在人群中有了区分，"男女分处之人，实为天帝中人"。

跨界思维的中级形态是人类有了"群"的意识，指人类意识到人际往来需要遵循某些约定和规则，并对此有自己的见解，在书中表现为个体向社会群体的跨越。在《生死》篇中，人虽有男女之分，但群居乱交，"有同兄弟姐妹交合，有同父母交合，有同祖父祖母交合"，导致的结果是异胎横生且体弱命短。于是天帝打开天门，放天水冲洗人类。存活下来的良人再次被天帝教化，给他们设命格、设能限、定生途，并且将他们分处生息。至此，人类从大类再次进行了细分，社会性质上的族群产生，也即界域的"再域化"。人分七族后，设族规、定辈序、尊长幼、不乱伦，基本的通约也由此形成。有了规范后，人的第二层人格结构被唤醒——自我，自我是从本我中逐渐分化出来的，位于中间层，作用是压制本我的原始冲动，遵循现实原则，以合理的方式适当满足本我的欲望。人类设定通约，是基于乱伦遭天谴的困厄。为了让自身的生命得以繁衍生息，人必须想出折中的办法，既不悖逆天帝的旨意，也顺从自身的需求。于是，在规范中潜藏着合理，是构成社会公共空间的存在前提。当个体走出私人欲望空间，迈向公共空间，其实是迎来更大的欲望满足。这个层面上，"再域化"不是缩小范围，实是扩充容量，它指向更高的一个深度，人类在此基础上实现认知向理性的跨越。"一人乐而从乐，从乐而众乐。生弥珍贵，生当乐死。死为归途，万众所同"，一是众，众也是一，生是死，死也是生，异是更大的同。

　　跨界思维的高级形态是人类有了"范畴"的概念，指人类已经掌握了理性，能够反思自我并创造有一定公共性的文明成果，在书中表现为公众价值向普惠价值的跨越。《教化》篇描写了几个独特的国家，双面人国的人有前后两副面孔，"一心向善，一心向恶。善心以善面向人，恶心以恶面向人"；尾人国的人皆长长尾，"行事为欲所驱，行南辕南，与兽相仿，亦称兽人国"；独目人国的人皆只有一目，"所视者多为可食之物，或为可易食之物，余者皆视而不见"。它们分别代表了人性的善变、放纵和口欲，放任的后果就是人类从此善恶不分、妄自尊大以及粗暴嗜杀。因此，书中哈里和哈法两兄弟远赴西域求道，学习巴夏国的"王道"，"王道即为人间至道"，"王与庶民，有异而大同"，实现大同的根本，在于"道约仁法"四字箴言：首顺天道，以约为通，以仁为和，以法为制。但是，这个层面解决了人性与文明共生共存的宏观问题，但紧接着一个更迫切的问题出现了：人必将赴死。那么，关于人的现实存在价值就面临着拷问。在《命数》篇中，裴德老人询问灵鸟"来好"，"世将惨绝而灭，众人孜孜所求，何意之有？先辈仁德之诲，何意何在？来好既知所然，何为所以然？世人若循顺天道，躬行仁德，仍不得喜乐安康？"也就是说，即便人极力压制本我，保持自我，寻求更宏大意义的超我，仍然面临价值选择走向虚无的境地。于是，人类的未来在哪里？来好回答他："万族交合，复归一族……万语交合，复归一语……万众共聚……众人无悲无喜，齐向死亡狂欢。"生命的彻悟是生本来就是死，死也是生，当万众融通，齐赴死亡，也就获得了最高价值的生，生死只是一个范畴，而范畴的本质就是界。因此，跨界思维的本质在于差异融通、相辅相成。

综上，我们基本清楚了《两界书》的深层结构：以闭合的世界和理想国的对比对照，揭示出现代人类文明高度发展却自说自话、各行其是的自我封闭，实质上，它们构成了一种共轭体。任何一方文明原子发生位移，必然牵动其他文明的发展，它们彼此共生和创生。而文明秩序的生成逻辑，也就是闭合的世界的生成，遵循对立辅成法则。它的机制是文明之间的张力形成对立的场域，即界，场内力量的背反反而促成意义的增殖，一生二、二生三、三成万物……也就是说，界本身包含着差异，而关于界的认知，则形成了人类思维范式的演进过程，从最初的"类"到"群"再到"范畴"，人类的认知逐渐摆脱蒙昧，走向理性的跨越。因此，《两界书》回答了"人类从何而来"以及"我们如何认识自身"的问题，这个意义上，它同样解答了人类命运的终极困惑，即关于人的未来通往何处。毕竟，"未知生，焉知死"，而问题的答案，借用书中的话，人终将由中人走向终人。

黄秋燕

中国语言文学博士研究生

六合花开的季节

李　翔

　　《两界书》是一本奇特的"硬书"。对跨界研读者而言，"硬书"当"软读"，舍考据索引就基本要义，但有旨趣相映于所学所思，便大感快慰。甫一开卷，士尔教授书斋伏案，时而奋指疾书、时而掩卷冥思的画面跃然我心。其命题之高远，叙事之新奇，所涉之广博，宛如玄幻巨画展于眼前，目力所及，无不养气怡神。以联相赠，当谓："心游万仞，千古江山蕴鸿濛元气。驰骛八极，方寸案牍通天地精神。"

　　《两界书》之奇，在于三点：一、比较文明视野下的文化交融；二、现代文化视野下传统的传承创新；三、融文学、宗教、历史、哲学于一炉的创造性写法。

一、比较文明视野下的文化交融

　　《两界书》以《创世》《造人》《生死》三卷分别回答了世界来源、人的来源以及人为何有生死三个终极问题。世界来源问题是人类第一个终极未解之问。对人的生死问题的追问探索则不惟具有终极意义，且极具现世价值。相比于众多远古神话，本书对于人的来源问题的思考具有独特性。以往神话多从造人的具体方式、过程角度阐释人的来源，本书则将此一问题置于创世大背景下观照：其一，为何造人？人因何异于其他受造物？人的使命与意义何在？其二，人为何分男、女？如何分男、女？男、女为何种关系？其三，书中提出了"初人""中人""终人"概念，让人眼前一亮。此处暂且不表。

依书中所叙，三个终极问题在物我两界不断演进，人类在漫长的天历纪年中经分族、立教、承续、争战而分分合合，继而在盟约、工事、教化中融汇相通、休戚与共。那么，这种文化交融的原因、领域、趋势是什么？

（一）因

即因何而融？

1. 本是同根。依书所叙，各族本为一族。"天帝"（此处所言"天帝"或可理解为自然界演进、人类社会发展的客观规律）有意使其分处生息，繁衍壮大。其意即不同种族、不同文明形态本自一源。这与犹太教、基督教认为人类来源于同一"天父"，考古和基因科学认为人类起源自非洲之说异曲同工。《两界书》认为，"初人"经"天帝"造化为"中人"，"中人"与兽别、通悲喜、知羞耻。按照"天帝"所赋使命治理世界。等到使命完成，"同族共生""合色之人""宗地元语"将会再现：书同文、言同语、各国一、分族合。此处论述与中国先秦时期的"历史循环论""大同世界"说，西方16世纪的"乌托邦社会主义"藕连。不同的文明形态之所以能在悠久的演进过程中得以互相碰撞交融，因其同宗同源、血脉相牵。人们对许多终极命题有共同的探索与追寻，对现世问题有共同的愿景与忧虑，所以，这种融合系势所必然。

2. 意物之争

依书所言，人类经分族、立教便有争战。从起因看，一为"物争"，即争夺粮食、水源、疆土；一为"意争"，即因观点、信仰、价值观而战。两者在历史上往往纠缠不清。我们可以把这种伴随文明演进的争战理解为文化交融的一种形式：不同文化一经相遇，通过碰撞、争斗、优胜劣汰，产生新的文化形态。即这种"意物之争"本身就是文化交融过程中的一个环节、一种状态，应当以"历史的""运动的"观点来看待文化交融的现象。以当代学术界论述来看，即便像塞缪尔·亨廷顿这样的"文明冲突论"者，在坚持认为"文明冲突是未来世界冲突的根源"时，同时也承认"建立在文明秩序上的世界秩序才最可靠"。文明的冲突是客观存在的，且伴随文明演进过程自古皆然。文明能否经"冲突"达致"和谐"，从而生长出一个共同的"人类文明"，不仅是《两界书》的要旨，也是当今世界各种文明必须面对和回答的问题，更是关乎人类整体命运的宏大愿景。

3. 现实需要

我们置身于世界多极化与经济全球化的浪潮之中，尽管时有逆动，但大势未变。诸如宗教冲突、恐怖主义、贫富差距、经济衰退、环境保护等问题已经超越国家、种族、信仰，成为各种文明形态必须并肩携手、同舟共济才能解决和改善的、关乎人类存亡续绝的整体性问题。从这个意义上讲，《两界书》《问道》篇中大段描述"六先论道""六说赐福"，以"六合花开"寓意文化交融、和衷共济，实在用心良苦。

（二）域

即融于何处？

1. 族群

《分族》篇说："天帝有意决，各族分合自有其度。日后族分族，国分国，合中有分，分中有合。""待天地中人理世之效显成，合族合国将出，同族共生复现。"可见分在合中，分久必合，分为合之始，合为分之果。

2. 宗教

《立教》篇言及雅、函、希、布、耶、微、撒七族各有其神、各有其教、各有其规。但教规皆上承天道、下安众生，抑制"自大""贪婪""懒惰"等人类劣根性，意旨、约束、条文多有互通之处。该篇最后一章《普罗教立》，更以雅普、希罗合流预言"万教归一、道通天下"。

3. 繁衍

《承续》篇谓各族一开始只许族内通婚，拒绝外族血统染指。直到雅希联姻，触犯族规，正待处罚却遭天意示警，干戈化为玉帛。再有雅、希合衍为嘉，嘉人兼收并蓄、圆融合和，成一时之盛。可见杂交融合为天道所眷。

4. 契约

《盟约》篇认为契约精神是文明社会的一种本质属性，不仅使人自觉区别于飞禽走兽，且使得社会得以有序运转，人类社会中的一切关系皆通过契约精神相互连接。书中所谓"合血之盟""布帝之约"皆体现文化融合思想。

（三）势

即融合趋势。

《两界书》最大的亮点之一是提出了"初人、中人、终人"概念。据书言，初人有两头、两心、四手、四腿，不分男女。"天帝"

赋人超凡心力，治理世界。因"初人"在心性方面与禽兽无异，故须再造。"天帝"将"初人"一分为二，男女立现。至于现实中常有雌雄同体性状，实乃"初人"再现。一旦新生儿中双性人占比三分之二以上，则人类的"中人"时代将结束。那么"中人"之后是什么？人类能否顺利过渡到"终人"阶段？"终人"有什么特征？是心性实现飞跃的"初人"，还是被赋予超能的"中人"？"终人"是否与世界共生共灭？如果简单套用"进化论"或是"螺旋上升""曲折前进"理论分析文明演进的历史未免过于霸道，也许"中人"未尽治理之责而退回"初人"？也许"终人"降临之际即天地、时空、物我归于幻灭之际？也许"终人"始终是个相对的概念，只存在于相对的时空？此为笔者循着《两界书》的思考、叙述脉络进行的"臆想式"追问，这种追问需要科学、哲学、宗教的跨界作答，本书虽全篇贯穿融合归一的文明观，却并未就演进的具体现象和趋势展开论述，算是为今生后世留下一个较大的疑问和想象空间吧。

依研读《两界书》之感，比较文明视野下的文化融合的原因有三：一是各种文明形态本自一源；二是文明冲突分久必合；三是许多现代性问题的解决、解答有赖人类文明的集体智慧。文化融合现象无时无刻不在族群、教派、契约、生息繁衍等领域中发生发展。文化融合的趋势究竟为何？是在冲突中求同存异还是"万道归一"？笔者于字里行间隐隐可以感受到士尔教授的心之所属。

二、现代文化视野下传统的传承创新

《两界书》不惟关注世界与人类的终极问题，且对许多现代性问题有非常深入的思考。《承续》篇提及的社会治理中"均享均力"还是"以力得享"的问题，映证于现代社会发展与分配的关系、不同历史阶段的分配方式问题；《盟约》篇涉及的家庭与社会生活中的"义利之争"问题，亦映证于市场经济与文化传统的体制性碰撞和观念性冲突；《工事》中描绘的"异能"降临、"工事膨胀、人性不张"等问题，实则直指现代科技对人性的异化和对生理性进化的阻滞，如克隆生物对人类伦理的挑战，人工智能对人类思考能力和实践活动的重构等等不一而足。这些现代性的问题滥觞于浩荡的人类历史长河，生长在世界多极化的政治格局、全球化的经济格局、日新月异的科技革命、深度重组的社会变革语境之中。如果说在以比较文明视野论述文化交融现象时，士尔教授较多从西方宗教文明的视角进行终极意味的审视和思考，那么，对于现代文化视野下传统的传承创新，则更多投以东方性浓烈的人间温情和现世关怀。

依《两界书》的脉络观察，现代文化视野下传统的传承创新主要体现在三个层面：一为器物层面；一为制度层面；一为人性层面。

（一）器物层面

《两界书》把人类的工事行为称为"硬体"文明，把分族、立教、家庭、婚姻等称为"软体"文明。"硬体"由低级往高级发展的过程，亦伴随着"软体"的不断发展，两者相互依存、紧密联系，共同构成了人类文明的演进。《工事》篇描绘了"硬体"文明的演进图景：从筑高塔、造飞车、造地龙到千里眼、造时镜、百工竞技，笔者从亦虚亦实的跨界叙事中，似乎瞥得一部高度凝练的、由意象构成的人类科技发展简史。同时，该篇也以"天地冰封"暗喻"硬体"文明的现代性困境，即当科技异化了人性，甚至对人类的伦理结构、生理进化形成颠覆与阻滞时，反而可能威胁人类文明的演进。这也是"硬体"与"软体"必须携手共进的重要原因，脱离了"硬体"的"软体"难免腐朽，脱离了"软体"的"硬体"难免迷失，二者系人类文明的一体两面，相生相依，不可偏废。

（二）制度层面

《两界书》在《立教》《承续》《盟约》中均有论及制度层面的文化传承与创新。各族立教之后各有族神、教义、教规，多年传承不绝。待到雅普、希罗相遇，同舟共济、共克天灾，于是普罗教立，与其他各族教规相比，有破有立，有传承有创新。这种宗教教规其实就是童蒙时期的制度文明，对族人起到凝聚、约束作用。《承续》篇认为，文明演进是一个前后承续的过程，从婚俗嫁制、道统族规、民习民俗到治家理世，皆有成套的制度安排。人类社会就在这种制度安排中有序运转，人们各依其制、各安其分、各美其美，进入制度文明的成熟时期。所谓"盟约"，一言以蔽之，就是契约精神，契约精神的代表是西方的犹太教、基督教文明。契约作为一种社会关系的约定，涵盖、连通着人类生活的方方面面，契约精神是现代文明的思想基石之一，它的出现标志着人类进入制度文明的盛年。

（三）人性层面

儒家设计了"格物、致知、诚意、正心、修身、齐家、治国、平天下"的人格发展和治世理政经典路径；唯物主义将人性分为自然属性和社会属性，认为社会属性是人的本质属性；《两界书》辟专章论述了"教化"作为人类文明的基本自觉，对人性形成、发展的重要影响。书中说："人之初，性本合。恶有善，善有恶。善恶共，生亦克。心向善，灵之道。身向恶，躯使然。身心合，顺天道。"即善与恶是共生共克、辩证统一的关系，不可简单区分、绝对对立。此系对孟子"性善论"、荀子"性恶论"等传统认知的丰富和发展，具有创新意义。"双面人""绿齿人""尾人国""独目人"的出现暗示了人性传承流变的复杂性，唯有"顺天道、约为通、仁为合"，即尊重自然进化规律、社会发展规律，遵循契约与仁爱精神，行善弃恶、抑恶扬善，方可在"士耕尔织"的凡常生活中窥得人生奥义，推动文明演进。

以现代文化视野观察传统的传承与创新，要注意到三个层次及其两个方面。一为器物层面，既要看到"硬体"文明的进步性，也要看到"软体"文明不匹配、不适应、不同步的现代性困境。一为制度层面，既要了解制度文明的演进过程，也要在更深层次把握制度与人性、共性与个性的辩证关系。一为人性层面，既要看到人性善恶交织、共生共克的复杂性，又不能因此而放弃扬善抑恶的努力。

三、融文学、宗教、历史、哲学于一炉的创造性写法

《两界书》意旨高远、意象神奇、意趣盎然。翻开前记，便感手难释卷，好奇之心大起：莫非竟是魔幻文学？士尔教授夏秋之交，深入不毛。仰观宇宙，俯察品类，身心驰骋物我两界，笔墨沟通夜光云石……《创世》《造人》《生死》三篇从开天辟地讲到时序流转、万物孕生、世维无限、万物从类、造治理者、对人复造、天水涮洗、春发知羞、天帝授命、人离正道、天门泄洪、天定命数、天光隐藏……世界来源、人类来源、人类生死等终极命题一一展开，时界空界、神界俗界从混沌到有序，代表宇宙间客观规律的"造物主"赋能与人，治理世界，但有悖道，即行匡正，天地运转

有常。处处行文，有如宗教典籍融汇上古神话，宏远、深邃、充满奇丽想象。《分族》从天风劲吹、族分七支讲到合族远景；《立教》从各有所宗、普罗教立讲到万教归一；《争战》从意物之争、内外之争破题文明的冲突与和谐；《承续》从婚嫁、繁衍、族规讲到社会治理、民族融合；《盟约》从社会契约讲到义利之争；《工事》从造飞车、造地龙、百工竞技讲到异能横行、天地冰封；《教化》从人性流变、教化之功讲到道生有序、士耕尔织……俨然一部编年体的人类文明史。小说般的构思，诗歌般的修辞，若隐若现、似有似无的宗教典故，融会贯通不同文明形态的哲学思辨洋溢其间，令人游目骋怀。《命数》篇提出了"人往何处去"的终极之问；《问道》篇针对人生意义、生命本质、人类前途上下求索，既饱含终极关怀又极具现世价值。即便阐述此类严肃、重大问题，本书仍以其融大千于一炉的独特叙事兼顾意旨与趣味：巨龟出海、七鱼出海、七首合欢、来好鸟啼、天光闪现、帝坛冲出、天地、物人、时空幻灭、六先论道、六合花开、天道山高耸入云等意象或壮阔，或欢乐，或悲壮，或苍凉，或空灵，或神圣，令人如坠光影特技，眼花缭乱、目不暇接。无怪人言"阅读是一场角力"，如此奇特的叙事方式，让人一不留神，几乎就要忘了这是一场超越了一般宗教、哲学、文学、史学叙事的深刻思辨。

因《命数》《问道》两篇为全书的核心要义所在，笔者还想就此作些续貂之论。

《命数》篇与《生死》篇相连。"天帝"在造人过程中对人的命数、命格、能限、生途都做了具体的规定，人类在履行"天帝"赋予使命、治理世界的过程中，也会产生基于阴阳、时空、今昔两界的意识穿越和感悟认知，并在这种感悟和认知中审视、反思、匡正现世的行为。既然天地、物我、时空皆为"天帝"所造，应运负命而生，那么使命完成之日便可能是一切幻灭之时。待到那一刻，人类要往何处去？这一问充满了宗教式的悲悯。即便远方充斥着无解与幻灭，人类也要循着"天帝"的指引，义无反顾、勇往直前。这个奋然前行的身影具有宿命般的终极悲壮，更加具有顺天行道、物我两忘的现世气概与人间情怀。

六位先知在天道山坐而论道，约先即以犹太-基督教为代表的西方文明；仁先即以儒家思想为代表的东方智慧；法先代表绵延千年的法治精神；空先代表"五蕴皆空"的禅宗智慧，异先代表一种神秘主义的不可知论；道先为士尔所推崇，意旨贯穿全篇，最接近"天帝"之心。

探讨人生意义时，约先认为与天之约是人生的意义；仁先认为仁爱精神是人生的意义；空先认为无即人生本义；异先认为世界不可知，故无所谓人生意义；道先认为人生的意义在于既认识到天地时空对人的限制，又顺天道、尽人事，在现世的奋发中追求天人合一、身心合一。

探讨人的本质时，约先认为人的本质是天帝之子；仁先认为人的本质是具有仁爱之心；法先认为人的本质是循法知理；空先认为人的本质是众生之一；异先认为人的本质是性多异变；道先认为人是一个历史性、社会化的过程：人性之中善恶并存、欲制交合，由恶化善、抑欲从制的过程是人的本质。

探讨善恶报应时，仁先强调善恶报应中的"例"与"律"，不可以善恶不报的"例"质疑善恶有报的"律"；约先强调不能以俗世标准衡量善恶之报，而应以恪守天约的"义人"标准加以考量；空先强调善恶报应的"前报"和"终报"，通俗讲就是"不是不报，时候未到"；异先认为善恶报应的无规律就是规律；道先认为嫉恶如仇、怀善若亲则报应有常，顺乎天道人心。

探讨来世降临时，仁先认为，力行仁义于现世，即有来世；约先认为唯有与天有约，方可跨两界而通来世；法先认为今、来两世界律殊异不可逾越；空先认为今生来世俱为虚空；异先认为今生来世可感而不可知，可念而不可信；道先认为意界变化为今、来两世相通之关键，但都要受到天道运行的制约。

探讨人心之主时，约先认为与神灵的信仰约定是人心之主；仁先认为仁爱教化是人心之主；法先认为理性与制度是人心之主；空先认为人生本无的悟觉是人心之主；异先认为人性的异变与不可知是人心之主；道先在肯定人的物质存在的前提下，认为人的精神存在是人心之主。

在这些兼具终极关怀与现世价值的探讨中，约、仁、法、空、异五先各依其所代表的文明形态进行了阐释和论述，道先作为最接近"天帝"意旨的先知，屡屡进行总结陈词，微言大义，气势非凡。他的身份究竟为何？从其言寻觅，所谓物质与意识的关系、尊重客观规律与发挥主观能动性、人的本质是一切社会关系的总和等经典论述跃然纸上，拨开奇特叙事的迷雾，笔者依稀见到了那个熟悉的身影。

"六说不悖""六合花开"，道先为首，五先共济。各大文明和合共生是《两界书》的核心要义，至于是否万道归一、"终人"何时出现？仍是一个终极未解之问。

仲夏之初，奇书面世，士尔教授历十载光阴精心培育，只待六合花开，七彩映日。

李翔

中国社会科学院大学文学院博士研究生

文明的良医

五　明

《两界书》，寻智慧之根，汇文明之大成；解冲突之困，制文明之良药。可谓自然之太极图，自在之相对论，两界之玄妙书，文明之本草纲目。

纵览全书，一百章章章玄明，十二部部部神曲。究创世之缘起，明两界之由来。探两界之造化，揭三类之隐秘。观两界之轮回，解生死之谜团。析两界之族群，显文明之滥觞。囿两界之礼教，成文化之端倪。现两界之争战，呈福祸之因果。察两界之承续，知生生之不息。窥两界之盟约，得合和为边际。视两界之工事，启科技之蒙瞳。觉两界之教化，悟万象之有序。推两界之命运，了常变之玄源。叩先贤而问道，知如去之如来。创文明之医术，治时代之创伤。

《两界书》，触动心灵玄机，触摸宇宙边界。所及文明，其小无内，其大无外。合自然之道，读之入界，用之在界，承之出界。通自在之理，窥入世之大门，明在世之正门，乃出世之玄门。解两界之难，上界空无，是谓合子之态，下界万物，是谓分子之态。无中空，空中无，无中生有，有归于无，是为上下两界，中界居间，若

171

此若彼，若有若无，是谓量子之态。上界之难，尽合其间，玄妙解之，上界无难。物呈象，象显物，物物相克相生，象象相生相克，生生不息，息息相通。息性灵，灵性空，空性无，无性生。息自不动，万事皆空，一念一动，造化功成，下界之难，尽分其间，科技解之，下界无难。中界之难，难而无难，无难而难，不解之缘，顺其自然，自然无难，两界无难。

《两界书》，汲取文明既往，瞻望文明未来，解困文明当代。取文明之同，成文明之和。龙生九子，各有不同，而龙性相同。世多文明，各有不同，而精神归一，近于道，游于德，代代相传，连绵不息。《两界书》汇众文明之流，廓然其大，追根溯源，探幽索玄，汲其精髓，随成新典，以为未来根基。

以文明之药，治文明之疾。文明，尤平地起山，阴阳相生，福祸相依。自发延续，时好时疾。自觉发展，逢凶化吉，文明之药化文明之疾。《两界书》集文明之医案，诊当世文明之疾病；制文明之药，治文明之疾；点文明之灯，亮文明之旅。文明旅途，日明夜暗，缘起自然，日出而作，日落而息。缘起文明，起心动念，阴阳相背，昼伏夜现，善恶既出，或时相残，心霾灯灭，文明黯淡。《两界书》取三界之光，燃五行之木，点文明之灯，亮文明之旅。筑心灵之巢，构建人类命运共同体之文明基石。文明似太极，物质精神为两仪，一为物质文明，一为精神文明，合和相生，生生相合，人类命运，息息相关。当今世界，科技触摸了灵魂，信念波及了时空。新时代，必有新文明。《两界书》继文明之经典，融当今之发展，合未来之将来，筑心灵之家园，拆文化之藩篱，达人类之共识，实为构建人类命运共同体之文明基础。

古之司马公，究天人之象，通古今之变，成一家之言；今之士尔者，筑心灵之域，合文明之花，分万象之叶，结两界之果。

于香港·两界间

五明

香港文化学者

《两界书》　智慧

率真的求索　心灵的颂歌

陶思炎

　　士尔先生的《两界书》是一部似曲而直、似潜而显、似幻而真、似非而是的奇书，它以宏远的思绪、率真的求索、精深的内涵和凝练的笔触让人心智开启，耳目一新，仿佛一同徜徉于哲学的园田，聆听心灵的颂歌。

　　《两界书》的缘起本身就类似一则奇妙的传说：作者以在西部高原荒野的一次卧看星空的奇遇，顿悟宇宙与人生的奥秘，发现"两界"乃众妙之门。所谓"两界"，指天界地界、时界空界、阳界阴界、物界意界、灵界肉界、善界恶界、神界凡界、本界异界等。书中另有"凡常人家，男名士，女名尔"之述，可见作者的"士尔"之名即指男女两性同在共生，有着"两界"对应合一的点题寓意。

　　《两界书》主要以数千年的中华文化为叙事背景，在人与"界"的多重链接中探索世界、人性、文明的本元和趋向。该书不仅是新奇的界论专著，也是多彩的故事集成，因其融摄神话、传说、宗教、礼俗、哲学、民族、伦理等内涵，它更具有文化事典的性质。

概括地说，《两界书》探索的空间范畴是地球与宇宙，时间范畴则定位于往古与来今；其思索的主客体为人类与物类，而阐发思绪的媒介主要为传说与史事；其表达手法注意虚幻与现实的结合，而述说的立意在于警示与教化，即人的心灵的净化。可以说，该书既是作者心路历程的坦诚披露，也是借心灵对话的方式唤起当今人类的警醒，引导读者在两界认知中领悟生命的意义。

《两界书》以深邃的哲理、执着的探索、宏大的结构、精雅的文笔展现出该书的价值与特征。

深邃的哲理

哲理的阐发是《两界书》最显著的特征所在，也是它作为思想文化著作，服务于"凡人问道"使命的路径。

该书的哲理阐发涵盖了自然哲学与人生哲学的诸多方面。诸如，言及"满者至反"的辩证关系时说道，"数之本义，乃数数之奥。世本为数，物本为序，为本数度"，"十分者为满，满者至反"。在言及"万物有对"时论道："万物有对，相辅相承。生中有克，克中有生。本化相转，恒异互变。本中有化，化中有本。恒中有异，异中有恒。"又如，在揭示"数"的哲学密码时说道，"一、二、三、四、五、六为基，演绎变幻"，"万古而来，大千世界，实乃无生有一，一分二维，二合生三，三衍万物，万物四象，根于五行，行于六说，六说合正，成七归一"。此类语句书中在在有之，自含深邃的哲理。

哲学不仅观照自然的天理、地理、物理，也探索人生的事理、情理和道理，尤其是道理的探求方显出人生的意义。

《两界书》曰，"万千世界斑驳陆离，实乃道、欲、人三维而织，三纲而张"，"三维各蕴两界"。可见，两界之论当以"道"为首。作者在《阴阳界悟》一节中以《道行经》的形式对"道"做了集中的概括："阴阳有界，天地有道。/天人合道，道远无疆。/天人悖道，天存人亡。/天道在心，化外在身。/修身成道，行以载道。/道行相辅，可添命符。/道行相悖，肉身立腐。"真所谓"道统大千，道可受而不可悖"，《两界书》正是以这类哲言倡导教化，意在将理论引向实践。

作者还归纳了"凡人问道"的六要义，即"敬天地""孝父母""善他人""守自己""淡得失""行道义"，其哲学探索由此涵盖了世界观、价值观和人生观的诸多范畴。

执着的探索

执着的探索既是作者固有的禀赋，也是《两界书》又一重要的风格特征。它胜似浮士德的永不满足、不断探索，也罔顾但丁《神曲》有关"为什么三个字，会使人陷入永久的迷惘"的警告，对世界和人类做出了系列性的跨界思考。

世界从何而来？世界的源头在哪里？人类如何起源？人类从何而来？人为什么有生死？人为何不一样？宗教信仰是如何产生的？人类会否永存？人类最终去向何处？除了这些古已有之的未决问题，《两界书》还对因物争或意争所引发的战争、婚俗嫁制、道统族规、社会契约、工事人事、风俗教化、探路问道等问题一一破解，意在指点迷津，以实现循礼遵制、国泰民安的美好愿景。

借助传说故事以事喻的方式让人领悟道理，往往比简单的说教式的平淡语句更有效果，叙述方式的选择也反映了作者的苦心探索。

书中《双面人国》讲述昔时前后有脸的双面人故事，他们前脸端庄色正，慈眉善目，后脸貌似恶鬼，形态各异。面由心生，人有双面，盖因内有双心，一心向善，一心向恶。天帝喜人向善弃恶，便施行教化之道，渐将他们改造成单面之人。这则故事讲述了"识面易，识心难"的道理。此外，《种豆得豆》说雅全种豆、雅曲种瓜，雅曲常得雅全之豆，雅全未食雅曲之瓜，后雅曲有花无果，颗粒无收，其因乃"既未敬天，亦未馈人，一人独享"。故事传导出"心私至重则恶，心恶自结恶果"的道理。

为力避流俗，《两界书》遵循了自己设定的讲故事四原则，即"讲故事不能鸡对鸭讲""讲故事不能自说自唱""讲故事不能没有情节""讲故事不能没有主题"。这主题就是贯穿全书的"六要义"，体现对人与世界、人与自然、人与他人、人与自我关系的探求。

《两界书》不仅注意用故事述说既往，也对"人无定性""心无神明"的时弊加以痛贬。该书写道："男人不再知耻，女人不再知羞，满街男女赤裸奔跑。男人似畜生，随地高举阳器。女人妖作祟，羞处张开示人。兄弟不亲，父母不认。爷孙辈分不分，血缘伦常乱淆。夫妻同枕异梦，邻里掘井设坑。众人日夜倾轧，只盼他人死光。人无定性，心无坦诚。一忽变人，一忽变鬼。……"这是鞭挞，也是警示，以当今犹存的反面社会现象，揭示心灵净化的迫切，以及作者的深沉忧思。

宏大的结构

《两界书》凡 400 余页，30 万字，全书分作 12 卷，下设 115 章，章下有节，可谓结构宏大，内蕴庞杂，虽述论交错，而思理明晰，构成了该书的另一特征。

《两界书》12 卷的卷名分别为：《创世》《造人》《生死》《分族》

《立教》《争战》《承续》《盟约》《工事》《教化》《命数》《问道》。该书从天地开辟、时序流转、万物孕生、人类起源的神话哲学起笔，转而对生死命数的冥思玄想，继而叙说异样纷呈的社会现象——宗族之分、相互争斗、划界立国、语因族异、分合互变等。接着，该书交代自然灾变和社会人祸与立教封神的事例，诸如天崩地裂、水旱之灾、瘟疫降临、风灾突袭、相互征伐等给人类带来的灾祸与危害，构成了信仰与宗教发生的背景。人类的存续与发展是古今永恒的主题，人口繁衍、婚嫁礼俗、两族联姻、祭祖告神、盟约之立等社会行为成为其中的重要环节。与人口生产相提并论的物质生活资料的生产也是人类社会发展的一大前提。《工事》卷从筑屋筑路、名匠造车、冶炼制器、百工竞场等实例展现人类在器物生产方面的历程。人类有了人口生产和物质生产之后，若无灵魂和信仰，则等同于行尸走肉或丑恶的兽类。为此，《两界书》用《教化》《命数》和《问道》三章从人的鄙陋之性、天地变易之道去倡导教化，围绕"何为人生"的问题，阐论"敬""孝""善""守""淡""行"六圣的理念。

《两界书》的叙事结构，实际上是从以自然为前提的神话世界，到以人类为主体的古今社会，再到旨在心灵净化、跨越两界的精神王国。从文化层面说，它包括以神话、传说、故事等口承资料为主要载体的语态层面，以行为、器物为标志的动态与物态的层面，以及以精神、信仰为愿景追求的心态层面。这样的结构不仅框架宏伟，且逻辑顺畅，内涵丰实。

精雅的文笔

《两界书》以凝练的笔触说故事、写历史、论信仰，其行文多为文白相合的短句，虽无铺陈雕琢，却言简意赅，言之有物，成为该书的又一个值得一提的特征。

作者擅用排比、对偶、警句、短语、谣谚、诗歌等修辞与句式，使行文活泼多变，增添了文学鉴赏的价值。例如，排比句的运用："朝出不识归途，梦醒不识家人，镜像不识自己。""人总以己心，测度天地万物。人总以己心，测度诸族异人。人总以己心，测度芸芸众生。人总以己心，测度生死本义。"对偶句在书中也俯拾即是，"东西南北上下，天地时空物人"；"举步无落足之处，起居无躺卧之席"；"老树生根，根深盘错。新树发枝，枝长分权"；"人之为人，在其性变。人之为人，由恶化善"等。至于哲理性警句的使用往往反映了思想的深沉，如"天道存于人心，心有道人有灵，人有灵道，世维有序"；"心争为根，物争为本"；"识面易，识心难。一时识心易，恒久识心难"；"王道合天道，顺民意，天、王、民三合有序，方可国盛民生，王道久远"等，具有渲染主题的作用。

此外，作者还采用民间歌谣的形式，使《两界书》雅俗交并，富有生活的气息："一根扁担两只筐，/三个娃儿两边装。/挑中挑前也挑后，/轻重长短自掂量。"歌谣的妙用使"满者至反"一节的哲理探讨更有回味的深意。另外，"颠倒歌"也是常见的民间儿歌类型，具有幽默的趣味。《两界书》的"本能颠倒"一节写道："公鸡生蛋，母鸡啼鸣。鸡不分公母，鸭不会游泳。山羊不能登山，猎犬不再奔跑。高马跑不过母牛，公牛拉不动木车。羊不再吃草，牛不再出奶。奶牛挤出黄尿，母羊挤出狗血。兔子跑不过乌龟，大象被蚂蚁吃食。老虎不长牙齿，犬狗见猫即逃。老鼠中意野猫，猪狗熊牛一家……"用儿歌的游戏题材论说玄妙的"命数"，有举重若轻的效果，也丰富了著作的表达方式。

《两界书》是一部特征鲜明的奇书，跟随它到两界中漫步将是一次引向顿悟的游历，追仿作者这种心灵的探求，会让人深悟生命的意义和正道的宽广。

陶思炎

中央文史馆馆员，东南大学艺术学院教授

本文曾刊于《中华读书报》2017 年 11 月 15 日

探索神圣的奥秘和人性的复杂

李炽昌

　　士尔教授新近出版的《两界书》着实给我带来阅读的惊喜，这本书在许多方面都堪称精彩。本书作者拥有高超的文学技巧和优雅的文字表现力，显示出士尔教授深厚的文学功底。我非常景仰他在探究人类生活中的渴望与禁忌所表现出来的创造力、想象力，以及洞察力。本书作者邀请读者一道探索神圣的奥秘和人性的复杂。本书以叙事的形式呈现每个人生命经验里的可能性和局限性，以神话的语言讲述生命起源的故事，这类似西亚的美索不达米亚传统和希伯来传统，以及东方的中国和印度史诗。

　　本书根据文明的起源和文明的未来这样的虚构脉络组织人类的故事，深刻表现了人类活出自身意义所进行的复杂斗争。本书不仅要重建人类过去生活的意义，而且要为人类无法栖居的灵魂和想象寻找一个安身立命的场所，这就使本书成为当前对生命更具广度和深度理解的读本。

　　我们很难根据传统的文学、历史、哲学、宗教或者社会学的范畴来定义本书的性质，因为它涵盖了所有这些学科内容。而且在探索人类生存法则的过程里，它甚至超越了所有这些范畴。本书采借、交织、整合西方世界和中国文化不同领域的见识和能力深深打动着读者。作者在很大程度上对不同文化视野来了一场视域融合。

本书讲述了创世、造人、生死、分族、立教、争战、承续、盟约、工事、教化、命数等十二个主题，对人类生活做了无所不包的组织和归纳，读者阅读的过程就是参与对话和自我检视的过程。作者据此归纳出讲故事的四个原则，即不能鸡对鸭讲，不能自说自话，不能只有情节，以及不能没有主题。

本书内容丰富，这得益于作者具有的百科全书式的知识，作者尤其对犹太-基督教代表的两希文明和中国儒释道及民间宗教有精湛的理解和把握。士尔教授凭借宽广的知识面，以跨文化和跨文本方法描绘了人类知识融合的图景。毕竟，"两界"是包含天地，时空，物意，生死，灵肉，善恶、圣俗等观念，因此由本界与异界构成的两界内容包罗万象，具备跨界意识和跨文本阅读方法才能够深入处理本书涉及的知识和文明间复杂的相互关系。作者认识到两界既相互对立，又相辅相成。

如果读者熟悉美索不达米亚文明和希伯来文明，就会发现本书从希伯来圣经《创世记》1—11章采借了大量创造世界、创造人类、洪水灭世，以及威胁宇宙秩序等类似的神话主题。尤其是洪水主题，本书就多次使用；本书的写作也参照了古代西亚智者、祭司、法律颁布者，以及先知对世界和社会被组织和建构起来的文化与宗教观念，这些内容很多建立在史学家在西亚的考古发现。本书《问道》章节介绍了道先（the way）、约先（the covenant）、仁先（the human-compassion）、法先（the law）、空先（the formlessness）、异先（the heterogeneity）等六位先知（六先），他们轮番登场从自身的文化传统和伦理依归教导有关生命和生活的主张。

身份（我是谁？）和使命（我要做什么？）是本书作者探索的核

心问题。第一个问题是起源问题，第二个是人类的责任和伦理学问题。这两个问题在定义人类生活方面不能分割开来。本书从一个有意义的向度描绘了人类与神圣的关系：如果人类失去这种关系，人类就看不到自己的根，也不明白眼下的生活，更不知道如何把握未来。在一个世俗的全球化世界，人性的神圣维度经常被忽视，人类假定自己有绝对的权力可以操控大自然、动物，以及其他人类。由是观之，犹太-基督教《圣经》的伊甸园故事不断提醒我们人类和神圣之间的界限。《两界书》让我们很好反思《创世记》2—3 章有关堕落与犯罪的传统解释。《创世记》2：9 的分别善恶树和生命树象征神性和人性共同的基础，以及神性和人类之间的本质差异。神人之间的相似性体现在人吃了分别善恶树上的果子从而在智力和道德上有了知道和分辨的能力。而神性与人性的本质区别体现在生命树上，因为吃了生命树的果子能够带来永生。《创世记》2—3 章的结尾部分揭示了人类与上帝在知识方面的相似性，并否定了人类获得生命树果子——获得永生的可能性。毕竟，不朽属于上帝，死亡对人类而言不可避免，这才是生命的事实。

《两界书》深刻理解生命的现实，试图在不同场合强调神圣与凡俗的异同。作者在叙事里也关注人类违抗圣意的情况。作者根据神圣恰当地定义人类，如此就顺理成章地讨论社会、经济，以及政治秩序。作者认为"约"是人类社会的核心观念，该书也让我们看到不同种族、部落之间的社群冲突真实而不可避免。所有这些故事都是人类文明叙事的组成部分。笔者在此向所有认真探索生命意义——生命意味着什么？生命能给予什么？——的读者隆重推介《两界书》。

李炽昌

山东大学犹太教与跨宗教研究中心一级教授，香港中文大学文化及宗教系资深教授

从两界分殊至大道归一

刘　茜

　　由士尔先生所著《两界书》于 2017 年 5 月由商务印书馆正式出版发行。短短数月，该书即已引起中西学界的高度关注与热烈探讨。是年 12 月，已逾期颐的饶宗颐先生题写"两界智慧书"，惜戊戌未至，饶公已入彼岸他界，斯文竟成公之提名绝笔！著名哲学家成中英先生亦曾指出，"《两界书》既是启发心智的文学作品，也有重要的历史内涵，彰显了中国哲学为人类命运做出的超越性思考，体现了未来哲学的方向"，并由是而提出了"两界之学"的说法。纵观今日之学界，或穷究于故纸陈迹，或纠缠于概念语词，学问关乎人文之道鲜为世人看重。近年虽不乏倡之者，但真正的代表之作却并不多见。而《两界书》则开学术之新风。作者从尘世的碎片中超脱出来，突破了思维的界阈，始以智者的目光俯瞰人类文明演进的历程、探寻人类精神的走向，并力图为人类灵魂构筑栖居之所。是书探古问今、体大思深，参天人之道、究性命之理，继前圣之学、创一家之言，运思奇妙、叹为观止！

一、界阈的突破与智慧的开启

《两界书》的缘起颇具奇幻色彩。作者曾在一次田野考察中被困于海拔三千米的高坡，此地人烟绝迹、鸟兽无踪。星夜万籁俱静，宇宙本相显现，作者渐从凡尘中超脱出来，获得了一种超越的精神体验。他豁然顿悟，突破了惯常的思维界阈，开始以全新的视角审视人类历史发展的进程。作者认识到，世界万事万物存在着对立统一的"两界"，即"天界地界，时界空界；阳界阴界，明界暗界；物界意界，实界虚界；生界死界，灵界肉界；喜界悲界；善界恶界；神界凡界，本界异界……"而"两界"既是人类存在的凭依，同时也构成了人类发展之限制，"芸芸众生，魑魅魍魉；往来游走，昼夜未停"。"两界"的分化乃是人类历史发展的必然趋势，"混沌分天地，由一而为二，一分二维，二成万物成式"，也是推动人类历史演进的内在动力。"两界"之间相辅相依、相生相克。但二者的动态平衡一旦遭到破坏，灾难就会降临，而世界的大同则有赖于两界的和融，即"有界无界，化异辅成"。从作者的奇幻经历及《两界书》的思想内核可以看到，正是由于对"界"的突破与超越，作者才认识到了"界"的限制，并开始了对"界"的反思，从而获得了超越的智慧，创建了全新的"两界之学"。

反观中外古圣先哲，大凡超越的智慧多源自于对思维界阈的突破。据佛经记载，佛教创始人释迦牟尼曾修苦行多年无果，后到菩提树下静坐，遂进入冥想状态，宇宙万象显现。佛陀突破了思维的界阈，开启了超越的智慧，觉悟到"四谛"的道理，并由此而建立了他的佛学思想体系[1]。佛经多反映了佛陀的这种思维特质。如《金刚经》载曰："我相即是非相，人相、众生相、寿者相即是非相。何以故？离一切诸相即名诸佛。"[2]佛陀在此已突破了有与无、实与空之间的认知界阈，从而建立了佛教性空观。我国先秦时期老庄所创立的道家思想代表着中国上古哲学的最高成就。老子事迹虽罕见于史载，但从《道德经》仍可看到其对惯常思维界阈的突破。《道德经·第二章》云："天下皆知美之为美，斯恶已；皆知善之为善，斯不善已。故有无相生，难易相成，长短相较，高下相倾，音声相和，前后相随。是以圣人处无为之事，行不言之教，万物作焉而不辞，生而不有，为而不恃，功成而弗居。夫惟弗居，是以不去。"在这里，老子突破了世俗认知的界阈，消解了美丑、善恶、有无、难易、长短、高下、声音、前后之间的绝对对立，提出了"无为即有为"的辩证统一思想，显示了超越的智慧。道家代表人物庄子亦如是。"庄周梦蝶"的高妙境界正是源自于作者对思维界阈的突破。《庄子·齐物论》云："昔者庄周梦为胡蝶，栩栩然胡蝶也，自喻适志与！不知周也。俄然觉，则蘧蘧然周也。不知周之梦为胡蝶与，胡蝶之梦为周与？周与胡蝶，则必有分矣。此之谓物化。"在庄子的思维里，梦境与现实、他物与本我之间的界阈已融合无碍。庄子自由地出入于其间，获得了超越的精神体验。庄子在《逍遥游》中对思维界阈的突破则表现得更为明显。书中说："北冥有鱼，其名曰鲲。鲲之大，不知其几千里也。化而为鸟，其名为鹏。鹏之背，不知其几千里也；怒而飞，其翼若垂天之云。是鸟也，海运则将徙于南冥。南冥者，天池也。"在庄子笔下，从鱼到

[1]王孺童注译：《佛传〈释迦如来应化事迹〉注译》，中国人民大学出版社，2007年，第145页。
[2]陈秋平、尚荣译注：《金刚经·心经·坛经》，中华书局，2007年，第45页。

鸟、从深海到高空、从北冥到南冥，不同的物种、不同的空间、不同的方位之间的界阈已然突破。

而在《两界书》中，作者同样描绘了奇幻的景象："至那日（大同之日），有七鱼出海，鱼化来好（鸟）。七方来好合聚，分从东西南北上下汇中，合成来好大鸟，名曰七首合欢。合欢大鸟上下翱翔，所经之处，风生水起，霞光普照。天上升彩虹，地下有灵塔。虹塔相连，天地无间。"在这段文字中，物物、时空、天地之间的界阈已完全消除，宇宙万物融合无间，甚至相互转化，此与庄子笔下的化境又是何其相似！

《两界书》的作者所经历的这种近乎宗教般的精神体验，看似出于偶然，实则寓之必然。从书中《前记》可以看到，作者是一位人类学者，他执着于对真知的探求。他曾"穷尽 60 年生涯去收集各类泥版、骨甲兽皮、文献碎片"，而他只身来到西部不毛之地做田野调查，为的是寻找用于研究的实证材料。但不仅仅停留于知识层面的探求，作者更是一位精神的问道者。他秉着对人类命运的深切关怀，经年冥思苦想的是"浩瀚世界，本源何在？芸芸众生，意义何在？悠悠岁月，人从何处来，欲往何处去"等关乎人类命运的终极性问题。"路漫漫其修远兮，吾将上下而求索"，作者"经十年而不渝，他殚精竭虑，游走于现世彼岸之间，终成《两界书》十二卷"。《两界书》的成书向我们昭示，智慧的开启不仅需要对真知的不懈探求，更离不开大爱的情怀。

二、两界之分合与人类历史的演进

《两界书》探讨的是一系列关乎世界与人类生存的基本性问题。作者以十二个议题包括"创世""造人""生死""分族""立教"

"争战""承续""盟约""工事""教化""命数""问道"为中心，勾画了人类文明演进的历程，深入探讨了"人从何处来将往何处去，人在世界万物中的位置与使命，人与世界、人与自然、人与他人、人与自己的关系，以及'人是什么''人生的意义在哪里''生命的价值何在'"等关乎人类命运的根本性问题。贯穿于以上议题，《两界书》将对立统一之"两界"作为揭开宇宙奥秘的锁匙，分析了"两界"分合与人类历史进程之间的错综复杂关系，揭示了两界之失衡与人类灾难之间所存在的本质关联，指出了人类社会的美好未来——建立两界合一的大同世界。

《两界书》认为，从宇宙万物演化的整个历程来看，两界经历了一个由无界——两界分化——两界合一的变化过程。它说，首先，在创世之初，"世界虚空、混沌一片"，宇宙并无所谓的两界之分。那么，两界之分化又如何起源的呢？书中借用了神话元典即天帝挥意杖来作为两界分化的创始之力。它说，随着天帝创造之工的开启，"天帝呼息，云气凝固，天尘飘散。天尘大小不一，不可尽数。悬浮飘移，动静有变"，宇宙已然从"无"走向了"有"，从"静"走向了"动"，有无、动静的两界分化遂已生成。可见，两界之分化乃是宇宙万物化生之必然趋势。而两界之分化不仅是宇宙混沌初开的最早形态，同时也成为推动万物衍生发展的根本动力，"二维相对，合分化生，使二成三，三生变异，三成万物化因"。人类的创生亦如是。人类最初并无男女之分，"天帝将初人从中分开，由一为二，一半为男，一半为女"[1]，而男女两界之分化也成为人类繁衍之必要前提。"男人女人日夜不安，渴慕复合"，男女合体，

---

[1] "初人"无分男女，性情与禽兽无异，将"初人"分为男、女两部分，使其独处，各有"心念"，各怀苦楚情爱，这样就可以清醒人的心智。这里把"心有苦楚情爱"视为人与兽禽区别的首个特征，这是"造人之工"的第一步。

"可孕新生"。《两界书》还指出，人类创始之初，也无生死之别。但天帝观察到了人类具有纵欲无度的趋向，为了限制人之欲望，故"为人定命数，使人有生而不得永生，有死不至即死"。有生即有死，有死即有生，"死"是为了"生"，而"生"则终归于"死"，故生死两界之分化遂成为人生命之基本形态，而人之生死循环也成为人类得以存续发展的必要前提。

《两界书》指出，两界之间乃是一种对立统一、相生相克的关系。它对之做了这样的描述：

> 河有两岸，岸间有水。水中有鱼，鱼可欢游。前后上下，止于岸边。偶可飞空，复归水中。水清无鱼，水混死鱼。水以土界，土以火生。火以水界，水以金生。金以火界，火以木生。木以金界，金以土生。春夏秋冬，四季五行。万物有对，相辅相承。生中有克，克中有生。本化相转，恒异互变。本中有化，化中有本。恒中有异，异中有恒。

当对立统一之两界处于动态平衡之时，万事万物则循着有序的方向发展。而一旦二者之间的动态平衡被打破，灾难即会降临。由于人乃宇宙之精华、万物之灵长，故人自身之两界的失衡，则不仅会影响到自身的命运，也会给世界带来破坏性灾难。《两界书》着重分析了人之"道与欲"两界的关系及二者失衡后对世界带来的灾难性影响。它采用神话元典描述了人之"道欲"产生的渊源。天帝"造人之工"共分三个步骤。第一个步骤是将人从"初人"（男、女不分，双性物）分化为"中人"（男、女两分，单性物），男女因欲而合，人类得以繁衍，但习性却与禽兽无异；第二个步骤是使人具有悲喜感（通窍悲喜）、羞耻感，人之心智渐开，习性始与禽兽有别；第三个步骤是使人身载"灵道"。至此，人之身遂集"道"与"欲"于一体，天帝"造人之工"初步完成，人类"繁衍生息，起居有序"。但在人类早期，"人身道欲相叠，却未得交融"，故"道、欲"之分离是为必然，"不及持久，即道欲分离"。而从人类演进的历程来看，人类往往会出现嗜欲即道消欲长的趋向，而"道、欲"之间的平衡一旦被打破，灾难也随之而降临。《两界书》指出，历史上曾出现的洪水泛滥正是天帝对人类纵欲的惩处，而"死亡"也同样是天帝对人类纵欲的终止。"争战"是人类文明演进的相伴物，是人类一种具有本质意义的社会现象。《两界书》认为人类之间"争战"产生的根源乃是人之"贪欲"所致。它指出："从争战的起因看，一为'物争'，即由物而起的纷争，诸如争夺粮谷、疆土、水源等；一为'意争'，即因信念（意识）不同而引起的纷争，诸如教义、教规、崇拜物、价值观念等"，但无论是"物争"还是"意争"，其根本皆是源于人类贪欲的膨胀，"天下众生，自大为源，心争为根，物争为本，舍命求多"。同样的，人类与自身所创之工具的关系亦复如是。《两界书》指出，"工事"亦蕴天道。人类创造工具是为了满足人类的欲求。工具也可以突破界阈的限制，而使人类获得一定的自由。但当人类的欲望过度膨胀，希冀无限度地满足欲求而沉迷于"工事"之时，灾难随即降临，"工事恶胀，天地不胜，人为器奴役。超度无所不在，工物暴行，灵道不畅，人性不张"，人类反受控于自身所创造的工具，而终为工具所奴役。由此可见，道、欲两界的失衡尤其是"道消欲长"则是人类灾难形成的重要根源。

《两界书》指出，当两界失衡臻于极致之时，宇宙会出现各种怪相，如"天象变乱""地象变易""物象化异"等，而人类自身也会出现"男女性变""人自生变""人无定性""基化因变"等各种迷乱现象。最后，宇宙会出现时空不维的现象，即"时灯急燃，光油急耗。时光将耗尽，万物即静止。不见时序延展，归于死寂默息"。而当"六象俱乱"之时，宇宙也走向了毁灭，"是日到，万事万空万物忽凝滞，忽膨爆不止，忽飘如浮云，忽归于混沌"。《两界书》指出，宇宙毁灭后，新纪元将又重开启，"中人止，终人至。多维新构，意界主纲。人朋远来，新灵弥漫。旧生新，新生旧。绵延不息，复始循环"。有始即有终，有生即有死；有终即有始，有死即有生；始终两界、生死两界对立统一、相生相克，这就是宇宙万物所遵循的必然运行规律。

既然宇宙万物之生灭不可逆转或者说灭亡是不可避免的，那么人的作为又存在何种意义呢？对于宇宙时空之虚无，古今中外又有多少仁人志士为之慨叹。曹操《龟虽寿》云："神龟虽寿，犹有竟时。腾蛇乘雾，终为土灰。"王勃《滕王阁序》亦云："闲云潭影日悠悠，物换星移几度秋。阁中帝子今何在？槛外长江空自流。"《两界书》同样对此做了追问："世将惨绝而灭，众人孜孜所求，何意之有？先辈仁德之诲，何意所在？""世人若循顺天道，躬行仁德，仍不得喜乐安康？"莫非世间一切尽皆虚妄？但作者并不这样认为。他指出，宇宙万物虽灭，但灵道却不灭，它可以世代相承，"道化所成，人以载道。修德树仁，苦亦为乐。天帝播灵道，万众有承接，不枉喜乐来好！"经过人类不断的修为，灵道会愈积愈多，终究会"良善布满人间"，世界进入大同。而彼时界阈之限也不复存在，宇宙万物将进入有界无界、化异辅成的和融状态。由此，《两界书》已为人类的未来指出了光明的前途，为人性之修为确立了终极性意义。

三、修心载道与两界合一

前文已述及，人类之灾难与两界之失衡尤其是人之"道消欲长"有着本质的关联。而要进一步分析人之"道、欲"的问题，则必须论及人性之善恶的问题，二者有着本质的关联。人性之善恶是一个古老的命题，也是一个关系到人类发展走向的根本性问题。古圣先贤对于人性善恶的不同认识也决定了他们所确立的不同的人性修养途径。我国先秦时期，人性的善恶问题已成为儒学史上的重要命题。孟子最早提出了性善之说，他指出："人性之善也，犹水之就下也。人无有不善，水无不下。"[1] 荀子则提出了性恶之说，他指出："人之性恶，其善者伪也。"[2] 孟荀对人性之善恶做了截然的分离。不同于二者之说，《两界书》则提出了人性兼具善恶两界的说法，"人之初，性本合。恶有善，善有恶。善恶共，生亦克。心向善，灵之道。身向恶，躯使然。身心合，顺天道"。善恶并存于人性之中，二者相生相克。其中"心"与"道"相连，故更趋向于"善"，而"身"与"欲"相连，故更趋向于"恶"。由于人之身心不可分离，故善恶也并存于人性之中。

既然人性之善恶共存且恶并不可除，那么人还有向善的可能吗？《两界书》认为，相较于禽兽，人拥有心智、具有向善的趋向与自省的能力。书中采用了多个寓言故事说明人的这些不同于动物的特征。如在"双面人国"中，尽管人人皆兼具善恶两面，但得天帝指引的善人却"得庶人敬慕，尊为正人，誉为君子"；而为欲所驱的"长尾人"闻知其类"皋觉"能够去尾而得以与人类同习性，也心生向往，欲断尾革新。正因为人具有这样一些特性，故教化才具有了意义。《两界书》指出："教化是人类最基本的文明自觉。"当然，人之教化的功能也并不在于将人性中的"恶"完全去除，而

---

[1] 焦循：《孟子正义》，《诸子集成》（第1册），中华书局，2006年，第423—424页。

[2] 王先谦：《荀子集解》，《诸子集成》（第2册），中华书局，2006年，第289页。

是使其隐而不彰，不产生坏的后果。书中以寓言故事告诉我们，人类的教化尽管是漫长而艰难的，但仍是富有成效的。如"玛普承天道之启，遂携独目人颂天悟道。独目人随玛普日出而作，日落而息，循序渐进，依文化人。其间有叛道悖逆者，或被斩杀，或逃逸不见踪影。经年之后，独目人后裔渐易竖目为双目，横列额前两旁，可双目并视。三百年后，独目人国渐逝，独目人终成双目之人"。

那么，人类之教化又该从何入手呢？《两界书》指出教化的根本途径在于修心以载道。它说，"心"为"善"之源，"天道在天，尤在人心"，故必须通过修心，使其充满"道"，从而控制恶欲的膨胀，正所谓"有身须有心，有心须有道，身心载道，方可道以引道"，"心开而道行，道行而路通"。《两界书》指出，人在修心过程中要做到诚。它说："言为心声，言无信盖因心无诚。言由心出，行由心动。心若无道，则言无信诚"，心若诚则言行笃信。又说："心诚以致，可通灵道。灵道行，心路通。心路通，命灯长久"，心若诚则可通灵道。《两界书》认为，致诚不仅可以消除两界之间的对立，甚至可以突破界阈的限制从而获得一种神通的体验。它说："世有两界，仙凡有别。仙界一日，凡界十年。仙界时物难存凡界，凡人凡物难入仙界"，虽仙凡之间存在界阈阻隔，但却并非完全不能融通，若"有舍命之志"、"经灵修之熬"，"以心寻道，以身融道，方可得道入仙"，仙凡两界可通，重在致诚以得道。《两界书》在《工事》一卷也曾论及故事的主人公因心诚而突破时空限制终见所爱之人的事例，正所谓"心诚所至，时空无间"。故修心的工夫重在致诚，致诚便可得道，而得道则可消除两界之对立。《两界书》认为，"阴阳两界，天地有道。天人合道，道远无疆。天人悖道，天存人亡。天道在心，化外在身。修身成道，行以载道。道行相辅，可添命符。道行相悖，肉身立腐"，心在悟道的同时，还必须力行，即要做到知行合一，否则必反受其害。

《两界书》认为，人是具有社会属性的，个人的行为不仅会对社会产生影响，也会受到社会的制约。因而在人的修养过程中，王道之治也显得十分必要，正所谓"有道引道，人自识途，民自有序。万民有序，方可有代相传，续持久远"，"民无王道，民成流民"。"王道之治"实际上就是沟通天与人的中间环节，即"上承天道，下载民意"，要做到"天、王、民"三合有序，达到"天人合一"。《两界书》指出，要推行王道，以实现治国化民，则需做到"道、约、仁、法"四者合治，不可偏废。它说："哈法（王者）合治，要在道统为体，体有脉骨。融汇为用，用有旁通。'道约仁法'本义贯通，因地制宜，本末兼顾，软硬兼施。"统治者唯有做到"顺天道""以约为通""以仁为和""仁不离制"四者，才能消除国与民的界阈，从而做到国民相合、国泰民安。

四、"六说"不悖与合正大道

《两界书》在对人类文明演进的历程及形成动因做了深入的探析之后，重又回归到了对"人"的本质及命运的追问与思考。关于人类的终极性问题，中外古圣先贤皆有丰富的思想成果。作者将人类文明进程中最具代表性的思想成果归结为"六说"：一为"道说"，即以"天道""大道""逻各斯"等作为宇宙至高准则的思想；二为"约说"，即以犹太-基督教文化为代表的"契约"思想；三为"仁说"，即以东方儒家思想为代表的"仁爱"思想；四为"法说"，即代表人类文明重要成果和精神理念的"法制"思想；五为"空说"，即以佛学禅宗为代表的"空无"思想；六为"异说"，即强调

"化""变"的学说。在《两界书》所谓之"六说"中，"异说"的提法尤具开创性。作者将"异说"的起源追溯到中国之甲骨文，认为"异说"正是由甲骨文"异"字所指代的"戴面具的人，变异之人"发展而来。《两界书》指出，"异说"是一种否认人生或世界存在某种恒定规律或法则的思想学说，但它又不同于彻底否认认知世界可能性的"不可知论"，其所主张的其实是在变动不居的人事中采取更为灵活即"顺势而变""因势制利"的认知方式与实践方式。故在某种意义上讲，"异说"是一种更具开放性的思想学说，"可避摸象之虞，得综观辩证之效"。但由于人类的思维更倾向于探求宇宙人生恒定的法规，故"异说"的存在价值往往被忽视了。而《两界书》对"异说"的提出，则有助于我们更为深入全面地认识人类文明中的重要思想成果。

《两界书》认为，"六说"虽各有所主，但并不是截然对立，而是互为补充的关系。作者继承了"六说"的思想成果，并以"道说"为根本，建立了全新的"两界之学"。关于这一思维进路，我们可以从《两界书》对一些关乎人之本质及命运的根本性问题的探讨清楚看到。

人之"生而为何"即人生命之意义何在乃是中外古圣先贤不断追问的终极性话题。崇尚契约精神的犹太-基督教思想认为，人生的意义在于"依约而生，各得其所，适所而在"；东方儒家思想认为，人生的意义在于以仁爱为本，并通过推己及人的方式推动社会进入和谐有序的状态，即"众为人所依，群为人所托，仁为人所在。己悦者及人之悦，己恶者及人之恶。临崖者警之扶之，临火者惕之护之；主张"法制"的思想认为，人生的意义在于明是非、辨曲直、依理而行，以使社会走向有序的合理状态；以"空无"为核心的佛教禅宗思想认为，"生为死之始，死为生之启。本无归于无，无即本生",故人生之意义本归于"无";而强调化、变的"异说"则认为,"世上无物有恒,恒皆为表,异则为本。异以恒表,恒以异宗",故人生并无恒定的意义。对于以上五说,《两界书》认为"皆为有理",但并不完整、透辟。作者以"道论"作答,认为人生之意义在于"依道而生"。但此"道"又与前贤所言之"道"在内涵特质上有所不同,它是指"两界之道",即是能够指引人类身心两界合一、道欲两界交融的"道"。《两界书》指出,人之生命的意义即在于遵循"两界之道"行为活动,以促使人类自身及社会走向和谐有序的发展状态。

人的善恶之行是否会得到相应的果报?这是关乎人类的道德价值与世俗功利判断标准的重要议题。以"约"为本的犹太-基督教思想认为,与天帝订约的人,在考量善恶报应时,不应以俗界苦乐为标尺,而应以对天帝的守约、践约为标尺,以"义"为准则。成为"义人",就是最高的善果。以"仁"为本的儒家思想则认为,行善道而得恶者,确有其例,然"个例"并非"定律",故不可以例改律。而在现实生活中,人所遇到的果报无论是"例"还是"律",人都要"守正",即要坚定自己向善的修为。佛教禅宗思想指出,"因果相报,善恶相应,天地大律不改",虽然有些果报不能即时显现,但"善恶必有终报时"。而以"异"为本的思想则认为,善恶果报并无恒定的规律,无须刻求。《两界书》仍回到了"道论"的根本上,并赋予"道"新的内涵。它指出,"世不离道,道不远人",人只要依"道"而行,则会得到至善之果报。这个"道"即是"遏恶扬善,君子所为。抑恶除恶,是为大善"。而要做到"遏恶扬善",则"人须德行兼备,事须适时合运",唯其如此,人之行为才能符合"天道人道相统,天下人间无争"。而人之行为一旦能够达到天人合一之境界,则必定会获得至善之果报。

人有无来世？按照万物循环的宇宙观，"生"作为一个起始的"节点"，之后必有后续的"节点"循环下去，所以，人对"来世"充满好奇。人类各种思想对"来世"的认知也不尽相同。儒家思想更强调现世，认为既生现世，则应把现世的事情做好。犹太-基督教思想则提出了"界桥"的概念。今、来两世，分处两界。两界之间，俗人难越。唯有通过天帝搭设的界桥，才可贯通今、来两界。以"法"为本的思想则指出，今、来两界，各有不同的界律，今世按今世之律，来世按来世之律，今、来两界之间，界律不同，难以逾越。佛教禅宗一派指出，今生自有今性情，来世自有来喜悲，又认为人生无关今世、来世之变。在极度的超越视野下，一切皆为空无。"异说"则认为，今、来两界之间存在一个可感而不知、可验而不可信的"异界"。《两界书》则同样提出了全新的"道论"思想。它指出，在今、来两界和时、空两界之间，实有"意界"为联通。"然无论今来两世，时空两界，抑或固生日强之意界新纪，均无外以天道运行。"而人如果能做到天道、人道合一，则今生来世之间的界阈便不复存在，即"今生来生同然，今世来世同然，今界来界同然"。

此外，《两界书》还讨论了"何为人""何为人主"等关乎人类本质的根本性议题，也同样阐述了它全新的"两界之学"。

综上，《两界书》在总结前人思想成果的基础上，确立了"道论"本体论思想。它认为，"六说"虽各有所异，但却并行不悖，皆可统于"道"。"道"为"一"，"一"生诸说，诸说统于"一"，故"以道为统，无统不一，无一何生万物"。《两界书》将代表东西方思想成果之"六说"高度概括为具有鲜明中国文化内涵的"敬天帝（天地）""孝父母""善他人""守自己""淡得失""行道义"，并以之作为"道论"的本质内涵。可以看到，"敬""孝""善"

"守""淡""行"六字精义乃是对中国传统文化的根本回归，但这却又不是简单的回归，而是在重建之上的回归，其所回归的是中传统文化的核心要义，重建则是其精神旨归——"两界之道"。

结语

《两界书》所谓之"两界"乃是一种描述宇宙对立统一及思维法则的基本哲学范畴。它不仅是宇宙万事万物的基本构成要素，也是宇宙万事万物运化尤其是人类文明演进之根本动力。而《两界书》所谓之"道"实为"两界之道"，它所强调的是两界之间的动态平衡及彼此之间的和融通达，是指引人类及社会走向和谐有序的最高法则。基于以上认识，《两界书》指出了人类生命之本质意义在于遵循"两界之道"行为活动，而人性修养之根本途径则在于修心载道，以促使人之道欲的平衡，并实现社会和谐有序的发展。

刘茜

暨南大学文学院教授

融通传统　叩问根本　探求普惠新文明

陈家喜

　　士尔教授的《两界书》自商务印书馆出版以来，广受海内外学界关注。成中英、汪德迈（Léon Vandermeersch）、海村惟一（Yuiji Amamura）、顾明栋等世界著名哲学家、汉学家先后撰写文章，推崇《两界书》是一部汇通中外文化、历史、哲学，融贯儒、释、道、基督等宗教的"奇书"。士尔教授以其精深的学养、丰富的人生经历及独到的见解，构建儒、释、道、希腊、犹太等文化的对话平台，使《两界书》在向读者讲述人类文明不同传统的基础上，带领读者叩问人类文明的根本问题，对本体论、宇宙论、政治哲学、文明发展等深层哲学问题进行跨越时空的讨论，并以其敏锐的洞察力引领读者寻求人类文明发展的方向，为生命的价值、方向等根本问题寻求更理想的答案。本文将以《两界书》的"人性论"设准为讨论起点，借助对"德福一致""君王政道""个体生命"和"未来文明"等五个问题的分析，试图对《两界书》的广博智慧做一蠡测。

一、"性本合"的辩证人性观

《两界书·问道》（以下简称"《问道》卷"）中，以"行子"为隐喻的贤者，向代表中外古今不同人类文明的约、仁、法、空、异、道等六大先哲发出了"何为人"的叩问。对"什么是人"这一问题的反思，实则是对人类文明根基的终极之问。年逾花甲、历尽世事的"行子"越是对人事沧桑浮沉了然洞悉，越是对"何为人"的问题产生困惑。这种困惑既来自现象层面的"善恶无恒，前后有变，脸面识而心相陌"，更来自不同文明传统在形上哲学层面对人性善恶的不同界定。

《问道》卷通观各个文明传统，有以"天帝与之订约者"为人、有以"仁（爱）"为人、有以"循法遵理"为人、有以"轮回无常"解人，如此概说人之本性对"行子"而言并非透彻，"各有所是、各有所偏"。回答"何为人"的问题，必须要回应"善恶"的现象。故而，《教化》卷对"人性"问题有这样的展开，其曰：

> "人之初，性本合。恶有善，善有恶。善恶共，生亦克。心向善，灵之道。身向恶，躯使然。身心合，顺天道。"

此处所谓"心向善，灵之道；身向恶，躯使然"绝非简单地将人性的善恶打成一团来讲，而是通过对"善、恶"来源的分疏回应了不同文明传统中的争论。首先，"恶有善，善有恶；善恶共，生亦克"的说法实指"恶行"[1]和"善心（性）"是一体两面、并

---

[1] 《两界书》提到人类有"三顽疾"：其一，"心中无主，自以为大"；其二，"开口不闭，贪得无厌"；其三，"懒于劳作，溺于食色"。此处之"顽疾"亦即不可不承认之"恶行"。

行共存的，"善"之所以为善是有赖于"恶"的存在。善恶的一体两面不只存在于人的认知之中，更表现在身心发用之上，我们往往在内心中意识到如何为"善"，却在实际表现中被身躯欲望所遮蔽。马基雅维利曾说："人们忘记父亲之死比忘记遗产的丧失还来得快些。"这种见利忘义的行为，正是人性恶的一面战胜了善的一面。这便对应《教化》卷所说的"心向善，灵之道。身向恶，躯使然"。

人性的复杂多变、易于伪装、难以辨识的情形，让我们以辩证的视角认识人性的复杂性。透过现象层面善恶表现，《教化》卷进一步展开了对"人性"的哲学本体论探索。如引文对"心""灵""身""道""善""恶"的界说在回应不同文化传统的同时，指出了"知觉能力""食色欲望"属于生理层面的"人性"，其有同于其他动物之处，亦有高于其他动物之处。其超越于一般之动物认知，是分得天理、归于灵觉的超越存在。所以，《问道》卷中，"道先"从动态的变化中，辩证地指出人之为人是一个"由恶化善"的"人化"过程。故"道先"有言：

> 人之为人，在其性本善恶（合）而由恶化善，欲制交合而抑欲从制。……人知羞向美，故遮丑显美。人知恶向善，故抑恶扬善。人自本人，恶善相搏，欲制两争，因天道所引，教化所驱，始由本人渐为义人。

此处提出的"本人""义人"之别，既表现为发展过程，也表现为交互作用，是"两界"的基本内涵之一。此处"道先"对"人性"的阐释，不仅"克服了其他诸先的偏颇，对人的本质规定性、社会性和过程性特征作出了全面的判断"[1]，同时深化了《教化》卷"性本合"的概念内涵。"性本合"从现象层面看是善恶的相合，但进一步看，也是辩证升华的相合——人之为人，不仅有善恶、仁欲的碰撞，更重要是人有着"以灵觉正欲望"的担当与追求。然而在这一从"本人"追求"义人"的过程中，个人生命还有一个不可回避的问题，此即"德福"问题。

二、"道不远人"的认知境界论

当个人生命受到时空的局限时，个体"本人"向"义人"的生命展开，或是因循"天道指引"而由恶向善的追求，都难免受到有限性的影响，并以"果报"为实践行为的最初强制。然而，时空的限制既是"果报"思想产生的来源，也是"果报"理论的最难以完善之处。《问道》卷借"倬尼"之口讲道：

> 吾生数十年，终报不逾信念，善得善报，恶得恶报。然吾所经所历，何以善恶不报，甚或善得恶报？

"善得恶报"即所谓"德福一致"问题。若以因果计，凡所行皆可以作为种因，种得善因应得善果。种善因为"德行"，结善果为"福报"，这就是"德""福"关系。然而，世间常见种善因而不得善果，这便出现了"德福"不一致的问题。"德福"不一致，导致人们开始对行善产生动摇，使人对善恶行动的目的产生认识偏差。如《教化》卷对人依错误认识而弃善从恶有很多形象化的展

[1] 竑一：《两界智慧书》，商务印书馆，2018年，第184页。

现：比如，以前后皆有脸面的"双面人"用以指人以"前脸""后脸"的不同转化，欺骗他人以谋求个人利益；以隐于人群善于伪装的"绿齿人"用以形容伪君子，其本性伪装在其善良外表之下，每遇合适时机便暴露出内心之"恶"，达成自己的目的；以长有长尾与兽相仿的"尾人"指向真小人，奉行个人利益至上；又以一目竖额的"独目人"用来比喻人之鼠目寸光，事实上指出了以福报高于行善是一种认知的障碍。

既然"何以善恶不报，甚或善得恶报"的"德福不一致"带来的是行善在认识上的动摇，"六先"对"倬尼"的解惑也各自立于其认识之境界上。如"仁先"所论，"君子行道，路有犬吠。……善恶搏挣，万事难如人愿"，"择善得恶果，或为善恶相交所致，或因心至善而行未果，或为命理所致，然不失心善心安。而弃善之熬盖因心至恶邪"，故而人之行善应该源于其行善本身，而不应诉之于求福报的结果。又如"约先"所论，"常人所重善恶之报，皆为现世俗报，常以福祸苦乐为量尺。与天帝有约者，生死苦乐置之度外，以义为标，终成义人，守约践约，终得至高善报。"与"仁先"不同，"约先"保留了"福报"的概念，认为对"福报"本身要有正确的认识。现世所谓"福报"因个体生命的时空限制，并不一定能够实现，也并不一定能够被认识。而绝对超越者的存在，确保了约定的最终完成有其标准，故而有"至高善报"作为最终保障。"仁先""约先"外，"空先"与"异先"对"德福"问题各自的解说，也恰好形成一对应关系。"空先"认为"因果相报虽常显不应"，却"必有终报"；而"异先"则认为"变化"当为世间常律，因果福报的"定律"本就不应存在。

不同于前述说法，"道先"对"德福"问题的认识有着更高的境界，也可以作为《两界书》通观人类文明"德福"问题而做出的更系统、更完善的回应。"道先"以"世不离道，道不远人"作为认识"德福"问题的根本视角，而将福祸业报作为行事之目的。作为一种行事的结果，福祸本来就是常态，它常常受到行事的方式、环境、机遇等不同因素影响，这本应与行善、作恶分开看，不能浑沦看成一体：一方面，要看到"天道"对福祸业报有根本之保障，所谓"世间万物，不出天地之间。万物相效，不出天道之行。"；另一方面，凡人行事求得善果，也要顺天道而为，所谓"德行位势相配，谋事时运相适。"综此，"道先"对凡人应对"德福"问题给出了解决的办法，即：

依天道修德修为，依时运谋事行事。不为享欲所动，不为恶苦所摇。位势相适，时运自备，天道必报。

此一段话除总结前文外，还特别强调在行动者行事以求善果时，必须面对"位势时运"的问题。换言之，"德福"问题在主观认识之外，还要注重"位势时运"所代表的"治道"之问题。可见，福报的实现不单依赖个体之努力，亦有赖合理的政治制度。

三、"仁不离制"的治道哲学

通观中外政治哲学，基于不同的人性论基础各自发展出不同的制度路径。以"性善论"为基础的儒家，其治国思想强调通过礼教和德治仁政得以实现。国家统治者遵从古法和礼制，以高尚的德行率先垂范，善待群臣和庶民，即可以得到良善之治。"君子之德风，小人之德草，草上之风，必偃。"同时，由于人皆有不忍人之心，统治者必须施不忍人之政，以民为本，与百姓同之，民有恒产，薄徭轻赋。与之相反，将"好利恶害""恶劳而乐佚"作为人性判断的基础，法家由此推衍，将君臣关系、兄弟关系、父母与子女关系、主客关系视为一种利益关系和交易关系，"臣尽死力以与君市，君垂爵禄以与臣市"。由此，"人性有好恶，故赏罚可用"。从人性的弱点出发，法家更为看重通过厚赏峻罚来实现国家的有效治理。这种人性趋恶的基本假设为现实主义政治理论家所青睐，并推向极致。现实主义政治理论家认为，趋利避害、见利忘义、欺软怕硬，就是最为真实且唯一真实的人性写照。作为现实主义政治理论的集大成者，马基雅维利便是以这种极端的人性恶作为其政治哲学起点，而马基雅维利主义也被视为权谋的代名词。他对于人性的解释与先秦法家有异曲同工之处，甚至走得更远。正是人性自私自利的本性决定了君主对待臣民不能像朋友一样，而应当是一个令臣民敬畏的君主。"君主必须是一头狐狸以便认识陷阱，同时又必须是一头狮子，以便使豺狼惊骇。"为了达到有效统治的目的，君主应当抛弃任何道德的束缚，"一位英明的统治者绝不能够，也不应当遵守信义"。

《两界书》在"性本合"的辩证人性论基础上，批判地吸收了古今中外的政治之道，提出"仁不离制"的政治哲学思想，构建了一套合"道""仁""约"为一体政治哲学系统。合"道""仁""约"为一体，亦即是将"首顺天道""以仁为和""以约为通"三者打通为一。首先，"道"即为方向，是最高的原则。所谓"以道为纲，日出日落，经纬有序，往复持久"，亦即是说"道"就隐在百姓日用而不知的生活之中，民心所向就是天心所向。[1]"治国理世化民"若是明白了这一点，就能以"心目"见"天道"，行"天

---

[1]《尚书·泰誓》有言："天视自我民视，天听自我民听。"

道"得民心。其次，立人之本"以仁为和"。人之本为"仁"，即爱人之心，挺立仁爱之心，方能立人。"老吾老以及人之老，幼吾幼以及人之幼"，仁爱之心的扩充便是"己欲立而立人，己欲达而达人"，如此一来，人人相敬而守礼义才可以融洽地相亲相合。最后，只有相亲相敬也是不够的，为了尽最大可能地使众人的生存、生活需要得到满足，每个人还要按照约定履行各自的义务，这就是"以约为通"。《教化》卷进一步指出，这个"以约为通"不只是要求百姓间的信守承诺，更是要求由上到下、君臣民之间相互信守约制，故其谓"君、臣、民信同约通，国无不立，民无不治。"

将合"道""仁""约"为一体的政治哲学与"性本合"人性论合起来看，便是《两界书》所说的"仁不离制"，其曰："然道不离器，仁不离制。经国化民，以法为制。"

人性向善，可通过礼制与教化引导民众，得到良善治理；人性趋恶，则需要以利害和峻法规训民众，实现有效治理。"人立于道欲之间，受到道与欲的节制"，离开欲望的人也失去了生活和奋斗的动力，而脱离道义节制的人则很容易蜕变，因此人们必须善于用道义节制欲望，把欲望控制在不损害他人和公共利益的范畴之内，实现以道疏欲，致欲适人。此即是说，谈"法"、谈"制"不能离"仁"，求"仁"、立"德"不可离"制"，便是"仁不离制"。

《两界书》所强调的"仁不离制"还有其更深刻的问题指向。《问道》卷第七章中，"六先"集中论述了"何为人主"的问题，这里的"人主"既包含政治哲学的意义，也包含生命价值的意义，更重在凸显两者之间的"桥梁"——文明形态。事实上，"仁不离制"也正是对政治哲学、生命价值和文化形态的整体回应，但从个体生命价值、生命意义来看，主宰自我的方式也是"仁不离制"。

四、"六合正一，行至正道"的生命本体论

无论是人性论的讨论，还是政治哲学的探求，对《两界书》而言，都是寻求更本源问题之答案。之所以说"仁不离制"也是对生命意义问题的回应，正在于生命是一个"由恶化善，欲制交合而抑欲从制"的过程。《问道》卷对这一问题的回答更为系统，求道之"行子""倬尼"等人向"六先"的请教，如"生而为何""何为人""善恶何报""来世何来""何为人主"等，就是《两界书》对生命意义、生命价值问题的逐一疏解。

如前文所论，"约先"认为人与禽畜的区别在于走正道行善举；"仁先"认为人知伦理善恶美丑，自省克己制欲；"法先"提出人与禽兽之别在于循法遵理；"空先"对人性持相对脱俗的认知，将人生视为"烟云一场"。既然人之区别于禽兽之处，在于存于人心的那一点"善"与"灵明"，那么"人"生命的意义正在于存养、扩充这点"善"与"灵明"。有基于此，"道先"综合各种文明智慧，对生命意义、生存意义的问题总结说：

> 以道为统，无统不一，无一何生万物。
>
> 以约为信，无信不通，无通何生和合。
>
> 以仁为善，无善不爱，无爱何生家邦。
>
> 以法为制，无制不理，无理何生伦序。
>
> 以空为有，无有不在，无在何生世界。
>
> 以异为变，无变不化，无化何生久远。

既然道、约、仁、法、空、异乃分别是万物、族群、伦常、社

会、存在和历史的生成根基，则凡人修身、正身不能逃避任何一条准则。对此，《两界书》进而化繁为简，指出"六合正一，道通天下"，并将修身方法凝练为"六言"，即敬天地、孝父母、善他人、守自己、淡得失、行道义。

修身"六言"内涵十分丰富，是对中外不同文明形态进行的系统总结，也是对中华传统文化的再诠释。如敬天地即是要求每个人要有精神寄托和灵魂居所；孝父母、善他人、守自己，则与儒家倡导的礼制息息相关。儒家学说强调的纲常伦理，注重礼、义、廉、耻"四维"，以及孝、悌、忠、信、礼、义、廉、耻"八德"，这是社会得到良善治理和有效运转的重要保障。儒家学说同时也强调内圣外王，将个人的自我修为作为管理国家和社会的基本前提，把物格至知诚意正心修身，作为齐家治国平天下的基础功课。而淡得失、行道义不仅在儒家学说中有论述，在其他理论原典中也均有涉及。儒家重义轻利，强调"君子喻于义，小人喻于利"，"王何必曰利，亦有仁义而已矣"等等。此外，对行道义本身，《两界书》也做了具体阐释，包括德敦、笃行、守信，与道为约、重情好义、顺天行道、为人举义。

设立"六言"之教，亦给"生命价值"开创了新的解释面向。所谓"何为人主"的问题，于前节所论重在政治哲学，而此处则是寻求"生命主宰"的意义。《问道》卷指点其中关键，将求问人心之主作为"六先"对话的核心。以"天帝"为人主，建立起人的存在价值；以"法"为人主，建立起人的社会性；以"食色享乐"为人主，说明了"欲"的客观性与普遍性；以"变异"为人主，强调了生命的特殊性；以"仁善"为心主，最终落实了人的主体价值。如"仁先"所说：

无仁善人之不存，世之不序，故仁善为万众心主。心有仁善，挫而不悔，物失而心得，利他而悦己。

又"道先"说：

所问人主，实为人之心主。……人心无主，何立世界？……人在现世，立于道、欲之间。道者，天之大道，人之灵道。欲者，人之本欲，食色地欲。故人以道为天，以欲为地，道欲相辅，天地而成。

由此可知，生命之意义一方面在主体为自身立法，觉悟本心之灵。同时，从"道先"所论也可看出，人的精神性存在固然重要，而人的物质存在也不可忽视。以辩证观天道、人道，才能看到生命之根本在"道、欲之间"。

"道""欲"既然是"人"行走之两界，犹人之双足缺一不可，是"无欲无生，无道不人"。但人创造自我生命之意义，却不能一味流向"欲"界，诚如前文对《两界书》人性论的界说，人当"以灵觉正欲望"来实现"人"在"道"界的价值，故《两界书》总括之曰："合正道至简，生当悟大道。大道在己身，群独须躬行。天道立心，人道安身。"

五、"六合花开有七彩"的普惠文明观

《两界书》对人类文明根本问题的叩问与解答，打破个体认识的隔阂与单一文明形态的局限，构建不同文明传统的对话，从根本上是对人类未来文明的探索。《两界智慧书》有这样一段描述：

人类走过的历史，既漫长又短暂。漫长者，是因为迄今为止还难以断定人类的祖先究竟起源于何时何地，还难以断定我们生活的这个世界（即文明）究竟如何起源。……各类族群，各类人等，一代代、一茬茬地生出、死去，然后再生出、再死去——在这个过程中，人类共同演绎了一幕幕精彩、惨烈的人间悲喜剧。……人类六千年文明史，并非一直匀速前行，而是以加速的冲力、几何等级的倍速向前发展的。尤其到了今天，其变化之快可以说一日长过百年，一年胜过千年。当人们还在预测、憧憬未来的时候，却猛然间发现：未来已来，来得让人措手不及。[1]

"未来已来，来得让人措手不及"，当下的信息时代对人类社会的冲击和改变，无论广度、深度还是不确定性及其风险，都到了一个前所未有的临界状态。人类几千年延展演化下来的生存方式、生产方式、关系方式、心性状况、价值体系、人与自然的关系和人在世界中的位置等等，几乎同时出现了重大动摇和改变。以往可以在历史中寻求答案的文明教条，如今似乎不太适用。刘洪一教授在《文明通鉴丛书》总序中有这样一段话，突出描述了这一现代性问题：

一个突出的历史吊诡呈显在世界面前：一方面是以几何等级加速飞奔的科技车轮，另一方面则是停滞不前甚至徘徊倒退的人性心智，以及分崩离析的思想偏执和价值背离——两个轮子的失衡致使世界和人类生活随时处于偏斜、失序的可能。特别是随着人工智

---

[1] 竑一：《两界智慧书》，第187—188页。

能、基因技术、生物技术、信息与数字技术等的突飞猛进，随着万物感知、万物互联、万物智能时代的到来，人的附庸化、符号化、条码化特征越来越明显，而人的主体性、人文性和自由意志被快速剥夺。人类一边享用现代文明的丰裕飨宴，一边面临着根本性的生命戕害，这似乎不幸地昭示着人类文明的确面临着一种"绝对性毁灭的危险"。[1]

任何文明历史中都没有应对如此快速变化的经验，这种快速正摧毁着文明固有的稳定性，也让人的"灵觉"变得迟钝。有鉴于此，《两界书》通过"六先"的文明对话，重新对争战、盟约、教化等不同问题给予本体论层面的解答，实现了不同文明体系下的思想通约。

《两界书》对文明通鉴、思想通约之方法论的贡献尤其值得被重视。《两界书》的创作超越了文化、历史、哲学、汉学等人文学科分类的局限，打破了人文科学、社会科学和自然科学之间的屏障，以文明整体观对人类不同文明及文明要素进行一种贯通镜鉴，包括对人类文明的不同体系、阶段、形态和价值的贯通镜鉴。同时，它求同存异，充分尊重不同文明的差异化传统。并以"道先"总括不同观点，以文化互化、文化采借、文化融合等方式，集合融会异质文明的优质要素，也留下了新文明转出的探索空间。对这种文明通鉴的原则方法，刘洪一教授有过这样的总结，他指出：

一是不同文明体系内对六观的交汇融通，即一种文明或以某种思想思维为特征，但并不否定其他形式的思想认知；二是不同文明

---

[1] 刘洪一：《〈文明通鉴丛书〉序》，载刘洪一主编《文明通鉴丛书》，商务印书馆，2021年，第1页。

体系间对六观的交汇融通，即不同文明体系以界分差异为前提，对六观不同的思想认知表现出排斥与融合并存、冲突与采借共用的内在要求和纠缠互补；三是六观之间的复通叠变，即在文明自身的思想演进与异质文明的思想演进之间，形成自变与互变的叠加互用、对反融合，并从整体上形成交错往复的合正取势——这种合正取势既是不同思想认知、思维方式的成长升华，也是构建人类思想通约和走向人类普惠新文明的根本理据。[1]

可以说，《两界书》的"六先"之论是对人类新文明之"创造的综合"，以"命运共同体"的姿态应对当下、未来的挑战，拥抱未来的机遇。显然，思想通约不是思想同一，而是不同观念的互通兼容，不同思维方式、思想方法的相互补充，是形上价值的优化集合、人类智慧的融会共享，是人类多样化文明形态繁荣存续的调适机制，也是走向人类普惠新文明的基质条件。

结语

《两界书》融通人类不同文明形态、叩问人类文明的根本问题，其中构建的道观、约观、仁观、法观、空观、异观等不同思想体系既显示了内在的天然相通，也体现了演化的巨大差异，形成了一种同中有异、异中有通、通中互补的人类未来普惠文明的基本形态。

同时，《两界书》强调的"根植华夏、和合万邦，文明互鉴、道通天下"[2]，从亘古弥新的中国智慧和人类文明中，发掘出能为

---

[1] 刘洪一：《构建人类普惠新文明：机理机制与逻辑工具》，《中国比较文学》2021年第2期，第195—196页。
[2] 竑一：《两界智慧书》，第188页。

困顿中的人类和世界的前行发展提供指引的内核，实现从不同的逻辑维度对事物不同属性价值的交互认知，实现不同文明差异性、多样化相统一的价值契约。在强化现实问题指导意义的基础上，《两界书》真正完成了对适应现时代要求、全人类共通共享共惠的文明新体系的探索。

陈家喜

深圳改革开放干部学院教授

治国化民必以国民相适相合为要

——《两界书》的社会治理思想初探

云　城　文　开

作为一部学贯东西、融通古今的力作，《两界书》博大精深，包罗万象，它打破古今中外的界限，"以界为经，以人为纬，以人之心用为结"，超越历史、文化、宗教、哲学等维度，探究人性之本源、文明之演进、历史之向度等等终极命题。甫一出版，便受到各界关注，从不同学科的角度进行了解读。中国作协副主席吉狄马加教授认为"本书含有中国传统文化人文精神的精髓"；中国社会科学院文学研究所高建平教授认为这是"一部融合了哲学、神话和文学的书。"北京师范大学林崇德教授赞许本书成功剖析了中华文明，对人的素养以及如何提高素养作了详尽的阐释；著名哲学家、夏威夷大学终身教授成中英先生认为本书"绝对是一本充满哲理与智慧的好书"，是"世纪杰作"，"开辟了人类心灵的化境"。中央文史研究馆馆员陶思炎先生认为"该书既是作者心路历程的坦诚披露，也是藉心灵对话的方式唤起当今人类的警醒，引导读者在两界认知中领悟生命的意义"。

作为"凡人问道"，《两界书》在对人性之本源、文明之演进、历史之向度等终极命题进行探究时，其间还包含了对"理家治世"

等管理之道的探寻。细读《两界书》，其中的盟约、承续、教化、工事、问道等，都直接或间接地包含了丰富而深刻的"治国理世化民"的社会治理思想意涵。本文对此行初步的梳理和分析。

一、《两界书》的人性假设：社会治理的必要性、可能性与复杂性

社会治理的对象归根到底是人。人性假设是管理制度设计的逻辑起点。不同的管理流派——X 理论、Y 理论、Z 理论等——正是建基于性善论、性恶论、经济人、社会人、复杂人、文化人、自我实现人等不同的人性假设之上。基于对立统一的"两界"思维，作者士尔从道与欲（灵与肉）、善与恶两个维度对人性进行设定。

（一）人身道欲相叠，却未交融

作者借神话寓言，认为天帝所造之人，"人身道欲相叠，却未得交融"。也就是说，人之初，"灵道"和"肉欲"同时存在，但又相对分离。

正是这种"道欲分离"，导致人类的三大顽疾：一是心中无主，自以为大，不知天高地厚。二是开口不闭，贪得无厌，能得尽得，欲壑难填。"众人居山不食山，依水不食水，而尽坐山望水，拥水望山"。三是懒于劳作，溺于淫欲，不能节制。作者指出，道欲分离导致的"自大为源，心争为根，物争为本，舍命求多"，导致人和天帝（人和自然）、人和他人、人与自身的关系紧张或失调，导致人的痛苦和异化，也是人类社会的冲突（争战）产生的根源。

如何通过人性修为，使人"以身载道，以灵制欲"，防止道欲分离后产生的这三大问题，使人不仅肉躯能温饱，而且精神有食

粮，灵魂有居所？这既是《两界书》的主旨之一，也是其社会治理思想的逻辑起点。

（二）人性善恶并存，但可转化

在《两界书》中，作者对人性的假设超越了非此即彼的极化思维，认为人性具有两面性，善恶并存，但又可相互转化。

在"教化"卷中，作者借"字符秘意"指出："人之初，性本合。恶有善，善有恶。"这一论断其实是"人身道欲相叠"进一步转化，因为"善"是"道"的外现，"欲"是"恶"的根源。在《两界书》的多个地方，作者都阐述了人性的两面性。例如，借助"双面人国"的故事，作者认为"人有双面，盖因内有双心，一心向善，一心向恶。善心以善面向人，恶心以恶面向人"。在《问道》卷，作者借道先之口，认为"人之本初，善恶固存，混而为一"。

人性不仅具有两面性，而且具有复杂性。这体现在三个方面，一是个体差异，"人之善恶两心故在，大小因人而异，实难测量"。二是变化无常，"不同之人，抑或同人之心，亦因时因地而异变，并非恒定。""善恶无恒，前后有变"。三是相互转化，"恶善共，生亦克"、"恶善相搏，欲制两争"。《两界书》认为，善与恶不仅相互依存，相互竞争，在一定条件下也可以相互转化。作者还通过绿齿人、尾人国、独目人等寓言故事来阐述人性由恶向善的转化过程。

（三）人性假设的社会治理意涵

以上人性假设，对理解《两界书》的社会治理思想无疑具有重要价值，至少有三个方面：

1. 社会治理是必要的

现实的人是道与欲、善与恶的统一体，但道欲常常分离，善恶时时竞争。因此，既需要通过"管"来进行疏通、引导、促进，也需要通过"管"来进行限制、规避、约束，最终使之合"理"、顺"理"，也就是符合客观规律。[1] 这就是管理的必要性。

2. 社会治理是可能的

人性之中的善恶具有可变性，在一定条件下可以转化，特别是恶可以转化为善。一方面，天帝对人类的失信失约行为"并不袖手旁观"；一方面，"人之为人，在其性本善恶而由恶化善，欲制交合而抑欲从制"，通过一定的条件（例如"天道所引，教化所驱"），可以实现由恶化善。这就是管理的可能性、可行性。

3. 社会治理是复杂的

人的道与欲、善与恶，难以测度，因人而异，因时而变。人性的这种复杂性就意味着社会治理不可是简单线性的、单面的和一成不变的，必然是动态的、多元的。

二、《两界书》的善治模式：理想的社会治理状态

社会治理要追求什么样的理想状态？或者说什么是善治[2]（善政）？不同的社会治理思想家或流派有不同的理论或设计，如柏拉图的"理想国"构建、《礼记》中的"大同社会"模式、孔子的

---

[1] 从汉字的本来意义上，"管"的原意为细长而中空之物，其四周被堵塞，中央可通达。使之闭塞为堵，使之通行为疏。"管"表示有堵有疏、疏堵结合。所以，"管"既包含疏通、引导、促进、肯定、打开之意，又包含了限制、规避、约束、否定、闭合之意。"理"的本意为顺玉之纹而剖析，代表事物的道理和发展的规律，包含合理、顺理的意思（见张俊伟《极简管理：中国式管理操作系统》，机械工业出版社，2013年，第5页）。

[2] 与当下时髦的治理理论中的"善治"不同，中国传统语境中的善治就是好的政府和相应的好的治理状态。例如，董仲舒在《对贤良策》中写到"当更化而不更化，虽有大贤不能善治也。故汉得天下以来，常欲善治而至今不可善治者，失之于当更化而不更化也"。《老子》说"言善信，政善治，事善能"，其"善治"也有类似的意思。

"有道之世"模式，庄子的"至德之世"想象、老子的"小国寡民"理想、孟子的王道世界、荀子的王制社会等等。

如前所述，《两界书》中的社会治理，就是对"两界"矛盾对立关系的管理，所追求的是这种矛盾对立关系在一定条件下相互统一，相互协调，相互促进。这种关系状态（理想善治模式）就是"和谐"，具体包括三个层面：

（一）理想的人格：人与自身关系和谐

人与自身关系的和谐主要是人灵魂和肉体的和谐。首先人的灵魂与肉体交融。即"身心合一，灵有所依""人心有主，心有居所"；此外灵魂与肉体相互协调。即"灵肉相适，阴阳相宜，天地人相合"；"道欲相辅……天道在上，人依道而行，有伦有序。地欲在下，人依地而立，双脚不空"；最后灵魂与身体相促进。即"灵道行，心路通。心路通，心灯明，命灯长久"；"心得灵道，以身践行，一生坦然"。

（二）理想的社会：人与他人关系和谐

对于理想的社会，《两界书》的观点主要有三个维度：

1. 社会成员之间"和睦相处"

如"尊礼重义，尚德崇仁，典严制明。损人者为人损，助人者为人助，通则守约，信诚以待。国内老弱无欺，强壮不恃，有者均天下，无者天下均"。"良善布满人间、刀枪熔炼，铸造犁锄，干戈尽化玉帛"。

2. 治者与被治者之间政通人和

如"王道合天道，顺民意，天、王、民三合有序，方可国盛民生"。再如："举国上下，依法为制，民无不服"；"顺天合道，家国兴隆，族群强盛"；"男女老幼循礼遵制，习以为常，潜心默化，国泰民安"。

　　3. 族群之间天下大同

　　如"篱笆拆除，无分家国，天下世人共享……人皆有美食，众皆有安榻。世人不分你我，亲如姐妹兄弟"；"万众共舞共乐"；等等。

（三）理想的世界：人与自然关系和谐

　　人与自然关系的和谐主要指的是天人合一，天下大同。如："天帝灵道活盈"的世界；"天道人道相统，天下人间无争"；"世界有章有序"；"天道人律适合，天长地久人生"，等等。

　　以上三种关系的和谐，最终的表现形式是：道统大千，约信万民，仁修自身，法治众生，空得世界，异变久远。这就是作者追求的理想的"和谐世界"。

三、《两界书》的"道欲相适"：社会治理的机制、手段与理念

　　如何实现上述的善治状态（和谐世界）？《两界书》从治理人类的三大顽疾为出发点（问题导向），通过对人与天帝（天道）、人与他人（善与恶）、人与自身（肉欲和灵道）三对矛盾关系的处理来实现。在这三对关系中，主要矛盾是肉欲和灵道的关系，矛盾的主要方面是如何对肉欲的节制和疏导。

　　《两界书》始终强调人的精神性存在和灵魂，但并未忽略人的物质性存在，认为人的欲望具有天然合理性。在《教化》卷中，作者指出，"食色性也。无食无色，岂为人乎？"在《问道》卷中，他

进一步指出，"食色利欲人性之本，无本则无生"，强调"欲者不可绝，无欲则无人。"但另一方面，《两界书》指出："沉溺淫乐，有心无道，唯物是求，人与禽兽何异？"因此，要使"肉欲"和"灵道"关系相协调，防止人类的三大顽疾，关键在于对人的欲望进行管理，有所为有所不为，不使之过度。围绕对人欲的控制和疏导这一主线，可以梳理《两界书》社会治理思想的要点，主要包括：

（一）三大机制依序配合

1. 以修为行"自制"

作者指出："人有自省，可克己制欲。牛马猪犬随欲吞食，岂顾旁者？牛马猪犬随欲而为，岂顾羞耻？""人之为人，因其知耻害羞，以仁制欲"。因此，肉欲管理的第一个方面就是自我管理，自我控制（自制）。具体路径就是克己制欲，由恶化善。

《问道》卷在"何为人"的辩证中，道先曰："人之为人，在其性本善恶而由恶化善，欲制交合而抑欲从制。"他指出，"人本之初，善恶固存，混而为一……此为人本，或曰本人……人自本人，恶善相搏，欲制两争，因天道所引，教化所驱，始由本人渐为义人。本人为初阶，义人为高阶，两阶各有两一界，阶界融动即为人。"因此，由恶化善、抑欲从制度的过程就是人成长完善的过程。

《两界书》认为，君子不仅要"以善报恶"，而且要遏恶扬善，抑恶除恶，这是人顺天道的"大善"。虽然行善是人之正道，但"君子行道，路有犬吠"。在由恶化善的过程中，会遇到挫折，会遇到各种考验，可能会出现"行善道反得恶果，行恶道反享善果"的考验。作者强调，非经万千磨难，难成义人。"尤当善行未得善报，人心愈须守正"，因此要有"因果相报，善恶相应，天地大律不改""义人终得至高善报"的信念。作者借用"菩度行道"的精彩故事，阐述人如何正确面对善与恶、欲与道相冲突时的抉择和考验。

2. 以制度行"他制"

(1) 他制的主要机制是制度（法制）。"止己正不足正天下人"。《两界书》认为，对人欲进行管理的第二个方面是外在控制，也就是"他制"。作者指出，"欲道相制，合而成人"，因此要"以道制欲，人别于禽兽而文明"。正从这个意义上说，"无道不成人"。那么，如何通过"道"来节制人的欲望呢？作者认为，"道不离器，仁不离制"，也就是通过制度规则和方法（法）来体现"道"。需要指出的是，以道制欲，不是简单的阻滞禁欲，更重要的是疏导，使之合道。"道制欲成人，然制非滞也。故须以道疏欲，致欲适人合道。古今传道之大谬，悉在以道滞欲，以致道传不畅，道不自然，人之拒道"，因此，"以道疏欲，制疏相宜，则合人律而通天道"。

(2) 制度必须符合管理对象的需要。作者认为，作为"他制"最重要机制的制度（法），如要有效，必须与管理对象相适应。在《承续》卷，作者借嘉祖话说："制适人，人适制，制人合适，方可致用成效。"在《教化》卷哈法合治中，作者专门论述了"国（制）民（心）相合"的问题。他指出"治国化民，必以国、民相适相合为要……国制、民心相适相合，则天道、人道可适可合，此乃治国化民之至要"。这包含三个层面的意涵。

首先，制度应该具有针对性。在人分七族、教立万宗的多元社会，要使"制人合适""国民相合"，必须"因时因地而制，因人因群而宜"，否则制度将"水土不服"。正所谓"世界上没有完全相同的政治制度模式，政治制度不能脱离特定社会政治条件和历史文化传统来抽象评判，不能定于一尊，不能生搬硬套外国政治制度模式"。

其次，制度应具有合理性。即制度（王道）要"上承天道"，符合客观规律。从"收益"和"成本"的比较的角度来设计和运行制度，让违法成本大于收益，是制度符合"人律"的一个路径。在《盟约》卷，作者讲述了一个柳卡羊马、欺者重罚的故事。柳卡以羊充马，欺骗德敦被发现后，"众人商曰，欺者重罚，违者重赔，柳卡须以真马十倍偿赔德敦……后喀拉集市约则渐备，凡欺诈者均处以重罚。少者缺一补十，骗者假一补百。众人多守约"。这就是说，通过提高违法/违约成本，使随心所欲行为的风险和成本大于收益，将有效减少破坏规则的行为，从而起到"他制"欲望的效果。

最后，制度应具有民本性。即制度要"下载民意"。为此，制度的制定者必须"晓民情识民意"，让制度"所立基民心"。

（3）制度必须得到执行。制度的生命力在于执行。作者认为"行事不可疏随，矫偏方可合正，合正方能续长"。也就是说，必须对人的脱序违约行为进行制裁惩罚（矫偏），才能确保管理秩序，才能防止"破窗效应"，管理制度所保护的秩序才能长久。

3. 以敬畏行"天制"

对人的欲望的管理必须遵循天道，遵循天道旨在通过对外在客观规律的敬畏心来实现人对肉欲的间接自制。《两界书·问道》强调，"人生天地之间，举头三尺有神明，离地半寸无根立。天意在上难违，地气在下不绝。心无敬畏，胆大妄为。人自为主，终将自毁。人享天帝之眷，凭天地立身，得天道指引。故天道自然为人主，高天大地为父母"。天道如何对社会治理（欲望控制）发挥作用？作者认为要通过灵道这一中间环节。"人之别于走肉，盖赖于心有灵道。"而人心灵道源于天道。作者说："治国理世化民，道不明则心不亮，心不亮则路不畅……天道存于人心，心有道人有灵，人有灵道，世维有序。人无灵道，欲水横流，人为鱼鳖。"没有天道，管理肉欲和灵道之间的关系就缺乏前提。

4. 三制应有序配合

"王道行之天下，当在上有天制，中可自制，下可他制。天制者，循天道是也。自制者，自省自节是也。他制者，念及普罗，垂范众生，约制民里是也。天王民，上中下，三制有序，天人相合。"也就是说，在社会治理过程中，制人（管理别人）必须与他制（管理者自己受制于客观规律）、自制（自我管理）相协调。

首先是遵循客观规律（受制于天，合天道）。如果没有敬畏，就会为所欲为。因此，要"知天意明天道"。其次管理者要自律（自制于己）。最后才是管理别人（施制于民）。在这个过程中，合天道是前提，自制是关键，正所谓"上君若无节，下民则无制"，为此，"首自制而他制，先官制而民制"。

（二） 四类手段协同合治

社会治理目标的实现离不开管理工具、管理手段的运用。人性的复杂性意味着对人身欲望和灵道的调节控制必须综合施策。《两界书》以"哈法道约仁法合治"的故事阐述了社会治理的四类手段及其使用。

1. 道：遵从天道

作者借哈法之口认为，"化民治国以敬天地为"。把天道作为合治之手，实质是强调社会治理的前提是尊重客观规律，运用规律进行肉欲的控制和疏导。

2. 约：以约为通

社会治理要使得人和人之间的关系和谐，必须守约守信，"约为心桥，有约则通，守约则信，有信则立。君、臣民信通约通，国无不立，民无不治"。也就是将约定、承诺、信任、诚信作为管理工具。

3. 仁：以仁为和

"仁者心有他人，非止己人。""仁"是人类社会处理人和人社会关系的重要手段。"人之所生，当别于畜牲。畜牲独觅食，人当共享之。众为人所依，群为人所托，仁为人所在。"这种手段通过换位思考来处理自己和他人的关系问题，倡导通过克制自己的欲望来与别人和谐相处。《两界书》指出，"以己心及人之心，以己欲及人之欲，即为仁，人可和"。也就是说，如果能做到推己及人（仁），那么就达到人和人之间关系的和谐（人可和）。作为一种社会治理手段，《两界书》特别强调统治者的爱心和"仁"，倡导要站在被治者的角度思考问题。《教化》中哈法说："王道非一己之道，而为天地普道，即合天道……王道非人欲之道，而为人仁之道，即合仁道。仁者人人，即普济众人，而非一人，亦非少人。上合天道，下合仁道，普济众生，方成王道。"

4. 法：依法施制

《两界书》指出：作为控制人的欲望手段，仁善有其缺陷性——"仁善在心无痕，岂能永固樊篱"。因此，外在强制性的法作为管理手段就必不可少。他说："国有法，族有规，上下尊卑，左右第次，延演有序，排置有列，以致由小及大，由弱积强，由蒙至明，由蛮至文。人之异于禽兽，在于人循法遵理。"在另一个地方，作者指出："族无法不立，国无法不治，人无法不正。故法为族国之纲，亦为万民之主。世之失序，人之迷乱，皆因法义不明，法行不公，法制不谨。"也就是说，法制直接决定国家、族群有序，间接影响社会的发展和文明的进步。

哈法合治之所以有效，就是因为它正确处理了道统（体）和融汇（用）的关系，体现了"本义贯通，因地制宜，本末兼顾，软硬兼施"，适应了管理的复杂性特点之要求。

（三） 六种学说归一合正

社会治理理想状态的实现离不开管理哲学思想的指导。作者强调，管理的复杂性决定了任何单一的思维、理念都"各有所执，各有所废"。因此，只有"道归合正"，管理思想"统合融纳"，才"可补短长，可合大道，可适人律"。

作为其哲理思想的精华结晶，《两界书》"以合正求和谐"，把道、约、仁、法、空、异等各种思想进行综合，化繁为简，进行高度抽象和整合，提出"六合正一，道通天下"。"合正道至简"，将社会治理的核心要义提炼抽象为六个方面：敬天帝（从天道）、孝父母（守伦理）、善他人（义利）、守自己（自制）、淡得失（善恶）、行道义（实践）。作者认为"至本者敬天地"，"至要者行道义"，强调了人类必须内心对外在的自然环境、客观规律（天地）保持敬畏，保持谦卑，必须用实际行动实践体现天道的人间正义。只有这样，才能实现复杂社会的管理，达到"和谐世界"。

（四） 管理过程宜顺势随流

各种管理机制、管理手段和管理学说，"运用之妙，存乎一心"。这也是社会治理的复杂性所决定的。在操作具体操作层面，这就要求原则性和灵活性的结合。这就是《两界书》的"顺势随流"思想。

"高水向低，谓之顺势。东南西北，谓之随流。"就管理而言，"顺势随流，可合天道"。借嘉弗说："何人曾见低水向高，水可逆流？"既然"天道不可逆"，因此，管理必须遵循规律，坚持原则性；但另一方面，"水有定势而无定向，依势依力依风雨，顺势而随，其自为然也"。既然水的流向流速取决于环境，因此，管理机制、管理手段的运用应当体现弹性，坚持灵活性。这一思想，在书中也多有体现。嘉弗的"立心如山，行道似水"，《教化》章中哈努尔的："宁失小节，不失大志，尤不可顾小节而损大志"等等，都是试图说明，要正确处理社会治理过程中原则的坚定性与策略的灵活性之间的关系。

四、《两界书》的特点：社会治理思想的意义和价值

《两界书》主要采用了文学叙事手法，多用短小生动的故事阐明某一道理，寓管理思想于寓言故事之中，"于事及理，于理推事"，读起来津津有味，意味隽永。与其他"正宗"的管理学经典相比，其体现的社会治理思想有鲜明特点。换言之，以下几个方面的特点有助于理解《两界书》社会治理思想的意义和价值。

（一）宏观性与思辨性

《两界书》虽然不是管理专著，但涉及管理的具体要素，例如，管理环境（不同族别的气候条件、民族秉性）、管理规则（教规习俗、婚俗嫁制、道义盟约），也涉及管理的具体环节，如组织（分族、点数、分工）、决策（以人为选、族师会议）、计划（函含造飞车）、控制（天使巡望、百弃不弃）等等。但是，必须明确，《两界书》中的社会治理思想，重点应从两个角度来把握：其一，它针对的主要不是具体的组织、个人、事务，而是对人类文明演进、社会发展、治国化民等大趋势、大层面、大格局、大矛盾的"大管理"，因而是一种整体性、宏观性的社会治理思维。其二，其主要不是对物质产品的管理，而主要着眼于对肉欲与灵道、天道与人道、精神

与物质、善与恶等关系的协调理顺，主要关注的是灵魂居所修筑等精神性产品的管理，因而是一种价值导向性、人文主观性非常鲜明的管理思想。

因精神本身存在的思辨特质，对精神的管理也必然带有鲜明的思辨特征。天界地界、善界恶界、本界异界、灵界肉界等等，就是管理过程中对立统一的矛盾，解决矛盾的途径是辩证法。辩证法一词的原意是指在辩论中揭露对方论述中的矛盾并克服这些矛盾的方法，是在两个或更多对一个主题持不同看法的人之间的对话，通过对话建立起对事物真理的统一认知。因此，辩证法其实就是一种化解不同意见的辩论方法。《两界书》对这一方法进行了娴熟运用。例如，《教化》卷第七章中，哈里、哈法的就王与民、王道与天道、王智与民智等进行了对话辩论；《命数》卷，雅里果和雅尤就仙界与凡界、仙药与仙道、心灯与命灯等进行了深刻交流。在作为全书高潮的《问道》卷，对善与恶、道与欲、道与人、人类的过往与未来等议题，以"六先"之口，儒、释、道、法、犹太-基督、希腊哲学等展开激烈思想对话和深度情感交流。通过多角度多层面的认知、论析、辩证、碰撞，作者提出"六说不悖，皆有其悟"，通过融会贯通，提出"六说之统，合有妙用。六合正一，道通天下"的观点。有人说，"辩证法是用一统摄多，以综合克服矛盾的艺术"。[1] 显然，和柏拉图的《理想国》类似，《两界书》也是这一艺术的精彩典范。

正因如此，其"合正而为一"的管理思想（特别是敬天地等核

[1] 辩证法的原意指对话，为苏格拉底和柏拉图所提倡，后来亚里士多德把它发展为辩证推理。不论采取对话的形式，还是采取推理的形式，辩证法都是对两种相反的意见所做的分析与综合，最后达到统一的结论。辩证法的思维不仅是二元对立的，而且是以对立的一方为中心、以另一方为边缘的一元中心论（见赵敦华《西方哲学简史》，北京大学出版社，2012年，第7页）。

心要义）具有融合性（兼容性）和普适性特点。

（二）哲理性与伦理性

各种管理思想、学说、流派之间的差别，重要标志之一是哲理化程度不同。有人说"哲学是时代的精华"，精华就意味着认识的深刻性和适用的普遍性。《两界书》中的社会治理思想，虽然涉及操作性的管理方法（用人存疑，疑人善用）、管理制度（如嘉人的均等共享的分配制度、"业有所立，工有所长"的分工合作制度）、管理艺术（如纲举目张）等等，但更重要、更有价值的是其管理哲学思想。

冯友兰把中国哲学的表达方式称为"名言隽语、比喻例证"[1]。名言隽语一定很简短，比喻例证一定无联系。与当代普通学者以理性思维模式"系统严密"地推理和论证自己的管理思想不同，《两界书》主要也以"名言隽语、比喻例证"的方式表达自己管理思想。如"满者至反""意致工致""欲为大树，不与芥争""世因道生而有序，民因道出而又灵""依天道修德修为，依时运谋事行事"……哲言慧语，比比皆是，言简意赅，意味隽永。《问道》卷，中国哲学的影子比比皆是，作者借道先、约先、仁先、法先、空先、异先之口，各种哲学进行对话，充满了哲理性。

《两界书》在探讨哲理的同时观照现世，同时探讨了仁、义、礼、善等伦理范畴，以及其具有的社会治理的意义。一方面，体现为社会治理的伦理化——就是从伦理的角度、立场认识社会治理（例如，分析道与欲、善与恶关系的目的，最终还在于治人），社会

---

[1] 中国哲学家惯于用名言隽语、比喻例证的形式表达自己的思想。《老子》全书都是名言隽语，《庄子》各篇大都充满比喻例证。它们明晰不足而暗示有余，前者从后者得到补偿（见冯友兰《中国哲学简史（下）》，中华书局，2017年，第544页）。

治理建立在伦理基础之上，伦理的要求直接构成社会治理的规则（如淡得失、守自己）；另一方面，体现为从社会治理的角度解决伦理问题。例如，"守约践约，终得至高善报"，就是通过遵守规则（管理的路径）去实现善报（伦理价值）。再如，"遏恶扬善，人须德行兼备，事须适时合运"，就是说要通过管理要素的"相配相合"来实现行善的伦理目的。

（三）灵性与自洽性

《两界书》采用的超越理性与感性的灵性思维模式，因此，所表达的思想相当有灵性和新颖性、创新性。这主要体现在两个方面：

一是提出系列富有灵性的概念-范畴，如：初人-中人-终人、宗地-祖地、元语-族语、正人身-正人心-正族心、心致-意致-工致、日灯-月灯-心灯、心正-目清-视洁-生善、日制-周制-月制等等。

二是建构了多个完整的分析-思考框架。例如，道-约-仁-法"合治"的管理手段体系；"以实均为纲，以形均为目，以力为举，以享为张，力举有度，享张有衡，可致纲举目张"管理策略体系；德-行-位-势-时-运"相配相合"的管理过程体系；"无生有一，一分二维，二合生三，三衍万物，万物四象，根于五行，行于六说，六说合正，成七归一"的管理系统演化规律体系。

需要指出的是，这些具有灵性的管理思想非常具有自洽性（self-consistent）[1]，就是说自成一体，可以按照自身的逻辑推演成立并可以被人理解和接受。例如，"人、道、欲立于三维，三维各

---

[1] 自洽是"某个理论体系或者数学模型的内在逻辑一致，不含悖论"。简单地说就是按照自身的逻辑推演的话，自己可以证明自己至少不是矛盾或者错误的，这就是简单的自洽性。

蕴两界"的"三维两界"分析框架，将现实的人置于天道、地欲之间，分析人、道、欲之间的相互依存、相互制约的复杂关系，非常精妙，富有智慧，对揭示、阐释人类社会的物质与精神、灵魂与肉体、主观与客观等基本管理问题提供了非常有价值的分析框架。书中最后提出的合正道"六言"，正如序言所指出的，分别从信仰、伦理、社会、个人、功利、实践等层面，包括了世界观、价值观和人生观的全部范畴，建构了一个完整的思想与价值体系。

（四） 本土性与普世性

《两界书》的社会治理思想，特别是其核心要义：敬天帝、孝父母、善他人、守自己、淡得失、行道义，都是以中国传统管理思维、管理文化和管理思想为内核或者说底色，不仅是中华民族人性修为和治国理政思想的核心内涵（如敬天保民、天人合一、讲仁爱、重官德、守诚信、崇正义、尚和合、求大同等等），也是中华民族在日常具体管理中践行的基本价值与行为方式（例如，我们常见的结婚仪式中的"一拜天地"就是敬天地、"二拜高堂"就是孝父母、"夫妻对拜"就是善他人、守自己）。

另一方面，"这些中国文化的精神观念又是在与犹太-基督、古希腊哲学等世界其他学说的对话中呈现的，并与世界文明优秀成果息息相通"。可以说，《两界书》"聆听时代的声音，回应时代的呼唤"，所思考和探究的是现代人类社会发展中普遍存在的精神发展日益滞后于物质技术发展这一重大困局。通过作者的"对话"式阐述，将各种思想"合正为一"，归结为具有鲜明中国文化内核的六个方面，从而使得中国管理文化、管理思想的基因跨越时空，超越国界，激活其生命力，使之具有普遍性的世界价值和现代性意义，为人类思考和解决普遍面临的重大问题提供中国智慧，体现了中国价值。可以说,《两界书》的社会治理思想是"不忘本来,吸收外来,面向未来",对中国传统文化进行挖掘,创造性转化、创新性发展的生动案例。

(五) 历史性与前瞻性

从开天辟地到人的创设、从分族立教到争战盟约,从工事发展到教化六说,从六象俱乱到七首合欢……一部《两界书》其实就是一部特殊形式的人类文明发展史的浓缩,也溯及社会治理问题的产生、演化的整个历史历程。另一方面,《两界书》以一种特殊的方式观照现实社会治理问题和当代人类的生存困境,主要面向未来发展,具有强烈的前瞻性。例如,"百工场内,工事恶胀,天地不胜,人为器奴。超度无所不在,工物暴行,灵道不畅,人性不张。"这一描述,不仅是现实的乱象,或许还是未来的趋势。

特别需要指出的是,《两界书》中的人类社会,其发展是一个从合到分再到合的过程,作者也以特殊的方式阐释了"人类命运共同体"的思想隐喻:"天地天下万族,原本同一天父",人类有共同的天帝(天地),共同的世界,人类祖先"同族共生",最初都在"东角采田",后才有分族立国立教,分治天下。虽然分为"七族",但各族"皆为兄弟姐妹","山水总相依,有者可互通"。

在关于未来的想象性描述中,《两界书》更是把人类社会看成是联系日趋密切,相互融合,相互依存的"人类命运共同体"。例如:"大千世界,九九归一","合族合国将出,同族共生复现……普天之下,万众同生";"教分万流,终归一道";"万族交合,复归一族,你中有我,我中有他。天南地北,实为一家,""万语交合,复归一语";"篱笆拆除,无分家国,天下世人共享……世人不分你我,亲如兄弟姐妹。天下来好,终归一家,仁爱无垠,天道无疆"……这些都是从族群、语言、价值、理想等不同角度体现了未来发展的趋势。只有从这个角度，或许才能更加准确理解在全球化和中华民族伟大复兴的背景下《两界书》社会治理思想的价值和意义。

结论

《两界书》具有丰富深刻而又自成体系的社会治理思想。就社会治理的可能性和必要性而言，建基于人性的这一假设：人性虽道欲相叠，但未得交融，虽善恶并存，但可转化；就理想的社会治理状态而言，《两界书》认为应从人与自身、人与他人、人与自然三种关系和谐的角度来构建善治社会；从社会治理操作层面而言，应从道欲相适的角度设计社会治理手段，形成"自制—他制—天制"相互协调相互配合的社会治理机制。整体而言，是一种整体性、宏观性的社会治理哲学，价值导向性非常鲜明，在全球化和中华民族伟大复兴的背景下具有独特的价值和意义，为人类思考当前普遍面临的社会治理困境提供中国智慧，体现了中国文化内核的价值。

云城

深圳大学城市治理研究院教授

文开

深圳大学研究生教育发展研究中心教师

本文原载《天水师范学院学报》2018 年 4 期

从"性本合"到"仁不离制"：
中国哲学视域下的《两界书》"内圣外王"思想

王顺然

2017 年 5 月，商务印书馆出版士尔教授新作《两界书》。该书以"传承文化、架设桥梁、讲好故事"为宗旨，以主人公、人类学家"士尔"教授外出田野作业期间的一段奇异经历为线索，将中外神话、历史、哲学及儒释道耶等宗教观念，通过故事、对话等叙事手法一一展现在行文之中。士尔教授以其精深的学养、丰富的人生经历及独到的见解，在向读者讲述传统、讲述故事的过程中，提出了很多针对性的问题。本文单就《两界书》第十卷《教化》（以下简称《两界书·教化》或《教化》）中讲述的故事展开三方面的讨论：1. 通过比较孟子、告子和荀子的人性论论述，分析《两界书·教化》的人性论判断；2. 根据《教化》讲述"切心""落齿""去尾""生目"的故事，梳理《两界书》对"恶"之分判及"恶"之对治；3. 在"性本合"的内圣面、心性哲学基础上，讨论《教化》以"仁不离制"为核心，对外王面、政治哲学的构建。通过以上三个问题的讨论，我们将看到《两界书·教化》"性本合"的人性论思想对荀子"化性起伪"学说的推进，看到《教化》所提出的"仁不离制"观念的重要价值。

一、从"人性善、恶"到"性本合"：《两界书》的"人性论"判断

人性善恶的判断是中国古典哲学的一个重要问题，简单来讲可以分为孟子的"性善说"、告子代表的"性无善无恶、可善可恶或食色为性说"[1]和荀子的"人之性恶，其善者伪"等三种。这三种关于人性的不同论述在中国哲学发展的历程中又不断地变换形式、重复出现，为了形成对传统人性论争辩的一个直观理解，我们不妨先简单回顾一下这三种人性论的一个论辩过程。

《孟子·告子上》记曰：

告子曰："性无善无不善也。"或曰："性可以为善，可以为不善；是故文武兴，则民好善；幽厉兴，则民好暴。"或曰："有性善，有性不善；是故以尧为君而有象，以瞽瞍为父而有舜；以纣为兄之子且以为君，而有微子启、王子比干。"

孟子曰："乃若其情，则可以为善矣，乃所谓善也。若夫为不善，非才之罪也。恻隐之心，人皆有之；羞恶之心，人皆有之；恭敬之心，人皆有之；是非之心，人皆有之。恻隐之心，仁也；羞恶之心，义也；恭敬之心，礼也；是非之心，智也。仁义礼智，非由外铄我也，我固有之也，弗思耳矣。"

以告子为代表的人性论立场大致可分为三种：其一是告子本人坚持的"性无善无不善"的说法，善不善都是后天习成的，性本身无所

---

[1] 告子本人持有之人性论立场为"性无善无恶"的说法，其所代表的系列观点则可分为"可善可恶"等说。

谓善恶；其二是相近立场所谓"性可善可恶"，即本性虽然没有善恶之分，但人可以为善、为恶；其三是一种决定论或命定论的立场，认为性之善恶是天生而成，有些是善的、有些是恶的。我们可以看到，以告子为代表的人性论三种立场都十分看重人性中的"自然天性"的部分，亦即是说，人有目可见、有耳可闻、有鼻可嗅等知觉能力，甚至人有目好美色、有耳闻乐音、有鼻恶恶臭等食色欲望就是"自然天性"，这些知觉能力、食色欲求本无所谓善恶，却可以因为后天运用方式的不同而产生善恶的差异。然而，孟子对这种强调人性便是"自然天性"的看法持不同意见，其曰："口之于味也，目之于色也，耳之于声也，鼻之于臭也，四肢之于安佚也，性也；有命焉，君子不谓性也。"（《孟子·尽心下》）这便是说，这些天生而成、自然本有的知觉能力、食色欲求既然是命定固有的，则对于成德之教而言不应该纳入"人性"的讨论之中，更何况这些知觉能力、食色欲求等"自然天性"所造成的后果不应该由"自然天性"本身来承担，诚如用刀伤人应是伤人者负责而非由伤人之刀来负责。有鉴于此，孟子顺势提出人心呈现之"恻隐""羞恶""辞让""是非"等四端才是人天生固有而自觉为善之根基。将此四端之存养扩充便是仁、义、礼、智四德，故而无论人的天赋资质是何种条件，一旦自觉要去为善，他都可以自满自足地为善，这就是孟子"性善"之论。

孟子对"人性善"的论述亦受到质疑，而后学中以荀子的反驳最为系统，《荀子·性恶篇》曰：

今人之性，生而有好利焉，顺是，故争夺生而辞让亡焉；生而有疾恶焉，顺是，故残贼生而忠信亡焉；生而有耳目之欲，有好声色焉，顺是，故淫乱生而礼义文理亡焉。然则从人之性，顺人之情，必出于争夺，合于犯分乱理，而归于暴。

前文说过，孟子对告子的反驳乃是基于"知觉能力、食色欲望的存在本身无所谓善恶"这一判断，故而知觉能力敏锐与否、食色欲望强弱与否都好比"刀"的锋利程度，只是一种工具意义上的好坏，不应为道德之善恶负责。反观此处引文，荀子直接指出正是孟子所谓知觉能力、食色欲望等工具意义上的好坏，直接导致了人在道德意义上的作恶。人之好利、疾恶、好耳目之欲等都是由其天生的"知觉能力、食色欲望"所引发的表现，而这些直接表现若不加以有效的控制，必产生争夺、残贼、淫乱等道德上"恶"的后果。"知觉能力、食色欲望"等人生而本有的自然天性，同样需要为个人行为在道德上的善恶后果负责，这便是荀子与孟子意见相左之处。

有了以上的简单说明，我们不难发现孟、告、荀等所代表的先贤先哲均对人在社会活动中表现出的、具有一定普遍性与客观性的"恶行"和人人心中本有的、可以通过道德判断而表现出来的"善心（性）"此二者的存在有所肯定。先将争议放在一边，仅对这种"恶行"与"善心（性）"并存的客观承认，便形成了《两界书·教化》判断"人性"善恶问题的基础，其曰：

人之初，性本合。恶有善，善有恶。善恶共，生亦克。心向善，灵之道。身向恶，躯使然。身心合，顺天道。

此处所谓"心向善，灵之道；身向恶，躯使然"绝非简单地将人性的善恶打成一团来讲，而是通过对"善、恶"来源的分疏回应了孟荀之争论。首先，"恶有善，善有恶；善恶共，生亦克"的说法实指"恶行"[1]和"善心（性）"是一体两面、并行共存的，亦即是说"善"之所以为善是有赖于"恶"的存在。举例而言，我们看到有人随地吐痰的一刹那，便意识到随地吐痰是一种"恶"，而此意识兴起的同时，我们亦知道与之相对的"不随地吐痰"应属于"善"，这便是对善恶一体两面的一种认知。善恶的一体两面不只存在在每个人的认知之中，更是一体两面的表现在每个人的身心发用之上，我们往往在内心中意识到如何为"善"，却在实际表现中被身躯欲望所遮蔽。顺着之前的例子来讲，这就好比我们在内心中意识到"不能随地吐痰"，却为了避免口腔不适感的持续而做了"吐痰"的恶行。这种情况便是《两界书》引文所说的"心向善，灵之道。身向恶，躯使然。"其次，引文此句对"心""灵""身""道""善""恶"的界说在回应一些跨文化、跨传统之重要问题的同时，[2]指出了孟荀论争的交合之处，即"知觉能力""食色欲望"属于生理层面的"人性"，其有同于其他动物之处，亦有高于其他动物之处，一般的知觉、倾向也属于这个层面；是非、善恶之判断属于心灵层面的"人性"，其超越于一般之动物认知，而是分得天理、归于灵觉的超越存在。故而，《教化》所见人性论之争，应还原为"人当如何以心治身、以灵觉正欲望"。

同时，"心"作为属"理"、属"灵"的部分，其存在可以说是"善"的；而"身"作为属"气"、属"欲"的部分，其存在遮蔽了

---

[1] 《两界书》提到人类有"三顽疾"：其一、"心中无主，自以为大"；其二、"开口不闭，贪得无厌"；其三、"懒于劳作，溺于食色"。此处之"顽疾"亦即不可不承认之"恶行"。
[2] 比如：依《圣经》传统来说，"全知、全能、全善"的上帝在创造世界的时候，怎么会允许这种"不善"的"恶"来到人间，若世界是由"全善"的上帝来创造，"恶"又是从哪里来？而照宋明以降的理学、心学传统而言，纯善的"天理"作为这个世界"本一"的起点，如何容许"恶"的产生？

"心（性）"中的"善"而成为"恶"的直接表现与来源。面对如此解释，我们不禁会问：同是兼具身心之人，为何有人为善多而成尧舜，有人为恶多而成桀纣呢？[1]《两界书》中进一步指出：

> 人之善恶两心[2]故在，大小因人而异。不同之人，抑或同人之心，亦因时因地而异变，并非恒定。

人人分得"天理"则良善自存心中，又因气禀不同使得人心被气质遮蔽的程度不同。依照汉代儒学的说法，禀气之多寡、厚薄、清浊，造成智慧、寿夭、良莠之不同，世间大多数人都是不同程度的杂气相混而成，故恶心、恶行总是客观地存在着。又既然人是禀气而生，则人心必可随气之流变而发生相应的改变。此处谓"不同之人，抑或同人之心，亦因时因地而异变，并非恒定"，便是说人心可因气之流动变化而作出的改变，这种"因时因地而变"的情况便成了教化产生的大前提。

通观本节讨论，我们以先秦孟、告、荀之人性论辩为入手处，分疏了中国传统人性论讨论的脉络，以此切入对《两界书·教化》"性本合"判定的说明。由此条线索引入，我们可以看到《教化》所谓"善恶共""身心合"的思想对孟荀论辩之疏解与推进。进而，《教化》提出人心所表现之善恶可因循"人""时""地"之不同而产生变化。这亦将作为大前提，开启我们下一节对《教化》"教化"

---

[1] 或有人说是因为身体之知觉能力与食色欲望的强弱有别致使心灵之善无从发出，此说不可，知觉能力与食色欲望强者，亦表现出生命活力强劲，从而亦可促进心灵之善更理想地扩充。参见牟宗三《天才时代之来临》，收氏著《牟宗三先生全集》第九卷，联经事业出版股份有限公司，2020年，第173页。

[2] 此处谓"两心"，分指义理与气质，义理即前文所论分得天理而属灵之心，气质即禀气而生之欲望之心，其表现为工具理性。

思想的解读。

二、"切心"、"落齿"、"去尾"、"生目"："恶"之对治

前文我们谈到，因气禀混杂遮蔽心灵之清明、良善，致使人生出恶行、表现出食色之欲。"恶"虽是客观存在之实情，却不能因其存在而一味放纵，如《荀子》所言："从人之性，顺人之情，必出于争夺，合于犯分乱理，而归于暴。"显然，如果我们顺遂、放纵身躯的"情性、身躯和材性"自由发展，必定出现"欲多物寡而必争"的结果，"这种争斗的结果亦必定导致整个社会处于一种紧张的关系状况之中"。[1]为了保证社会生活的持续和稳定，个人或私人之"恶"与欲望必定要受到整个社会生活或相邻之人的制约，于是个人与社会便形成了一种相互制约的张力，从道德性而言，这种张力就是针对"恶"的一种教化。下面，我们就先看看《教化》列举了哪些道德"恶"的表现。

其一，"双面人国"：

双面之人，前后皆有脸面。前脸端庄色正，慈眉善目。后脸貌似恶鬼，形态各异。……后（恶）脸常以多发遮掩。人有双面盖因内有双心。一心向善，一心向恶。善心以善面向人，恶心以恶面向人。

"双面人"，顾名思义便是"一人而两面"。凡人只有一面向人，心

---

[1] 陈来：《从思想世界到历史世界》，北京大学出版社，2015年，第102页。

思却不可见，亦可称之为另一面。同时，这不能示人之另一面往往
是私心作祟的结果，[1]又是自家心知此心为私心，故不敢以之示
人。换言之，必是明知私心在，只得将其拿来遮掩（于发后）。

其二，"绿齿人"：

绿齿人常时与人无异，开口言笑显好约白齿，友善亲近，其乐
融融。每遇适时之机，其齿由白变绿。绿齿硕大，吸吮人血……。
生性狡黠，汲血食人常乘人不备……绿齿即复原状。

"绿齿人"者，残暴而善伪装，一切形同常人的表现都是为了绿齿
显现一刹那的铺垫与准备。换言之，"绿齿人"的一切良善之行为
皆为了最终的"恶"做准备，可以算作我们常言所说的"伪君子"。

其三，"尾人"：

斯国上下，人皆以尾为荣。位愈高尾愈大，位尾相应。

凡遇美女，即掳为妾奴，毋须遮掩。凡遇美酒，即就地畅饮，
烂醉成泥。凡遇爱物……即攫而取之……

与"绿齿人"相反，"尾人"倒是毫不遮掩、以位势压人。"尾人"
对其食色欲望绝无遮掩，兴之所至、力所能及地放纵自己的欲求，
我们可以称之为"真小人"。

其四，"独目人"：

---

[1] 若人做到表里如一之良善，亦当是儒家君子人格的追求。故，宋明儒论"体察
未发之几"、求"发而皆中节"便是此义，旨在追求善心直发为善行的道德至
境。

独目人止有一目，竖于额面之中。独目人周身长毛，或黑或褐……视距三尺，三尺之外物不可视。所视者多为可食之物，余者皆视而不见。

以"目"为喻，"独目"之人非目光独到，而是目光短浅。独有一目本就视线受阻，却又视力有限"三尺之外，物不可视"。视力有限亦非最大之问题，关键是只见"眼前利益"，不知长远规划。"独目"之人所见"三尺之内"只有食物，当下能吃的就当下吃，当下吃的绝对不留到明天吃，当下不能吃的更不会加以利用。我们可以说此"独目人"当真天生天养，未被饿死已是上天好生之德。

以上四者乃是《教化》对世间之"恶"假以譬喻，更突出、更形象地展现不同"恶"的表现方式。面对这些"恶"的不同表现，《教化》亦提出相应的对治方法。对应四种"恶行"，我们也总结为四种对治"工夫"[1]：

其一，"切心不可，自家炼化"：

然人之双心（善恶心）之中，善恶交叠，形同色混，实难区辨。
所经摘心者，亦难存活长久，更难留后。
若皆（善恶心）除之，人无心则死，不死则兽，贻害甚大。
善面易呈，秉性难改。

照平常的习惯想法，若人之心善恶两分，不如直接将恶之部分"切去"。其实，善恶本就是相互依存、一体两面之存在，善恶之表现

---

[1] "工夫"乃是宋明儒学借佛家之词讲授"修身"之方，"做工夫"就是对准自家不足之处进行纠治。

更是不可能分开的。人之可为的工夫便是"己欲立而立人，己欲达而达人""己所不欲勿施于人"，也就是我们所说的"推己及人"的能力。人之善恶表现更可使自家"知善知恶"、"明辨是非"，若可进一步"为善去恶"，方能在"不可切心"的情况下，炼化自家恶行。

其二，"乡约俗规，人我夹持"：

> 乡人渐有俗规，妇孺夜晚不出门，三人之下不外行。……凡遇绿齿之人，皆群起围打击杀。久而久之，绿齿人不敢妄为。
>
> 亦有绿齿人受外众之迫，自省自耻，遇行善抑恶，每遇恶遇起，咬齿以抑制。

如果说自家挺立道德心性从而走上"为善去恶"的工夫进路是道德实践的中间形态，那么，"乡约俗规，人我夹持"便是"去恶"进路的可能起点。世上总归有不少迷途之子，其生命旺盛、行动力强，却也表现出强大的欲望，有时真要靠亲邻、师友夹持之功将其先捆缚在"规矩"之牢笼里，以"仁义"规范其行，虽说"由仁义行"方是道德实践之目的，但使之"行仁义"是一个必要的前提和约束。

其三，"以暴治恶，前事有鉴"：

> 尾人国民反，见尾长者即杀。
>
> 后多有复长其尾者，然不敢显露，惟紧夹于股后。

人之恶行亦分程度，教化、拯救亦有界限，不得已时只能"以暴治恶、拨乱反正"。如近世之希特勒、东条英机、冈村宁次等人，其所犯之恶已非教化可改，阻止其恶行不得不依靠暴力。同时，"以暴治恶"并非最终目的，"暴"只是为了向"后继之恶"树立一面镜子，使之前事不忘，收敛欲望。

其四，"颂天悟道，以心引身"：

> 颂天悟道……独目人日出而作，日落而息，循序渐进，依文化人。以心目为要，心目观道，人行正道。

道德进境终究没有终点，"为善去恶"亦总在过程之中。对自家而言，先是不断地看到自身行为的不足，要改正行为；进而发现自心的不足，要诚意正心；最后发现心的发动处就需要有功夫磨炼在，要破除光景。对家国而言，天子、君主之不足要谏，制度之不足要变，百姓之不足要化。故所谓"苟日新，日日新，又日新"，是说我们每天都在"日出而作，日落而息"的生活中，感悟天道、乾乾健行、对治自家之"恶"，一日不以"心目"指引前路，一日便走向歧路，不知正道。

本节，我们根据《教化》所示之四种恶行及四种对治"恶"之工夫、方法，梳理了《两界书》针对"人性本合"之中的"恶"所提出的一套道德实践工夫。总而言之，"切心""落齿""去尾""生目"等治"恶"方法构成了：以日常生活为基础，乡规俗约、亲友夹持为起点，"以暴治恶"为惩戒，依靠自己体悟天道、乾乾奋进为核心的工夫实践体系。在这个体系之中我们不难看到，"乡规俗约、亲友夹持"和"以暴治恶"两者所代表的"政"、"刑"两层意义，亦即是我们常说的社会制度。这就是说，对治恶行离不开社会制度的帮助。下一节，我们就来看看《两界书》针对社会制度层面所提出的"仁不离制"的思想。

三、"乐而忘忧，骄侈必起"："仁不离制"的政治哲学思想

于人类社会生活而言，对治个体之"恶"并非最终目的，这只是形成和维护社会合理秩序的一个必要步骤。社会治理，甚至说社会制度建立的目的，是为了处于这个社会之中的人最大程度上的拥有稳定、富足的生活。社会生活之中的每个个体，一来因拥有其相对独立的分工而具备一定的特殊性，二来又因处于社会生活的某个群落而具有稳定的关系。个体这种既独立、又紧密的存在形态，要求制度之建立一定要在明确个体分工的同时，有效地维护个体间的群落关系。《教化》对这种理想的、"明分使群"的社会形态有着这样的描述，其曰：

> 巴夏之国尊礼重义，尚德崇仁，典严制明。损人者为人损，助人者为人助，通则守约，信诚以待。

在这一描述中，我们不难看到：首先，个体的独立性落在人与人之间的"尊礼重义"之上，"礼""义"是对个人社会身份的确立，正所谓"名不正则言不顺"，"礼""义"便是对个体之"名分"的固化和共识；进而，"尚德崇仁"便是公众对"礼""义"所固化之"名分""规范"的肯定，在肯定个人分位、分工的基础上，以践行"仁""德"表达对他者的尊重和个体的认可；最后，依靠"典严制明"进一步确立"名分""位分"的客观性和强制性。在这种尊重个体、确立名分的基础上，人与人之间的密切关系同样需要保障，而这种保障便是"通则守约、信诚以待"。

　　"群"之所以为"群"，关键还是在其稳定性与持续性。我们不能接受一个群落的生活习惯经常性的变更，变更带来的不稳定性使群落生活的共识减少甚至消失。一个没有稳定性的群落会令生活在其中的人失去"安全感"，从而导致个体表现出更强的攻击性和对个人欲望的不断追求，这就是《教化》所说的"损人者为人损，助人者为人助。"当群落中的每个个体都开始追求个人欲望，其所形成的个体间的张力便会轻易撕裂这个群落。《教化》进一步描述到：

　　　　恶邪畅行，良正阻滞。天道掩没，人心污垢。人之熙熙，甚如猛兽尽出。……朝内朝下，各揣所思，各执利欲。举国百姓，多昏昏然，无动于衷。世风日下，国势必败。

《教化》以国之治、败为例，是"损人者为人损，助人者为人助"的一种极度表现。于国家而言，天子之表现当真是有举足轻重的意义。若"王"违"信"背"约"，则朝臣随之、百姓附之，长此以往，国必不国。

　　《教化》强调"王"有此作用，皆因"王"乃是"天道"、"民意"的交通关节，故称之为"上承天道，下载民意"：

　　　　王与庶民，有异而大同。异者，王为民之首。大同者，王与民共生。况王与民立乎同地，盖乎同天。无地之撑，岂不悬空随飘？

"王"与"庶民"之异者，乃因其"命"[1]，故而"王"有其掌管天下之权，亦有榜样天下之责。但同时，"王"也是万民中的一员，

―――――――――
[1]　"王之为王，当因王命。"见士尔《两界书》，第 232 页。

这就要求"王"更需要遵守制约。由此,《教化》提出对"王"的"上、中、下"三制:

> 王道非一己之道,而为天地普道,即合天道。王道非人欲之道,而为人仁之道,即合仁道。仁者人人,即普济众人,而非一人,亦非少人。
>
> 王道行之天下,当在上有天制,中可自制,下可他制。天制者,循天道是也。自制者,自省自节是也。他制者,念及普罗,垂范众生,约制民里是也。天、王、民,上、中、下,三制有序,天人相合。

"王道"指的是"王"应行之道路,"王"之行道是以一己之身代天下百姓行道,也因此,"王道非人欲之道,而为人仁之道,即合仁道。"《教化》论"仁者人人",乃是"仁"字之本意,《说文》见"仁"者"亲也;从人从二;忎,古文仁从身心。""仁"字以"忎"解[1],乃是自家"身心相爱";"仁"字以"人偶"解,乃是人与人之相亲相爱。于"王"而言,此"仁"更是由"亲亲"而"爱民","人仁之道"亦是"爱民之道"。"王"行"爱民之道"首要"自制"自己之欲望,不可"行人欲之道",以此为起点才能"首自制而他制,先官制而民制。法制利国,厚利庶民,薄利官宦。举国上下,依法为制,民无不服。"可以说,"王道之行"是一个"推己及人"的过程,而这个过程必然是"艰苦卓绝",需要靠内外夹持之方法[2],敦促"王"行正道。

---

[1] 郭店简见"仁"字"上身下心",杜维明先生以此解"体知"之义。
[2] "内外夹持"之内,不离我们上一节所讨论的个体道德生命的挺立以对治自身的欲望;而其中之外,便是靠"天、王、民,上、中、下,三制有序,天人相合。"

　　《教化》进一步解释道："天制者，循天道是也。自制者，自省自节是也。他制者，念及普罗，垂范众生，约制民里是也。"换言之，"三制有序"既有通向天地大化、生生不息的天道，亦有人伦纲常、保育百姓的民道，更不离"王"之主体道德意识对自身的反躬自省。

　　以"王"之行"人仁之道"为基础，《教化》指向的是整个社会制度的构建，指向的是一个稳定、理想的社会生活。由此来看，"三制"之论作为一个全面的、打通内外的、用以规范"王"之行为的制度形态，其目的还是为整个社会制度的建立寻求一个坚实的支点。依于这个支点，《教化》进而构建了一套合"道""仁""约"为一体政治哲学系统，其曰：

　　　　以道为纲，日出日落，经纬有序，往复持久。……治国理世化民，道不明则心不亮，心不亮则路不畅。……天道存于人心，心有道人有灵，人有灵道，世维有序。

　　　　人须爱人，以仁为和。以己心及人之心……即为仁，人可和。

　　　　人非个人，以约为通。约为心桥，守约则信。……君、臣、民信同约通，国无不立，民无不治。

合"道""仁""约"为一体，亦即是将"首顺天道""以仁为和""以约为通"三者打通为一。**首先**，"道"即为方向，是最高的原则。所谓"以道为纲，日出日落，经纬有序，往复持久"，亦即是说"道"就隐在百姓日用而不知的生活之中，民心所向就是天心所向。[1] "治国理世化民"若是明白了这一点，就能以"心目"见"天道"，行"天道"得民心。**其次**，立人之本、"以仁为和"。人之本

―――――――――

[1]《尚书·泰誓》有言："天视自我民视，天听自我民听。"圣贤的帝王把自己置身于天命的监督之下，也置身于民心的监督之下。

为"仁",即爱人之心,挺立仁爱之心,方能立人。"老吾老以及人之老,幼吾幼以及人之幼",仁爱之心的扩充便是"己欲立而立人,己欲达而达人",如此一来,人人相敬而守礼义才可以融洽地相亲相合。**最后**,只有相亲相敬也是不够的,为了尽最大可能地使众人的生存、生活需要得到满足,每个人还要按照约定履行各自的义务,这就是"以约为通"。《教化》进一步指出,这个"以约为通"不只是要求百姓间的信守承诺,更是要求由上到下、君臣民之间相互信守约制,故其谓"君、臣、民信同约通,国无不立,民无不治。"

我们将《教化》以"王"之"三制"为基础、合"道""仁""约"为一体的"外王"政治哲学,与其"人性本合""道德挺立"的"内圣"心性哲学合起来看,便是《两界书》所说的"仁不离制",其曰:

> 然道不离器,仁不离制。经国化民,以法为制。订凡三百六十五律例,含敬天帝、孝父母、善邻里、不欺诈、不贪夺、不偷窃、不侈靡、不耽淫,各类律典应有尽有。

凡"三百六十五律例"无一不是外王面政治哲学之律制,又无一不是内圣心性哲学、"道德本体"之要求。"敬天帝、孝父母、善邻里、不欺诈、不贪夺、不偷窃、不侈靡、不耽淫"诸此等等,之所以能够成为社会生活的基本律条,亦因其本身是被我们自有之"善心"认同。这些基本律条之设立,是为了保障个体道德心能够充足地发出,为了保障社会群落生活的稳定富足。此即是说,谈"法"、谈"制"不能离"仁",求"仁"、立"德"不可离"制",这便是《两界书·教化》所强调的"仁不离制"思想。

综上,本节通过梳理《教化》外王面的相关段落,解释了对

"王"的"三制"之方的设定和其中提出的"合'道''仁''约'为一体"之政治哲学体系,从而明确了"仁不离制"思想的关切重心与理论价值。

结论

本文以中国传统人性论争论入手,在疏解孟、告、荀各自人性论的基础上,说明了《两界书·教化》通过对"善、恶"来源的分疏、以"善恶共""身心合"的立场回应孟荀之争论;进而提出"人性本合"的思想,推进了传统的人性论讨论。又基于"人性本合"的人性论基础,《教化》指出人心所表现之善恶可因循"人""时""地"之不同而产生变化,这便是对治"恶行"、教化民众的大前提。依此前提,我们进一步梳理了《教化》"切心""落齿""去尾""生目"等寓言故事,看到《教化》所构建的由"反躬自省""内外夹持"到"以暴治恶""体贴天道"的一套完整的"教化"体系,证成了《教化》"内圣"一面的完整图景。与之相对,我们同样看到《教化》在外王一面先以"王道"为核心,设"三制"制度规范"王"之行;进而提出"合'道''仁''约'为一体"之政治哲学体系。《两界书·教化》合"内圣""外王"为一体,以"天道""仁心"贯通其中,最终形成"仁不离制""制不离仁",一体两面的整体。

王顺然
香港中文大学哲学博士,深圳大学饶宗颐文化研究院副教授
本文曾刊于《文明通鉴与文化创新研究》,商务印书馆,2021年9月。收录本书时有修改

论《两界书》中的跨界思维

欧宇龙

前言

在当今经济飞速发展的全球化时代，人们的生活水平不断提高，但暴露的问题也越来越多。地区冲突上有巴以冲突、伊拉克战争、叙利亚战争等，环境问题有切尔诺贝利核辐射、印度博帕尔化工厂污染等，包括今年全人类面临的新型冠状病毒感染，造成了全球恐慌，死亡人数已达百万。我们越来越能够意识到，身处在全球化时代背景下，我们很难做到独善其身，全人类成为命运共同体。面对全球化发展的种种挑战，士尔教授的《两界书》给了我们一些启发和思考。《两界书》正是着眼于当下人们的生存困境，采取"跨界"思维，讲述了人类文明的演进过程，探讨了世界本源、人类本质、人与自然的关系、人与社会的关系、人与他人的关系、人类社会的未来走向等问题，进行了深刻的哲学思考和对现代文明的全面反思。《两界书》引言中提到"世有两界：天界地界，时界空界；阳界阴界，明界暗界；物界意界，实界虚界；生界死界；喜界悲界，善界恶界；神界凡界，本界异界……"《道德经》说："道生一，一生二，二生三，三生万物。"《淮南子·天文训》中对此解释为"二"是"阴阳"，"三"是"阴阳合和"。作者把世界分为种种两"界"，实则要打破其边界，两"界"之间对立统一，相互转化。在西方哲学史上"主客二元对立"思维几乎从古希腊就形成了，"古希腊形成的这种主客二分的哲学思路为整个欧洲的哲学思想的发展奠定了基础，也限定了基本走向"。[1] "主客二元对立"思维暗含了一种不平等意识，"主"与"客"之间是不同等级的存在，会导致二者之间的分离。所以这种思维方式催生了一系列二元对立的产生：灵与肉、人与自然、人与动物、理性与感性、善与恶……这是一种简单而粗暴的划分，没有看到世界发展和人性的复杂性、多样性、不确定性。因此在 20 世纪中叶以来出现了一系列的"后理论"对传统的"主客二元对立"思维发起了猛烈的抨击，如后殖民理论对宗主国/殖民地文化的消解、生态批评对人/自然的消解、后人文主义的去人类中心化……《两界书》中的"跨界"思维也是对"主客二元对立"思维的消解，对于我们重新认识世界、重新认识人与他者之间的关系，甚至是重新认识人自身都有着重要的意义。

一、对"人"的"跨界"定义

几千年前古希腊奥林匹斯山上的德尔斐神殿里有一块石碑，上面写着"认识你自己"，苏格拉底将其作为自己哲学原则的宣言。柏拉图的《申辩篇》里说到苏格拉底的朋友去德尔斐神殿去问神有

---

[1] 朱立元、王振复主编：《天人合一：中华审美文化之魂》，上海文艺出版社，1998 年，第 35 页。

没有人比苏格拉底更有智慧，传神谕的女祭司说没有。因为苏格拉底真正的智慧在于自知其无知，这正是他比那些狂妄自大、没有自知之明的人有智慧的地方。在当今经济飞速发展、信息传播迅速的全球化时代背景下，人们在感受到人的力量之伟大的同时，也为人造成的各种灾害危机感到困惑和恐慌。何为"人"？《两界书》对"人"进行了重新定义。

在《圣经·旧约》中，人是上帝在第六日创造的，"我们要照着我们的形像，按照我们的样式造人，使他们管理海里的鱼、空中的鸟、地上的牲畜和全地，并地上所爬的一切昆虫"。"人"是按照神的样子造的，颇有天选之子的意味，其身份是管理者，管理世界上的其他生物，是比其他生物更高一级的存在。而在中国神话中，东汉《风俗通义》中有着著名的女娲造人的故事，人是女娲用黄土捏的，原因是女娲觉得这个天地间空荡荡没有生气，于是按照自己的样子进行造人。无独有偶，在中西神话中，"人"都是神按照自己的样貌造出来比其他生物更为高等的一种存在。而在《两界书·造人》中，天帝是看到这个世界上的牲畜走兽互相残杀，整个大地一片狼藉，才决意造人来治理这个世界的。天帝刚造出的人是"初人"，样貌与一般兽畜无异，只是头、口、目、四肢等器官数量都是一般兽畜的两倍，这不仅仅是人在外表上对一般兽畜的简单超越，"天帝所造之人，以四目观物，可知远近，可明大小。以四耳闻声，可穿黑暗，可越墙磊。以两心行意，可往来世时，逾物越界"。"初人"虽然还有着兽畜的样貌，但已经拥有超凡心力，可以"跨界"感受时空。但"初人"心智不成熟，所以跟兽畜一样懒惰、纵欲，天帝于是把"初人"一分为二，分为男、女，拥有了情感，这就跟兽畜区分开来，书中称这是"中人"阶段，最终"人"的发展阶段为"终人"，还未到来。把"人"的发展分为了三个阶段，体现出了"人"跟其他生物的生命本质是一样的，在《两界书·问道》中代表佛教思想的空先就说道："人为活物，食粮亦食肉。禽兽为活物，食肉亦食粮。食相近，性相同，生死轮转，各有所现。"但"人"又可以通过进化区别于一般兽畜，甚至未来还能进化到新的阶段。天帝并没有停止造人工程，而是进行了"再造之工"，给人定命数、设命格、设能限、定生途，这其实更是增加了"人"发展的未定性。人的寿命有限，但人性格不同活法就不同，人虽然能力高于兽畜，但也不是无所不能。西方自古希腊以来就非常凸显"人"的主体地位，哲学家普罗泰戈拉有一句名言："人是万物的尺度，是存在的事物存在的尺度，也是不存在的事物不存在的尺度。"[1] 到了文艺复兴时期，"人文主义"主张以人为中心，认为人是现实生活的创造者和主人。近代哲学之父笛卡儿建立了以灵魂与肉体的二元划分为基础的唯理论哲学体系，认为人和动物的区别就是动物没有灵魂，"动物的行为是'机械'的，即其行为的唯一来由是按照某种既定的必然性前后相继地与肉体提供的感觉相适应，整个过程就如同人的无意识的动作一样没有任何思维的加入，完全如一台机器那样按照其既定的建制被必然地推动。"[2] 人是理性的，动物是非理性的，动物作为区别于人类的"他者"，是比人类低等的存在，所以人类可以随意处置动物的生命。这其实是一种种族主义，《两界书》中通过对"人"的重新定义消解了这种种族主义，"人"与兽畜的生命本质一样，但"人"通过不断发展区别于兽畜，"人"是世界的治理者，堕落的"人"是会受到天帝的惩罚的。

《两界书·生死》中提到人身上是道欲并存的，灵道是天帝在

---

[1] 北京大学哲学系外国哲学史教研室编译：《古希腊罗马哲学》，商务印书馆，1961年，第133页。
[2] Réné. Descartes. Descartes：Oevres Philosophiques ［M］. Edition de F. Alquié. Paris：Classiques Garnier，1992；III 886.

造人之初就赋予了人的，当灵道隐、欲望无限膨胀之时，人就会出现自大、贪婪、懒惰等顽疾，这时的人与兽畜无异。"人"的整体是由肉身与灵魂两部分组成的，二者同等重要。西方中世纪时期主张灵魂的崇高，压制人的肉身欲望，导致灵与肉的失衡，人性发生了扭曲。笛卡儿的"动物机器论"又无限放大了人灵魂中的理性部分，忽略了人也有"动物性"的一面，这也是一种人性的失衡。正是因为人身上道欲并存，所以善与恶在人身上是并存的。这跟中国古代的"性本善""性本恶"的主张不同，《两界书·问道》如此说："人本之初，善恶固存，混而为一，如天地互应，似昼夜交替。"没有人生来就是善或恶的，善恶之间是互相流动转化的，"人之为人，在其性本善恶而由恶化善，欲制交合而抑欲从制"。人能抑制自己的欲望由恶转善，这就是人区别于其他生物的地方。

可见《两界书》中对"人"的定义是复杂丰富的，"人"不是简单地被定义为高级动物，或者是理性至上的存在，对"人"的定义的"跨界"思维首先体现在人与兽畜的异同上，人和兽畜的生命本质是一样的，人能通过提升自我区别于兽畜，也能通过堕落与兽畜无异。还体现在人身上的善恶并存，善与恶可"跨界"流动。人性是多变的，人的未来发展是具有多样性的、不确定性的，我们只有通过发展变化的眼光去看待"人"，才能更好地认识自己。

二、主张人与他者之间的"跨界"

1. 人与自然

自古以来，人与自然的关系常常会处于一种紧张失衡的状态，在原始社会人类生产水平低下，面对自然界中的各种突发灾害无力抵抗，人们要完全去适应自身所处的自然环境，需要"靠天吃饭"。

工业革命后，社会科技飞速发展，人们发现可以改造自然来让自己获得更好的生活，甚至变本加厉去过度开采资源，通过征服自然让自己获得一种满足，满足于"人"自身的伟大力量。造成的后果我们有目共睹，地球被我们弄得满目疮痍，1962年雷切尔·卡逊《寂静的春天》的出版，让人们意识到忽略保护自然的发展不仅破坏了自然还会危害到我们自身甚至导致人类的灭亡。生态批评应运而生，把"自然"纳入文学批评范围内，主张一种生态整体观，追求一种可持续发展。悲观的生态批评家认为人类社会应该退回原始状态，这样才不会对自然造成伤害。许多科幻作品比如《黑客帝国》中就指责人是地球身体中的病毒。在这种二元对立的思维下，人和自然的关系是得不到缓解的。

《两界书》中人是天帝造的，跟其他造人神话不一样的地方在于"天帝"不像中国神话中的女娲或盘古，不是某一种具体的神，也不是犹太-基督教的上帝依托宗教而存在，"天帝"俗称"老天爷"，同"天地"，是具有自然属性的。所以可以说是自然创造了人。而自然创造人是有原因的，在没有人之前的自然界书中是这样描述的："狼、豹、狮、虎趁夜深四处寻觅，见弱小柔顺者即吞食吃咬。黑夜里残畜遍野，哀号嘶鸣，惨叫不绝。白昼来临，可见草木花朵皆被践踏，狼藉一片。"可见没有人的自然界弱肉强食，并不和谐，不是一个美好家园。所以"天帝"才要造人来治理世界，脱离人存在的自然是有缺憾的。而当人没有好好治理自然，而是纵欲堕落时，"天帝"会用天水对人进行冲刷惩罚，"男人女人始知劳作，自食其力，不再懒惰"。其实这里就是古代社会的生活景象，天水有可能是洪水水灾，当人们不重视自然、不去按照自然规律进行生活劳动时，就会导致自然灾害的发生或是自然灾害发生之时没有应对之计。

人是自然的治理者，但人是无法完全掌控自然的，书中说到："天帝造人之工既成，就将世界交人治理。然天下男女并不尽悉天意，惟天帝明悉。"前文也提到"天帝"给人设能限，人并不能完全清楚地认识自然之道，《两界书·命数》中就描述了一些自然异象，昼夜失序、冬夏失衡、旱涝并行、果粮不常……在自然面前人的力量还是渺小的。当人妄想征服自然，压榨自然资源时最终会自食其果，如《两界书·工事》中人类社会进步发展，建造各种开采自然的工具，在挖掘地洞的过程中导致山神震怒，"岩浆火烫，四处蔓延，触木即焦，触人即亡"。这就是对人破坏环境的惩罚。

《两界书》主张打破人与自然的二元对立，这种"跨界"思维体现了一种生态整体观，"天帝"对人说："各族靠山食山，依水食水。食山者须养山，食水者须养水。不可尽食贪食，方能长食足食。山水总相依，有者可互通。"通过自然来生存的人们必须回馈自然，即治理自然，只有这样才能和谐共存。《两界书·分族》描绘各族人生活在不同的自然环境中的状态，雅族居大山寒冷之地所以体格健壮耐寒，粮果稀少就养牲畜捕捞鱼虾为食；函族居黄土平地身躯矮小灵活，善于耕种；希族居阳光曝晒之地，皮肤黝黑善跑步，猎食动物；布族居多草之地而善牧……与自然和谐共生，繁衍生息。作为自然治理者的人要对自然怀有敬畏之心，"敬天帝即敬天地……心无敬畏，胆大妄为。人自为主，终将自毁"。只有对自然保持敬畏之心，才不会妄想征服自然，导致人和自然的关系失衡。《两界书》主张人要怀有敬畏之心去治理自然，不是把自然作为我所用的工具，也不是完全不干涉自然，而是达到一种人与自然和谐融合的"天人合一"境界。

2. 人与他人

马克思曾说过："人的本质不是单个人所固有的抽象物，在其现实性上，它是一切社会关系的总和。"[1] 人不是孤立地生活在世界上，总是要和其他人产生关系的。这里的"人与他人"笔者想指的是不同国家、不同民族、不同宗教的人群。《两界书》中把人类争战的原因分为了"物争"和"意争"，前者是因为资源抢夺，后者是因为宗教信仰的不同。

"物争"常常发生在不同部族或族内之间，天帝把人类始祖安置到各种自然环境之中，生活在不同自然环境之中的人们受地理要素影响产生了不同的外貌性格以及生活方式，也就出现了不同的部族。书中天帝的使者是这样跟天帝形容部族争战的原因的："众人居山不食山，依水不食水，而尽坐山望水，拥水望山。"人类没有好好履行自己治理者的身份，没有好好治理自然，而是想占有自然，内心贪婪欲望的膨胀，导致了部族之间的纷争连连。族外人们争夺资源，族内人们争位、夺取财产等等，这是人身上道欲失衡的表现。《两界书·分族》中写到一开始人们是生活在一起的，分族的原因是为了更好地繁衍生息，然后治理世界，"你们心智既开，自今以后，皆要自立自足，繁衍后代。皆要依天道行事，灵引万物，治理世界"。各族人其实是有着共同的目标的，要顺应自然规律去治理自然，而非为了一己私欲占有自然。当各族人成功完成治理自然的任务后，"合族合国将出，同族共生复现"，"普天之下，万众同生"。这体现了一种大同主义思想，不同民族、不同国家之间是有可能实现融合共生的，因为人类始祖本就为兄弟姐妹，有着治理世界的共同目标，只要认识到自身欲望无限膨胀带来的弊端，不去盲目逐利，淡得失，就能实现天下大同。

在压制人内心欲望方面宗教也起到了一定的积极作用，"意争"

---

[1]《马克思恩格斯选集》第1卷，人民出版社，2012年，第56页。

的出现依托于各种宗教的产生。《两界书·立教》描述了宗教产生的原因，各族人民在面对自然灾害时产生了无力感，对自身命运的无法掌控，为了解答人所不解之问，以及给人以心灵慰藉，宗教顺势而生。书中描述了没有立教的部族产生的危机，"不及百年，撒人心乱。心乱而本乱，本乱而族乱，以致撒人内忧不绝，外患迭起"。没有宗教人心散乱，宗教起着一定的团结凝聚作用，可从各族宗教教义中看出，都强调人要从善、不可乱伦、勤苦劳作等等，对人有相应的约束作用。但同时宗教也有其局限性，不约而同地，各族宗教教义都强调不可与异族通婚，以及主张一神论，只能崇拜自己的神，这会给不同宗教信仰的族落产生友好交流的屏障。《两界书·承续》中就写到雅族王子和希族公主相爱，两族人震怒，差点掀起战争。也正是因为这种真挚的爱情能冲破教规实现不同宗教之间的友好交流甚至融合，《两界书·立教》中写到同样是属于不同宗教的雅族和希族人，希族人因看到雅族人因困顿饥渴倒在山崖下向其施以援手，当希族人面对罕见的水灾无法应对时雅族人也对其施以援手，雅普和希罗两人相爱，决定合并两族，立新宗教普罗教。普罗教跟各族宗教不同，属于普世教，民族宗教具有排他性，而普世宗教具有普世性，更有利于不同民族、不同国家的人进行友好交流。普罗教尊崇的是万能天帝，天帝不属于任何民族，具有自然普遍性。

《两界书》同样主张用一种"跨界"思维去处理人与他者之间的关系，因为居住环境不同以及前文提到的人的发展多样性衍生出了不同语言、不同文化、不同国家、不同宗教的群体，在与他者的交往过程中我们要清楚意识到能进行友好"跨界"交往的原因在于人类始祖本是兄弟姐妹，有着共同的治理自然的使命，都有着敬天帝的共同信仰，这样就能避免私欲的无限膨胀，不再为了一己之私与他者发生冲突。

三、在"跨界"思维中走向多元文化共同发展

《两界书·问道》把整个人类文明中最具代表性的六种思想学说化身为六先，来给众人解答人生终极之问：生而为何？何为人？善恶何报？来世何来？何为人主？这也是全书最精华的一卷，在回答这些问题的同时让我们看到如何在"跨界"思维中走向多元文化融合。而书中对众人来问道的场景是这样描述的："四海之内生途之上，多有凡间寻道之士来此问道。虽山高路险，九曲十弯，然求问者不绝，熙熙攘攘，蜿蜒于半山道途。"这些问题都是哲学命题，同时也是很现实的问题，是我们身处这个全球化飞速发展的时代面临的共同困惑，不是某个国家、某个民族或是某个宗教的个体来问道，而是全人类来问道。正是因为共同去探讨这些终极之问，多元文化才有进行碰撞交流的机会，集众家之长，融合升华。接下来笔者将针对六先这几个问题的回答来论述其"跨界"思维的体现。

狄更斯《双城记》开头有一句名言："那是最好的年月，那是最坏的年月，那是智慧的时代，那是愚蠢的时代。"[1]用来形容当下的时代也很贴切，人们一方面满足于自己的智慧让社会飞速发展进入高科技智能化的时代，生活变得愈加便利，足不出户就能闻天下事，甚至做出改变世界的举动。但同时人们也困惑于自然灾害的频频发生、恐怖主义的威胁、经济危机的爆发等等。在信息碎片化的时代，人们好像渐渐不会思考，每天麻木地工作着，为的只是一套房、一口饭，甚至是以牺牲自己健康为代价。人是那么伟大，又

---

[1] 狄更斯：《双城记》，石永礼、赵文娟译，人民文学出版社，2004年，第1页。

那么渺小。所以在《两界书·问道》中元德来问:"眼见前人如东草枯干,逝而不返。眼见自己似秋木落叶,一天衰过一天。往事恍如昨日,来事匆如闪电。一生劳碌,苦乐作伴。曾经力大无比,磐石可般。曾经不知乏累,昼夜不眠。一切彷如浮云,终将烟消云散。"感到空虚迷茫是当下现代人的常态,人究竟生而为何?代表犹太-基督教思想的约先说人是按照与天帝的约定出生的,代表儒家思想的仁先说人是为了追求"仁爱"之心而生的,代表法制思想的法先认为人是依理而生的,代表佛学思想的空先认为"无"是人生的本义,而代表"变""化"思想的异先认为"异"是万物的根本此问题无解,代表至高规则的道先认为人生的本义在于依天道而生。约先和道先肯定了人生来的宏大意义,仁先和法先肯定了人生来的现实意义,而空先和异先跨越时空维度让人不要纠结于找寻意义。同样的在回答"来世何来"时,仁先认为人应过好现世,约先认为靠信仰能通来世,法先理性地认为两世难以逾越,空先认为两世一样无须纠结,异先认为对于来世可感不可知、可念不可信,道先认为"意"可联通今、来两界。此番解答同样也是跨越了神界凡界、今来两界、时空两界。关于"何为人"和"善恶何报"的问题前文已有陈述,此处不再赘述。既然人性是多变的,人的发展是多样化的,那万众怎可同心?关于"何为人主"的问题,约先认为天帝自为人主,从信仰层面团结众人。仁先认为"仁爱"为万众"心主",人皆有之,依靠"仁爱"之心凝聚众人。法先认为"法"是万民之主,从理性政制的角度回答此问。空先认为人应放下执念即得心主。异先认为"异"为主。道先强调人心要有主,人身上是道欲并存的,也肯定了欲存在的合理性。六先的回答跨越种种两界,既主张人要有精神层面的信仰,也要为当下生活而努力,既要靠外界约束力来约束自己,也要提升自我修养从内部净化自我,在发展自己的同时善待他人，运用"跨界"思维去看待自己、看待他人、看待世界。

六先的学说没有孰是孰非，问道的目的也不是为了得到一个唯一准确的答案，"六先论道千年，道统有别，异中有同，并不致合"，六先给了问道者代表六种思想学说精髓的六合花，六合花开有七彩，花心呈紫色，代表六种思想学说融合的一面，但六种学说并没有被取代，花的六瓣颜色各异，所以并不求六种思想学说融为一体，而是求同存异，实现多元文化共同发展。在全球化时代背景下，不同国家、不同民族的文化不可避免地进行交流碰撞，这种交流很多情况下是不平等的。按萨义德的说法，文化并不总是宽容的，而是有侵略性的。"在一切以民族划分的文化中，都有一种想握有主权、有影响、想统治他人的愿望。"[1] 特别是发达国家的文化与落后地区的文化进行交流时往往会产生文化霸权。进行文化平等交流的前提是承认文化之间的差异性，没有孰优孰劣，而不是所谓的"先进"文化对"落后"文化的带有侵略性质的救赎吞并。"天下九教十八流，同中有异，异中有同。各有所执，各有所废。统合融纳，可补短长，可合大道，可适人律。天道人律适合，天长地久人生。"运用"跨界"思维去找寻多元文化的异同，兼收并蓄，取长补短，实现多元文化共同发展。

结语

"跨界"不仅仅意味着跨国别、跨民族、跨文化、跨人与自然，还进行了更为抽象的神凡两界、今来两界、物界意界、善界恶界等

---

[1] 爱德华·W. 萨义德：《文化与帝国主义》，李琨译，生活·读书·新知三联书店，2003年，第17页。

等的跨界。"跨界"意味着不拘泥于某一界，界与界之间是动态转化的。"跨界"思维是对"主客二元对立"思维的消解，但并不是把两界简单地融合在一起，这属于和稀泥的做法。"跨界"首先承认了"界"的存在，二者之间是有差别的，"跨界"是一种求同存异的行为。当今时代，多元文化激烈且频繁地碰撞着，我们不能坚守传统故步自封，也不能全然抛弃传统拥抱他者文化，同时要对文化霸权行为保持警惕。《两界书》中体现的"跨界"思维对于实现多元文化共同发展有着重要意义，而沐浴在多元文化光辉下的我们，人生道路有千百条，如何确定我们人生的目标、找寻自己存在的意义、实现人生自我价值，答案是什么我们不得而知，但我们知道答案不是唯一的。

欧宇龙

中国语言文学博士研究生

在物化的时代来一点信仰

文　开

德国哲学家尼采"上帝已死"的呼号余音在耳，中国新文化运动破旧立新影响犹存，普适价值的重估所带来的是意义的消解和信仰体系的支离。与物质世界的日新月异截然不同，精神世界的重构步履蹒跚，亦步亦趋。穷顶之下，人们像《摩登时代》里的工人查理和卡夫卡《变形记》里的萨姆沙，置身于前所未有的繁荣中，物化或是异化，人自身的情感和自由无处安放，就像孤身漂泊在浩瀚的海洋上，满眼清淼，却依旧干渴。《两界书》的书写似是对这一荒凉世界的回应：世界有本有源，人亦有其根本，居于世间的灵魂亦有其归处，"天道立心，人道安身"。

作为一本有关信仰的书，《两界书》具有相当的诚意。作者士尔在西部田野作业之时经历奇遇，胸中所学在此机缘下得以融会贯通。随后历时十余载，徜徉于古今中外、现世彼岸，博采众家之长，终成大作。在一切讲求快节奏的浮华世间，能够沉下心来，以十余年光阴，全身心投入一本书的书写，此诚意之一。古今中外思想体系浩瀚，面对遥远而缥缈的时空曲线，面对相互交织又相互悖驳的思想之海，能以己身为熔炉，上下求索，融会贯通，此诚意之二。书中字里行间是思想、文化之集大成，然义里所图只为当代人筑灵魂居所，心怀现世，此诚意之三。书中表达的是笔者千锤百炼的思想，而写书本身是其身体力行书中思想的见证，此诚意之四。有此四诚，开卷必有益。

当人们谈论有关信仰的书，往往会认为它们一定语义晦涩，虽然心有敬仰之情，只能望而却步，最终束之高阁。《两界书》却不然，它读起来酣畅淋漓，读毕意犹未尽。这大概与本书的"元典叙事"的笔法有关，让读者在阅读过程中，常常有似曾相识的感觉，牵动读者胸中所学，循循善诱而不说教，最终让读者自己发觉其间的奥义。《创世》之中，《圣经》和中国古代神话的身影若隐若现，世界从混沌初生到万物澄明，朴素而浩大的世界观，表达的是对天地的敬畏。在《造人》的字里行间，还能看到希腊戏剧家阿里斯托芬或柏拉图的投射，本是一体的初人被分成两半，终其一生彼此都在找寻另一半，也预示着追求爱和美是人一生的主题，跨越地域、种族等天然屏障。《承续》《王子公主》一章似是回应，雅王子和希公主的故事可以看作《哈姆雷特》的另一种演义，也是与柏拉图讨论爱与诚。《教化》里双面国人、绿齿人、尾人国、独目人的故事，像极了《镜花缘》和《格列佛游记》天马行空的想象世界，兼有寓言故事警示现世的深刻。琳琅满目的故事，多是旧相识，又有新面孔，读来熟悉亲切，又新意频现。

将《两界书》进行归类是困难的，因为书中所述跨越了哲学、文学、历史、神话、宗教等多个场域，单单就文学场域论及，它还融合了史诗、寓言、小说、诗歌等文体。它以人类学为基础视角，兼备比较文学跨文化、跨种族、跨学科相互交织、互相对话的高境界。它更像部包罗万象、恢弘磅礴的集大成者，古今中外的思想，儒、释、道、犹太-基督、希腊哲学等等，在洋洋洒洒万言之中融会贯通、相互比照，听者置于其中、参与其中，听之、辩之、感之、悟之，常常让人拍案惊绝。最精彩的莫过于卷十二《问道》。天道山之上有约先、仁先、法先、空先、异先、道先，分别代表了契约精神、儒家思想、法制理论、佛家本义、辩证之法、大成之道，通过行子问人、善人问报、普罗勒问来世、维义维戊兄弟问人主，六种思想各抒己见，相互碰撞，每每均有所悟。最后六合为一，成为第七种学说：此六说各有其用，可相辅相成，相互交织，形成此间新的价值体系。

《两界书》所讲之精神取自古今中外、诸子百家，着眼于世界与人类的终极命题，落脚点却在现世人生。书中卷十一《命数》《人象迷乱》一章似是对现世因信仰缺失现状的描述：人们作息无序，白昼昏昏，黑夜抖擞；人为工器之造主，又为工器之奴。比照现实，不禁汗流浃背，无比汗颜。"房奴""包奴""卡奴"之名词，人们谈之不觉羞愧；地铁中，街道上，行人熙熙攘攘，表情呆滞，目中无神，手里捧着手机，五分钟不玩赏，心中如蚂蚁噬咬。为此，作者以拳拳之心找寻出一条出路：以天道立心，以人道安身。又可细分为六："敬天帝""孝父母""善他人""守自己""淡得失""行大道"。士尔之"敬天帝"实为"敬天地"。曾几何时人们对自然的敬畏，造就了古希腊神话和中国古代神话中的诸多自然之神。如今面对雾霾茫茫，人们戏称《周易》"自强不息，厚德载物"为"自强不吸，厚德载雾"。这是一种戏谑，也是一种无奈和惧怕。我们既是大地之子，自当以子之情怀回敬父母。随之，作者的视角依次拉近，至父母，至他人，至自己。"父兮生我，母兮鞠我。欲报之德，昊天罔极"，"己所不欲勿施于人"，"达则兼济天下，穷则独善其身"，"非淡泊无以明志，非宁静无以致远"如此等等，皆是中华传统文化留存下来的宝藏，告诉来人"何以自处，又何以与之处"，修身是先，而后推己及人，兼济天下。正如南怀瑾对人生最高境界的论述："佛为心，道为骨，儒为表，大度看世界。技在手，能在身，思在脑，从容过生活。"加之书中融合的西方哲思，如能躬身笃行一生，在深夜面对自己时，在人生尽头依依回望时，内心对自己是接纳，而不是憎恶。

《两界书》所书包罗万象，所呈现的何止于斯，笔者所学尚浅，读之如盲人摸象，不能尽言其中奥妙，也或有曲解。然则，读之有所获便无愧矣。读书只为在世间求得心安，阅读加之笃行或许是达成此心最好的路径。正如《两界书》作者士尔之所愿，"力图为漂泊的心灵提供港湾，让精神有食粮，灵魂有居所"。

文 开
深圳大学研究生教育发展研究中心教师

《两界书》：启智之密钥

结古萨迦士

当人类处于全球现代化的时间节点上，一部哲理丰富的作品《两界书》应世而现，她一定有大因缘起。

本人读士尔先生的书，眼前展现的是神话、寓言、传说、民歌的中文符号，而呈现出的是自己内心与东西方古老先哲的对话。阅读"敬天帝""孝父母""善他人""守自己""淡得失""行道义"等大义精髓，如饮一股清泉，沁润心脾，淡淡而蕴含甘甜。

从《两界书》的纹理中，透出士尔先生用心之严谨与细密。语言与修辞，简约而宏大，一以贯之又可以多重解读。士尔心境高远，读者可随士尔的思想境界，自然起伏，如同雄鹰自由翱翔。

现代化社会，网络给大家带来方便的同时，也让信息膨胀到令人心身疲厌。快餐文化、心灵鸡汤、东拼西凑的各类文化大餐，携带一股铜臭气，无孔不入，垃圾信息已经让大家消化不良。在手机阅读即将改变习惯之时，《两界书》应运而生。她蕴涵先哲智慧，亦如清新雅致的中国红茶，深沉而明澈。为读者奉献了可解百毒的一碗药汤。

本人是古老智慧的受益者，按捺不住要与年轻人分享。假如你个体的生命体验刚刚觉醒，假如你对后工业化时期自身的生存担忧，那就建议暂时将手机关机，用心感受人与自然、人与社会、他人与自己的关系。假如你已经开始思考人生的意义、生命的价值等问题，可以讲《两界书》理性的辨析与古老的人文情怀，会给你提供一个人幽静的皈依处，她会帮助你寻找有益的精神食粮，也许会化成你洗涤灵魂的秘密居所。

结古萨迦士

文化学者

学贯东西　问通古今

（日本）海村惟一

期待已久的简体字版《两界书》终于问世，犹如雨后的天空闪出了一道神奇的彩虹。

在步履匆匆的当下时间里，在红尘滚滚的现代空间里，要探寻灵魂居所，是无法想象的，也是近乎梦幻的。

《两界书》作者士尔身居当下，昼与时俱进、夜与空共思，跨越两界、来往天地，学贯东西、问通古今，知行合一、日积月累，道统加持、意识超前，文体创新、自觉自悟，曰：三才者士尔也。故惟有士尔能以心魂铸成《两界书》，其融合东西智慧、超越古今文脉，并以"六说（儒、释、道、犹太、基督、希腊哲学）不悖，皆有其悟"融汇为"合正大道"，精准地归纳为"敬天帝（敬天地）、孝父母、善他人、守自己、淡得失、行道义"的六大中华文化之精髓。

纵观全书：结构严谨，文字天然，思维清晰，化典精准。《两界书》者共十二卷，各卷篇目曰：《创世》《造人》《生死》《分族》《立教》《争战》《承续》《盟约》《工事》《教化》《命数》《问道》。这些篇目令我想起：《学而》《里仁》《述而》《乡党》……《两界书》以孔子-孟子为经、以犹太-基督为纬构成"中国话语的世界表达",向世界述说中国故事。

《两界书》的文体,有承传有创新,宜阅宜读,宜吟宜诵。在此仅举一例,以共享之。品味卷一,题曰:《创世》。有题解曰:世界从何而来?世界的源头在哪里?这是人类生存与演化的前提,也是人类第一个终极性的未解之问,故《创世》列《两界书》之首。卷一共有四章:第一章《开天辟地》;第二章《时序流转》;第三章《万物孕生》;第四章《世维无限》。细赏第一章《开天辟地》。此章共有三节:第一节《太初》;第二节《化育》;第三节《天地》。就其卷、章、节的篇目而言,"分维"性的增减意识极强:"卷"目为两字,"章"目为四字,"节"目为两字;"二"增为"四","四"分为"二";"四"字乃《诗经》之根本,"二"字乃四言、五言、七言之基础。其第一节《太初》简析如下:

> 太初太始,世界虚空,混沌一片。
> 天帝生意念,云气弥漫,氤氲升腾。
> 天帝挥意杖,从混沌中划过。
> 天雷骤起,天光闪电,混沌立开。

四段呈"起、承、转、合"状。共11句,四言8句,五言2句,六言1句。虽哲理深奥,然情景交融;亦诗亦歌,可吟可诵。既有诗经歌体之感,又有新诗自由体之貌。但是,士尔通过"注"对关键字的旁征博引、跨界诠释,均见其深厚之功力、超人之思索。还有汉字的视觉之美,"水部"文字与"气部"文字交汇:"太初太始,世界虚空"的意境油然而生、意念绵绵而续。更有行文结构之妙,"承""转"之句均以"天帝"统帅,故"合"句的"混沌立开"便呼之欲出。善哉！妙哉！

　　士尔以此建构汉字文化圈以及字母文化圈的人性思辨和人类命运的话语体系，帮人助己探寻灵魂安居之所。呜呼！吾友士尔舍己为道，感恩无量！感佩无疆！

海村惟一
日本福冈国际大学教授，《两界书》日文译者

《两界书》叙事

《两界书》：神话隐喻与抽象山水画

（比利时）魏查理

这本书像是一部神话故事，描述了人类社会诞生和发展过程中的诸多方面。其中涵盖了人类社会的结构构成、群体关系、精神信仰，以及人类整体的发展脉络。人类学、社会学理论所探讨的话题能够在书中的许多部分中找到隐喻。

本书描写的整个故事很宏大，涉及了很多人物、现象和对历史事实及宗教神话的隐喻。文字很简洁，点到为止且恰到好处。如果说人类的整个历史是一个巨幅山水画的话，那么这本书很像一幅现代派的抽象山水画。每个章节都包含了很多因素，用很多比喻完成了对深刻观点的概括。因此读起来轻松有趣又能有所启发。

在此罗列几个有趣并值得探讨的主题。

同根同源

这是本书中贯穿始终的主题。开篇中描绘的对人类初始形态的想象就很明确地表达了人类具有一个相同的基础。在发展变迁中人类社会出现了分化、矛盾、融合，但透过所有表象，最终还是意识到人类因为同为人类而本质一致。尽管各个群体在地理、文化、宗教、习俗等方面有着差异，但如果能更多去理解其他群体之文化现象存在的基础和合理性，就有助于消除群体之间的隔阂。所以，多元性的存在有赖于对"一"的理解。这一点也是书中强调的"一和多的关系"的哲学观点。

书中还有一个可贵之处是并没有构建一个"从此世界和平美好"的理想幻境，反而真实地揭示了人的矛盾、战争、争夺、自卫、主张权威等等残酷现实。在对宏大史诗的叙述中还涉及了每个个体的私欲、正义的相对性、对美好的向往等情感。重点在于解释为什么会有这些现实，这些现实又如何导向互相理解或融合。

文化印记的形成和传承

在这本书描绘的故事里出现过"族"的形成、精神信仰的形成、工事的创造。这些事情汇集起来就是人类的文化印记。故事里既讲到了文化现象跟地缘的关联，又讲到了文化和社会结构、传统、群体间关系等方面的关联。虽然书里的故事不是历史，但是可以通过这些故事去反思历史。文化的形成一直以来都是一个在人类的迁徙和流动中不断吸收变化的过程。单单将一种文化现象放在一个群体中去理解不能看到其全貌。我们希望对文化的理解能够超越国别、族别去看待，认识到文化的流动性和变化性。一种文化现象并不绝对属于某个群体或地理范畴，也不绝对是某个群体的标志。如果能够把地缘因素以及各个群体交流互动的因素也考虑到文化研究的范畴里，就能够更好地理解文化现象。

个人对世界的理解

这本书里还强调了一个主题，就是个人和世界的关系。在书的最前面的部分，士尔教授已经很明确地点出了在快速发展的环境中，人们追求物质生活的同时，要如何构造一个跟世界的关系。人自身的修为也是士尔教授希望通过这本书表达的主题。关于这一点，不同的读者可以从中获得不同的启发吧。

魏查理

汉学家，比利时皇家科学院院士、泰国国际佛教大学校长

体大思精　化性起伪

——两界之间的摆渡船

张　惠

　　"体大而虑周"[1]是清人章学诚《文史通义·诗话》中对《文心雕龙》的评价，《两界书》也当得起这句考评。

　　《两界书》共分十二卷：《创世》《造人》《生死》《分族》《立教》《争战》《承续》《盟约》《工事》《教化》《名数》《问道》。时间上则从太初创世造人一直延续到现代的原子战争人类畸变，以及未来道对人世人心的救赎。从人类的化育，到洪水的惩罚，种族的分裂，契约的订立，割礼的形成等等，堪称包罗万象。叶燮说，"大凡人无才，则心思不出；无胆，则笔墨萎缩；无识，则不能取舍；无力，则不能自成一家"[2]。《两界书》正是集"才胆识力"于一体，里面谈到的很多故事，看似浅显，实际上是熔萃百家并别出机杼，以成自家。

　　如《两界书》里面提到"绿齿人"，这种人隐于群人，常时与人无异，牙齿皓白，但每起邪心，其齿由白转绿，锋利无比，专爱吸血，或吃人肉，颇有西方吸血鬼的神韵。

---

[1] 章学诚著、叶瑛校注：《文史通义校注》，中华书局，1985年，第559页。
[2] 叶燮著、霍松林校注：《原诗》，人民文学出版社，1979年，第16页。

又提到有"尾人国"。《山海经》中虽没有这样的国名，但却有这样的痕迹留存。

《山海经·西山经》中谈到西王母有豹尾：

玉山，是西王母之所居也。西王母其状如人，豹尾虎齿而善啸。

《山海经·大荒西经》里也记载了人面有尾之神。

西南之海，流沙之宾，赤水之后，黑水之前，有大山，名曰昆仑之丘，有神——人面虎身，有文有尾，皆白——处之。

但《两界书》"尾人国"除了外形上有尾，尾巴还成了其兽性的象征，饥不择食，贪不择物，甚至割人耳朵，挖人眼睛，断人手足，窃人脏腑，吃人卖人，无恶不作。

《两界书》中又有"两面国"。今本《山海经》里没有两面人之国，但郭璞注《山海经叙》有"王欣访两面之国，海民获长臂之衣"[1]之语，江淹《遂古篇》也说道："沃沮肃慎，东北边兮。长臂两面。乘赤船兮。"[2]可见古有两面人国之传说。清代小说《镜花缘》第二十五回《登曲岸闲游两面国》具体描述了两面国的情形，他们个个头戴浩然巾，都把脑后遮住，只露一张正面。见到穿布衫之人，满面冷淡；见到穿绸衫之人，谦恭逢迎。如果两人交换衣服，他们也立即改变态度，十足只认衣衫不认人。《镜花缘》将"两面"之

---

[1] 周明初校注：《山海经》，浙江文艺出版社，2016年，第184页。
[2] 俞绍初、张亚新校注：《江淹集校注》，中州古籍出版社，1994年，第36页。

意，演绎为其人有前后两幅不同的面孔，而且不只是靠旅人解说，还让旅人目睹了其情状：他们头戴把脑后全遮住的"浩然巾"，正面的那张面孔，"和颜悦色，满面谦恭光景，令人不觉可亲可爱"；待从后面揭起"浩然巾"，里面藏着的是"一张恶脸，鼠眼鹰鼻，满面横肉"；发觉被人识破其本相，登时"把扫帚眉一皱，血盆口一张，伸出一条长舌，喷出一股毒气，霎时阴风惨惨，黑雾漫漫"。[1]吓得唐敖大叫起来，林之洋不由地跪倒在地，望着两面人磕了几头，逃之夭夭。足见两面人的阴险可怕。《两界书》中的"两面国"人和《镜花缘》中一样，也是"前后有脸"，前脸端庄慈眉善目，后脸恶鬼狰狞不堪，"因多以正脸示人，后脸渐小，常以多发遮掩"。

《两界书》里还谈到"一目国"。此"一目国"更像糅合了中西方两种神话而来。《山海经·海外北经》："一目国在其东，一目中其面而居。"和一目国非常相似的有深目国"为人举一手一目"。郭璞的注释，指出深目人属胡类，眼绝深。"举一手"，则是深目民的特征：人民常举着一只手，做与人招呼状。李汝珍在《镜花缘》里对夸张怪诞的深目人进行了一番再创造："其人面上无目，高高举着一手，手上生出一只大眼：如朝上看，手掌朝天；如朝下看，手掌朝地；任凭左右前后，极其灵便。"深目民该长眼睛的面孔上没有眼睛，形象怪诞可怖。不该长有眼睛的手掌，却反常地生着一只"大眼"，更在恐怖中透着滑稽。深目人异乎寻常的身体结构，已是荒诞不经；更为夸张的就是那只生在手掌上的"大眼"，比平常的眼睛要灵活得多，可以随手掌上、下、左、右任意移动，仿佛一架生物探测仪。李汝珍利用深目民眼生手上，讽刺人心叵测，必须防

---

[1] 李汝珍著，易仲伦注：《镜花缘注释本》，崇文书局，2015年，第91—92页。

患未然。"把眼生手上，取其四路八方都可察看，易于防范"[1]。世途险恶，人心不古，若不提高警觉，防微杜渐，便后果堪虞。疏离、缺乏信任和充满猜忌的人际关系，就是现实的真相。

在西方神话里面，赫西奥德和荷马分别在自己的史诗中描述了两种不同的独眼巨人（κύκλωψ/Cyclops）。在赫西奥德的神话中独眼巨人是乌拉诺斯和盖亚的孩子，他们分别是 brontes（雷）、sterops（电）和 arges（霹雳），特征是"独眼"，只有额头正中有一只眼睛。他们强壮、固执，并且感情冲动，很会制造和使用各种工具和武器。乌拉诺斯惧怕他们的力量，把他们囚禁在黑暗深渊之中。后来宙斯为了对抗泰坦，将他们从黑暗深渊之中释放出来。在火神赫淮斯托斯的指挥下他们为主神宙斯锻造了闪电长矛，为海神波塞冬锻造了三叉戟，为冥王哈迪斯锻造了双股叉，为阿耳特弥斯锻造了弓和月光箭，为阿波罗锻造了弓和太阳箭。而在荷马的《奥德赛》里，独眼巨人是波塞冬的孩子，居住在遥远国度里的一个种族。这个种族的特点是粗野，喜食人。

综合来看，《两界书》是把《山海经》中"一目国"的外形"一目中其面"；希腊神话里"独眼巨人"的能力，和《镜花缘》里"深目国"充满疑忌的性格综合成了"独目人"。"独目人"外表像"一目国"里的人那样，"止有一目，竖于额面之中"；而不像"独眼巨人"那样横在额头上，也不像"深目国"长在手掌上。和"独眼巨人"相似，《两界书》里的"独目人"也是吃人和残暴的。"命手下将玛甫围住，欲擒而杀之，以食其肉"和"深目国"眼观八方相反，《两界书》里的"独目人"看得很近，"视距三尺，三尺之外物不可视。所视者多为可食之物，或为可易之物，余者皆视而不

---

[1] 李汝珍著，易仲伦注：《镜花缘注释本》，第 54 页。

见"。这是讽刺"独目人"鼠目寸光。

然而，《两界书》又超越了《山海经》和西方神话的猎奇，也超越了《镜花缘》的讽刺。最终，独目人跟着玛甫颂天悟道，循序渐进，依文化人。"经年之后，独目人后裔渐易竖目为横目，后又渐易独目为双目，横列额前两旁，可双目并视。三百年后，独目人国渐逝，独目人终成双目之人。"

最终，《两界书》给了它一个哲学上的提升，也就是"一目视物，双目视道"。独目人本来是鼠目寸光的，可是独目人渐渐参天悟道之后，不再是"一叶障目，不见泰山"，终于可以客观、正确地认识万事万物，故而独目变为双目。而且古语所谓"横眉竖目"，"竖目"本有暴躁、凶狠之意，独目人渐渐悟道，而"其间有叛道悖逆者，或被斩杀，或逃逸不见踪影"，所以"竖目"最终进化为"横目"。

《两界书》又进一步阐发道，"目可视道，不在单目双目之别，而在有无心目之别。有目无心，双目何用？故以心目为要，心目视道，人行正道"。

更重要的是，并非只有"一目国"如此，《两界书》中给所有人兽之间的"绿齿人""尾人""两面人"等都给予了改恶迁善的机会，他们渐渐化去了绿齿，断掉了尾巴，"经年久后，芸芸众生皆以善面示人，恶面渐微，藏而不露"。横眉竖目的一目也变成了慈眉善目的平衡双眼。而第十卷这一章也统称《教化》，教化给了人上进之阶、文明之途，化非成是，代代进步。

《两界书》还记载了天道运行的"混沌"状态以启世人。书中谈到，天下七大族之一布族世居犀水之畔，但后来希族掘渠引水，导致犀水日渐枯竭，田地荒芜，草木凋零。于是布王布禹率领骑士，溯犀而上，经过与希人殊死拼杀，以及疏导河流，终于战败希人，使犀水滔滔东流，立不世之奇功，即将率族人并战俘荣归故里。布禹志得意满，登高宣众，不料天有不测风云：

> 话音未落，布禹所立矶崖突然晃动，瞬间坍塌。未及侍者扶救，布禹连人带马堕入深渊。众人惊慌无处躲闪，转眼皆沉大河，掀起狼烟一片。

这真是"是非成败转头空"的最明显变相了。表层看来，它是"福兮祸所伏，祸兮福所倚"的相互依存与转化。但是它还有一个深层"天问"，转胜为败，泰极否来，这究竟是为什么？是恶有恶报吗？非也，原本是希人夺了布人的水源，布禹是为了全族的福祉而非个人的利益。是拼杀不力吗？亦非也，布禹已经把希族打得落花流水。然而，毫无征兆，也似乎毫无道理地遭受了灭顶之灾。所有的这一切，"天理"何在？

事实上，袁枚在《子不语》中已经为这种"存在的即是合理的"安排了一种解释。他形象化地做了一个比喻，李神与素神争夺话事权，天帝不胜其扰，命令以酒量决高下。李神非常自信，却不料三杯已经承受不住；而素神七杯下肚，面不改色。故而，天帝传话解释道，这就是理（李神）不胜数（素神）的原理。天下一切善恶美丑，或者得宠逢时与遭凶受劫，都是因为数强过了理。数虽量大，但往往饮醉，故颠倒乱行；理虽量浅，但毕竟能饮三杯，终有三分公道：

> 云中有霞帔而宫装者二仙女相随来，手持金樽玉杯，传诏曰："玉帝管三十六天事，无暇听些些小讼。今赐二神天酒一尊，共十杯，有能多饮者，便直其事。"李神大喜，自称"我量素佳"，踊跃持饮。至三杯，便捧腹欲吐。素神饮毕七杯，尚无醉色。仙女曰："汝等勿行，且俟我复命后再行。"须臾又下颁玉帝诏云："理不胜

数，自古皆然。观此酒量，汝等便该明晓。要知世上凡一切神鬼、圣贤、英雄、才子、时花、美女、珠玉、锦绣、名书、法画，或得宠逢时，或遭凶受劫。素王掌管七分，李王掌管三分。素王因量大故，往往饮醉，颠倒乱行。我三十六天日食星陨，尚被素王把持擅权，我不能作主，而况李王乎？然毕竟李王能饮三杯，则人心天理，美恶是非，终有三分公道，直到万古千秋，绵绵不断。"[1]

所以《两界书》事实上是描摹出了人生的一种"混沌"状态。我们常常希望能够洞察先机，把握规律，希望一切都是可归纳的、能解释的，然而，在我们人类所能认知的范畴之外，是有着更多的不可思、不可解。

孔子提倡畏天、敬天，他说："君子有三畏，畏天命，畏大人，畏圣人之言。"[2]更主张顺天、信天、则天。因为顺天，故曰："不怨天，不尤人，下学向上达，知我者其天乎？"[3]；因为信天，故曰"获罪于天，无所祷也"[4]；因要则天，故曰："天何言哉！四时行焉，百物生焉，天何言哉！"[5]最后这段话是孔子思想的中心，说出了他的畏天、敬天、则天，是因为观察到宇宙的秩序，体会到天之道，于是则天之心油然而生。

《两界书》并不提倡盲从，而是在体认了宇宙玄机之后敬天法人：

时过良久，布禹引水之难方为族人明悉。族人泣之歌之，代以

[1] 袁枚著，王英志编纂校点：《袁枚全集新编》第 11 册，浙江古籍出版社，2015 年，第 60—61 页。
[2] 朱熹：《四书章句集注》，中华书局，1983 年，第 172 页。
[3] 朱熹：《四书章句集注》，第 157 页。
[4] 朱熹：《四书章句集注》，第 65 页。
[5] 朱熹：《四书章句集注》，第 180 页。

颂传。

在族人世代传颂布禹事迹的同时，其人其事所蕴含的天道也随之流传，警醒后人常存畏惧之心，居安思危，未雨绸缪，以免乐极生悲，盛极而衰。

《两界书》的语言非常浅显，简直可以达到"老妪能解，童子能歌"[1]的程度。但是，这正是它的一个优点。正如《红楼梦》里王熙凤的一句玩笑话"必定把一句话拉长了作两三截儿，咬文咬字，拿着腔儿，哼哼唧唧的"，就是好文章了？《两界书》的语言可以用白居易的诗来类比。

白居易的诗凝练且通俗易懂，他的诗在当时就广泛流传，普通百姓都会吟能解。后来传到日本，日本人自平安朝开始，民间对他的作品非常推崇，白居易成为日本影响最大的唐朝诗人。《长恨歌》还直接影响了日本第一部长篇小说《源氏物语》的出世。日本江户时代的学者室鸠巢在《骏台杂话》中说：

> 我朝自古以来疏于唐土文辞，能读李杜诸名家诗者甚少。即使读之，难通其旨。适有白居易的诗，平和通俗，且合于倭歌之风，平易通顺，为唐诗上等，故只学《长庆集》之风盛行。[2]

《两界书》语言平易通顺，实亦为文章上等。但是这种平易通顺又不仅仅是大白话。就如明代黄文焕在《陶诗析义·序》中评陶

---

[1] 惠洪、朱弁、吴沆著：《冷斋夜话·风月堂诗话·环溪诗话》，中华书局，1988年，第17页。
[2] 吉川幸次郎：《中国诗史》，章培恒、骆玉明等译，复旦大学出版社，2012年，第227页。

渊明道："古今尊陶，统归平淡，以平淡概陶，陶不得见也。"[1]
清代龚自珍亦有诗云："莫信诗人竟平淡，二分梁甫一分骚。"

　　平淡只是表象，其蕴涵的意味毫不平淡。这种深藏的意味，仅凭聪明才智是品味不出来的，年少轻狂不谙世事者亦品味不出来，诚如宋代黄庭坚所云："血气方刚时，读此诗如嚼枯木，及绵历世事，知决定无所用智，每观此篇，如渴饮水，如欲寐得啜茗，如饥啖汤饼。今人亦有能同味者乎？但恐嚼不破耳。"[2]《两界书》正像陶诗那样，具备经历岁月沧桑洗礼才能"嚼破"品味的特殊之"味"。试举《两界书》之《元树元果》为例，该文提到一种奇特的元树，外表与他树无甚区别，但是果子却有苦有甜，然而不品尝的话又分不出哪个苦哪个甜。最奇特的还不是一棵树上结的果有苦有甜，而是凡人采食，一定不可能全摘到苦的，也一定不可能全摘到甜的。所采的两个果子中必然一苦一甜，第三个则不一定，或苦或甜。一般来说，三个果子两个苦的最普遍，三个果子两个甜的很幸运，但是三个果子都是甜的绝无可能：

　　树叶树貌与常无异，然树果有辛有甘，仅观外象不可辨识。先人称树为元树，元树结元果，亦称甘辛果。元树至奇不在甘辛果两结，而在凡人采食，无可尽甘尽辛。所采两果必有一甘一辛，第三果辛甘难定，或辛或甘。故若三果两辛以为常，三果两甘实为幸，三果尽甘无可能。

　　儿童读来，实发猎奇之遐想。及至成年，备尝人世甘苦，方明

---

[1] 北京大学中文系、北京师范大学中文系编：《古典文学研究资料汇编·陶渊明卷·上编》，中华书局，1962年，第152页。
[2] 蒋方编选：《黄庭坚集》，凤凰出版社，2007年，第338页。

其喻。到了晚年，通达了时运命理，定会对这段总结心有戚戚："凡常之人不明事理，纵为超智之人亦难了悟，多以尽甘为求。世人有脑汁绞尽，有千试万探，实皆枉然。"所以，《两界书》又是一本人生的大书，看似通俗，其实不俗。二十岁读一遍，四十岁读一遍，六十岁读一遍，每一遍都各臻一境，各有所悟。

张惠

北京大学与美国哥伦比亚大学联合培养文学博士，香港珠海学院教授

＊本文系国家社科基金项目（项目编号：19BZW162）、国家社科基金重大项目（项目编号：18ZDA004）的阶段性成果

究天人之际,以寓言为广

——《两界书》叙事策略刍议

(美国) 陈祖言

《两界书》自 2017 年问世以来,在学界和读者中引起巨大的反响,纷以"奇书"誉之。此书一是奇在内容。《两界书》对"从哪里来,来干什么,到哪里去"这些人生的根本问题做了独特而深刻的讨论,实为"究天人之际,通古今之变,成一家之言"。二是奇在写法,此书熔哲学、神学、史学、文学于一炉,通篇讲故事,以事例来说明道理,使人读来有"此曲只应天上有,人间能得几回闻"之感。《两界书》在叙事上与《圣经》神似,但此书同时又传承中国传统文化,受《庄子》的寓言和《山海经》的神话等古籍的影响也有脉络可寻。本文旨在探讨《两界书》在中国传统文化框架内的叙事策略。

《庄子》是中国寓言的始祖。《庄子·天下篇》指出:"以天下为沈浊,不可与庄语,以卮言为曼衍,以重言为真,以寓言为广。"意思说天下人都沉迷不悟,没办法跟他们正经、庄重地说话,所以用自然随意之言来推说,引用前代哲人的话来加强真实性,用寓言来广泛地陈说道理。卮言、重言、寓言此三言贯穿始终,而寓言尤为突出。《庄子·秋水篇》讲了一个寓言:"秋水时至,百川灌河。

泾流之大，两涘渚崖之间，不辨牛马。于是焉河伯欣然自喜，以天下之美为尽在己。顺流而东行，至于北海，东面而视，不见水端。于是焉河伯始旋其面目，望洋向若而叹曰：“野语有之曰：‘闻道百，以为莫己若’者，我之谓也。”这个寓言先讲了河伯的故事，然后借河伯之口发出“井底之蛙”之感叹。又如《庄子·列御寇》中有个故事：“朱泙漫者学屠龙于支离益，单千金之家，三年技成，而无所用其巧。”故事极短，仅二十字，但相当完整，有姓名、事件、结果，最后用客观的语气点明教训“无所用其巧”，可见《庄子》叙事艺术的高明。这则 2500 年前的寓言对当代学子选择专业仍有重要价值。

《两界书》深得《庄子》的精髓，其寓言密度甚大，环环相扣，并着意拉大与现实的距离，但道理却为古今通用。比如卷八《盟约》之第六章第四节《沉金入海》的故事：德敦有两子不孝，好逸恶劳，一日，“德敦临崖而望，只见黑水一片，水泛白光。德敦解开布囊，一生辛劳尽在其中。金银有大有小，月下熠熠发亮。德敦细扶细数，一生之求，求来何用？德敦取金，一一抛沉入海，只闻风声，不听水响。”在第五节中，德敦道出原因：“有闻德敦沉金入海，或惜或叹，无不唏嘘。有问德敦曰：‘付之深海，竟为何故？’德敦回曰：‘金银无言语，众人拜为主。逐之无度，致人迷途。父不父，母不母，人性全无。’”在当前的拜金社会中，这个故事不正给社会上贪财之人、啃老之徒敲响警钟吗？

《两界书》的故事每有新意、深意。如卷十《教化》之第二章《双面人国》说的是此国中人，“前后皆有脸面”，“前脸端庄色正，慈眉善目。后脸貌似恶鬼，形态各异”，因此，“经年之后，芸芸众生皆以善面示人，恶面渐微，藏而不露”。但即使如此，“人之善恶两心故在”，“不同之人，抑或同人之心，亦因时因地而异变，并非恒定"。这里揭出了一个大道理。自孟子、荀子的时代开始，性善论和性恶论即争论不休，《两界书》却与两位大儒迥异，提出了"人之初，性本合"的命题，即人心之中，善恶并存，故应扬善抑恶。这个命题，摒弃了绝对、单一的思维方式，指出人性的复杂，对认识人的本性、社会的矛盾和文明的发展，均具重要意义。

《两界书》同时也从中国古代神话中吸取营养。《山海经》是中国第一部集中记录神话片段和原始思维的奇书，内中有无数的奥秘需要我们去探讨。纪昀《四库全书总目提要》称："核实定名，实则小说之最古耳。"《山海经》中的神话想象奇特，如"女娲补天"及"夸父逐日"等在一定程度上反映了中国历史文化的基本特点和文化精神的价值取向，充满了远古先民对道德、力量、生命、自然的敬畏与崇拜。

这种对美好生活的想象和向往的故事在《两界书》中比比皆是。卷九《工事》第二章《函含造飞车》就是一例。故事说函含"挑选上好鹤木，精制木车"，然后，"函含面车而坐，闭目祈拜"直至"血汗流尽，人如枯材，闭目而逝"。此时奇迹出现了，只见"木车竟能腾空。木车渐飞渐高，快慢有序，转眼已上云端。高空盘旋一周，木车缓降，复停族王面前。自此之后，族王函塔尔"出行非飞车莫乘"，以致最后乘飞车探视月宫，竟然一去不回。这个神话故事信息量非常丰富。首先它对应神话故事中先人对未来生活的想象，如嫦娥奔月。其次蕴含科技的元素，从古代的诸葛亮造木牛流马到现代的宇宙飞船。再次，这个故事也体现了现代人对高科技的认识与向往，如太空技术和人工智能。

《山海经》中追溯事物起源的神话较少，而英雄神话、部族战争神话较多，所谓英雄，都具有无畏的品格和突出的个性，所以往往符合道德评价和审美分析的双重因素。英雄的形象主要在人与自然、人与人的交往中表现出的敢于抗争、不怕牺牲、宁死不屈等个性特征。如《山海经·海外西经》所述："刑天与帝至此争神，帝断其首，葬之常羊之山。乃以乳为目，以脐为口，操干戚以舞。"刑天之名在《山海经》中仅仅出现一次，但是这并不影响其勇猛刚烈的性格精神对后世的鼓舞。东晋大诗人陶渊明在读到这个故事的时候曾大发感慨，作诗云："刑天舞干戚，猛志故常在。"

《两界书》中也不乏英雄形象。如卷六《争战》第四章第三节《雅人铭仇》：函族兵马在雅族男丁外出劳作时冲入雅族村内，拔旗烧屋，屠杀妇孺。雅侯狩猎归来，惊见村寨尽焚，族人皆亡，"如雄狮咆哮，撕碎函人绿旗。然后挥起长枪，欲寻函人报仇"。但为族中老人劝阻，因函人人多势众，不可莽撞。"雅侯闻之望之。愤恨难忍，突挥长刀，猛力断掉左臂，以戒族人勿忘族恨。众人阻拦不及，一片惊呼。然后青壮烈汉人人割十字臂记，以铭族仇。自此之后，"凡雅人男丁八岁之际，皆行割臂之礼"。雅侯断臂的英雄形象，使人久久难忘。

除了有深刻的寓意、奇特的构思和丰富的想象，《两界书》在写作语言和技巧上与上述两书亦有异曲同工之妙。它既有《庄子》的汪洋恣肆，又有《山海经》的恢诡谲怪。叙事笔法简练严谨，如"后德敦终身劳作，平淡而居。家中义犬相伴，两子不扰，百岁而终"（卷八《盟约》第六章第五节《与道为约》）。但有时如又如行云流水，如"白日雀鸟为友，夜晚松林作伴"（卷九《工事》第五章第一节《家有两子》）。《两界书》朴素典雅、独具一格的叙事策略使作者在讲述故事、塑造人物、阐述思想时都能得心应手，意到笔随。

陈祖言

美国纽约州立大学杰出教授

《两界书》的立场：一种后现代解读

周小仪　舒莉莉

（一）

不止一个批评家这样评论，《两界书》是一部"奇书"。许多人因为它神话的笔法、奇特的构思、宏大的历史、宗教的激情而深受感动。《两界书》不仅语言精炼优美，而且意境开阔。正如陆机的《文赋》所言，此书可谓"精骛八极，心游万仞。……观古今于须臾，抚四海于一瞬。"

不过习惯于学理逻辑的读者，仍不免掩卷沉思继而困惑，这本书到底要说什么，作者到底要表达什么意思？据说当年香港大学的张五常教授，用一句话难倒了很多人。那些到他这里面试、求职高薪工作的人，都要面对这样一个残酷的问题：你说过什么？只有内行人才能理解其中所蕴藏的玄机，深知此问具有何等虎狼之心！因为一旦你张口想回答，就发现一言以蔽之是多么的难。这是一个令人极为尴尬的场景。

可是《两界书》怎么能够这么轻而易举地绕过这个现代学术的鬼门关，让这个令人望而生畏的问题完全不起作用。你可以说它是古代教义的另类版本，你也可以说它是创世神话的再造。你可以说它是社会学、人类学关于惩罚和禁忌的转述，你也可以说它是充满隐喻的审美文学叙事。总之你就是没法用一句话概括。每一个隐喻都很奇特，你可以从中读出《旧约》，读出神话，也可以读出柏拉图。在著名的《会饮篇》里，古希腊喜剧家阿里斯多芬讲了类似的故事。人最初是"阴阳人"，长着"两副面孔""四只手""四只脚"。宙斯"把人截成两半"，如同"用头发截鸡蛋一样"。这就让男人和女人都不完整，"这一半儿想念那一半"。只有两者结合，才能"医好从前截开的伤疼"。[1]在这里阿里斯多芬是想证明爱情的美好契合。那么士尔教授的这个隐喻想说明什么呢？

熟悉蔡仪和以群的老一代学人，都知道当时文学理论中有一个十分精巧的概念，就是"形象大于思想"。[2]形象大于思想的意思是指，凡是优秀的文学作品，或优秀的文学作品中所描写的生动人物形象，都是无法用一句话来概括的。就像《红楼梦》和莎士比亚作品中的人物，你怎么用一个理念来概括他们？即使概括了也没有意义。研究著作汗牛充栋，恨不得每一天都有新作问世，那么一言点出主题，不就显得苍白和简单了吗？这也可以用罗兰·巴特"可读的"（le lisible）和"可写的"（le scriptible）两类作品加以区分。[3]可读的作品就是长知识、看情节、了解人文社会。可写的作品却是要用心去体味，用思想来誊抄的，那必有自己的经验和理念掺杂其中。用英国浪漫主义和东方佛学的概念描述这一过程就是"顿悟"。《两界书》属于后一种："士尔突得开悟，似寻到了解密之钥。"说的就是这个意思。

---

[1] 朱光潜：《朱光潜全集》第12卷，安徽教育出版社，1991年，第204—206页。
[2] 王向峰等编：《文艺美学辞典》，辽宁大学出版社，1988年，第235—236页。
[3] 罗兰·巴特：《S/Z》，屠友祥译，上海人民出版社，2000年，第56—57页。

　　所谓形象大于思想，用现代西方文论术语来说就是，形式即内容，或者说，形式就是"已经完成的内容"。[1] 这个概念在此就不详述了，有兴趣者可以参考马克·肖勒的《发现作为技巧》这篇文章。在这里我们想指出的是，作者的语言表达、叙述方式、丰富的隐喻，他的人类学、民俗学、希伯来文化知识与中国儒释道思想的融会贯通，本身就具有解释学的意义。唯美主义者王尔德曾经有言，批评家就是艺术家；而所谓文学批评，就是批评家的自传。[2] 那么这句话放在这里是再合适不过。文化叙事与人当时的生存状态息息相关；"一切真历史都是当代史"。[3] 那么《两界书》的非现代、反传统、极优雅、重叙事的表达方式，到底意味着什么呢？他为什么要在科学主义世界观之外，重回前现代的问题，试图再次复活那些古老和原始的追问？也许真相只有一个，就是对现代性本身的不满和质疑！所谓两界，无非是一系列二元对立。二元对立就是结构主义，就是等级差异，就是现代社会组织赖以生存的基础，就是现代工商业所布下的天罗地网。人在其中，如同罗网中的黄雀，被束缚、被困扰、被惩罚。人行走于天地之间，就是在网络世界步履蹒跚，自由梦想却甚为遥远。

　　于是士尔教授苦苦思索，重新审视人类生存方式的合理性，试图得出一套拯救的方案。其实方案本身并不重要，但是这种追寻和疑问，却能警醒沉醉工商业社会无力自拔的我们。他让我们掉过头去，意识到现代性所带来的弊端。这传承了18世纪以来的德国古

[1] Mark Schorer, "Techniques as Discovery ", in *20th Century Literary Criticism*: *A Reader*, ed., David Lodge, London and New York: Longman, 1972, p. 387.
[2] Oscar Wilde, *The Complete Works of Oscar Wilde*, ed. Vyvyan Holland, London: Collins, 1986, pp. 1009-59.
[3] 贝奈戴托·克罗齐：《历史学的理论和实际》，商务印书馆，1982年，第2页。

典美学的传统：用感性拯救理性，用审美解放心灵。文化的使命就在于救赎，让文学叙事成为宗教一样的东西。这也是 19 世纪英国的唯美主义的东方改版。唯美主义者曾经以超凡脱俗的谈吐，奇特怪诞的服装，遗世独立的行为，甚至以纨绔子形象傲然于世。如同波德莱尔所赞美的：他们如同一轮落日，没有热力，却壮丽辉煌。[1] 他们以反现代、反理性的姿态，以艺术至上的理念对抗日常生活的庸庸碌碌。不过士尔教授更像是尼采笔下的查拉图斯特拉，他在山间野外昏睡，醒来，下山。他想告诉世人他如何幻游奇境，以及他的最新的感悟：那就是现代工具理性之光不再闪耀，生命渴望新的智慧彰显它的意义。

（二）

我们可以从《两界书》最基本的概念入手。这个概念就是天帝。作者把天帝解释为天地："'天帝'与'天地'同义，在强化'天帝'信仰属性的同时……赋予其自然普遍意义。"这意味着原来那个客观的、具有物理性质的天地被赋予了人格和神性的色彩。这一立场与现代性思想是完全相悖的。我们知道，笛卡儿主客体二元论是现代性概念的一个重要的基石，也是科学思想的基本前提。这就是说，像自然万物这样的客体在现代思想体系中是没有主体性的，进而像历史事实这样已经发生的事物也是没有主体性的。客体就是纯粹客观的事物。这一点与那些前现代思想-宗教、神话、迷信、传说都是不同的。在前现代思想体系中，大量客体都是具有神性的，或者是具有主体性的。前现代对客体力量的人格化的理解，在宗教、神学和传说中是司空见惯的。对于现代人来说，特别是对

---

[1] Charles Baudelaire, *The Painter of Modern Life and Other Essays*, tran. and ed., Jonathan Mayne, London: Phaidon Press, 1964, pp. 28 - 29.

于具有科学教育背景的人来说，把客体视为纯粹认知的对象和客观物，否认它的能动性，则是不证自明的真理。但这并不是说客体没有力量，客体有它的物理规律；作为历史的客体，也被认为有其历史发展规律。其实这种唯物史观也是 19 世纪科学世界观的产物，是科学思想在人文学科中的表现。对于普通读者来说，这一切已经成为常识，在社会上并没有受到广泛质疑。

然而对于后现代思想家来说，那种前现代的、非科学的对客体的理解，那种宗教的、神学的对客体的主体性维度的描述，并非没有一定的合理性。我们知道，鲍德里亚认为社会组织和媒介符号的世界所构成的客体或"超现实"，具有某种邪恶的主体性，具有某种反人类的特质。他认为客体有一种"狡黠天赋"，有一种纯粹的"迷狂形式"，有"战胜主体的各种策略"。[1] 鲍德里亚用否定的态度看待客体的能量，并声称这个邪恶的客体是无法战胜的。我们已经无数次反抗，均惨遭败绩，只能与狼共舞，与它沆瀣一气，然后期待着整个体系的毁灭。当然与鲍德里亚不同的是，《两界书》基本上是以肯定的态度来描述天帝的，虽然也有天崩地裂那样的否定性因素。

再往前追溯，即便像黑格尔这样的理性思维的集大成者，也试图另辟蹊径去理解世界上这种冥冥中的力量。他在历史发展的客观进程中看到了"历史的诡计"[2]，即历史中有一种不为人知的、强大的主体性力量。相比之下，历史中的个人显得非常渺小，对此无能为力。当然历史唯物主义者称之为头脚倒立，反过来把它表述为历史发展规律，重新理性化。但是黑格尔"历史的诡计"这个概念

---

[1] 道格拉斯·凯尔纳、斯蒂文·贝斯特：《后现代理论》，张志斌译，中央编译出版社，1999 年，第 166 页。
[2] 弗雷德里克·杰姆逊：《后现代主义与文化理论》，唐小兵译，陕西师范大学出版社，1987 年，第 73 页。

指出，客体具有某种神秘性，尚不能被理性思维所完全化解，这与后现代思想有某种契合之处。《两界书》所强调的命格与人格化的天地等思想是否可以从这一角度解读？

进一步看，鲍德里亚的超现实、类像符号和能动的客体，也可以表述为拉康的符号界与实在界之间的相互关系。符号界包括语言、文化、社会，主体在里面仅仅是一个位置：齿轮和螺丝钉。但是人必须进入这个符号界，才能成为主体，并形成自我。这一个过程是一个规训和惩罚的过程，是一个强制性认同的过程。而这一过程在《两界书》中有大量的篇幅加以描述，或用神话传说的形式，或用宗教叙事的形式，并层层展开加以说明。人的符号化过程充满了痛苦，拉康用弗洛伊德的阉割概念，来描述人经由语言通过俄狄浦斯情结的艰难体验。拉康用《威尼斯商人》中"一磅肉"的隐喻，把语言习得描述成阉割这一残酷事件，并以此来描述语言化和符号化后人的感性的压抑和流失。[1]

在《两界书》中，这个过程被表述为"初人"到"中人"的转换过程。"中人"的诞生，是现代意义上人的诞生，它使人脱离了动物性，进入了社会组织，进入了语言符的世界。"初人"是双头四臂四脚的，天帝把他劈成两半，于是形成单头两臂两脚的现代人类。这个隐喻就是代表人进入社会，压抑和规训自己的过程。在这个主体的塑造过程中，符号界与人有着持续的磨合：天帝进一步给予人以塑造，通过清水的洗涤，使人脱去毛发；通过大洪水的泛滥，使优秀的人得到选择。另外天帝还选择了雅西作为族人的领袖训导众人。这和弗洛伊德的部落首领或父亲的形象十分相像。父亲就是规则和社会的象征，人人都要服从。拉康把这个父亲的形象符

---

[1] Jacques Lacan, *Écrits: A Selection*. Trans. Alan Sheridan. London: Tavistock, 1977, p. 265.

号化，父亲变成父亲之名。说明我们现在的语言文化，和古代的祭祀和宗教活动有某种相通之处。只不过我们使用的方式变了，语言和概念变了，但是这种活动在心理层面上起到的作用都是一样的。

也许有人产生疑问，天帝的作用有那么大吗？其实我们不妨想一想，我们的社会组织、国家权力、历史传承、文化习俗，还有当代物质生活构筑的各种符号体系，甚至商业活动、媒体广告，不正是一个巨大的、具有强大无比威力的网络，把我们紧紧扣住吗？过去我们仅仅把它看作是自然、社会、历史的发展规律，也就意味着随着思想和科学的进步，这一切都是理性可以认识和掌控的。这种过度的乐观主义早在 18 世纪玛丽·雪莱的《弗兰肯斯坦》中就受到质疑，而对理性神话和进步论的解构在文学和思想领域从未停止：从浪漫主义、唯美主义到现代主义和后现代主义，从尼采到弗洛伊德到拉康，怀疑论不绝如缕。现在《两界书》把天地还原为某种神秘的力量，突出它的主体能动性，则与此一脉相承，也是当代生活体验的隐喻式表达。天地应该人格化，因为客体对主体的作用是如此巨大，远非理性可以涵盖。文化符号在我们心理层面上留下深刻烙印，并且在无意识中时刻发生作用，也是我们无法回避的现实。可见这个人格化天地的概念用心良苦，与后现代主义对世界的理解不谋而合。

不仅如此，文化符号的世界里充满着争斗与苦难。符号就意味着等级，等级呈现出差异，差异也就是不平衡，所以争斗在所难免。《两界书》专门讨论了征战、族群之间的战斗、兄弟之间的争斗。这里充满了杀戮、争夺。战争，抢劫遍布四方。世界上经常是"狼烟四起，火光冲天。""人间四处纷乱，满地争战，天使心忧神伤。"人的主体，即便经过惨痛阉割，进入符号界之后，仍然经历着矛盾、杀戮和斗争。

拉康在符号界边界上设置了一个实在界。这个实在界虽然看不见、摸不到，但它时时刻刻在符号界中呈现，表现为创伤、矛盾、争斗、杀戮等种种不幸的事件。实在界如同哈姆莱特父王的幽灵，在符号界出没与徘徊。它是欲望被阉割后的创伤，是符号压抑下的回返。[1]符号界的能动性因实在界的存在得以实现。主体的构建就是对实在界的呼应，齐泽克称之为"对实在界的应答"。[2]在《两界书》中，正是与天帝的应答之间，主体的对和谐幸福的追求得以实现。作者的方案偏向于传统教化。通过主体之间的协调和润滑，消除矛盾，解决矛盾。作者借先贤之口，把它归结为"六说"，其中"以道为统""以乐为信""以人为善""以法为制"，最为精要。作者期待道通天下。这也可以理解为符号界完成对实在界的承诺，也是人类对天帝"债务"的"偿还"。[3]

《两界书》是一部关于人类文化和社会发展的另类叙事，是主体构建的后现代隐喻。比利时汉学家魏查理认为本书的核心在于在人类沟通本质的基础上表达了多元文化的取向："在发展变迁中人类社会出现了分化、矛盾、融合，但透过所有的表象，最终还是意识到人类因为同为人类而本质一致。尽管各个群体在地理、文化、宗教、习俗等方面有着差异，但如果能够更多去理解其他群体之文化现象存在的基础和合理性，就有助于消除群体之间的隔阂。所以，多元性的存在有赖于对'一'的理解。这一点也是书中强调的'一和多的关系'的哲学观点。"[4]

---

[1]斯拉沃热·齐泽克：《斜目而视》，季广茂译，浙江大学出版社，2011年，第38—44页。
[2]斯拉沃热·齐泽克：《意识形态的崇高客体》，季广茂译，中央编译出版社，2002年，第244页。
[3]斯拉沃热·齐泽克：《斜目而视》，季广茂译，第107页。
[4]竑一：《两界智慧书》，中华书局（香港），2019年，第256页。

但是，这种传统人文主义思想还无法全面说明"一"的内涵。《两界书》之所以奇异，并不在于魏查理所说的人类本质，而在于它构建了一个具有能动性的天帝概念。这个概念具有心理学的意义。在这个基础上，作者对人类社会的发展，对文化的构成和未来人类的前途有了一个与众不同的叙事。无论是这个概念还是这个叙事，与我们的科学世界观都大相径庭，与现代性框架中的历史叙事无法匹配，这让人觉得新鲜却又十分费解。但是，只要聚焦于后现代主义关于客体的能动性这个视角，这一概念衍生下来的世界观和历史观，不仅从审美和文学方面可以感悟，从精神分析的角度可以解读，在社会历史层面也是可以把握其要义的，因为其中叠加了心理要素。书中对人类活动的描述，对人类文化的评判，都源起于作者对现代性之后的生存体验和严肃思考，因此能够引起人们的兴趣和共鸣。

以上对《两界书》进行了粗略的解读，完全不足以覆盖这本书丰富的内涵，特别是有关宗教方面的内容更有待专家阐释。这本书描述了现代性理论框架之外的另一个世界，保持着一种神话式的超然。书中充满了有趣的细节和生动的故事，行文典雅古朴，别具一格，值得细细品味。

周小仪
北京大学外国语学院教授
舒莉莉
北京大学外国语学院教师

元典话语·跨界叙事·界学初步

杨　建

　　士尔是希伯来《圣经》、犹太文化研究专家，多年致力学术，著述甚多，《两界书》面世，却是"一次非常伟大的叙事冒险"[1]。学界、书友纷纷以"奇书"誉之，"盖因该书纵横跨界，书体无类可归；或因该书不拘流俗，行文于两界，游思于本来、往来与未来，超出了一般学科养成和思维习惯"[2]。本文认为，元典话语、跨界叙事、界学初步是解读这部"奇书"的关键。

一、元典话语

　　《两界书》融合东西方素材，采用了《圣经》《佛经》《易经》《道德经》《庄子》《论语》《孟子》《荀子》《墨子》《尚书》《淮南子》《春秋繁露》等中外古代元典话语，由典而出。但《两界书》用典并非直接引用古代经典词句或故事，而是采用了移植、化用、

---

[1] 著名先锋派小说家马原说："我读这本书看到了一次非常伟大的叙事冒险。"见《士尔　〈两界书〉　系列在港发布》，《大公报》 2017 年 7 月 23 日。
[2] 竑一：《两界智慧书》，商务印书馆， 2018 年，第 217 页。

改写、释义等方法来表达自己的思想。

1. 移植

移植原义是将秧苗或树木移至他处栽种，引申为将有机体的一部分组织或器官补在同一机体或另一机体的缺陷部分上，使它长好，或将程序源代码从一种环境下放到另一种环境下运行，或将一种文化移入另一种文化，等等。《两界书》第一章第一节把"五经之首"《易纬》中的中国内学文化词汇"太初太始"（"太初者，气之始也；太始者，形之始也"）植入《圣经·创世记》，替代"起初"（《创世记》1：1），使之更有哲理内涵，也是文化的融通。又如把中国儒道文化概念"天帝"移植到上帝创世神话中，上帝变成了天帝，旨"在强化'天帝'信仰属性的同时，特别泛化了'天帝'的特指性，赋予自然普遍意义，这样就使'天帝'有了显著的共通性和共同价值意义"[1]。还有"天道"，在中国文化中指运作永恒一切的道，犹天理、天意。"是以立天之道，曰阴曰阳"（《易·说卦》）。《两界书》把"天道"这个概念移植到上帝创世神话中，替代了"神的灵"和"神说"，即神的精神、话语、意念，"喻指至高无上的规则"[2]。《两界书》卷十第五章夏国玛甫一行西行寻道故事有将《西游记》中唐僧西天取经故事植入独目人国之可能。

2. 化用

所谓"化用"包含两层意思：一是"化"，二是"用"。简言之，就是既借用前人的句子，又经过自己的艺术改造。《两界书》巧妙化用古代经典，例如"灵"在中国古籍中指神灵、灵明、灵气、灵魂、精神等，"道"是中国古代哲学的重要范畴，表示终极

---

[1] 竑一：《两界智慧书》，第7页。
[2] 士尔：《两界书》，第8页。

真理、本原、本体、规律、原理、境界等等。《两界书》卷一第一章第二节中的"灵道"显然化用了中国哲学中的"灵""道"以及希腊哲学中的"道"即逻各斯（Logos），也是对《圣经》中的"神的灵"（创1：2）和"太初有道"（约1：1）的化用。卷十第十一章第三节"满者至反"的道理取自儒家经典《尚书·禹书》中的"满招损，谦受益"，但活学活用，有自己的理解。

3. 改写

改写即根据不同语境对原文进行创造性重写、改编或修改，有时还会把原文文体改成另一种文体，但意思不变。《两界书》有对原文故事或对原文语言的改写，例如卷二第一章和第二章改写希腊神话中有四只手、四只脚、一个脑袋、一个脖子上有两张一模一样的脸、其他的身体部件也是这样成双的始原人（又译为阴阳人）形象，[1] 将始原人改写成多了一个头的初人，初人有两头、两口、四目、四耳、四前腿、四后腿。始原人因骄傲自大、反抗众神受到惩罚，被宙斯劈成两半，被劈以后，始原人的一半总是寻觅着从前与自己连成一体的另一半，当碰着自己的另一半时，他们就拥抱在一起，怎么也不分开，不吃不喝直到死去。柏拉图通过始原人故事试图说明："从很古的时候起，人与人相爱的欲望就植根于人心，它要恢复原始的整一状态，把两个人合成一个，治好从前剖开的伤痛。'所以我们每人都是人的一半，是一种合起来才成为全体的东西'"[2]。初人故事是想说明人因懒惰纵欲、不合天意而受罚，被天帝从中裂分造成复人，所谓"复人"就是白天分处、晚上寻求复合的人，以此说明男女合体、互为骨肉的道理。又如《两界书》改写了《创世记》中上帝造人步骤。上帝造人三部曲为：第一步，用

---

[1] 参阅柏拉图《会饮篇》，王太庆译，商务印书馆，2013年，第29—33页。
[2] 同上，第32页。

地上的尘土造出泥巴人；第二步，将生气吹在亚当鼻孔里，使他成为有灵的活人，再用亚当身上的肋骨造成女人夏娃，使他通了情爱，脱口成章作出人类第一首情诗；第三步，用禁果使人类性意识觉醒，有了羞耻感，能辨善恶。天帝造人三部曲与上帝造人三部曲有所不同：第一步通情爱，使人有苦楚情爱；第二步天水涮洗，使人通窍悲喜，有羞耻感；第三步播灵雾，使人有灵性。"天水"可以理解为圣水，"灵雾"可以理解为灵气。这一改写说明男女情爱、欲望是先天的，无师自通，而灵性、羞耻感是后天教化的结果。此外还有《两界书》卷二第 3 章 5 节《东角采田》对伊甸园故事的改写；卷三第 2 章 1 节《天帝了悟》、第 2 节《良人存留》对挪亚方舟故事的改写，第 3 章 4 节《定生途》中"一人乐而从乐，从乐而众乐。生弥珍贵，生当乐生"对中国儒家与人同乐、与民同乐思想及道家乐生思想的改写；卷五第 1 至 3 章雅西失腿、受灵悟道对雅各在伯特利和雅博渡口、摩西在何烈山（又名西奈山）故事的改写，第四章带翅红狮对天使基路伯形象的改写，第七章瑞兽集合大鳌对龙的改写、函人鳌身成墙对千年不倒护卫汉人之长城的改写，第 5 章雅西传谕对摩西颁布十诫故事的改写；卷十第 2 章《双面人国》对《镜花缘》中双面国的改写，第 2 章第四节《切心术》中的犬食恶心描写对古埃及神话冥府公平殿审判中金狼犬阿蛮吞吃罪恶灵魂（显形为心脏形状）的改写，第 3 章《绿齿人》对《镜花缘》《山海经·大荒东经》《后汉书·东夷列传》《梁书·倭国传》中黑齿国的改写，第 4 章《尾人国》对《镜花缘》中轩辕国的改写，第 5 章《独目人》对荷马史诗第二部《奥德修纪》中独目巨人的改写，第 7 章"成之哈里，败亦哈里"对成语"成也萧何，败也萧何"的改写，第 8 章"用人存疑，疑人善用"对古人常言"疑人不用，用人不疑"的改写，第九章天星显秘、哈法以王剑刻天字（"道、约、仁、法") 于磐石、得天启开悟对摩西登山求神、接受天启、刻十诫石版的改写；卷十一第 2 章"仙界一瞬，凡界十年"对"天上一日，凡间一年"或"仙界一日内，人间千载穷"（孟郊《烂柯石》）的改写，第 6 章洪水大舟故事对诺亚方舟故事的改写。

4. 释义

释义即解释或阐明经文义理。如《两界书》卷一第 3 章 3 节"由一为二，一分二维，二成万物成式"和"二维相对，合分化生，使二成三，三生异变，三成万物化因"对《道德经》宇宙生成论"一生二，二生三，三生万物"的解读，揭示了二和三在创生万物过程中的原因和作用，并由此逻辑推演出天帝创世之工三步骤中的"世界之工"和"化异之工"。又如卷一第三章第三节"天帝使无成有"对《道德经》四十章有无论"天下万物生于有，有生于无"的解释，以及卷一第四章第二节"本维有道无痕，存于有无之间"和"有后复无"对《宗镜录》卷四十六有无论的解释，都试图对无与有及其相互关系的终极性命题有自己的悟读。

《两界书》还在采用古代元典话语体系基础上建立起自己的现代元典话语体系，创造出"两界""意杖""灵道""元卵""元物""活化""空维""时维""世维""本维""初人""中人""终人""人朋""六先""六要义""宗地""祖地""实均""界桥""帝山""天种""天孕""天医""天心""天字""天风""天音""天光""天雨""天河""天水""天目""圣水"等新的概念范畴。

二、跨界叙事

《两界书》有"《圣经》般的体例"[1]，有创世、启示、救赎三

---

[1] 竑一：《两界智慧书》，第 253 页。

大《圣经》叙事母题，有简约、含蓄、朴实、生动的《圣经》叙事风格，还沿用了《圣经》尤其是《旧约》（希伯来《圣经》）的跨界叙事传统，在学科发展日益精细化、学科分类越来越多的今天，开跨界叙事之先河。所谓"跨界"，有跨越天界地界、物界意界、生界死界、灵界肉界、神界俗界等两相对应但相辅相成的世界之意，有跨越历史、神话、宗教、哲学等传统范式规制之意，有拆除思想藩篱、打破思维界限之意，还有跨越话语、文体等文本形式上的界限之意。《两界书》的跨界叙事即回归文史哲不分家、智慧圆融、图文并茂的元典叙事传统，是跨界思维、比较视野、文学交流、文明对话的产物。《两界书》的跨界叙事主要表现为跨学科叙事、跨艺术门类叙事、跨文化叙事和跨文体叙事。

1. 跨学科叙事

"《圣经》无所不包地容纳了各种学科思想，包括律法学、经济学、哲学、史学、伦理学、文学、建筑学、医学、地理学、民俗学、教育学等等，不仅蕴涵了各种学科思想的要素，而且树立了学科思想的方法视野，并在《圣经》中实现了科际整合"[1]。《两界书》也像《圣经》一样超越了宗教、哲学、伦理学、社会学、历史、文学等传统范式界限，呈现出多学科融通、不可分割的特点。

首先，《两界书》是一部非常精彩的文学作品，可以当成故事、小说来读，文学性是《两界书》最突出的部分。成中英教授盛赞它"不仅是一本有关民族智慧的哲理书，也是一本一流创新的文学精品"[2]。《两界书》取法《圣经》，以文学叙事而非学术逻辑推理形象化地演绎文明进化，展现人性善恶，表述人生矛盾，感悟生命真

---

[1] 刘洪一：《〈圣经〉的跨文化元典意义》，《深圳大学学报》（人文社会科学版） 2005 年第 4 期，第 65 页。
[2] 竑一：《两界智慧书》，第 222 页。

谛，这是其重大的叙事策略。《圣经》以灵性叙事、历史叙事、律例叙事、智慧叙事、抒情叙事等叙事形态以及异象、隐喻、象征、拟人化等修辞手法表述叙事意义。[1]《两界书》也有以上帝之言、异象命数、六先问道为主的灵性叙事，以七族分合、承续工事为主的历史叙事，以教化立约为主的律例叙事，以六先知、六要义为主的智慧叙事，以爱情、思乡为主的抒情叙事。《两界书》中有红狮、巨鳌、天虎、火云、园泰、双面人国、四角怪兽、合欢大鸟、天帝大坛、仙界灵山、仙龟灵草、天道山、问道山、仁德之道、天帝界桥、元树、元果、六合花等象征性事物，有用典、排比、隐喻、讽刺、戏仿等修辞手法。例如"斯国上下，人皆以尾为荣。位愈高尾愈大，尾位相应，见尾知位。国王乌里尾粗且长，直立于后，高过头颅，可左右舞动，可前后倒卧，威严无比"（卷十第四章第三节《群起效仿》）是对兽国野蛮之邦以丑为美的讽刺。雅族八戒、函人七戒、希人戒规、布人戒规、普罗教规有戏仿"摩西十诫"意思。

《两界书》兼有宗教、历史思想。从割礼之俗、受灵立戒、兄弟阋墙、族盟族约、智器神手、先知问道、神迹启示、天地异象、天使巡望、神秘数字[2]、现世来世、普罗教规等可以看到与《圣

---

[1] 参阅刘洪一《圣经叙事研究》，商务印书馆，2011年。
[2]《两界书》中神秘数字有3、7、10、12或其变数，如三张古羊皮跳出神奇字符，"塔高三百丈"，"铜釜周长三丈，高逾三尺"，"所筑高屋可达三十丈"，"途有四浅两深六道河湾，六低三高九座峰峦"，"三年修行"，"祈拜再三"，"三制有序"，"三衍万物"，"三灯齐映"，"心口身三整为合，念颂行三合为整"，"行于六说"，"六说不悖"，"六先"，"六圣"，"道、欲、仁三维而织，三纲而张"，"六合正一"，"六说六言"，"六合花开"，"维义六悟"，《六先书》；七彩云石发光通灵，天门泄洪"一连七天七夜"，人分七族，雅分七支，函人遇洪七天七夜，大疫七天七夜，"大火七天七夜不息"，"巨舟漂浮七天七夜"，"成七归一"，"七首合欢"，"六合花开有七彩"，"六说相合有整成七，六方相合有中成七"，"故七日为一周循"；"分立十族"，"割十字臂记"，"百工竞场"，"遂升海水百尺"，"高塔竟至千丈"，"一树千年不老"，"东海以西三千里"；《两界书》全书十二卷，《命理秘笈》十二卷。

经》和犹太-基督教密不可分的关系，从道、道先、问道、自然、气化天地、天人合一、阴阳之说、淡得失、仙龟灵山、仙界仙道不难看出它与黄老之学、道教的密切联系，从敬天、仁爱、孝父母、善他人、守自己、行道义、教化、智信、天定命数等可见它宣扬的是儒教教义，从空先、悟空、普度行道、莲山梨花、尘世俗间、元树元果、色受识想、悲喜无常、烟云一场、生死轮转等还可以窥见佛教的渗透。士尔没有在《两界书》中开宗立派，但其意图明确，卷十二第十八节有言："天下九教十八流，同中有异，异中有同。各有所执，各有所废。统合融纳，可补短长，可合大道，可适人律。天道人律适合，天长地久人生。至于天下千国万族，国族有分，天道无别。"卷十二第二十节强调："天道立心，人道安身。"《两界书》是浩瀚的人类文明史、古代思想史的缩微之作。"此书虽然大致呈现了古代希伯来民族的历史"[1]，更呈现了人类的历史。它采用历史重述的方法，以人类文明演进为主线，从人类起源谈到人类未来，有人的发展史，也有人性发展史。《两界书》所描绘的"人类从'本来'到'往来'乃至'未来'的历史生活图像，揭示了一种世界一体、万邦和合的文明前进模型"[2]。

　　《两界书》还兼有哲学、伦理学、政治学、社会学思想。主标题"两界书"规划了这部书建构"界学"的哲学旨归，副标题"凡人问道"涉及世界与人生十大终极问题，如世界从何而来？人类如何起源？人为何会有生死？人为什么会不一样？人生而为何？人是什么？究竟有无来世？善恶有何报应？何为人主？人类最终向何处去？"这是传世经典所具备的终极追问"[3]。它不仅探讨宇宙、自

---

[1] 竑一：《两界智慧书》，第 222 页。
[2] 同上，第 3 页。
[3] 同上，第 221 页。

然之谜，也探讨人生哲理、情理、意义。[1]《两界书》主要哲学范畴有两界、道、人、自然等，有一本、二维、三生、三合、三制、四象、五行、六言、六说。《两界书》又有对世风日下、人性沦丧、王入邪道的警示，借哈法劝谏哈里提出"上承天道，下载民意""三合有序""三制有序，天人相合""人言无信，类同犬吠""以道为天"等治国、治民、治身大道理，借六先立"六言"（"敬天帝、孝父母、善他人、守自己、淡得失、行道义"），借哈法之口推出治国化民的"道、约、仁、法合治"综合治理方略。《两界书》中的"天风吹落"隐喻世界各族神秘散居各地，尾人国、独目人国的教化、悟道、变异隐喻人类文明进程，无尾国、巴夏之国是乌托邦、理想国的隐喻。

2. 跨艺术门类叙事

《两界书》还采用了跨艺术门类叙事，百余个故事配有百余幅插图，这些图片"采用了非常古朴的汉砖的表现方式，让人一翻开就感觉到里面的元典性、古朴性、典雅型"[2]，让读者在图文并茂的阅读中充满愉悦和感悟。其实，中外有不少古籍带有插图，如被誉为"群经之首，大道之源"的《易经》每一卦都配有卦画；富于神话传奇色彩的最古老的奇书《山海经》郭璞注本配有插图；古埃及宗教性诗歌总集《亡灵书》配有彩色插图标示着冥国下界之详；古印度两大史诗配有插图；古希伯来《次经》也有插图……

---

[1] 如"识面易，识心难。一时识心易，恒久识心难"，"有目无心，双目何用？故心目为要，心目观道，人行正道"，"用人存疑，疑人善用"，"水清无鱼，水混死鱼"，"万物有对，相辅相承"，"仙药非药实为道，仙道非远在心间"，"邪毒入身有四径，或从口入，或从肤浸，或从心进，或由心自"以及三灯齐映则肉身长久、灵魂不朽等人生哲理。

[2] 竑一：《两界智慧书》，第252页。

3. 跨文化叙事

《希伯来圣经》是一部跨文化元典，记载了希伯来民族早期所经历的游牧式文化迁徙及此后与迦南人、埃及人、亚摩利人、非利士人、示剑人、他玛人以及巴比伦人等周边族类之间的文化冲突与融合，可以说，"《圣经》是在综合了两河文化乃至地中海和埃及文化的某些要素的基础上形成的，经过《圣经》的吸纳、消化、整合，汇聚和呈现的是一系列既具新质意义又具初始性的文化意象和文化元素，这些文化意象和文化元素仿佛种子和基因，对后世西方文明乃至世界文明产生启示性影响"[1]。《两界书》也"兼融了东西方文化的经典要素"[2]，尤其是儒、释、道、希罗文化、犹太-基督教文化等东西方文化的比较，不同文明、不同学说在共同场域中交流对话、碰撞辩论、互鉴互证，极具"元典张力"[3]。

《两界书》副标题"凡人论道"设立了东西方文化论辩平台，"道"包含何为"道"和"道"从何来两个终极之问。《两界书》塑造了道先、约先、仁先、法先、空先、异先六位先知形象，采用哲学对话形式，[4]试图以先知之口获取问道答案。六先论道实际上构筑了一个跨文化、跨学说综观的思想框架，卷十二第七章第十九节所言"六说不悖，各有其悟"正是作者所倡导的东西方融合交汇的"合正大道"[5]，这是化解冲突、构建人类命运共同体的精神纽带。

4. 跨文体叙事

《两界书》采用跨文体叙事，讲述了一百多个既相对独立又相

---

[1] 刘洪一：《〈圣经〉的跨文化元典意义》，《深圳大学学报》（人文社会科学版）2005年第4期，第65页。
[2] 竑一：《两界智慧书》，第219页。
[3] 同上，第219页。
[4] 《两界书》可能受到《约伯记》《薄伽梵歌》、柏拉图的《对话录》、西塞罗的《对话录》、欧内斯特·勒南的《哲学对话录》等著名哲学对话形式影响。
[5] 竑一：《两界智慧书》，第232页。

互串联的故事，穿插了几十首诗歌，还有哲学对话等形式，灵活多样。《两界书》中的故事有天帝创世造人、天帝授命、天门泄洪、尾人国、绿齿人、独目人等神话故事，有人分七族、函雅结仇、立教传谕等史诗故事，有嘉弗教子、孪生兄弟维义和维戊问道、鹦鸟夺肴等寓言故事，有普度行道等传奇故事；诗歌有类似《约伯记》和《天问》的哲理诗《雅西心问》，有类似中国启蒙教材《三字经》（三言诗）的帝山石铭《三字经》和道先铭记《六言诗》，有类似《道德经》的雅翰《阴阳界悟》（亦称《道行经》），有词《普度思乡》，有童谣《扁担挑娃》和民谣《河有两岸》，还有四言诗《天地异象》《六先论道》等许多四字句，还有七言绝句《元树元果》、哲理诗《维义六悟》及其他诗歌形式。

三、界学初步

人类学者士尔在大西北海拔三千米高坡上背贴大地、仰望高天苍穹、在无数星辰中的天眼顿开与哈法东临高台、置身苍穹、在万千繁星中的灵悟何其相似！这是先知、圣人才有的奇遇和天启。而他手扶云杖、漂游天外、数日返回、头枕七彩云石、身垫三张古旧羊皮的奇幻经历，以及云石通灵能语、三张古旧羊皮跳出一组组神奇字符这样的神话故事，又增加了《两界书》的文学性、预言性和神秘色彩。其实，作者意图很明显，他明言想把《两界书》写成一部"现代羊皮书"——洞悉天象世态、人类命运的密钥，而密钥之码为"两界"[1]。

《两界书》书名即突出密钥之码"两界"，副标题"凡人问道"

---

[1] 士尔：《两界书》，《前记·夜光云石会说话》，第3页。

表明这是一部行走两界的智慧之书,《引言》展示了"世有两界:天界地界,时界空界;阳界阴界,明界暗界;物界意界,实界虚界;生界死界,灵界肉界;喜界悲界,善界恶界;神界俗界,本界异界……"图景,揭示了"两界叠叠,依稀对应;有界无界,化异辅成"性质和规律,并阐明"以界为经,以人为维"写作框架。由此可见,《两界书》还有一个潜在的写作目的——创立界学。

《两界书》中的界学还在初创阶段。虽已涉及时空二维、光暗交替、日月隐显、昼夜交替、男女分合、生死两界、道欲分离、道魔相争、善恶报应等两界现象或概念,但对"界"尚未界定。已论及两界的隔、合、超、转,例如生当乐生、死为归途、向死而舞(卷三第三章第四节《定生途》);合俗仙阴阳两界,超昼夜时空两维"(卷十一第三章第七节《命理秘笈》);阴阳转化、阴阳互根(卷十一第四章第三节《雅翰回生》);异先强调"化""变"(卷十二第二章第一节《六仙居台》),人性多异变正是人的本质(卷十二第四章第七节《人之为人,在其性变》);空先认为生死循环,本来为"无",终归于"无",人与禽兽食相近、性相通,生死轮回,虽各有不同表现,然生命的本质是一样的(卷十二第三章第五节《无即本生》);道先认为两阶、两界的"融动"(融合变化)构成了完整的人(卷十二第四章第八节《人之为人,由恶化善》),在今、来两界和时、空两界之间,实有"意界"联通,"意界"实为立于两界而又超于两界的"三维本界"(卷十二第六章第十二节《以意为介,可得联通》);仁先认为做好现世,来世自来(卷十二第七章第七节《仁善为万众心主》);约先认为人生在世,皆为来世订约,提出天帝搭设的"界桥"可贯通今、来两个世界(卷十二第六章第八节《为来世订约》);法先认为今、来两界各有不同的界律,两界之间界律不同,难以逾越(卷十二第六章第九节《今来各有界律》）……但《两界书》尚未充分展开并深究这些问题。此外，《两界书》对天、地、空三维以及二与三生、三合、三制、四象、四合、五行、五蕴、六象、六言、六说、六合之间的关系尚无解说，对佛教一界说[1]、三界说[2]、十界说[3]、十八界说[4]和中国上古神话中六界说[5]等尚未作出回应。

《两界书》堪称"世纪杰作"[6]。该书设元典话语，形成古为今用、融会贯通、化陈出新的叙事话语，为跻身世界元典之林搭建了言说平台；用跨界叙事，以人类文明进程为线索，用文学手法描绘了多学科、多文明融汇交通的美景，试图在东西文化传统基石上重设文明演化、文化对话、世界与人生终极思考的综观框架，展现世界眼光，以普惠文明和思想通鉴努力为人类命运共同体探索合正之道和文明路径；创立界学，提出"界""两界"等元概念、范畴，重新思考一些本体论、结构论哲学问题，是重新认识人与世界的新起点。

杨建

华中师范大学文学院　教授

[1]《楞严经》：佛之威神，令诸世界合成为一界卷一（大正一九·108B）。
[2] 佛教三界指欲界、色界、无色界，出自《灵宝无量度人上品妙经》，"三界"一语或许承袭自吠陀时代的天、空、地"三界"。
[3] 天台宗称六道四圣为十界。佛教有十法界之说。
[4] 佛教以人的认识为中心，对世界一切现象所做的分类。或说，人的一身即具此十八界。包括能发生认识功能的六根（眼界、耳界、鼻界、舌界、身界、意界），作为认识对象的六境（色界、声界、香界、味界、触界、法界）和由此生起的六识（眼识界、耳识界、鼻识界、舌识界、身识界、意识界）。
[5] 中国上古神话中有五行八荒界、芥子六合界、九曲黄泉界、直符灵动界、宇宙混沌界、坤元中宫界六界之分，又有神界、仙界、人界、妖界、魔界、冥界六界之说。
[6] 竑一：《两界智慧书》，第222页。

以跨界思维传播中国故事

李凤亮　李　翔

　　我们生活在一个充满机遇的时代，中国发展势不可挡。人们有更多机会饱览大好河山、体验环球凉热。人们逐渐习惯以平等视角、平和心理、平常姿态审视和融入世界文明的对话。

　　我们又生活在一个充满挑战的时代，多极化与单边主义、全球化与逆全球化、文明交融与地区安全、经济发展与环境保护、社会转型与民生福祉等问题和矛盾时刻考验着我们的智慧。

　　面对冲突与纷争，文化的调节功能坚强而柔韧。中国作为5 000年文明大国和当今世界经济的引擎，如何进行文化的自我定位，如何面向世界进行价值传播，从而为人类整体命运的走向贡献中国智慧、中国力量、中国方案，是历史之问、时代之问，更是未来之问。《两界书》横跨历史与文学、哲学与文化，开辟了以跨界思维传承中国文化、传播中国故事、构建人类命运共同体之文化纽带的全新路径。

一、坚定文化自信

　　习近平同志指出："中国有坚定的道路自信、理论自信、制度自信，其本质是建立在5000多年文明传承基础上的文化自信。"要实现"两个一百年"目标和中华民族伟大复兴的中国梦，迫切需要建构与我国经济实力、国际地位相匹配的文化话语权体系。这就要求我们必须以更加坚定的文化自信，继承和发扬优秀传统文化。

《两界书》以人类文明演进为主线，囊括"文明与蒙昧、向善与向恶、和平与征战"等宏大命题，通过文学的手法，呈现各种文明形态的对话与辨证，最终以中华文化的核心内涵为指引，归纳出"凡人问道"六要义，即"敬天帝""孝父母""善他人""守自己""淡得失""行道义"。这六要义充盈着"天人合一""孝道文化""仁爱精神""修齐治平""黄老之道""知行合一""四海一家"等中国优秀传统文化的标志与精粹，从信仰、伦理、社会、个人、实践层面建构了一个系统的世界观、人生观、价值观体系，并在与多个世界主要文明形态的沟通交流中彰显着独特的思想价值和坚定的文化自信。

二、讲好中国故事

习近平同志指出："讲中国故事是时代命题，讲好中国故事是时代使命。"日益走向世界舞台中心的中国，迫切需要建构国际话语体系，以消弭崛起过程中的误解和杂音，完成国家形象的传播。《两界书》将跨界叙事、元典话语、人文情怀、中国精神熔于一炉，为"讲好中国故事"提供了若干重要启示。

首先要"够中国"。中国故事浩如烟海，有经验，也有教训。最为重要的是故事蕴涵的"道"，"道"在则中国在。《两界书》以文明演进为叙事主线，构建了儒、释、道、希伯来、希腊哲学、不可知论等学说共同探讨、理性思辨的话语体系，强调"六说不悖，皆有其悟"，终究又以中国文化要义为"合正大道"，凸显出中华文明的世界性意义。

再者要"有故事"。过去中国人讲中国，往往有中国却没故事：充满中国特色的观点、口号有之，但缺乏符合传播规律的国际话语。《两界书》融合多元文明的素材，探讨关乎人类整体命运的重要问题，全书叙述了百余个相对独立又互相关联的故事，融汇了神话、宗教、寓言、小说、历史的生动气韵，展现了中国故事的魅力与风采。

关键还要"会讲述"。讲故事不是自说自话，鸡同鸭讲，受众的反映和互动至关重要。《两界书》探讨的创世、造人、分族、立教、盟约、工事、教化、进化与未来等命题为全人类所共同关注。书中营造的"六先论道"场景，也以对话方式呈现了不同文明对上述问题的思考和立场。其落笔行文，充满讲者的情怀与巧思，体现了传播的使命感和对受众的高度诚意。

三、促进共同繁荣

习近平同志指出："人类生活在同一个地球村，生活在历史和现实交汇的同一个时空里，越来越成为你中有我、我中有你的命运共同体。"近年来，世界局势复杂多变。一方面，物质财富不断累积、科技进步日新月异；另一方面，地区冲突、恐怖主义、难民危机、贫富差距、传染疾病仍然威胁着人类的生存和发展。关乎人类整体命运的问题需要全体人类、各种文明携手同心、和衷共济。《两界书》为多元文明的共存、共济、共荣提出了方案。

《两界书》强调"六说不悖"，讲述文明共存之法。各种文明形态均有其存在的意义和价值，都在历史和现实中指引着人类的发展。"文明冲突论"者认为 21 世纪各国纷争的主要原因是不同文明间的争拗。这点已经充分印证在当今世界种族主义、恐怖主义、宗教极端主义等问题上。互相尊重、互相理解、互相包容是不同文明形态相处的唯一正确态度。

《两界书》呈现"六先论道",讲述文明共济之道。不同文明就人类共同关心的重大命题提供了各自的思考与答案,许多全球性问题的解决有赖于人类文明的集体智慧。中华文化作为"合正大道",在这场对话与思辨中起着引领作用。诸如"天人合一""知行合一""天行有常""扬善抑恶""天地之心"等经典论述以"正道"姿态跃然纸上,为众多兼具终极关怀与现世价值的问题贡献了中国智慧。

《两界书》描绘"六合花开",讲述文明共荣之象。包括中华文明在内的世界各种文明形态共存共济,倍加珍惜滥觞于人类历史长河中的多元文化瑰宝,在多极化的政治格局、全球化的经济格局、天翻地覆的科技革命、深度重组的社会变革语境中,抓住机遇、应对挑战,为繁荣人类命运共同体而奋斗。这就是书中所谓"心花种在心上、生在身上、开在行上、果在人间"。

《两界书》仿佛一幅巨画,浩浩大江、巍巍险峰、萋萋芳草、芸芸生民、秋水与长天、落霞与孤鹜、黄沙与铁甲、晚风与晨曦,尽在其中。历史与现实在此交错、天地与人生在此融汇,观画者在此"见自己、见天地、见众生"。

"相看两不厌,只有敬亭山。"这是人类文明对话与交融的理想境界,知易行难。以优秀传统文化、革命文化、社会主义先进文化为源泉的中华文化完全拥有这样的智慧、胸怀、胆识与气魄。《两界书》凭借坚定的文化自信,在打造人类命运共同体的思想框架中,以匠心独具的跨界思维,为传承中华文化、传播中国故事进行了有益探索、提供了重要启示。

《两界书》是一块砖石、一曲韵歌，我们期待着砖石垒成高台，韵歌汇成乐章。

李凤亮

南方科技大学讲席教授

李翔

中国社会科学院博士研究生

从故事到生命

——论《两界书》的叙事逻辑

詹文伟

　　《两界书》的体例众说纷纭。成中英说"此书不仅是一本有关东西民族智慧的哲理书，也是一本一流创新的文学精品"，高建平说《两界书》"不像小说，不像哲学，也不像神话……是一部融合了哲学、神话和文学的书……"蔡东说《两界书》"是超越哲学、文学、历史、宗教等既成界限的融合映照之书"。不同学人对《两界书》体例的不同认识，一方面反映出此书的丰富意蕴，另一方面也给读者阐释留下了广阔的空间。在我们看来，《两界书》中充满着大量的故事，因而此书首先是一部故事之书。但《两界书》中的故事又不同于一般的故事，而是与宇宙诞生、历史进程、文明演化等诸多宏大命题融合在一起，因此书里的故事以丰沛的意蕴走向了寓言。与此同时，《两界书》虽以故事为载体，但核心指向却是言说生命尤其是言说人，涉及人性的演化、人对存在的探寻等诸多深刻命题，由此，《两界书》就以对哲理的探寻而具备哲学的品格。从故事和生命两个维度切入，我们可以挖掘《两界书》那潜藏在冰山之下的深厚意蕴。

一、《两界书》的"故事"之维

在中西文明史上，相比于严谨论证，通过故事来传达某种人生之思的作品更具一种灵性和神采。中国古代的《庄子》借由一个个简短的故事表达出一种任性逍遥的人生理想，西方尼采的《查拉图斯特拉如是说》通过查拉图斯特拉修行之后去人间布道的故事，表达出作者对生命之欢欣痛苦的深邃体悟。以故事为载体的作品，一方面能吸引读者，因为人的天性就是爱听故事；另一方面能以一个开放的结构将文本的意义空间拓展得无限辽远。由此，故事已不是一般的故事，而以其涵摄的深沉意蕴走向了寓言。或许受到中西文明用故事来传达人生意旨的启发，《两界书》中充满了大量的故事，但这些故事又不是简单、普通的，而是充满诸多值得分析的特质，这些特质进一步表现于作者的叙事之中。宏观而言，主要是三点：

首先，就《两界书》的叙事对象而言，既存在"原型"又有所新变。这里的原型指文化层面的原型，它如文学作品中的母题、意象，它有反复性、象征性、约定性。[1]《两界书》中大量的故事，能让我们看到不同宗教、神话里诸多故事的影子。第一，人经天水涮洗的故事与基督教的洗礼仪式有关。但基督教的洗礼象征教者的原罪和本罪得到赦免并接受圣灵和恩典，而天水涮洗则象征人开始通窍悲喜。第二，《两界书》中的意象是诸多文明意象的化合而成。如，振翅翱翔的来好大鸟让我们想起庄子《逍遥游》篇中的大鹏，尾人国的故事让我们想到《聊斋志异》对狼的描写，而独目人的故

[1] 叶舒宪编选：《神话-原型批评》，陕西师范大学出版社，2011年，第122页。

事更让我们直接对应起《山海经·大荒北经》的记录："西北海之外，赤水之北……人面蛇身而赤，直目正乘，其瞑乃晦，其视乃明，不食不寝不息，风雨是谒。"值得注意的是，无论从"来好"的名称寓意还是就其出场的语境言，来好鸟与《逍遥游》中的大鹏都是不同的。同时，《两界书》的尾人国的故事谈的是兽性和人性的转化问题，而对独目人的描绘谈的是欲和道的关系问题。这与作为神话和鬼怪的《山海经》《聊斋志异》是迥为不同的。第三，通过《两界书》的一些人物形象，我们能看到不同文化的母题。问道的倬尼让我们想起传道的耶稣、孔子，论道的六先让我们想起战国时期百家的争鸣，而士、尔两个人物则让我们想起中华文明的农耕本性，以及中国文人归隐田园的人生理想。《两界书》借由这些沾染着不同文化本性的人物形象，构建起一片蕴含着内在理路的叙事空间，如士耕尔织就象征着宏大的文明教化问题，正是在有关文明意义的指向当中，《两界书》在融合不同文明"原型"的过程里实现了意涵的新变。

其次，就《两界书》的叙事方式而言，一方面注重时空"真假"的隐形转化、叙事意象的重复使用，另一方面注重叙事语言的简洁、自然。就"真假"的隐形转化言，我们在《两界书》中经常看到诸如"天历二百六十二年""天历三百六十三年"的句子，可知雅、函等七族的故事产生于一定的历史背景当中。我们可以否认七族的故事不是实然的历史，但我们无法否认在《两界书》的语境中，雅、函等七族的故事在明确的时间刻度里已构成另一层面的历史。对此，中国古代史书《春秋左传》之所以记载每一件大事都必须将其置于某个年份和时间之下，就在于这种记叙方式标示出所记之事的真实尺度。《两界书》正是通过时间刻度的方式，将虚构的历史赋予了真实的意蕴。无独有偶，书中在描绘地理时，常以诸如

"帝山东南八百里""东海以西三千里"这样的句子开头，这种数字化的描述很容易让我们产生一种真实和信赖感。《山海经》里就经常见到这种描述方式。需要注意的是，我们在阅读《山海经》时，事先认定它是一本神话书，因此对这种数字化的描述不会过多信任。但《两界书》体例的复杂性却让我们遇到类似的数字化描述时，难以在真和假之间做出决然的区分。由此，《两界书》的故事就在数字化的描述下走入一种神秘和写实、虚幻与真实相交错的氛围中，这增添了故事的意蕴；就叙事意象的重复使用言，我们看到《两界书》中的七族，作为一个固定的意象，不断地闪现在立教、争战、承续等不同的卷目当中。这样做主要有以下好处：第一，将七族的历史有序地呈现出来；第二，通过七族去阐发关于分族、争战、教化等不同的文明母题，有了之前的铺垫，读者的理解就方便很多；第三，通过不同维度对七族的描绘，能让读者对不同民族的性格特征有全面的认识。这一种写法，我们说主要来自《史记》的"互现法"；就叙事语言而言，《两界书》的叙事语言也有自身的特质。蔡东说《两界书》"在体式上具备典籍的庄重感，在文字表达上呈现出提纯精炼过的结晶感"，又说"前面《创世》《造人》《分族》等几章实上古神话笔法……《教化》一章，《双面人国》《尾人国》数篇，有些《世说新语》及《镜花缘》的风致"，这番评论是比较精到的。《两界书》的叙事语言简洁、克制，颇得《世说新语》的精髓。但《两界书》的语言不是一味地追求简洁，而是寻求与内容的相得益彰。且看这一段："合欢大鸟上下翱翔，所经之处，风生水起，霞光普照。天上升彩虹，地下有灵塔。虹塔相联，天地无间。"这一段以豪放、洒脱的笔触描绘出合欢大鸟起飞之时的雄伟气象，形式与内容相得益彰。

最后，就《两界书》的叙事目的而言，实则是通过故事来探寻人性、追问存在。我们姑且以《两界书》的两个故事为例，通过其与本原故事的比较来反映《两界书》的叙事目的。第一个是关于黄金的故事，分别来自莎士比亚《雅典的泰门》与《两界书》卷八《盟约》第六章《高崖沉金》。前者讲的是雅典的贵族泰门得势之时春风得意分不清谄媚之人和朋友，后来失势之后债主上门，昔日阿谀之人避之唯恐不及，由此，泰门发出了自己的感慨，说这"黄金奴才"，"足够颠倒黑白……使异教联盟，国家分裂……"。后来雅典遭到围攻，贵族们又重新讨好泰门并给予其金钱和地位，然而泰门拒绝了，带着对伪善的人类的痛恨离开了人世。后者讲的是忠厚老实的德敦却生了两个唯利是图的儿子：德未和德希。德希在母亲病危时只关注母亲的银饰而罔顾其死活，德未则偷盗德敦所存的金物。德敦对此失望至极，将所埋之金丢沉入海。两个故事的差别在于：就立意言，前者强调金钱的异化所导致的人的伪善，后者则强调两个儿子以金为父以银为母是一种失"约"（背离孝道）的行为；就黄金来源而言，前者是突然获取（挖树根时的发现、灾难来临时贵族的有条件的赋予），后者则是常年的累积。但两个故事也有相同的地方，第一，都表达了对人性的失望，虽然前者指普遍的人性，后者指个别（亲人）的人性。第二，都以"黄金"意象作为镜子，映照人性的渊深。通过莎士比亚和《两界书》关于"黄金"的故事的对比，我们发现它们虽然表面谈金钱，实则是谈被金钱异化的人性问题。相较而言，莎士比亚是在人文主义的背景下谈这个话题，因此注重一般人性的丑的挖掘和善的讴歌，而《两界书》由于受到不同文化的熏染（尤其是希伯来文化、道家文化），在谈及被金钱异化的人性问题时注入了极大的文化含量：如以金为父以银为母是一种失"约"的行为。我们知道"契约精神"是希伯来传统十分显著的精神。由此，《两界书》关于人性的探讨就不是一般意义的关于善恶的分辨，而走向了不同文明会通的底层。我们再看第二个关于狗的故事。《两界书》对"狗"的论述很多，但在不同语境下有着不同的意涵指向。有时它是厌食草木的动物的代表，有时作为与人相对的事物而存在，还有的时候作为变异的个例出现：羊生狗、狗不识主人。《狗》在《两界书》中的最大意义在于它作为与人性参照的一个对象而存在。本来，动物与人是不同的。然而在阅读菩度与妇人曼陀的故事的时候，我们似乎看出了曼陀家犬作为人性的嫉妒心态。家犬因菩度与妇人厮混而欲撕咬菩度，虽然没有造成严重后果，但家犬的这种不同凡常的举动还是表现出某种人性的特质。与之对照，《聊斋志异》的《犬奸》篇则谈到一个妇人与狗通奸并且狗咬死妇人丈夫的故事。"人非兽而实兽，奸秽淫腥，肉不食于豺虎。"同时，在上面的关于黄金的故事里，我们发现相比于视金银为父母的德希和德未，德敦的狗更通人性。德敦把家犬叫作义犬不是没有理由的。由此可见，狗虽然是一个动物，但有时却比人更像人，有时也比人更不像人。由此关于人性的定义就成为一个重要的话题。我们无法准确定义何谓人，但我们知道人与兽的本质区分不是外在的形貌，而是内在的人心。

要而言之，《两界书》的叙事对象既有着一定的文化原型，同时在两界的匡范和对人性的言说下，产生了新变。就叙事方式言，《两界书》通过具体的数字，打通了故事时间和历史时间，从而赋予故事以神秘和真实相交的色彩。而同一意象的重复使用则赋予文本的内涵以全面性和立体性。此外，叙事语言的简洁及其与内容的协调一致，以及叙事目的层面对人性的拷问和探寻等，都构成了《两界书》故事之维的深沉内涵。

二、《两界书》的"生命"之维

如果说故事之维是《两界书》的呈现方式和表现手段的话，那么生命之维则是《两界书》所想表达的思想中心和价值落点。整体而言，《两界书》是一部"生命之书"。首先，书中描绘了生命从诞生到消亡的整体进程。这里的生命是泛生命的概念。我们从卷一的《创世》、卷二的《造人》……一直到卷十一的《命数》、卷十二的《问道》，不难发现生命从孕育、出生、成长到走入归途的宏观历程。其次，书中描绘的存在都是充满生命力的。无论动物、植物，还是人或自然现象，在《两界书》中都不是死寂而是动态的。《问道》篇说："天有日月交替、阴晴变换，地有山川起伏、万物竞生。"最后，书中描绘了作为生命代表的人，对存在的追问和意义的探寻。"《两界书》以界为经，以人为纬……构建人性思辨和人类命运的话语体系"，《两界书》"内在的精神脉络则是凡人问道……对人性修为和灵魂居所的探寻"。意即《两界书》虽以界为基准，但核心是对人性的追问与探寻。因此，当我们从人和人性的角度切入，将会看到《两界书》所蕴含的广阔思想背景。

在《两界书》中，人被分为初人、中人、终人三个类型，此三型也是人性演化的三个阶段。初人有两头、两心、四腿、四手，不分男女，在心性方面与兽畜无异。中人则是初人的一分为二，一半为男、一半为女。终人则是人类的下一个演进阶段，具有未定性。可以说，初人象征着文明未开化时期，中人象征着文明演进时期（也就是我们当前所处的阶段），而终人则象征着文明抵达一个更高层次的表现。用三种人格类型象征不同时段的文明特征，既富形象性，又有内在的意涵指向。这种划分让我们想起嵇康的大人先生和尼采的超人，但那都只作为理想的一极而存在，但初人、中人和终人却包含着过去、现实和理想三极，且以象征的方式涵盖着文明的进程演变。

在文明演进的过程当中，人性也在演变，但人性是在不断变好还是保留着一些原初的特质而没有改变？对此，《两界书》没有给出明确的答案，然而却通过几组命题的讨论让我们看到人性的复杂。

首先，关于人的定义。究竟什么是人？如果从器官构造言，初人虽有头、心、腿、手，不分男女，在心性方面却与兽畜无异。如果从饮食习性的角度言，动物也是人，"人为活物，食粮亦食肉。禽兽为活物，食肉亦食粮"。可见确定人的核心标准不是外在结构或日常习性。如果从人是劳动的动物角度言，有时器物反而成为人的主人，"人为工器造主，又为工器之奴"，作为工器之奴的人表面为人实则取消了人的主体性。此外，从人与动物比较的角度言，有时人不如畜而动物则通人性。《两界书》所描绘的德未和德希两兄弟，被利欲蒙蔽丧失人性，但德敦的狗却以默默地陪伴获得了人性的彰显。由此可见，对人的定义是一个复杂的问题。是否人就不可定义呢？异先说："人之为人，在其性变。"依异先的观点，人性多异变正是人的本质。应该说异先的定义把握了人性的特质，但却显得比较笼统。道先则在异先的基础上得出结论："人之为人，在其性本善恶而由恶化善，欲制交合而抑欲从制。"也就是说，道先强调人从性恶到性善的教化过程。这个过程被道先区分为两个阶段：本人阶段和义人阶段，即善恶并存的阶段与知耻向美的阶段。如果说本人和义人分指两阶、两界的话，那么阶、界的"融动"就构成了完整的人。应该说道先对人的定义是充满智慧的。一方面对人的定义相对明晰和准确，另一方面则给人性的完善保留了一定的空间，这个空间也赋予了人之为人的崇高价值和神圣意义。然而，人性是极为复杂的，它走向神性的过程要面对诸多考验。

其次，关于善恶的纠缠。关于人之本性的善恶问题，孟子和荀子分别各执单一向度的性善和性恶的观点，虽然这两种观点分别体现出儒家思想的温情和法家思想的冷酷，但它们却忽略了人性的复杂。《两界书》则从人性的事实情况出发，揭示出善、恶的复杂关联。第一，人之本性是善恶并存。有恶就有善，有善必有恶。按照两界的理论、中国古代阴阳的观念以及当代的量子理论，事物以相反相成的方式存在。第二，善恶的转化机制充满变化。善人行善可以内心富足也可能恶意陡生。倬尼救邻里却致家人死亡，于是善行过后，焚烧邻家宅宇。宽恕恶人，可助长恶行也可感化其人。耶稣基督说，有人打你的右脸，左脸也转过来由他打。正因为基督强大的感化能力才能吸引大批信众并使得他们从善如流。第三，善恶有报。虽然"善恶有报，常显因果不应"，但我们应该看到报分为前报和终报，善行和恶行最终一定会获得其应有的报应。由此，我们应该确定自己的价值取向：遏恶扬善，君子所为。抑恶除恶，是为大善。

最后，关于灵欲的挣扎。灵与欲的冲突是世界各国文学的一个母题。某种意义上，古希腊神话中的酒神狄俄尼索斯与日神阿波罗就分别是欲（原欲）与灵（道德）的象征，而《红楼梦》中贾宝玉对情爱的舍弃并最终入道成佛，也可看作是从欲到灵的转折。就《两界书》的语境言，所谓灵，指人追求理想的一面，所谓欲，指人满足欲望的一面。维义和维戊两个人物角色分别是这两者的典型代表。维义强调仁善、悟觉、人心为人主，但维戊认为"甜苦两果，谁人不食甜果……人之为人，多凡夫俗子，自以食色为天。食色本性，享人随欲，即为人主"。可以明显地看到二人一个以追求真理为核心、一个以追求肉欲满足为要旨。应该说两者分别代表了人性的灵、欲两极，当人心面对两者的撕扯时又该如何取舍和应对呢？《两界书》提出了道、欲、人三维而织的三位立体的结构，也就是说人不单是欲之人还是道之人，一个健全而完整的人应该做到既追求感官的满足，又寻求理想的实现。对此两者的调和，是一个人不断获得成长的过程；对此两者的调和，也是不断叩问生命的本质意义的过程。

要而言之，《两界书》通过对人的定义，以及人面对善恶、灵欲等诸多挣扎时的价值取舍，从两界的角度对人性的复杂予以了深刻的阐发。从中我们能看到人之所以为人，就在于他充满着生命的神性，他有着从恶向善、从欲向灵转渡的可能。这种可能一方面促使两种界限的融通，另一方面也推动着文明和历史的进程。

三、简短的结论

《两界书》复杂的体例给我们留下了巨大的阐释空间。从故事的维度切入，我们能发现全书在叙事层面的诸多独特之处：就叙事对象言，既融合了不同民族文化的"原型"，又进行了一定程度的自我创化；就叙事策略言，在时空"真假"的转化之中赋予故事以神秘性和写实性相交错的色彩，又通过某些意象的重复出现将相关思想真义阐发得明显而全面。同时，全书的语言简洁、自然，又寻求与内容的相得益彰。以上表现方法层面的诸多特点，与全书对"生命"的言说紧密相连。《两界书》站在文明融通的角度，致力于对生命的解析和论述。尤其是从万物之灵的人类入手。全书从对人的定义开始，通过善恶、灵欲等冲突对人性的考验，将人性的复杂性揭示得全面而深刻。与此同时，又对人性从恶向善、从欲到灵的转渡演变留下了一些可能的空间，这些可能的空间，是《两界书》的人文关怀之所在，也是全书价值的最终落点。

詹文伟

中国语言文学博士研究生

现在已经没有人这样写作了

蔡　东

　　读士尔先生《两界书》的过程中，不断地愣住、出神，恍恍惚惚中看到众多先贤的面影，也不住地感慨：这个把写作说成码字儿的时代，居然还有人用这样一种方式来写书。这是大作家的写法，老派的写法，有根底有储备的写法，让人服气的写法。在这种写法面前，恐怕很多写作者是要难为情的。反正作为写了十余年的小说作者，我挺惭愧的。

　　不知从什么时候开始，置身的这个场域越来越不自然了，大家都慌慌的，都想证明些什么，你要不停地出东西，方可彰显才华和在场感。心一乱，也就不愿意磨了，甚至，写下第一行字时就先期放弃了拿出一个好东西来的追求。而士尔不急于出"成果"，他有自己的步态和步速，十年时间写成《两界书》十二卷，这从容，这股江雪垂钓的静气，实在难得。

　　士尔多年来专事学术，研读的对象不是一般读物，而是"正典"和"元典"，这使《两界书》在体式上具备典籍的庄重感，在文字表达上呈现出提纯精炼过的结晶感。《两界书》是学者所著，以学养见长在预料之内。我略感意外的是，这本涉及世界源头、文明演进、生命意义等本原性问题的书,读起来并不费劲儿。作者不是端起来写的,一处一处,漫漶出杂家的趣味来。无论内容观点还是艺术形式上,都是有创造性的。前面《创世》《造人》《分族》等几章是上古神话笔法,以极简笔墨展现瑰丽想象和奇幻场景,恍然间像进入到《山海经》和《淮南子》的世界里。

再往后读,发现跟《圣经》一样,《两界书》也可以当成小说读。《教化》一章,《双面人国》《尾人国》数篇,有些《世说新语》及《镜花缘》的风致,虽为讽世,却婉曲其辞。看透了的人多了,看透了而不心凉的人少之又少,说到底,士尔看人事的目光是热的,是满含着悲悯的,洞明世事,却不肯发出刻薄凄厉之声。

"士尔"这个笔名因何而来,我并未当面问过作者。直到读了《士耕尔织》这一章,才隐约明白过来,大概能猜到笔名的由来了:

> 帝山东南八百里,依山临海,居一凡常人家,男名士,女名尔。
> 士以耕为作,尔以织为业。士耕尔织,朝起而作,日落而息,日复日年复年,风雨如常。

这是整本书里最打动我的一节文字,既是艺术上的高格,也是心性志趣的高格。它让我想起《论语》里记载的,两千年前的那个春日,那段关于生活情志的著名对话。"浴乎沂,风乎舞雩,咏而归。""士耕尔织,风雨如常。"士尔此书命意高远,关心的是大问题,但在宏阔架构和理性辨析之外,尚有这些细小湿润的情感从纸页中一点点渗出来。或许,这也是作者本人隐秘的生活理想吧。往往是这样,越俗常朴素的画面里,越藏着意境,越藏着柔和绵软的力量。人在俗世羁绊中豁然一现的天真欢喜，那孩子气的、貌似低微实则合乎天性的快乐，那些细致而深刻的情感，才是可传世的，才是最有穿透力的。不管世界变得多么现代多么高科技，士耕尔织的画面依然让我觉得踏实心安，它体现着某种更恒久也更体贴灵魂的价值，体现着生命真正意义上的自在和充盈。它是陶渊明式的，王维式的，有一点桃花源，有一点家常，还有一点山水的禅意，我为这样的描述神往不已，它能轻易引动起我对生活的无限深情。时不时地，忙碌的间歇，一愣神的工夫，这画面会徐徐走到我眼前。宁静便降临了。

不知为什么，读古书容易沉静，读现代人的文字，就觉得火气大了，文字节奏急迫了。读《两界书》，却读出了和缓与松弛。怎么看，《两界书》都是个异数，它的出现和存在都太奇异了。我向很多朋友描述过这本书，说完了，总觉得不太准确，把它说浅了，把它说得轻易了。毕竟，还有几个人能花十年时间完成一本书呢？还有几个人肯把毕生所学所思倾注在一本书里呢？我羡慕士尔先生完备的知识结构和丰厚的精神资源，更佩服他的写作抱负。这本书太恳切了，作者多年来读的书、多年来走过的地方、多年来经历的世事，这一切，在一个个不眠的夜晚里化开了，尽数揉到书里面了。它是夜晚之书，神秘的星辰闪烁于其间，它是自然之书，放得下大山大河，铺展得开整片天空，它也是超越哲学、文学、历史、宗教等既成界限的融合映照之书。而最令我感动的是，士尔对世界和人类充满探知的兴趣，同时又满怀善意，他看到负面的东西却不仅仅是批判了事，对世道人心始终怀着抚慰疗救的热切之情，他耗数年心力写成的这本书，最终是致力于建构的。

人应该怎样活着呢？《两界书》读完了，对这个问题的思考没有停下来。也许每一个六神无主的人，都应该在独处的时刻里，想想这个非常重要但被刻意忽略以便让自己继续惯性生存的根本性问题了。

蔡东
作家，鲁迅文学奖获得者

疑思与窥度：《两界书》中艺术主题的消隐

戴兴达

初读士尔先生的《两界书》，和多数人的感受一样，惊叹这是一本奇书。不顾书中内容，光是随手翻看几页便会引发阅读的冲动。这到底是一本学术著作？历史演义？还是关于神话的文言小说？抑或是宗教性的启示录？为了解决心里的困惑，冀望能在书中一探究竟。原来这本书的奇特远远不止于此，在阅读过程中，常常感佩于士尔先生的学识和胸襟，竟然可以将宗教、哲学、历史、文学、神话尽收融汇，把人类学、生物学、语言学、政治学等内容作为思想资源，信手拈来却不费吹灰之力，只有多栖之学者才有此般才华和能力。另外，图文并茂，贯通古今，合璧中西也是《两界书》令人瞩目的亮点。尽管名为《两界书》，但作者实则只把"两界"当作基体，在文本的故事演绎和叙事策略方面都努力融通和超越"两界"，顺利完成由"两界"到"跨界"的创作挑战。

先有界限之分，才有界限之合。正因如此，《两界书》具有当代艺术的气质。它诚然成书于当代，但并非所有诞生于现世的艺术品都可以称作当代艺术。当代艺术的特质之一便是"去边界"——

试图抹平艺术与生活的边界、艺术与技术的边界、艺术与哲学的边界和艺术门类之间的边界等。作为文学作品,《两界书》既归属于文学这一艺术门类,又带有浓厚的哲学色彩,可被视作"艺术的哲学化"和"哲学的艺术化"在文学领域中的成功试验。正是这种艺术与哲学的互动,恢复了"诗"与"思"的关系,让哲学重新焕发对当下生活的反应能力,让文学再次获得审视"现实"(reality)与求索"实在"(the real)的使命。书的最后几卷颇有卒章显志的意味,对科技猛进、物欲横流、人心迷乱的现世给予深刻的启示。这无疑是当代艺术另一种特质的体现,即政治性(the political)。不同于政治(politics),政治性是针对社会的现代性做出回应,这种回应往往表现为抵抗之姿。众所周知,苏格拉底曾出于对人的理性的呼唤,提出"知识即美德"的观点。尼采将苏格拉底视作理论乐观主义的原型,认为后世科学理性过度发展,苏格拉底难辞其咎。因此,尼采著述《悲剧的诞生》,将悲剧艺术视为与苏格拉底式的理论文化相对立的、人类根本性或理想性的文化形态,并期盼它在未来能够再生且升华希腊悲剧时代的和谐统一。海德格尔与尼采的理路相近,在1966年《明镜》的采访中表达了对科学技术的担忧,并认为艺术是极重要的"解蔽"力量。因此,《两界书》并不仅旨在思考世界之本体,而且指向"此在"之存在的问题。它暗中反思与批判工业生产和科学技术所带来的一系列后果,其抵抗的品格不由分说。

之所以将《两界书》与当代艺术联系起来谈,除了上述原因之外,还有一个更为个人化的读解,不一定很有道理,但是互文性的考察本就是阅读文学作品中难以规避的诱惑。《无题电影剧照》(Complete Untitled Film Stills)是美国著名摄影家辛迪·舍曼(Cindy Sherman)的一组视觉作品,在上世纪下半叶诞生之时就引发诸多讨论，时至今日仍是当代艺术史上的极具代表性的摄影作品。舍曼扮成各色女子，在镜头的捕捉和定格下，制成 69 张黑白照片。观者会由她所扮演的女子联想到许多电影里面的女性形象，但又无法指认其具体取材于什么电影作品。换言之，舍曼的系列剧照只是"拟像"（simulacrum），而不是皮尔斯的符号学意义上的"像似符"（icon）。好似有原本，却没有特定的对应所指。通过这组作品，舍曼意在揭露大众传媒和男性凝视正在潜移默化地塑造女性形象的事实，以此抵抗长期以来的男性霸权。《两界书》的巧妙之处也是如此，以文学的方式、在作品的境域中营造既实又虚的"拟像"的氛围。读者会对很多故事产生亲切感，有些故事可能在巴比伦神话、犹太-基督典籍、《庄子》《山海经》《聊斋志异》等书中都读过。全书十二卷上百篇故事皆是如此，兼收各种文化的基因，却以新的面貌示众，给予读者可以发挥能动性的解释域。从创世始到问道终，读者能够感到从蓄积与沉淀到收束与升华的渐进力量。士尔先生的用心不仅限于回返时空之初、揭示文明发展脉络，更在照镜于现实、重叩人类灵魂居所。通过"拟像"来反思现实，经由迷思来对抗迷思，依照这样的意义来看，诞生于不同社会语境、分属于不同艺术门类的两部作品便有了交集之处。因此，《两界书》具有当代艺术的气质的观点更能得以声张。

国内外学术界对当代艺术的讨论往往都局限在视觉艺术、造型艺术，还有瓦格纳倡导的"总体艺术"（Gesamtkunstwerk），而文学这一门类没有受到关注，最主要的原因可能是人类社会目前处在以视觉为主导的图像时代。可以传达图像的媒介多种多样，图像的表现力也十分强大，所以视觉艺术的风头盖过以书面文字为载体的文学艺术是必然的结果。然而，笔者却以为《两界书》具有当代艺术的气质，这既是保守的说法，毕竟当代艺术很少以文学的样式得以呈现，但又是大胆的创见，希望借由《两界书》来树立典范，为文学在当代艺术的讨论中争取更多的席次，以此突破大众对当代艺术的理解。当然，上述讨论可以成为新课题的生长点，有关于《两界书》、文学与当代艺术之间的关系可以再做探究。论述至此，《两界书》的艺术性已经昭然若揭，其价值和意义再无须多言。笔者正是经由对《两界书》的艺术性的思考过渡到了对《两界书》本身主题的思考：作为一本"凡人问道"的文哲类典籍，为何《两界书》没有将艺术作为一大主题或者讨论的对象？艺术在人类文明演进的过程中不应占据主要地位吗？艺术难道不是人类求道、问道的重要一环吗？《两界书》自身作为艺术作品，其"问凡人正道"的意志与文本内部艺术主题的消隐是否构成悖论？下文将努力回应这些疑思，重返文本以作窥度。

一、什么是艺术？

如果用现在我们所理解的"艺术"概念来看待《两界书》，那么该书有关艺术的内容大概少之又少，甚至所剩无几，以至于没有阐述的必要。为了讨论的顺利进行，我们先要了解艺术的概念。哲学家对艺术的本质多有讨论，再现论、表现论、功能论、意图论等，不一而足。时至今日，艺术的本质问题还是难以澄清。不过，我们在此聚焦的不是它的本质而只是概念。

由于《两界书》像一本历史演义，故而我们应当关注的是艺术的早期概念。艺术的概念不是一成不变的，也会随历史的发展而缩小或扩大它的所指面。波兰美学家瓦迪斯瓦夫·塔塔尔凯维奇（Wladyslaw Tatarkiewicz）在《西方六大美学观念史》（1980）的开篇第一章便溯清"艺术"的概念，其明确表示，艺术在欧洲古代以及中世纪的用意远超于 20 世纪成书时的情形。凡是经由技巧生产的东西，包括技巧本身，在那个时候都可以称作艺术（art）。英文的 techne 一词便是最好的例证，其来自古希腊语的 tékhnē，在它的具体义项中，我们可以见得技术与艺术的亲缘关系[1]。中国的情况亦是如此。"艺"和"术"又写成"藝"和"術"，许慎在《说文解字》中对二者没有考究，说明它们都是后起之字。根据段玉裁的《说文解字注》，"蓺"（"藝"的异体字）与"六艺"、种植有关，然而"術"也有"技术"的引申义[2]。由此便知，古代的"艺"与"术"皆指专门的技巧、技能。在古代，"艺术"二字合并使用的情况很少出现，《辞源》对它的解释是：泛指各种技术技能；并以《后汉书》卷五六《伏湛传附伏无忌》为证，其记载"诏无忌与议郎黄景校定中书、五经、诸子百家、艺术"，李贤注云"艺谓书、数、射、御，术谓医、方、卜、筮[3]。"可见"艺术"尽管合用，但仍各有所指。"艺术"一词的稳定组合和普遍使用，是待西方现代艺术体系形成，经日本传入中国。法国夏尔·巴托神父（Charlese Bateux）在 1746 年发表著作《归结为同一原理的美的艺术》，提出"美的艺术"（beaux arts；fine arts）的概念，并将诗、音乐、绘画、雕塑和舞蹈列入其中。他认为不同于机械艺术和讲演术、建筑的艺术，"美的艺术""只会以各种方式模仿自然"[4]。从

---

[1] 查阅自 *Oxford English Dictionary*。 techne 一词意为：An art, skill, or craft; a technique, principle, or method by which something is achieved or created. Also：a product of this, a work of art。

[2] 查阅自段玉裁《说文解字》。关于"蓺"的解释："持穜之。……然蓺藝字皆不見於說文。周時六藝字蓋亦作埶。儒者之於禮樂射御書數、猶農者之樹埶也。又說文無勢字。蓋古用埶為之。"关于"術"的解释："邑中道也。邑、國也。引伸為技術。"

[3] 范晔《后汉书》卷二十六伏侯宋蔡冯赵牟韦列传第十六，百衲本景宋绍熙刻本，第 388 页。

[4] 夏尔·巴托：《归结为同一原理的美的艺术（节选）》，高冀译，《外国美学》2020 年第 2 期，第 9 页。

此，艺术和工艺在理论层面做出了区分，艺术的"模仿"原理再次得以强调。随着现代艺术体系形成，现代教育的科系专业划分，艺术家对工业大生产的抵制，还有建制的作用等，"美的艺术"的概念被广泛接受，艺术在一段时间内也朝自律的方向发展。但后来复现艺术与日常生活的接续、艺术与技术的互动，艺术的边界不断地遭遇挑战。不可避免的结果就是艺术与非艺术暧昧不明的关系依然难以彻底肃清，艺术的定义在一次次尝试之后仍旧无法令人满意。

上述对"艺术"概念的考察并不是为了梳理它在古今与中外的流变，这绝非一篇文章可以涵盖的，李泽厚说过艺术是足够写几十本书的题材。因此，此节虽然以"什么是艺术"为思考起点，但只意在揭示一个方面的事实——技巧、技术、技能与艺术的关系不易区辨。著名美学家宗白华曾经直接指明："艺术是一种技术，古代艺术家本就是技术家（手工艺的大匠）。现代及将来的艺术也应该特重技术。"[1] 我们现在读到的中外古代艺术史，必是根据现代艺术体系的尺度去书写的。所以，我们需要认识的是：艺术不是高高在上的、独自凸起的象牙之塔，"艺"从"技"发展而来，"技"在很多情况下又是"艺"的必要条件。本文希望基于这样的认识向下深入讨论。

二、《两界书》艺术质素的隐现

《两界书》共有十二卷，每卷对应一个主题。虽然艺术不在主题之列，并且也没有成为次要探讨的内容，但实事求是地来看，

---

[1] 宗白华：《美学散步》，上海人民出版社，2019年，第24页。

《两界书》零星地提及或暗示了有关艺术的质素[1]。

讨论技术的卷九《工事》是我们最需要关注的一卷。"工事",即建造、制作等事的总称,《周礼·天官·大府》:"邦甸之赋,以待工事"便是此意。卷首语曰:"人类的工事行为从低级到高级,是文明演进的重要组成部分",第二章《函含造飞车》、第四章《欧瑶成千里眼》、第五章《赛禹造时镜》讲述了技术进步可为人类带来生活之便,甚至帮助人类探索未来、实现梦想的故事,是对技术比较正面的评价。但全卷更旨在将合道求工与离道求工的故事作对比,警示人类一味追求技术可能引发的严重后果。第一章《雅昆什筑高塔》,讨论"道""心""意""工"之间的关系,相比《庄子》里《庖丁解牛》传达的"技可进道"的思想,此章强调"工应循道"的观点。第三章《冬甲造地龙》批评人类用技能修工事伤及自然,第六章《百工竞场》预示人类发明无所不能的"智器"可能将被反噬的下场,第七章《天冰地封》是该卷的尾章,应该是士尔先生有意设计的落脚点。它续接上章故事,揭示人类"工事恶胀"犹如自掘坟墓的深刻道理。读毕此卷,很难不想到海德格尔对技术的看法。海氏认为我们应当看到在技术所带来的利益背后,还有被隐藏的层面,即技术的"座架"(Enframing)。"座架"既是优势,但也可能引导人类走入不可预测的危机。从上述观之,该卷虽讨论"工事",但未直接触及与艺术相关的话题,不过"道"与"工"的关系其实也可以用于阐发"道"与"艺"的关系。儒家讲"人道",偏向于道德实用,道家重"天道",倾向于自然精神,艺术也可贯通人道或天道。

---

[1] 取"质素"一词,一方面是因为其具有"因素""构成事物的基本成分"的义项,另一方面是由于相比"要素""元素""因素"等被其他学科较多使用的相近词语,"质素"更具文学色彩,没有沾染其他学科的语境,故不太容易造成学科化的印象。

除开卷九，在主要描绘人类活动的卷四至卷十二，仅有只言片语可以令人揣摩有关艺术的质素。第四卷《分族》和第七卷《承续》都提及"字符""画符"，符号不仅用于记事，而且还能用作口头交流，因为它具有音声："凡日月星辰、天地河川、牛马鸡犬、屋舍耙镐，皆有符图具表，各有音声相对。"尤其是图34"智师创符"将雅族智师造字的成果生动地展现给读者，犹如古代中国商朝晚期的甲骨文字，我们不难发现它的线条之美，甚至某些字符就是对特定事物外在形象的简笔模仿，十分肖似。有为数不多的人认为语言中蕴含了通向艺术的质素，最有代表性的人物是约翰·格奥尔格·哈曼（Johann Georg Hamann）。哈曼反对康德将时间和空间作为先天性的直观形式的观点，他认为语言才是人类认识能力的基础，它与人类的听觉和视觉有关，具备语音和字母两个方面。语音是音乐的肇始，音乐使时间的形式被察觉。字母也是绘画的开端，绘画带来了空间的形式。哈曼没有否认时间和空间在知性中的作用，只是不认为它们是先验的。人类认识事物的先天形式应该是语音和字母，并且这二者是通向艺术的，人类将基于艺术来获得时空的感受。作为古德语写作者，哈曼的影响力比较有限，但其时空确立于艺术、艺术起源于语言的观点不无道理，我们很难排除这种可能——在创造语言的过程中，人类强化了对音调、音高、节奏、声长等方面的掌握，并通过或抽象或具象地模仿事物外观的方式，逐渐产生对线条和色彩等方面的追求。

再者，第五卷《立教》和第六卷《争战》还写到了人们载歌载舞的场景。在雅普、希罗成婚是夜，以及秋实节庆时候，人们都以歌舞的方式作为祝福与庆贺。汉代《毛诗序》是我们很熟悉的文本，其中写道："情动于中而形于言，言之不足，故嗟叹之，嗟叹之不足，故永歌之，永歌之不足，不知手之舞之足之蹈之也。"可见，歌舞是人类表情达意的方式。当情绪十分饱满的以致难以言说时候，歌舞便是很好的选择。在古代，节日庆典、婚礼嫁娶、粮食丰收、祭祀祈福等场合，歌舞是不可缺少的环节。事实上，原始社会也有类似于歌舞的行为，比如拍手欢呼、振臂高喊，这多少还是保留了动物性的本能，恰好可以指认"人化"过程的起点。李泽厚说："在如醉如狂、热烈激荡的图腾歌舞中……动物性的本能游戏、自然感官和生理感情的兴奋宣泄与社会性的要求、规范、规定，开始混同交融，彼此制约，难分难解。这里有着个体身心的自然性、动物性的显示、抒发、宣泄，然而就在同时，这种自然性、动物性却正在开始'人化'。"[1]李泽厚在此以歌舞在原始社会的初始形态到文明社会的历史演变，说明人类必然经历的"内在自然的人化"的过程。换言之，当某种动物性的活动逐渐向社会性的要求自然而然地发展的时候，艺术也就逐渐萌芽、成形和确立。也正因为艺术活动，人类作为主体逐渐产生了审美心理结构，即美感。到现在，虽然有一部分歌舞已经成为高雅的表演活动，但是它仍然还保留着即兴的狂欢感。如在我国新疆，人们还是会在节庆丰收的时候又唱又跳，既是热闹欢庆，也作自娱自乐。

另外，第八卷《盟约》也写到了工匠雕制器物的"物事之约"："工匠可据买家所需雕制，预列订单，预付质物。所制器物，或雕瑞兽神物，或雕族徽族记，各赋祥意。物成之后，如约兑换，绝不毁约，亦不欺诈。"这一段话内涵丰富：首先，根据上文内容，我们知道工匠是艺术家的前身，而器物制作也是艺术创作的经验来源。《庄子·天道》讲述了"轮扁斫轮"的故事，不仅道出了纯粹

---

[1] 李泽厚：《华夏美学》，长江文艺出版社，2019年，第10页。

的技巧和技艺、艺术之间的区别——前者处于生疏的阶段，后者是找到规律的活动，这种规律不方便用言语说清楚；并且还暗示了实践、经验对于制作的重要性。德国心理学家库尔特·考夫卡（Kurt Koffka）也持类似看法，曾举出钢琴演奏者的实例予以说明。其次，我们还联系欧洲古代情况做思考，西方明确有"艺术家"这个身份或职业是 19 世纪之后的事情，中国就更晚了。在此之前，艺术家和工匠没有很多区别，包括文艺复兴时期的"三杰"：达·芬奇、米开朗基罗、拉斐尔，都是从行会、宗教组织那里获得订单，以此维持生计的。之所以他们被后人追念为"艺术家"，其中一个重要的原因与上述第一点有关，即"三杰"的画作或多或少都顺应了构图的"规律"。达·芬奇强调透视，声称画匠要具有关于人体的知识。拉斐尔的"三角形式"构图、米开朗基罗的"金字塔式"构图都使得作品表现出静穆与庄严。复次，既然艺术脱胎于手工艺，那么它并不排斥实用性。手工艺品可以指示信息（"雕族徽族记"），也可以寄寓感情（"各赋祥意"），艺术也不例外。西方艺术史上曾有"为艺术而艺术"（art for art's sake）的主张，这是对艺术自律的号召，但不意味着艺术果真分明排斥实用。最有力的注脚便是现在摆放在博物馆、艺术展厅里面的漆器、陶器、玉器、青铜器、竹木器等。它们在那时就是因实用而生的器物，但也许由于优雅的造型、精巧的构思、明丽的色彩以及厚重的历史感，成为大众审美的对象，于是被列作艺术珍品。

三、《两界书》艺术主题的消隐

直接或间接有关艺术的讨论在《两界书》中并不多，虽然这并不会影响它的价值和意义，但是确实引发了笔者的疑惑与思考。在士尔先生的前记之后的扉页上，是赫然大字"两界书"，还有醒目的副题"凡人问道"。作为一本"凡人问道"的文哲类典籍，一方面，它自身就在求索"道"，即以"艺"（一本整体性的作品）问"道"，但另一方面，书中没有设专卷探讨艺术，即是说艺术没有被士尔先生当作其实可以来谈论的主题（作品的某一部分）。也即是说，在这部意涵丰富、思想深厚、以"问道"为终的作品之内，艺术没有分饰"问道"的角色。这是否形成了一种悖论？但要分析《两界书》艺术主题的消隐，去介绍或者论述这种"无"，仅仅立足于作品本身是比较困难的。故而，笔者首先选用王安忆一部具有历史纪实性质的小说《天香》——不论是作品本身抑或内部情节都指向"道"——来做简单比较。

诚然《天香》和《两界书》存在许多不同之处，但有一点是肯定的，这两部作品都透露着对"道"的追问，不过前者是小说，没有专门的篇幅来做哲理性的阐发，故而对"道"的深思不及后者。后者既言"天道"，亦讲"人道"，还包括对许多本原性问题的终极思考。《天香》叩问的"道"，既有"佛道""物道"，又有指向现实的特殊意味。小说的真正主角并非人物，而是天香园绣，它汇集了三代女性的心血，从实用技能，经举家点染，进而成为清雅的艺术，最终重新返归俗世。而在这一过程中，"艺"触及且贯通了"道"：第二代女子沈希昭，心志高古、才情邈远，以绣作诗书画，其绣品藏有"气数"，将"天香园绣"领入艺术之境。第三代女子蕙兰，了悟希昭所言"先养心，方学技"的道理，绣成"既是佛道，又是人间"的作品，最后设幔授徒，使"天香园绣"重返民间，焕发新的生机。另外，王安忆亦借助小说人物之口，阐述对造物的思考："……近用于生计日常，远用于陶冶教化，至远则用于道。世上凡有一物降生，必有用心，人工造化，无一物是靡费。"[1] 物可以通"道",但绝非普通物什能够如此,"化成"的关键因素在于品性情志与才华技艺的渗透交融。当创作主体超越实际功用,以感物的细腻情思和审美的人生境界去对待创作之时,技巧不单是技巧,而成为艺术,物和"道"故而连通。因此,"物道"的关系背后其实有"艺"的参与,"艺"能够贯通"道"。从整体来看,小说与现实对话,唤起了人们对当下及未来的思考。王安忆书写天香园,它曾盛极一时,因家里挥霍贪嗜最终衰败,而"天香园绣"却逐渐发扬光大。王安忆通过警世危言,揭示现代文明发展之"道":敦本务实、持盈保泰,既是摄事,也是治世之"道"。由是观之,小说不仅在内部情节暗示"艺"和"道"的关系,而且它作为整体的"艺",也是"道"的显现。

综合上文内容,以及对中国文化的了解,我们都不会否认"艺"和"道"的亲密关系。宗白华曾明确指出二者的关系:"灿烂的'艺'赋予'道'以形象和生命,'道'给予'艺'以深度和灵魂。"[2]"道"作为最高的理念是抽象的:道家所谓的"天道"具有存在论的地位,指自然和宇宙的普遍的本质及规律。儒家所言的"人道"多指道德伦理、政治原则和治国处世的方法。然而抽象的"道"需要具象化方可被认识和理解,因此"艺"常常是通向"道",或者是与"道"合一的某种存在。庄子在《大宗师》篇中说:"吾师乎!吾师乎!齑万物而不为义,泽及万世而不为仁,长于上古而不为老,覆载天地、刻彫众形而不为巧。此所游已。"在道家看来,"道"是绝对的本体、根本,而"艺"是它的显现,也是它的载体。孔子在《论语·述而》中讲:"志于道,据于德,依于仁,游于艺。"这句话也可以理解为,从"艺"(即"六艺",其

---

[1] 王安忆:《天香》,人民文学出版社,2011年,第239页。
[2] 宗白华:《美学散步》,第81页。

中的礼、乐初具艺术的形态）起始，经由循序渐进的道德和伦理的实践，最终可以通往"道"的境界。后世"外师造化，中得心源"（张璪）、"文以贯道"（韩愈）、"文以载道"（周敦颐）的观点，也是对"艺""道"关系的进一步发挥。西方哲学家也有类似的看法，比如尼采做出了一个形而上的假定，认为"真正的存在和太一"（das Wahrhaft-Seiende und Ur-Eine，又译作"真实存在者与原始统一性"）才是本真的自然真理之境，在此意志不分主客，保持原始统一的状态，并充满迷狂和欢愉。尼采十分重视希腊悲剧艺术，认为其中的合唱歌队能恢复个体和实在的统一性，是让个体重获"回归自然心脏的统一感"的关键。

为什么《两界书》没有将艺术作为一大主题或者讨论的对象？在笔者看来，艺术足以占据一席之地，独立成卷，或者分入卷九《工事》、卷十《教化》中，以章节的形式稍作讨论。笔者曾考虑到《两界书》的故事时间背景的因素，毕竟艺术是人类长时间生活经验积淀之后才有的产物。阅读全书之后发现，除开可以确定前三卷围绕史前时代展开之外，其余几卷的时间背景各自都不太一样。有的故事预言了后事，比如卷五《立教》的末尾，写到"亦有教人外出贸易，将普罗教传至异地[1]"，而卷七《承续》就很难对其时间背景有某种模糊的判断。不过，比较卷五和卷七的内容便可得知，前者暗示的文明演进的程度应该凌驾于后者。其实每卷，甚至每章故事的时间背景可显可隐也可无，可推进可滞缓亦可虚浮。因此，时间背景的因素并非"艺术"不能作为主题的原因。荣幸的是，笔者当面向士尔先生请教了这一问题。士尔先生的大意是，虽然《两

---

[1] 士尔：《两界书》，第88页。此处的着重号是笔者添注，意在点明传教活动伴随外出贸易的活动而出现，通过这一细节可以大致推知故事所处的时间背景、历史阶段及其文明演进程度的相关信息。

界书》里面的内容鲜少论及艺术，但它却用艺术的思维去叩问人类文明的真义。在笔者看来，《两界书》的艺术思维不只是普通意义上的形象思维，而是指改变规则的思维。艺术何以为艺术，就在于它能够不断突破教义规约，表现新异性和超脱性，正如苏珊·朗格所言："每一件艺术作品都有脱离尘寰的倾向。它所创造的最直接的效果，是一种离开现实的'他性'（otherness）[1]"。捧读《两界书》的时候，我们便会有这种感觉。它基于人类历史现实，但又超脱于此，指引我们向更深处思索。它实是文学作品，但又颇有新意，带给我们无限韵味。这也正是笔者认为《两界书》具备当代艺术气质的原因。

结语

《两界书》的深刻性在于它尝试描绘人类文明的"通史"，指认并警示人类生存的困境，既富有形而上的哲思，也没有忽视现实问题。《两界书》的艺术性在于，它没有拘泥于文学作品的普遍写法，而是将宗教、哲学、历史、文学、神话通通涵括进来，成功地完成了一次颇为艰难的挑战。笔者看到《两界书》具有难得的当代艺术气质，是文学与哲学交互的典范。作为一部文哲类典籍，《两界书》直指许多本原性问题的终极思考，故而体现"以艺问道"的特质。尽管文本内部没有将艺术列作一大主题——艺术主题诚然在《两界书》中是消隐未显的，可是这并非缺憾。更值得关注的——经士尔先生提醒——应该是它的艺术思维。笔者基于当代艺术的角度对此进行了分析，认为《两界书》的艺术思维就在于突破陈规，给人新异感和超脱感，而这

---

[1] 朗格：《情感与形式》，刘大基译，中国社会科学出版社，1986年，第55页。

其实又回到了笔者思考和论述的起点。总而言之,《两界书》中艺术主题的消隐不会影响它的价值和意义。本文仅提供一种解读的思路,希望可以开启更多有关《两界书》之艺术性质的话题。

戴兴达
中国语言文学博士研究生

搭建一个以文学叙事为路线的世界文明叙事框架

谭富强

经过数代学者的奋斗与贡献，以世界文明研究为中心的学术体系已经越发多元化，其中，世界文明起源、演进、发展样态等问题颇具研究价值，因而也引得诸多学者着墨于此。自西学东渐以来，文化人类学、社会学、民俗学、宗教学等学科在中国不断发挥影响，世界范围内逐步升起文化研究热潮。然而，相关研究仅以单篇论文为主，数量蔚为大观，然而单篇研究成果存在缺乏系统性、体系化等诸多局限，这也影响了我们对世界文明体系演进历程的认知，导致学界对系统性、专门性的世界文明研究成果的渴望与日俱增，然这方面成果乏善可陈。自 2021 年读到《两界书》以来，醍醐灌顶，欣喜之余遂愿写下该书书评。士尔教授此前专注于犹太文化研究，关注世界文明发展，善将中西文化结合与对比，历经半生之精力，厚积而薄发，该书应运而生。

文学叙事与世界文明自有交集。文学作为人类历史发展的见证者，是人类生活中不可或缺的重要组成部分。历史角度下看，人类需要以故事、歌谣等形式来进行历史记忆、生活娱乐，乃至寻求情感寄托。与此同时，文明叙事亦是一种群体记忆表达，人类历史发展过程中的重大节点都是一种人类的群体性文明需求，在增强群体认同感的同时也能够承载文明演进历程。从民俗学的角度看，世界文明演进承载了民众从个体到群体、从仪式到记忆等多个层面的情感寄托和智慧承袭。因此，在何种程度上将文学与世界文明结合，起到既有效解释人类发展历程又令人印象深刻的目的成为学界面临的共同难题。从文学叙事与世界文明结合的两个向度看，揭示二者的一些本源共同性和共生性问题成为解决上述难题的关键。《两界书》中有言："对立与统一是自然社会中存在的根本规律……本书以文学虚拟的叙事手法，化用古今中外传说故事典范，以创世演进为主线，以'世有两界'这一传统的哲学思想为主轴，讲述了开天辟地、时序流转、万物孕生……"，作者的态度逻辑严谨且态度明确，理解文学叙事与哲学逻辑的结合，成为解决这一问题的有效路径。

提出文学叙事和世界文明之间的新见解，是《两界书》著作的前进动能。该书新见层出，多是建立在对文明演进历程、文明意识形态论争以及耙梳中西文明故事的基础上。通览全书，作者的问题意识鲜明且故事描绘合理。

全书共有十二卷，分别为《创世》《本维》《造人》《分族》《立教》《争战》《承续》《盟约》《工事》《教化》《命数》《问道》。从目录可以看出，该书从世界文明的"源"与"流"为根基，提出了一系列的命题。诸如：人从何来？如何分族？人性何辨？世界本源为何？文明走向何方？上述问题涉及面广，不仅具有较为重要的学术意义而且能够引发读者进一步从社会学、人类学、民俗学、哲学等多个学科维度出发进行多向度思考。由于本书所关注的话题十分宏大且以寓言故事为主要叙事手法，使得书中内容庞大且关注问题颇多。然而，从文学叙事与世界文明演进的角度看，该书问题意识明确，逻辑凝练，深入问题的内在肌理探求问题之本。这种写作方法贯穿十二卷，既避开了论述空虚且起到了以小见大的辐射效果。

世界文明问题被诸多学者关注已久，但仍旧未能达成共识，欲真正推进这些问题的研究十分不易。士尔教授迎难而上，在《两界书》中集中讨论了人类的起源和分流问题，一方面以文学叙事的手法讨论了世界文明起源的问题，另一方面又以自身文化研究的功力对相关问题做出了回应。这种直接问题论争既需要学术勇气更需要理论功底。在此背景之下，作者以文学叙事为基础，将世界文明的源与流融入文学叙事之中，突显了文学之美与世界文明之宏大。

本人认为该书最大的特色在于文哲并举、不拘一体，推陈出现且框架逻辑清晰合理。首先，宏观上，该书将世界文明的源与流通过文学叙事来展现，这在文学界是首创在哲学界也是首创。该书理路自足且敢于同先贤以及热门问题对话。作者文心细密，在把握到文学叙事与哲学逻辑之间的关系后，大胆地采用寓言体讨论世界文明的起源与发展，更是映射了世界文明的未来发展方向。其次，中观上，该书作者糅合古今中外之学说与故事，在文学叙事与世界文明演进的框架下，通过各种典故、寓言以及传说的综合分析，使得世界文明的源与流在文学叙事的框架下条理化、逻辑化、哲学化，避免了孤论自赏并为世界文明研究以及文学叙事的研究开启了新的强劲动力。最后，微观上，作者始终秉承鲜明的问题意识，并依据每个小节的问题意识架构起文学叙事与哲学逻辑的历史关联、逻辑关联，无论是对人类的分族叙事，还是对人类问道的哲学分析，作者在新旧理念之间大都不囿于成见与旧说，己见频出，高见迭现。

当然，该书也有所不足。一、该书是文学叙事与世界文明之间的首探，且以寓言体、对话体为主，导致初读此书者难以明确书中之哲理；二、该书所包含的理论话题众多，寻常学者难以读懂，因此难以在短期内把握全书内容，融会贯通者寥寥无几。但从另一角度看，有时缺点和弊端正是学者们所追求的，一如书中常常采用哲学对话一般，留白才能带来更多欣赏，宏大叙事则能有效启发更多思考。

一言以蔽之，该书的价值是世界范围内的学者们有目共睹。士尔教授从文学叙事角度出发，搭建起了世界文明演进的哲学叙事，并在此框架中进行了多样化、系统化的人类文明的源流耙梳，集中外之所长建此体系。就该贡献而言，士尔教授既有哲学叙事文学化的开拓之功，又有世界文明演进文学化的奠基之力，其成就足资学界重视与借鉴。

谭富强
中国语言文学博士研究生

语言与爱情

阿　水

爱情是需要语言来表达的。天地之初，混沌一片，天帝造物：初人为二，一半为男、一半为女；再造中人，有情有爱；终人未知，不得其果。撇开士尔先生《两界书》宏大叙事不说，偶有男欢女爱，两性之说，仿佛以色列年轻人尤瓦尔·赫拉利写的畅销书《人类发展简史——从动物到上帝》的穿越版，赫拉利倾心于人类学、生态学和生物工程学等"硬科学"，游走于石器时代智人演化与 21 世纪政治和技术革命之间，而士尔先生以人类学家的教授身份身陷奇幻，天眼渐开，字里行间凌驾于历史、神话、宗教、哲学、文学等诸多领域之上。读罢，各家流派轮流登场，欲吐为快，欲说还休。

关于语言的起源，有各种假说与观点，有神授说、手势说、摹声说、劳动说、感叹说、契约说、突变说、渐变说等等，但均未达成共识为人们所接受。《两界说》独辟蹊径，对人类语言的起源有独特见解：一是将语言的起源分为"元语""族语"两个阶段，"元语"为天帝创世之工的内容，人可无师自通，其遗留痕迹如世界各族语言都称母亲为"mam"之音；二是族语因各族的居地、习性、族姓不同而产生，是各族承载"天帝元音之赋"的延续和发展；三是把族语认作各族不同族姓的重要内容，不仅是族内之人交流的工具，更是与异族区分的标识。作者在第九章语因族异的章节中，提出语有所分、言有其用的语言功能，为人类所用的语言确立了其工具属性与文化功能。

再谈爱情。天风骤起，将雅、函、希、布、耶、微、撒各族散落各地，七族散居，承发声之赋，族语族音，各书标记。后立族规，雅族有曰：雅人后代不可与异族通婚结合；雅人后代不可乱交。函人有戒，函人须多多生子；不可乱交。希人谨记：希人不可与外族之人交合通婚；不可乱交。布人戒规：行正道子孙繁多。耶族、微族、撒族皆略之。此时家法族规，有着鲜明的时代印记，虽未及情爱，然伦理道德，束缚其身。相比卷二《造人》第三章对人复造章节中的饱腹为甚，纵欲复加，人类有了显而易见的进步。

卷五《立教》第十八章普罗教立。雅普遇希罗，希罗为希王之女，性情豪爽，武艺高强，习以男装示人。是日巡游，见异族雅人，喂水相救，遂生好感，然与雅人雅普对语，话音似有相通，仅知大意。或遇天灾，雅、族两族首领率众人搭挪亚方舟，风雨同行，水浸之后，尽显窈窕身躯，希罗倾城，雅普骁勇，于月圆之日，两人成婚。此处阐述了宗教的缘起及划分：一是民族宗教，信教者皆为同一民族，外族人不可入教，此类宗教将信仰与族群相叠合；二是普世宗教，入教者以信仰为标准，不分种族。普罗教规于雅族和希族之间诞生，其一教人不可乱交，在伦理道德层面有约束，在婚俗嫁制方面突破不可与异族通婚的桎梏，不论族规与宗教，人类的情感史又进一步。其间，语言不通，也不是问题，恰应了那句：爱情无国界。

随后，同甘共苦，尽显男女本色，结为百年之好，为两族造福。

卷六第十章撒人争女。有倾国之美，名曰丹伦，族王贪色，然长子撒寅、二弟撒带意欲求亲，祸起萧墙，兄弟携众血流成河，不见完尸。而后老王驾崩，三子继位，纳丹伦为妻，却不视宠爱。撒人恩怨，旧恨情仇，少见平息。此处，未见丹伦情愫，只见兄弟间为夺美人，反目成仇，女性的地位可见一斑，处在被选择和被掠夺的从属地位，原始社会的婚俗嫁制初见端倪，为卷七《承续》埋下伏笔。

人类的进程从未因某个历史事件而停滞不前。卷七《承续》第一章各族清数，交代了文字的起源。各族磊石为记：能工者为成人，以拳大之石为标；哺乳蹒跚者为幼童，以小石为记。石分阴阳，光凸向上者为阳，以兹为男；贴地湿潮者为阴，以兹为女。法裔美国学者丹尼斯·施曼特-贝瑟拉在《文字的起源》（商务印书馆）中认为：旧石器时代和中石器时代的人们有可能使用鹅卵石、树枝或谷物来记数，这些数量遵守意义对应的基本原则。在以鹅卵石为计数器和助记方式之后，象形文字发明之前，出现了新石器时代的陶筹系统，成为数据交流和处理演变过程中的第二步。如此种种，预示着文字的到来。《两界书》在卷七《承续》中，融入字符和数学的概念。字符由智师得天启而创立，众人仿效，约定俗成；有智士专事数理之术，数学得以精进发展。字符与数学在人类文明演进中具有里程碑的意义：当数量和所要计数的物品剥离出来后，象形文字就不再限于表示物品单位的数量。凡日月星辰、天地河川、牛马鸡犬、屋舍耙镐，皆有符图具表，各有音声相对。至于衣食劳作百工诸事，喜怒哀乐七情六欲，亦各有符表。多么有趣啊，人类的文字就这样诞生了。天地事项，以连符而表征，连数而推演，经年演进，及至精深。抽象数字的发明是数学的开始，同样也是象形文字的开始，这些符号逐步融入人类活动的其他领域，逐渐被语音化，演变成多样化的工具，能够存储数据、描述事件和传递想法。

卷七《承续》第三章王子公主之前，有婚俗嫁制章节，九族传脉，婚制严谨，大统延续。读者于索然中见画风突转，在王子遇公主章节，惊喜连连，精彩不断。在《两界书》堪称鸿篇巨制，亦可独立成篇的故事讲述中，这是一抹少见的轻松与活泼。雅荣外巡，见少女水中嬉戏，圈中一名貌似天仙，实为希族公主，名曰希玛。雅荣忘情，夜不能寐。翌日，希玛因寻爱鹿，误入雅人领地，遂被带回雅宫。雅荣为博美人欢笑，倾心照料，百般取悦，寻得爱鹿。雅荣陈表父王，倾情希玛，欲娶为妻，传雅人血脉。父王暴怒，雅人有规，不与异族通婚，现王子破先规，族人将无规以循，害莫大焉。王子剑指己身，意表决绝。王悲愤不允，士兵带希玛至前，意欲斩杀。雅荣怒吼，何人敢动。希玛颤栗，依偎雅荣身旁。希玛对雅荣的依恋和好感在那一瞬间有证实，之前雅荣百般献殷勤，希玛未见回应，文中只字为提。老王手持大刑之牌，雅荣紧拥希玛，好一副棒打鸳鸯的场景。但凡文学作品都敌不过一个情字，况且人类文明漫漫之途，终究离不开人类繁衍生息。王子雅荣不易，挑战世俗，甘愿受刑。霎时电闪雷鸣，风雨大作，令牌落地，巨石落崖，眼见雅荣化作肉泥，一阵飓风，将巨石吹落在地，雅荣未损毫发。"上邪，我欲与君相知，长命无绝衰。山无棱，江水为竭。冬雷震震，夏雨雪。天地合，乃敢与君绝。"《两界书》再现《上邪》生死不渝的爱情，天佑有情人，即便汉代乐府民歌《上邪》五件不可能的事情都发生了，雅荣与希玛仍未分开。此时的希玛是否爱上了雅荣，文中仍未描述。雅荣经石刑不死，向先人谢罪，剑起臂落，左臂飞出三丈之远。雅王屏气，口喷鲜血，毙命于宝座之上。雅荣继位，成断臂雅王。再看希王，自希玛走失，族王希尼果焦急万分，得知为雅人所掳，禁闭雅宫，焦虑万分。又听闻雅荣欲娶希玛为妻，暴怒。两族相约，洲岛议事。此情此景，读者脑海里浮现神女峰下，三峡水急，两军相向，父王爱女，泪如雨下，刀剑相对，悲喜交加。想起舒婷的《神女峰》，衣裙漫飞＼如翻涌不息的云＼江涛＼高一声＼低一声＼美丽的梦留下美丽的忧伤＼人间天上＼代代相传＼……沿着江岸＼金光菊和女贞子的洪流＼正煽动新的背叛＼与其在悬崖上展览千年＼不如在爱人肩头痛哭一晚。希玛的女性意识开始复苏，她陷入了家道族规、伦理道德与自身情感难以取舍的两难境地。听雅荣提亲，再听父王希尼果的问询：你能使日头由西而起，从东而落；你能使白昼变转黑夜，黑夜变转白昼；你能使河水倒流，从低向高，使河鱼上天，飞鸟入水；如此皆不能，何以娶希人公主为妻。或希玛归返，或你死我活。雅荣无语，两边似风吹过，众人屏息。此局已僵，再谈无益，弓箭上弦，刀剑出鞘，一场恶战即将来临。危急时刻，希玛大声叫嚷：愿嫁雅荣，愿作雅荣之妻。众人大惊，希尼果错愕万分。此处，希玛细言数语，堪当全书女性宣言。这是书中第一次正面描写女性对爱的表白、对生活的认知。女性由历史的从属地位跃身为掌握自身幸福主人，她在口述对父王的思念之情后，讲起雅族生活，备受恩待，深受眷护。且雅荣经死不弃，断臂铭意，如此深情，夫复何求。言语中大胆地展现出对爱的追求和对自由的向往：女已长大成人，心有决意，愿嫁雅荣，亦免雅希族争之灾。希玛跪于父王之前，几经僵持。希尼果心动，成全希玛、雅荣跨族姻缘。此后多年，雅希族人渐多往来，民间通商，联姻合族之事渐多，蔚成风气。

《诗·周南·关雎序》：美教化，移风俗。卷十《教化》，通过哈法和哈里的思辨与对话，以文学叙事渐进成为逻辑推理，以言语思辨演绎文明更迭。借哈法劝导哈里之口，阐述王道要义，偶有人性本真的探讨：无食无色，岂为人乎？然好食而不贪，喜色而不溺，食色有节，适而有制，即为人道，亦合天禀之道。自哈里驾崩，哈法为王，教化世风，治吏制法。然浮萍在上，暗流在下，湍涌回旋。道约法仁，人民以约为通、以仁为和，国民相和。此处，国制与民心、天道与人道，相适相合，相辅相成。

寻常人家的爱情，在文明教化之下，显得细碎庸常。《教化》之后以菩度行道，讲述了老百姓在家庭伦理、情感相恋方面的困惑和痛楚，比不过王室贵族的王子公主，没有惊天地的盟誓之约，读来却也毫不逊色，令人心生戚戚。凡人菩度，自幼勤勉，心地善良，承父雇约，离家长工。年关将至，上念父母下念妻儿，魂牵梦萦，一路崎岖，辗转回家。途遇山民品茗无力还债，慷慨解囊，救其两女，拒酬不应；夜宿艾巧，视其苦状，悲悯其人，再次解囊。两则小故事，塑造出菩度善良、不贪女色、慷慨大方、正人君子的完美形象，为梨花大雪、偶遇曼陀、又生情愫埋下伏笔。细说菩度途遇暴雪，见妇曼陀，四十挂零，似曾相识，未曾相见。正所谓人生何处不相逢，室外极端天气大雪纷飞，室内取暖木火，温馨至极。双人伴睡，渐生遐想，后意欲行事，猛犬即怒。两人情非得已，无意作恶，畏于猛犬，也畏于世俗，爱或不爱，都是不对。人性如此，非此即彼，在爱情面前，无法评判。天亮雪小，两人依依惜别，各自回到自己的生活轨道。菩度历经磨难，终回家乡，深夜敲门，妻室惶恐，原家弟在内，鸠占鹊巢。寒风凛冽，菩度悲戚离去，其妻求之，不得谅解，唯有泪别。此处心酸，菩度行于荒野，又见梨花大雪。恍若隔世，醒来又见曼陀。猛犬不知所踪，两人终得善果。如果说猛犬象征了世俗与教义，阻碍的两人的情感发展，那么梨花大雪则预示着艰难的生活处境和极端的低概率事件，生若浮萍，实属不易，天若有灵，赐我良缘。

第十一章《士耕尔织》，继讲寻常人家的幸福生活。帝山东南八百里，依山临海，居一凡常人家，男名士，女名尔。士以耕为作，尔以织为业。男耕女织，人类社会进入了勤劳原始的农耕文明，此处读罢蔚然一笑，人间千年，尽在手中。

人非圣贤，孰能无情。在卷十一《命数》中，巨龟出海，有彩翅翔龟飞来，口发妙音，眉目传情。巨龟心有所动，目不转睛，立首凝望。连动物间的深情，都这样缠绵有趣。一日，青龙爪抓翔龟，逝于云霄，巨龟泪落不停，暗溪入海，心志不移，躯身不动，千年化为仙龟灵山。此处源于长生不老仙草的传说，传龟首有灵草生出，为巨龟、翔龟信约之物，四季花开，长生不凋。人若食之，可增岁延年，与仙龟比寿。这就是爱情，爱情的衍生之物必定经久不衰，弥久日新。天下苍生，上至帝王，下至庶民，无不求之不得，为之历尽艰险，然得者甚少，亡命无数。有趣的爱情，人类文明更迭的标志之一，有别于动物，而又与动物无异，传情达意，又因了语言的传承和记载，铸就了人间万象、世间百态。

阿水

语言工作者，副教授

如是说

谷雪儿

第一次看到这套"两界"系的三本智慧书，有种久违的亲切感。首先联想了十五年前写了的一首诗，名字叫《一世两界》。在诗中我写道：

是谁多梦的肉身

沉沉隐去

为一团无声的光。

而未知的

就像一路上的幻像

从傍晚到午夜

从阴到阳……

针对《两界书》，想与作者士尔先生聊点阅读体会。

从设计上乍看有点《圣经》的极简奢华，在万象的视觉误解时代，这套书的外表并不抢眼，而其独具的才思，悟透两界的喧嚣与困惑，不与繁华争宠的归来感，恰恰是作者两界观精神家园执着的智慧。在当今重物质、轻精神的虚无世界里，士尔是个纯粹的人。文中自下而上的妙趣安排；谈今论古的松弛感解；以人为本的自由超逸，独创了一个虚有的精神世界。

近些年看的小说很多也很杂，打动我的好书没几本。以我过往的阅读习惯，大多看前十页就能断出结局。而士尔先生的《两界书》阅读起来因为生涩，所以要带着思考，边读边解。内容庞杂，大到宇宙观，小到人心。仿佛穿越了一个天地之悠悠的既虚幻又现实的两界，大明大暗，至善至美。

这是一本奇书，不解风情，又暗香残留。这是一本让人兴奋的书，看似随心所欲，久违的哲学思想适时而生。这是一本好书，文笔奇妙，诗意率性，眼下有风月，心里有梅香。让人爱不释手，激动不已。这是一本充满自由的书，两翼轻盈，步步有风景。

《两界书》这时花开，不请自来！

就说到这吧，适可而止最好。

你思你在《两界书》
——送给士尔先生

谷雪儿

仿佛一个圣婴在似有非有的领地
带着幻想的元素向着彼岸抵达
我在《两界书》的面前失去了话语的能力

看久了尘世之殇
再看这如梦如幻的非主流
预感到这是一场重逢的仪式：
自省，调侃，魔幻，嘲讽

相悖又相融。

我们不能活在预言里
生命本来就是来了又去，去了又来。
看不透你的深邃
却能闻到持久馨香的梵歌
来自四面八方

阅读《两界书》不是一件容易的事
亲近与疏离，虚无与冥想
孤独与惆怅
悲悯与冷静
哪一件不是阅读者的感受？
然而，唯独没有风花雪月。

由于偏爱，打破了我阅读习惯：
不在逆境中阅读，不在激情时阅读
只想自然状态下——突围。

谷雪儿
作家、诗人

《两界书》综观

大千世界一奇书

王京生

今天能够来参加商务印书馆和深圳大学饶宗颐文化研究院主办的《两界书》系列著作深圳发布会，并能和这么多知名学者坐在一起，听大家对这本书的评价和解释，感到十分高兴。

士尔先生是我非常尊重的一位学人，我原来知道他是国内研究犹太文化的著名专家，也是一位优秀的教育家和高校管理者。后来我听说士尔先生写这本书时，每天凌晨三点钟起床，写到五六点钟，在寂静中让思想奔腾。读了《两界书》系列著作，更使我对他的学问功力和广博视野，以及思考问题的深刻和想象的瑰丽由衷地佩服。就《两界书》而言，相信在座学者会发表很多优秀的见解，我先大略谈谈自己的陋见，算是抛一块砖头。

之所以说这本书是一本奇书，首先在于它内容的宏大，其宏大之程度，非常罕见。先说说我对书名的理解。

一是天人之界。从天地产生，到人在天地之间的作用，用一个个我们似曾相识又独特清新的故事，将二者串连起来，每每读它时，就会想到清代大才子袁枚所写的几句诗：

我知混沌以前乾坤毁，
水沙激荡风轮颠。
山川人物熔在一炉内，
精灵腾踔有万千，
彼此游戏相爱怜。

二是文明之界。恰如作者所说，在这本书里我们能看到儒家的仁爱与修齐、道家的阴阳与自然、佛家的色空与顿悟、希伯来的悖逆与信约、古希腊的理性与法意、世界的恒在与无常等思想。《两界书》实际上是为"六先论道"搭建综观平台，容纳了世界几大文明的智慧和要义。应该说作者的这种探索非常有意义，既让我们在充满兴趣的阅读中对世界上各种文明源流、宗教、学说、思想进行了解、进行互鉴，也让我们对人类面临的共同问题进行思考，在神话与现实、学说与想象中自由徜徉。

三是古今之界。如作者所说，全书可以概括为：认识本来——从哪里来、了悟未来——来干什么、走向未来——往哪里去。又说：行走两界，心觉三来；本来未去，未来已来；有界无界，皆为往来。实际上是在回答和探索人类的产生、历史、未来的命运。而在这一过程中，有意思的是，从天帝的造人之手，到世界的纷争、金戈铁马，再到未来的机器人与人之间的关系，都在作者独特的眼光下焕发出迥异的魅力。

此外，书里还涉及历史与文学之界、宗教与世俗之界、神话与科学之界等等，可以说是一部名副其实的跨界之书。

原来说司马迁"究天人之际，通古今之变，成一家之言"，今天看《两界书》，同样是"究天人之际，融六先之言，通古今之变"。看来，卓越的中国学者都应有如此的人文情怀。

现在，习近平总书记把文化自信放在空前重要的位置上，他用"六个更"强调文化自信的重要性，即"文化自信是更基础、更广泛、更深厚的自信，是更基本、更深沉、更持久的力量"。耐人寻味的是，这六个"更"是相较于道路自信、理论自信、制度自信而言的。可见其是重要中的重要。我想，真正的文化自信绝不是孤芳自赏，也不是"众人皆醉我独醒"，更不是"寒霜殄异类，卓然见高枝"。真正的自信是来自于包容的胸襟、谦卑的态度和了然于胸的自知之明。曾经有人问我，为什么大唐气象能够彪炳千秋，为世界所景仰？我说，因为它最没有"华夷之辨"，能包容各族各类、各种文化，胡食、胡器、胡乐、胡旋、胡俗竞相开放于世界之都长安，其恣肆纵放、包容天下的气概，恰恰铸造了中华文化的雄浑深厚和灿烂辉煌。从士尔先生的《两界书》也确实看到了这种气象。这部书让我们更加明白，文明是互鉴的，而不是互相否定和贬低的。

最后想说，一本好的书，并不是强迫你一定要接受它，或者仅仅把读书作为教条。好的书就是能让每个人在阅读中启迪心智、激发想象力，这也是为什么越是经典的书籍解释它的人越多，而解释又每每不同的重要原因。所谓"横看成岭侧成峰，远近高低各不同"。每个人的心智不同，所处环境不同，所习专业不同，自然感悟也不同，而好书就是能让不同的人有不同的感悟。

我相信，在接下来各位学者的发言之中，必然会出现每个人的不同感悟，这便是这本书的魅力了。所以，我很期待着下面每一位的精彩发言，这将让我们增长学识，并以此回报士尔先生的心血之作。

王京生

国务院参事

本文为在《两界书》系列著作深圳发布会上的演讲，曾载于《深圳商报》2018 年 11 月 22 日

面向世界的文化读本

——《两界书》的方法变革与思想突破

吴安春

人自降生，就有两界之难：天地、时空、阴阳、灵肉、善恶、凡神、苦乐、爱恨、悲喜、生死等等。

人立万物之上，就有问道、修道、成道之殊。

我从哪里来、我来干什么、我到哪里去，是关乎两界的终极哲学命题。士尔先生的《两界书》十二卷，对这些历代先哲关注的人类终极性问题进行了深邃的探索。作者以"慧眼"观察世界，以文学修辞叙事手法，塑造了一个人格化的"天帝"，史诗般地讲述了一部创世、造人、生死、分族、立教、争战、承续、盟约、工事、教化、命数、问道的人类文明史和精神探索史，向我们徐徐展开了一幅从"本来"到"往来"再到"未来"的宇宙论、存在论、过程论、目的论的文化哲学和文化人类学的哲思画卷。《两界书》揭示出人类文明演进中的道德自觉、价值追寻，特别对人类在道德自觉与价值追寻中的两难困顿予以精辟揭示，对人性本原和文明底层逻辑呈现出一种不同凡响的洞察。

人类群体及其社会文化是一个极其复杂的系统，学科化的分科认知有其独到之处，但也不免存有种种偏狭和限制。《两界书》突破传统的思想方法，以跨界思维，超越历史、神话、宗教、哲学、文学、文化等学科壁垒，设元典话语，以宏大文学叙事手法，展现不同文明的交流和对话。总结性的《问道》篇塑造了六位先知，即道先、约先、仁先、法先、空先、异先等，六先分别代表了人类思想和文明史上最有影响力的思想认知，浓缩了儒、释、道、希伯来、希腊、怀疑主义等重要思想的精髓，但又不是对上述思想的对应移置，而是实现了相互间的融通和整合性的超越。作者引论六先思想对人生意义、生命价值、善恶等人类生存发展中的核心问题进行叩问，描绘了人类文明的流变演进和向善修为的艰难历程，开启了以界为经，以人为纬，以人之心用为结，以中华文化为钤键，以人类思想融会升华为合解的问道探索。方法的变革带来思想的突破，《两界书》以其跨界全景式的文化哲学和文化人类学新视野，昭示出对文明冲突和价值撕裂的超越希望和可能路径。

对于人是什么？人生的意义价值何在？《两界书》融会六大先贤先知学说，贯通各家之言，以中华文化精髓为核心，淬炼各家思想精髓，得出"六说不悖各有其悟"的"心法"要旨：

> 以道为统，无统不一，无一何生万物；以约为信，无信不通，无通何生和合；以仁为善，无善不爱，无爱何生家邦；以法为制，无制不理，无理何生伦序；以空为有，无有不在，无在何生世界；以异为变，无变不化，无化何生久远。

《两界书》以此"心法"要旨为核心建立起汇聚各家思想学说互补综观的思想框架，展现了作者"万物并育而不相害，道并行而不悖"的人类情怀和中国智慧。这里可以看出，《两界书》对以华夏文化为代表的东方智慧在解脱当代人类困境上寄予厚望，尤其是儒家和合思想、道家节制观等对当下世界性的唯利是图与利己主义、急功近利"进步论"与西方中心主义等，都有重要的矫正、纠偏价值。

最终，《两界书》从"六先论道"臻至"六说归一"之"合正大道"，归纳出"敬天帝""孝父母""善他人""守自己""淡得失""行道义"六大要义，提出"天道立心，人道安身"的修为之道，为安顿心灵家园和灵魂居所，构筑人类命运共同体奠定坚实的价值通约和文化根基。

《两界书》驰骋于天地人之间、贯通古往今来、融汇东西文明、超越文史哲疆域，创立文化哲学、文化人类学的诗化文体及话语体系，其蕴含的中国文化智慧及其彰显的天人合一、道法自然、四海一家之核心理念和价值观，使其不失为一部讲好中国故事的优秀范本，一部真正面向世界的文化读本。

"文章千古事"，《两界书》的意义将会历久弥新。

吴安春

中华孔子学会副会长，中国教育科学研究院教育理论研究所所长、博导

既可神游太虚　又可喻晓人伦

傅有德

《两界书》以文学语言，讲文明故事，构思别致，哲理深邃。读之，既可随作者神游太虚，达玄妙悠远之境，又可不离凡尘俗世，喻晓事理人伦。该书寓理于史迹典故，寄情于山川景色。人类文明整体的演进与铺展，尽在字里行间。可谓当代中国文化百花苑中难得一见的奇葩。

傅有德
山东大学哲学与社会发展学院宗教学系主任
犹太教与跨宗教研究中心主任
中国宗教学会副会长

问道与求解
——《两界书》十日谈

吴俊忠

解读经典之作，鉴赏天下奇书。

问道过往今来，求解生死之惑。

士尔先生倾十年之功，著就"世纪杰作"《两界书》，"开跨界叙事先风，讲古往今来故事"，展现出"著书立说，神游两界"的风范。余尽十日之力，细读全书十二卷，力求读懂读透、得其要义，走近作者的"我思"。按常理论，十天读一书，可谓慢极。然《两界书》堪称"奇书"，若只读不思、读而不究，难窥其真谛。为明晰书中要义，与作者对话，与读者共商，余试将每日阅读感悟逐日分呈，构成"十日谈"之解读架构。此乃试新，或许对读者探究本书之奇妙有所助益。成否妥否，由作者和广大读者评论。

第一天
读《前记》《引言》，谈全书谋篇立意
开篇明主旨，"两界"任遨游

《两界书》谋篇布局新意频出。

首先，作者不落俗套，不按常规。不设《前言》或《序言》，而是以《前记》和《引言》阐述著书之缘起，点明何谓"两界"及两界"化异辅成"之关系；以一篇看似书评又不是书评的导论，阐明《两界书》的主旨是"传承文化，架设桥梁，讲好故事"，特征是"跨界叙事、元典话语、人文情怀、中国精神"。既展现了全书的思想内涵和艺术特征，又对读者产生了引人入胜的效果。

其次，全书十二卷，作者以《创世》《造人》等蕴涵丰富的醒目标题，巧妙地设定了若干关于人类终极意义的问答（分明问和暗问），层层递进，环环紧扣。为使读者懂其"我思"，得其要义，作者特在《引言》前设"题记"："两界书——凡人问道"，又在各卷开篇时设简短引语，告知读者该卷所问何题，从而让读者产生兴趣，渐入佳境。

通览全书，十二卷所涉问题大致可分列如下：

《创世》：世界从何而来？世界的源头在哪里？

《造人》：人类如何起源？人类从何而来？

《生死》：人为何会有生死？

《分族》：人为什么会不一样？为什么会有不同的肤色、相貌、习俗、语言？

《立教》：宗教信仰是如何产生的？人为什么要有宗教信仰？宗教信仰对人类行为和文明演进产生了怎样的作用？

（以上设问是明问，以下则为暗问，即引语不列问题，而在故事中设问和解答）

《争战》：人类争战的起因是什么？争战有哪两种基本类型？

《承续》：人类承前续后的文明演进过程有何规律可循？

《盟约》：为什么说"约"是文明社会的本质性标志？

《工事》：人类在文明演进过程中如何将"工事"（制造）从低

级走向高级？

《教化》：人类怎样通过教化体现文明自觉，达到完善人格、治家理世之目的？

《命数》：人类能否永存？人类最终会向何处去？

《问道》：为什么说对人生意义、生命本质、人类前途的拷问，既是终极之问，也是现实之问？

作者围绕这些设问，展现"神话思维和文学手法"，以讲故事的方式，在"两界"间任意遨游，时而仰望天空，时而俯瞰大地，时而叩问神灵，时而审视众生。古往今来，天地神人，尽入视野；世界之本，人性之谜，均作探究，创造性地彰显了中华文化精神，描绘出中西文化融合的绚丽画卷。

第二天
读《创世》，谈"世界从何而来"
世界有两维，"世维"有奥秘

士尔先生是犹太文化研究专家，《两界书》第一卷《创世》在一定程度上受到犹太文化经典《圣经》的影响。然而作者并非把视野固守于某个经典，更不是单一地解读经典，而是由典而出，锐意创新，巧妙地将《圣经》故事与中国古代文化经典的精神内核和中国民间神话传说融会一体，跨界叙事，融贯中西，讲述了一个"剖析开天辟地奥秘、揭示世界从何而来"的传奇故事。

《创世》共分四章：开天辟地、时序流转、万物孕生、世维无限。四章围绕"世界从何而来"之问，集中阐述了三个问题：世界怎样形成空间维度和时间维度，如何成为"活灵化异"的世界？时空两维之外，为何还有"可感而不知、可受而不识"的"灵道万维"即"世界本维"？为什么说"本维"是世界的本质？作者把中国古代关于"盘古开天地"的民间神话传说，以及周易老庄关于天地之道的论述，与《圣经·创世记》中的某些描述相融合，重新描绘了一个"创世"传奇：

世界本是形如鸡子，无天无地，混沌一片。具有超自然力量的"天帝"，挥动意杖，划开混沌，又随意杖点，让飘散的天尘得到"化育"，于是"万物充灵""万物有序"；接着，天帝又按意念精心设计，造出了"高高天穹"和"坚硬大地"，形成了世界的空间维度；再以光暗分出昼夜，昼夜光暗交替，形成了时间维度。时空两维，纵横交错，世间万物就有所凭依，世界就这样形成了。

那么，该如何认识这个传奇世界的生成和变化呢？作者进一步描述：天帝"吹播元卵"，孕生万物，"使无成有，使有各一"，使万有"各适其所，各作其为"，世界因而成为一个"无生有、一生二、二生三、三生万物"的"活灵化异"世界。然而，天帝所运行的是超越时空两维的"灵道"。灵道不受时空两维所限，是"可感而不知，可受而不识"的"万维"，亦是世界之"本维"。意念、情欲、觉悟、思虑、觉醒、空幻等，皆属于"万维"或"本维"。"世界的'本维'仿佛看不见的纲网，存在于似有似无、似多似少之间，难以捕捉，但统摄万物的运行。'世维'的奥秘在于可数而又不可数，在于数的组合变化，它决定了世界的本质。"

综上所述，卷一《创世》所描绘的世界，是作者创造性地融会了中西关于世界源头的学说而呈现出来的一个结合体。而对于这个"结合体"形成过程的解说，既采纳了《易经》《庄子》的"太初"说和《荀子》的"天帝"说，也采用了佛教经典的"大千"说、《道德经》的"大道无形"等学说。作者的可贵之处还在于得其精髓、善于联想，以神话思维和文学手法衍生出一系列"创世"的新概念和新形态。如"天帝挥意杖""天帝吹播元卵""天帝意杖为引，杖痕有迹，元纪开启""天帝灵道运行，实生万维"等等，从而真正做到"融合东西方素材，由典而出，化陈出新"。

需要指出的是，这里所说的"创世"，是"神话思维与文学手法"所展现的"创世"，是一个带有神话色彩的故事，而不是科学意义上的宇宙起源。但从某种意义上说，这个故事却又是"科学"的，它在当下的认识意义集中体现在三个方面：一是加深对中国文化传统与文化精神的认识，了解人类文化的共性和个性，进而自觉推进全球化背景下的文化开放和文化融合；二是加深对世界变化规律的认识，努力把握"数的组合变化"，学会怎样面对这个不断变化的世界；三是加深对哲学意义上的物质与意识关系的认识，走出唯物与唯心二元对立的简单思维模式。明确"万维"是世界的本质，意念改变一切，思想就是力量，观念更新推动着世界的变化与发展。

第三天

读《造人》《生死》，谈人类起源与生死命数

造人治世界，生死各有命

人类如何起源？人类从何而来？对此终极之问，古今中外，解答不一，各不相同。有从猿到人的"进化论"，也有上帝造人、女娲造人的"神创说"，还有猕猴与岩魔女结合生出群猴繁衍演变成人的"猕猴衍变说"（在中国西藏流传甚广）等等。《两界书》之卷二《造人》，"与古代各类神话所述造人多有不同"，强化对造人之因、人兽之别、男女之分、男女关系、人之使命、人之提升的分述，从而使造人、治人、化人成为一个系统，深化了对人性善恶、灵性培育的理性思考。看似神话传奇，实质入世入心。

卷二《造人》共分六章：万物从类、造治理者、对人复造、天水刷洗、春发知羞、天帝授命。作者依然采用神话思维和文学手

法，以讲故事的形式为我们展现了一幅造人育人的情景图：元卵化变，世间"虫鸟走兽尽出"，弱食强食，惨不忍睹。天帝决意造出治理者，以便治理世界。首先，天帝造出"两头两口、四目四耳、四前腿四后腿"的"初人"，以使它们强于走兽、降伏猛兽。不料初人"不领天意"，与走兽"行无大异，心无大别"，"各饱腹囊为甚，懒惰纵欲复加"。于是，天帝分三步对人实施"复造"。第一步，将"初人"从中分开，一半为男，一半为女，男女分处，是为"中人"。然男女分处后"心有苦楚情爱，异于兽畜之心"，日夜痛苦，思念交合。后男女同居，生出儿女，开始繁衍。此时，人兽外形明显有别：人直立而行，而兽不可直立；人指灵巧，可造器物，兽畜笨拙，只能足蹬爪趴。然人依然全身皆毛，与兽无异。且男女交合，纵欲无度，秉性难改。天帝遂进入"复造"第二步，派使者召集人群，用天水刷洗，使之"开启蒙昧，通窍悲喜"，"肤貌体征与兽畜有别，心智习性与兽畜有异"，会笑会哭，知羞识耻。接着，天帝进行第三步，"播灵雾，化天雨"，不断增人灵性，使人有适居之境，安居之心，进而"将世界交人治理"。"然天下男女并不尽悉天意"，"天帝超然在上，专注默视，并不袖手旁观"。

上述"天帝造人"之图景，以隐喻形式给我们阐明了人类起源和文明演进的三个核心问题：一、人是有别于兽畜的有灵性的高级动物，但人仍然是"灵欲并存"的，是"精神的人和动物的人"的混合体（托尔斯泰语）。人只有认识到这种人性的"双重性"，才能自觉地与"动物的人"做斗争，让"精神的人"始终处于主导地位，才能正确处理"灵与欲"的关系，保持高尚的格调情操和精神境界。二、人之动物性必须受到抑制和改造，不能任其张扬，否则人将不人。现实生活中侵占他人利益、漠视道德约束，厚颜无耻、贪得无厌的行为，皆是人的动物性肆意横行的结果，不能小视，值得深思。三、世间之人行善作恶，皆有公论。"头顶三尺有神明"，是非公道在人心。所谓"人在做，天在看"就是此理。人在治理世界的同时，必须治理好自己，修身养性，惩恶扬善，决不可任意妄为，自欺欺人。

卷二《造人》和卷三《生死》是密切关联的两个部分。如果说"造人"之说是阐述天帝用三个步骤完成了"造人之工"，那么，"生死"之论是说明天帝同样用三个步骤（天洪检验、设定命数命格能限生途、天光再造）完成了对人的"再造之工"。作者以讲故事的形式所展现的"再造"图景，依然是惊心动魄、发人深思：天帝造人后，人"偏离正途，悖逆灵道"，未能"以身载道，治理世界"，而是"道欲分离"，顽疾频出："心中无主，自以为大"，"婪得无厌，欲壑难填"，"懒于劳作，溺于淫欲"，饥饿至极时，甚至"以弱人为食"。天帝了悟一切，遂打开天门，让洪水倾泻，涤荡全地，世人多被淹毙，惟六男八女心存灵道者得以存活。"存活之人身经天洪涤荡，灵经天道检验，皆为良人。"天帝鉴于所造之人"善始者常不善终，善终者常不善始"，决意为人"定命数""设命格""设能限""定生途"。使"人皆有生，生皆有死，生死有序，命有定数"，"命数不一，各自修为"，让人"有能而无致，有生而无恒"，人只有做到"以灵道为引，肉躯为载。灵肉相合相通，方可强命力、延命数、顺命格、享生乐"，进而悟出"生弥珍贵，生当乐生。死为归途，万众所同"的道理。

上述可见，卷二《生死》看似以神话思维回答"人为什么会有生死"的终极之问，其实侧重的是对人性的复杂、人性的完善、人生的修为，以及对待生死态度的揭示。这与中国传统文化关于生死的观念体系多有不同，从而引发的思考也更为深刻。这里涉及几个核心问题：一、人之本性究竟是善还是恶？二、为什么说"命数不一，各自修为"？三、怎样才能做到"灵肉相通"？四、如何理解"生弥珍贵，生当乐生。死为归途，万众所同"？

古往今来，"性恶论"与"性善论"，争论不已，莫衷一是。荀子认为："人之性恶，其善者伪也"；孟子则认为："人性之善也，犹水之就下也"。而《三字经》却断言："人之初，性本善"。本书卷二《生死》讲述的故事，虽未明确讲出善恶观，但却告知，天帝所造之人，一降生就恶性伴随，致使天帝不得不"天门泄洪"，用洪水涤荡人类。作者倾向已不言自明。那么，性恶性善的争论是否至此就终止了呢？答案也许仍是否定的。

故事中的"命数不一，各自修为"之说，体现的是积极有为的人生观。它告诉我们，所谓"命运"并非完全与生俱来，无法改变。无法改变的是"命"，是个定数，可以改变的是"运"，是个变数。中国古代的"仁者寿""德者寿"之说，就是证明这个道理。四川青城山上清宫有一副对联就这样写道："事在人为休言万般都是命，境由心造退后一步自然宽"。

那么，人怎样才能做到故事中天帝所要求的"灵肉相通"呢？首先要明白，"灵"是后天形成的"天使"，是信仰、是精神、是智慧，也是构成"精神的人"的核心要素。人有了"灵"，才能方向明、精气足、懂取舍、知进退，才能知道自己"到底要什么"。同时要清楚，"肉"是与生俱来的"载体"，有"肉"就有欲，而欲是诱惑人作恶、驱使人"偏离正途"的"魔鬼"。要做到"灵肉相通"，就必须敬请"天使"，抑制"魔鬼"，让"灵"始终处于主导地位，使"欲"不能任意张扬。这样，"灵与欲"才能同处肉体，相融相通，相安无事。"灵肉相通"是一个此长彼消的动态过程，人的主动和有为就体现在这个过程中。

中外先哲圣贤和宗教教义有众多关于生与死的论述，主要包括两层含意，一是如何看待生死，二是怎样生存。孔子认为，"未知生，焉知死"，"朝闻道，夕死可矣"，只有懂得生存之道，才能知道该怎样去面对死亡；孟子主张"舍身而取义"，要坦然赴死，活出境界；庄子认为，既要超生死又要任生死，要"无心无念，自然无为"；佛教认为，生死是轮回，无生即无死，无死亦无生，人生众多苦难，死亡既是超脱，也是往生；基督教则认为，人生带有"原罪"，生存就是为了"赎罪"；西方思想家海德格尔主张"向死而生"，生死互渗，由死观生，珍惜生的存在；一代词宗李清照主张生死都要轰轰烈烈，超凡出众，"生当作人杰，死亦为鬼雄"。但天帝设定生死命数的故事中提出的"生弥珍贵，生当乐生。死为归途，万众所同"的观念，与以上论述明显不同。首先，它不是简单地谈论生与死的关系，而是告知人们，快乐才是人生的真谛。直接提出"生弥珍贵，生当乐生"。这"乐生"具有"快乐"和"有为"的双重含义。人活着不但要快快乐乐，而且要有所作为。要积极乐观地面对人生苦难，不怨天尤人，不轻易放弃生命，活出高度，活出境界。这一观点，在当下有着尤为重要的积极意义。其次，明确指出，死亡是人之终归，是任何人都不能逃避的规律，无论贫富贵贱，概莫能外。那些力图"求得长生不老药""好想再活五百年"的人，都是违背规律，痴心妄想。既然如此，何不淡泊名利，摈弃妄求，过有意义有乐趣的快乐生活呢。

第四天

读《分族》，谈人类之差异

种族有区分，分合亦有度

大千世界，芸芸众生，各有其族，各有属国。不仅容貌语言不同，而且价值观念、生活方式也有差异。这一切究竟是怎样形成的？人为什么会不一样？卷四《分族》设问和解答的正是这一个人类文明演进的根本问题。

长期以来，传统的经典人类学，以化石、体质特征、历史记载、语言、文化艺术及风俗习惯，探讨人类的迁移和血缘关系，研究民族的起源和演变，但难免抱残守缺，结果不尽人意。后来新兴的分子人类学，以生物学为基础，研究父母血液混合的代际遗传效应，力图通过探究人类的基因差别来分析民族起源和族群差异，虽是向前跨进了一大步，但结果仍有不足，难以令人信服。

《分族》虽只是一个天帝布局掌控的创新版神话故事，却把分族起因、族群散居、差别形成、各得其所、异族纷争、分合互变，乃至划界立国、文化差异等一一说明，视野开阔，论说合理，展现出一幅跨越时空界限、实界虚界难以区分、神界凡界浑然一体的广阔图景：天水刷洗后存活的六男八女，躯体康健，心智开启，天帝觉得"多人簇拥一处不好"，有意让他们分成七族，"各自立族，分处生息，繁衍壮大"。一日深夜，六男八女熟睡之际，天帝刮起天风，万物飘散，众人随风而起，悬于半空之中，"旋转浮游十日，终远飘万里，散落四面八方"，"各族飘落之地，即为各族祖地，为族人世代所居"。七族祖地虽环境差别较大，但他们"渐习以为常，世代延居"。"各族因地而异，或居山岳峻岭，或居沙漠枯地，或居河川湖泊。起居饮食不同，相貌肤色变异，心向意属有别，遂成分族，族性日显。"由于生存资源有限，异族难免争斗打杀，并因此"结下族仇"。进而"筑高墙"，"挖大河"，"圈围所属之地"，"划地为界，各自立国"。在天帝所赋元语基础上，"各表族语族音，各书字符标记"。天帝见此，有意让"各族分合自有其度"，"日后族分族，国分国，合中有分，分中有合"。并预言："待天地中人理世之效显成，合族合国将出"，"到那时，各色之人遍地游走，不分族域国界"，"普天之下，万众同生"。

综上所述，《分族》所讲述的人之差异和民族起源，突出了五个核心要点：一、人之不同与族群差异的形成，与生存环境密切相关，环境对人的肤色、相貌、体能、习性产生决定性影响；二、族群是民族形成的初始阶段，语言文字是民族形成与异族区分的根本标志，语言源自"元语"，成于"族语"；三、族群分区而居，必须有资源保障，资源短缺必然导致异族纷争，"结下族怨世仇"；四、各族"划界立国"是维护本族利益的必然之举，但"划界"后不能封闭，必须"互通有无"，取长补短；五、各族分合应"自有其度"，"合中有分，分中有合"，最终达成"万众同生"。

上述这五个核心要点，首先将人之差异与民族形成统一到人类文明演进的进程中，阐明民族起源是与文化发展相辅相成的。各族只有形成语言文字，"各表族语族音，各书字符标记"，才能成为具有鲜明文化特征的民族。但各族的文化需要流动和交流，不能总是"惟族内之人可闻可识"，"异族不可明晓"。否则，各民族就会停滞不前，难以发展。其次，把异族纷争的原因归结于资源与生存。资源不足，生存艰难，纷争就会发生。但争战掠夺终究不是解决问题的有效途径，必须开放族域疆界，各族之间互通有无，从物质互补发展到文化交流，才能真正做到"分中有合，合中有分"。用现代话语来讲，当人类社会发展到一定阶段，文化多元是客观存在的，文化冲突也在所难免。但在全球化背景下，文化冲突应走向文化融合，和而不同，美美与共。只有这样，才能形成"普天之下，万众同生"的人类命运共同体。这或许就是《分族》这个故事在当下的文化启迪意义。

第五天

读《立教》，谈宗教信仰与灵魂安居

做人有敬畏，心灵须安居

宗教作为一种世界性的文化现象，一直是人们探究和分析的对象。人为什么会有宗教信仰？宗教信仰是如何产生的？宗教信仰对人类的行为和文明的演进产生了怎样的作用？卷五《立教》以神话故事的形式，对这些问题进行了形象生动的探索和解析：天帝造人分为七族，各族分地而居，雅、函、希、布、耶、微、撒为七族之宗。天帝期望各族秉灵道理世，"万众同生"。然天有不测风云，人有善恶相随。族人"渐以自大，骄惰奢靡日甚"，各类灾害相继发生。雅人遭受地震，天崩地裂，"族人不死即伤"；函人遇到洪水，"男女老幼多为洪水冲走，不知去向"；希人遇到旱灾，"树木枯萎，积水枯竭"，族人"接连死去"；布人遭受瘟疫，"老人所剩不多，青壮成年亡命"；耶族遭风灾侵袭，"树屋散落一片"；微人突遇火云降临，"树木枯焦"，族人"几近灭亡"；撒人由于"未敬神立教，未及百年，撒人心乱"。所幸天帝及时派出神使护佑，方使雅人在天崩地裂时有灵使红狮导引，函人在洪水泛滥时有巨鳌驮运，希人在旱灾降临时有雨神降雨，布人在瘟疫盛行时有天虎驱疫，耶人在风灾肆行时有山神屏护……

各类灾害之惨烈和天使护佑之神奇，让各族人士意识到："山崩地裂"等各类灾害，皆因"族人迷失灵道""恶邪膨胀"所致，是上天对人的惩罚。只有天使才能消灾除害，保佑族人。因此必须立规受戒、限制恶邪，敬天敬神、遵守神谕。"后各族多有立教，教立万宗，教中有教，分中有合。"

上述故事，形象可感地阐明了宗教起源和"人为什么信仰宗教"的三个根本原因：一、宗教信仰起初是人们"以目观天"，对自然现象缺乏科学认知的结果。远古时期，科学尚不发达，地震、雷电、洪水、干旱、瘟疫等自然现象的发生和消退，还没有科学的解释。人们面对这些现象，不仅束手无策，而且心生恐惧。由于是自己亲眼所见，就很自然地要给自己一个解释，思来想去，只有通过想象，从超现实的无所不能的"天神"那儿寻找答案。于是，就产生了图腾崇拜，把某种动物与天神联系起来。像故事中所提到的护佑族人消灾除害的"双翅红狮""长尾巨鳌""巨翅天虎"等，都是一种图腾。图腾让人们对天神的崇拜更加具象化，心生敬畏，可感可信。到后来，宗教教义中的"神"（上帝、佛祖、真主等）与人们心目中的神就有了内在的契合性，其共同特征是具有超自然的能力和神通。二、人们信仰宗教，是为了抑制人性之恶、建立"灵魂居所"。故事中讲到，在天使护佑下化解灾难之后，各族几乎都要立戒受戒。雅族有八戒，函人有七戒，希人也是八戒，雅人之后雅普与希王之女希罗成婚后建立普罗教，也有六项教规。这些戒律和教规，除了尊崇"一神"有所不同外，其他方面有很多相似之处，如"不可乱交""不得偷窃""要行正道""不可杀人""尊崇仁爱""尊崇孝敬"等，其目的都是为了抑制人性之恶，"以教立心制魔，以道扬善驱恶"，让心灵有一个安放的居所。三、宗教伴随着人类社会的发展，也由远古时期的"前宗教"向与文化哲学相融合的成熟的宗教发展，逐渐演变成多宗并立、各有异同，与民族文化融会一体。如现在闻名世界的基督教、伊斯兰教和佛教，遍布世界各地，信徒不计其数。在一些西方国家，基督教等宗教教义与民族文化已完全融合，形成了"政教合一"的国家体制；在我国，佛教自从传到中国以后，逐渐与儒家思想相融合，形成了儒释合流的现象，许多佛教用语和儒家思想的格言警句，都融入人们日常的话语体系中，如一丝不挂、三生有幸、五体投地、天地良心等。需要特别指出的是，分教、分宗伴随着宗教的发展和演变。随着科学技术的发展和人的认识水平的提高，宗教的教义和功用逐渐演变为正视人生苦难、化解世俗烦恼、追求精神寄托、乐善助人济世、渴望来世更好的精神抚慰和思想引领，强化了对"彼岸"（天国、西方极乐世界等）的向往。换言之，人们对宗教信仰的初衷和诉求，已从"以目观天"、解释世界的初级阶段，提升到"以心看物"、审视人生的高级阶段，对现实世界和人的生存状态的认知，都已提高到一个新的水平。寻求心灵安放和精神归宿成为信教的根本旨归。

第六天
读《教化》，谈人格完善
人性共善恶，教化塑人格

如果说卷五《立教》讲述的故事，从一个方面说明宗教信仰对人格完善的促进作用，那么，卷十《教化》则从"以教育人、以文化人"的角度，阐明教化是人格完善和文明提升的必要途径。立教和教化具有内在的必然联系，不立教人无敬畏之心，就会肆意妄行；不教化人性善恶颠倒，就会恶长善消。《教化》以隐喻的方式，通过讲述八个发人深思的故事，给我们阐明了人性善恶共存、教化必不可少的深刻道理：

第一个故事，讲述帝山崖壁上有"人之初，性本合"等字符，多族传颂，妇孺皆晓，但真正能够"彻悟其谛"的人很少。故事告诉我们，人性不是单一的"性本善"或"性本恶"，而是善恶共存，善恶相克，善中有恶，恶中有善。而且，人的身心有别。心向善是灵道驱使，身向恶是躯体使然，只有身心合一才能顺应天道。明白了"性本合"的道理，人就应该顺应天道，抑恶扬善，做一个有善心、行正道的人。

第二个故事，讲到帝山岩壁上画有双面人符，前脸慈善，后脸凶恶。并说明，人所以有双面，是因为有双心，一心向善，一心向恶。故事表明，人具有"双面性"。被人看到的是善良的正面，像个正人君子，而凶恶的一面则藏而不露，轻易不能察觉。随着时间的推移，人的凶恶一面可能会逐渐缩小，但是变面容易变心难，识面容易识心难。对此，必须保持清醒和警惕。由此可见，人的教化是一个始终存在的渐进过程，不能一蹴而就。

第三个故事，说的是帝山周边有绿齿人隐于人群之中。绿齿人平常与人无异，皓月白齿。每当恶念作祟时，其齿就由白变绿，锋利无比，或"吸吮人血，或戮食人肉"。后来绿齿人受外众所迫，也有"咬齿抑恶"之时，但是"恶念难绝"。故事说明，人的恶念虽然客观存在，但恶念变为恶行，需要有外在条件和合适时机。通过教化，人的恶念可能会受到抑制，但要断绝恶念，确非易事。这也是人之教化的一个客观规律。

第四个故事，讲述帝山西南方有一个尾人国，国人皆长毛尾，与兽相仿。国王尾巴最大，朝臣权贵次之，一般庶民百姓只有短小兽状毛尾夹于身后，不易显见。全国上下皆以尾为荣，大尾者趾高气扬，小尾者受尽凌辱。族内兽性畅行，人人自危。后有族人厌恶尾人类兽，决心自断其尾，成为无尾之人，长尾者多遭斩杀。然断尾者尾基仍在，每遇适机亦有复长，不敢显露，唯紧夹于股后。这个故事旨在说明：相由心生，形于外而神于内。人存恶念，必有表现，人之内心也必有善与恶的争斗。故事中的"尾巴"只是恶念外露的一个象征。权位越高，恶念愈甚，所以"尾巴"更大。"断尾"就是断除恶念。但是，"断尾"后"尾基"即"恶根"仍在，随时有可能复生。所以，人要谨言慎行，"夹着尾巴做人"。这也是人之教化的一个重要课题。

第五个故事，讲以前有一个独目人国。独目人周身长毛，只有一目竖于额面之中，目光短浅，三尺之外物不可视。后有夏国人玛甫承天道之启，携独目人颂天悟道，依文化人。经年之后，独目人后裔渐易竖目为横目、易独目为双目，最后终成双目之人。故事说明，观察分析事物，应心目同用，不但要用目"看"，而且要用心"思"，只用目不用心，就是"独目"，必然目光短浅，形同兽类。故有"一目视物，双目视道"之说。只有用"心目观道"，人才能"行正道"。而人要做到心目同在，必须感悟天道，接受教化，摈弃短见，扩大视野，努力做一个内心丰富、眼界宽广的人。

第六个故事，讲述哈里、哈法兄弟俩得爷爷祭天传道之助，历尽千辛万苦，终于推翻国王暴政，并由哈里主政，哈法辅佐。但哈里难经诱惑，步入歧道，"骄侈暴起，沉溺淫乐"，终因纵欲无节中年而亡。哈法继位为王后，得天启开悟，实施"道约仁法合治"，最终达到"国民相合""内盛外强"之目的。这个故事把天道、王道、民意、人性统一到同一个语境中，阐明顺天道、行王道关键在于人心，为君者心中有道、心中有民、心中有善，才能畅行王道，利国利民。所谓"道约仁法合治"，即治国需德治和法治并用，德本法辅，体察民心，才能"国民相合""内盛外强"。

第七个故事，讲哈法主政时，有一凡人名叫菩度，"自幼勤勉，心地纯善"。在外地给东家当长工长达三十年。年近五十时，告别东家返家探望父母妻儿。途中，见借宿之家贫困有难，几乎倾其所有，施以援助。风雪之夜，他路经妇人曼陀家借宿，孤男寡女同居一室，菩度差一点不能自制。当菩度历经九死一生抵达家门时，却发现妻子已与家弟同居，鸠占鹊巢。菩度无以言语，留下所剩银两，悲戚离去。天降梨花大雪，菩度体力不支，昏倒于雪地草丛。醒来后，发觉自己置身于曾经借宿的曼陀家中，仿佛梦境，但又确实非梦。这个故事告诉人们，人即便有菩萨心肠，打算积德行善普度众生（菩度是"普度"的谐音），也要经历苦难，受到考验，甚至人性潜在之恶也会冒头。但好心终究有好报。磨难可坚定善心，加固信念。在这个意义上可以说，教化形式多样，不拘一格，目的都在于实现人格的完善和升华。

第八个故事，讲到有一户凡常人家，男名士，女名尔。夫妻俩男耕女织，生活安定。居所旁的园子内，有一棵"千年不老"的"元树"。元树结元果，有甘有辛。凡人采食，"三果两甘实为幸，三果尽甘无可能"，"一甘两辛尤常可"。士意识到：凡人不明事理，"多以尽甘为求"，实皆枉然。凡事"满者至反，十之六七即为常，果物如此，人之善恶吉凶亦不例外"。园中有河，亦有民谣流传。士尔一家虽能念诵民谣，但并不完全明白民谣之含意。尤其是"水清无鱼，水混死鱼"，"万物有对，相辅相成"，"恒中有异，异中有恒"，以及阐述"金木水火土相生相克"的句段，更感深奥。有一天，士与尔在田间耕作时，忽有"暴雨突降，天光四起"。"天光穿身"，士与尔"肉体相合，身心超然"。"士天眼开，惊见一本、二维、三生、四象、五行、六说之玄意"。这个故事看似玄奥，其实阐述的是看待人生、认识世界的根本道理。食果"求甘避辛"说明，"人生不如意者八九"，必然"有甘有辛"，不可能十全十美；民谣则说明，世间万物相互依存，既相辅相成，又相生相克，变是绝对的，不变是相对的；士经"天光开眼"后"彻观尘世，超然俗间"，悟出"大千世界"的变化规律，懂得"无生有一，一分二维，二合生三，三衍万物，万物四象，根于五行，行于六说，六说合正，成七归一"的道理，实质是对《易经》和老子思想学说的形象展现，其中深意须反复思考，深入体验。

以上八个故事及其蕴涵说明，自古至今，从来就没有天生的好人或坏人，人性也不是非善即恶、非恶即善，而是善恶并存、善恶相合。人的善恶的"两面性"决定了教化的必要性。既然人性"先天不纯"，后天就必须施以教化，抑恶扬善。而且要"内因和外因相结合"，内外互动，方能奏效。若无外力推进，仅靠自觉，恶念很难从根本上得到抑制和消除。教化就是外力的一种体现。人在生活中之所以要谨言慎行，恪守"中庸之道"，就因为本性之恶念人皆有之，如不加围设防，稍一放纵，就会肆意横行，酿成恶果。

如果说只有全面认识人性的复杂性，才能自觉地抑恶扬善，那么，也只有认识到人心的主导性和启悟性，才能"明心见性"，认清世界和人生的本质。前者是小智慧，后者是大智慧。第五至第八这四个故事蕴涵的大道理就在于此。人们常说"身到心到""看到的未必是真实的"，其实就是对人心的主导性和启悟性的形象表述。故事中谈到的"心目观道"、哈法施政、菩度觉醒、士尔开悟等情节，都旨在说明：人只有学会"正心"、彻悟世象，才能对世间万象和人生本质有正确的认识，才能真正做到"修身、齐家、治国、平天下"，才能懂得凡事不能求全求满、"满招损，谦受益"的道理，自觉地过一个懂取舍、知进退、知足常乐的智慧人生。

第七天
读《命数》，谈人类何去何从
追求应理性，超越须悟道

人类最终会向何处去？人类能否永存？这是古往今来无数思想家和哲学家思考探究的终极问题。卷十一《命数》通过若干个神话故事，以夹叙夹议的形式，讲述了人类在追求永存的过程中，怎样感悟到仙凡有隔、阴阳有别、身心有异、否极泰来、人性不定、异化难免等深刻道理，产生了向往天下大同"喜乐世界"的良好愿望。

故事中，通过情节和议论，形象而又深刻地点明了人生追求道路上必须悟明悟透的大道理：

求之不得，不可妄求；

"仙药非药实为道，仙道非远在心间"；

"命如悬灯，亦息亦亮。有油则亮，油竭则息"，"心灯明亮，命灯长久"；

"阴阳有界，天地有道"，"天道在心，化外在身"；

"事有前因，必有后果"，"种瓜得瓜，种豆得豆"，"善种在心，不在外物"；

"否极泰来，泰久否至"，"平衡否泰，不可极尽"；

"人各有命，人无定运"，"生始有启因，灭终有其缘"；

"人无定性，心无坦诚"；

"仁爱无垠，天道无疆"。

如果说卷三《生死》主要阐明的是"生死有命，向死而生"的人生道理，那么，卷十一《命数》阐述的则是"人生得失，皆有命数，不可妄求""种瓜得瓜、种豆得豆"的人生规律，前者倡导的是"面对命运，努力有为"，后者启示的是"彻悟人生，理性追求"。上述故事中所阐明的道理，至少会启示我们认真思考以下七个与人生追求密切相关的现实问题：

人为什么常常会有"明知不可求而强求之"的非理性现象？

人之一生，尽在求与不求之间。求是进取，是执着，也是贪婪；不求是知足，是理性，也是懈怠；对与错全在一个度上。然而就是这个"度",让许多人把握不住,误入歧途。故事中讲到的族人为求长生不老灵草,"历尽艰险,舍身亡命者不计其数",就是一例。雅王欲图"既得仙界之寿,亦得凡间食色",也是一例。这些过"度"的愿望和行为,其实质就是"明知不可求而强求之"。那么,人类为什么会有这些非理性之举呢?根本原因在于人性的贪婪,在于"心灯"不明,不懂得"该求则求,该弃则弃"的道理,因而生出许多非分之想,恨不得历尽天下好事,拥有天下奇珍,占尽天下佳人;甚至渴求顷刻之间就"长生不老,成道入仙"。殊不知,"欲敲仙界之门,须以现命为砖。非有舍命之志,非经灵修之熬,实难成道入仙"。就世俗之境而言,任何人都不可能为所欲为、有求必得,即便是拥有至高无上权威的唐明皇,他也被迫忍痛割爱,把杨贵妃赐死,更何况平民百姓!因此,那些"人心不足蛇吞象"的荒唐现象,以及"明知不可求而强求之"的非理性之举,必须引起人们的深刻反思。

为什么说决定人之寿命的不是仙丹灵药,而是仁德灵慧?

故事中"由凡入仙,由仙还凡"的雅尤,对"欲得仙凡两界之乐"的雅王讲道:"仙药非药实为道,仙道非远在心间。"雅王听后似有所悟,"踟蹰于灵修之道","年百岁而终寝"。这里所说的道,实质就是参透"两界"的灵慧和做人的德行与修养。雅王最终并没有得到所谓的仙丹仙药,而是因参悟"灵修之道"得以长寿。中国古代早就有"仁者益寿""大德必得其寿""养生必先养德"的说法,所说的也是这个道理。然而,大道至简,得其不易。古往今来,试图寻觅仙药而使自己长生不老的封建帝王屡见不鲜。正如故事中所讲的:"人之熙熙,劳碌奔忙,无不渴求富贵长生,无不惧畏贫贱终死。万般心机，千般索寻，实皆枉然。"由此可见，人生不但不能"强求"，而且也不能"枉求"。"强求"是非理性，"枉求"是不智慧。一个真正仁德灵慧的人，决不会沉浸于虚幻之求，必然是"以心寻道，以身融道"，温和慈良，宽宏助人，其结果也必然是长寿善终。

怎样从"命如悬灯，有油则亮""心灯明亮、命灯长久"的表述中悟出人的命数之真谛？

故事中，雅尤对入仙洞拜见他的族王雅里果进行点化时，讲了一段关于命灯的道理："命如悬灯，亦息亦亮。有油则亮，有竭则息。灯油有度，亮息有时，费心耗神，岂不枉费命灯之油？"，"故欲长生延年，务须保全己身，首以保全己心为要。己心保全，心路畅通"，才能"心灯明亮，命灯长久"。这段话表明：生命是一个常数，透支了就会缩短。它就像一盏灯，必须有灯油燃烧才能发出光亮。命灯之油既来之于父母（遗传），也来之于灵修。那些短命夭折的人，其主要原因是"修身不善，邪毒入身"。因此，只有通过灵修，确保灯油不断，才能"心通灯明""长生延年"。那么，该怎样进行灵修呢？简而言之就是要"立俗而不俗，肉身俗而心不俗"。通俗地讲，就是要做到身处红尘身心洁净，超越世俗执见，彻悟人生真谛，不急功近利透支"命油"，不胡作非为熄灭"心灯"。真正懂得，命数是"命"与"数"的统一，"命"是恒定的，"数"是可变的。可变就是可为，但不能任意妄为，必须遵从自然规律和人生规律，以修身续"命油"，以灵慧拒邪毒，努力做一个懂得"命数"、适度有为的"心灯明亮"之人。

人生旅途中为什么会有"种瓜不得瓜，种豆不得豆"的现象？

"种瓜得瓜，种豆得豆"，原为佛教用语，意为因果报应关系。故事中讲到，族人雅曲"种瓜不得好瓜，种豆收不到好豆"，十分不解，遂请教族内老者。老者指出他的一些不良行为，然后对他说："心私至重则恶，心恶自结恶果"；"恶心"难播"善种"，"恶田"难得"善果"。意思是说：你有私心，作"恶"在先，所以就必然收获"恶果"，事与愿违。这一情节启迪世人："事有前因，必有后果"。许多事情之所以达不到预想的效果，原因就在于早就有"恶因"存在，如动机不良、损人利己等。人们常说"人算不如天算"，讲的就是这个"因果天定，实难变违"的道理。也正是在"恶有恶报，善有善报"这个意义上，才有"种瓜得瓜，种豆得豆"之说。明白了这个道理，行事就不能私欲当先、心存恶念，更不能坑蒙拐骗、忽悠别人，否则，就会"偷鸡不着蚀把米"，"机关算尽太聪明，反误了卿卿性命"。到头来，不但达不到预想效果，反而会落得身败名裂的下场。

人究竟应该"得意须尽欢"，还是"得意不忘形"？

唐代大诗人李白有"人生得意须尽欢，莫使金樽空对月"的诗句，主张人生得意时要及时行乐；而本书所讲的故事却告诫人们："平衡否泰，不可极尽"，"泰顺勿可忘形，否泰一线之间"。面对这两种人生观念，人们究竟应该怎样选择？这是一个很现实的问题，也是本书引发人们深思的地方。

首先必须指出，李白用诗歌表达的"得意须尽欢"观念，是在他遭到诋毁被流放之后，所发出的人生短暂、及时行乐的感叹，多少带有一种泄愤的味道，不是思考人生的成熟观念。相比之下，本书故事中所讲的道理，则是借灵鸟"来好"之口说出来的人生大智慧，不但深刻，而且具有一定的真理性。"来好"讲到的"否至无需悲伤，泰顺勿可忘形"，"人无定运，命定有数，数不尽数"，充满了人生的辩证法。常言道："人无千日好，花无百日红"，盛极必衰、否泰之转是不可抗拒的规律。因此，要居安思危，始终保持忧患意识，得意时想到失意，辉煌时预见衰败，决不能乐而忘忧，极尽所有。否则，"命数"用尽，后果难以预测，人世间那些"今天座上宾，明日阶下囚"的事例，足以使我们警醒。

世间客观存在的天地异象、世风不正、人性异化、善恶不分、私欲膨胀等现象，对于人生的追求和彻悟，具有哪些启迪作用？

在科学技术高度发达的今天，天地间所出现的日食、月食、地震、沙尘暴、红海潮、龙卷风、火山爆发、陨星坠落等天地异象，皆可得到科学的解释，已不足以颠覆人们的认知。而人世间发生的男女变性、昼夜颠倒（作息）、人畜克隆、基因变化等现象，人们也已从科学和人性的双重角度给予宽容和认同。至于生活中出现的"人无定性，心无坦诚"，"真假不辨，善恶不分"，"口是心非，表里不一"，"崇邪尚黑，结党营私"等人性的复杂多变现象，人们大多也因为司空见惯而听之任之，或者从社会治理角度进行法纪惩罚和道德谴责，很少有人提升到关系人类生灭的高度来认识。而卷十一《命数》，则把上述这一切怪象或异象，都通过灵鸟"来好"的告谕，作为"物有起始，必有其终"的规律来揭示。也就是说，天地间、人世间、人性中所出现的这些现象都不是偶然的，而是生与灭的迹象和预兆。所谓的"风雨来临蚁上树，屋宇将覆鼠先逃"，就是这种迹象的形象表述。而这种认识观念，势必对人生的追求和彻悟产生深刻的影响和启迪，即便在科学技术高度发达、人类文明快速演进的今天，仍然有不可忽视的影响。因为科学并非万能，人性深不可测，至今仍有尚未认识和无法解释的事物。从这个意义上可以说，如果撇开科学层面的研究和争论，而从"生始有启因，灭终有其缘。其迹可寻，其征可见"的认识规律来看，其文化影响和积极意义仍不可忽视。这也正是本书这一部分的思想深度和文化价值所在。因为万事万物由生到灭，都有个从量变到质变的过程，而故事中所列举的"天象变乱""地象变易""物象化异""人象迷乱"，正是从量变到质变过程的种种迹象。对这些迹象如果视而不见，麻木不仁，没有恐惧之心和忧患之虑，那就是忽视自然的警告，容忍人性的堕落，那就是毫无警觉一步一步地走向"终灭"。只有意识到这一点，才能知道面对复杂多变的大自然和人无定性的社会，我们该做些什么，该放弃什么，才能知道该如何决定自己的取舍，才能体现出面对"命数"的积极有为。否则，就有可能导致"时空失序""物人迷乱，世界失律"。这就是当下人们应认真思考的"到何处去"的问题。

天下大同的"喜乐世界"究竟是乌托邦式的幻想，还是导引人生追求的理想？

空想社会主义的创始人托马斯·莫尔，曾在他的名著《乌托邦》中构想了一个财产公有、人民平等、按需分配的乌托邦国家。自此，乌托邦便成为空想的代名词。《命数》中讲到：未满十岁的孩子裘德不无恐惧地问灵鸟"来好"："世人若循顺天道，躬行仁德，仍不得喜乐安康"，那该怎么办？"来好"首先答道："修德树仁，苦亦为乐"。接着，描绘了一个乌托邦式的"喜乐世界"："至那日，天下邪恶尽除，良善布满人间"，"刀枪熔炼，铸造犁锄，干戈尽化玉帛"，"篱笆拆除，无分家国，天下世人共享"，"人皆有美食，众皆有安榻"，"万族交合，复归一族"，"万语交合，复归一语"。裘德听后"似懂非懂，似信还疑"。这一情节表明，人们都希望有一个物质共享、无争无斗的光明"彼岸"，来安抚现实中喜忧参半的内心，即便这个"彼岸"是无法验证、"似信还疑"的乌托邦，心中却还是愿意把它认同为向往和追求的"远大理想"。从这个意义上可以说，"幻想"与"理想"并没有明确的界限，也没有必要把它们分得太清，关键在于能否满足内在的心理需要。如果设定的"彼岸"能够满足心理需要，能够让人生有希望、生活有奔头，那认定这个"彼岸"，不但是可行的，而且是十分必要的。

第八天
读《争战》和《工事》，谈人世争端与文明演进
贪欲起争战，有为有不为

人类自分族而居、划界立国之后，虽各得其所、各有发展，但"分族以降，族族相争，未有停息。立教以来，教派相对，未有消减。族教之内，亦争斗时起，少见平息"，"人间四处纷乱，满地争战"。争战几乎伴随着人类社会文明演进的全过程。古往今来，凡争战必有恶果，大至亡国，小至灭族。有"一将功成万骨枯"，也有"几家欢喜几家愁"，然争战仍是连连不断。卷六《争战》通过讲述一系列发人深思的故事，把异族之间和族人内部争战的起因、形式及结局与趋势，进行了形象而生动的描述，展现出一幅人类争战的全景图。

居地之争——

函人见雅人流民"入居函地，筑屋建棚"，"怒不可遏"，"拔旗烧屋，四处砍杀"。雅人被迫迁移，"割臂铭志"，誓死报仇；

水源之争——

希人深受旱地之苦，广寻水源，"开疆引水"，"终凿通大渠一条"，引水流至旱地。然此举"致布人所居东北之地有河无水，有水无源"。布人"合歼希人"，"誓欲截流堵水，改流向东"，但"徒劳无益"。后经族师开导，"重凿渠口，分水而流"，既"惠泽布人"，又"泽济希人"。"然希、布两族由此结怨，百年不解。"

名誉之争——

耶菲力和耶郁里是耶人族内兄弟，为争得佩带"香桂花环"的名誉，兄弟阋墙，争斗不息。最终导致"耶族内哄内损，引遭异族觊觎。外患始于内忧，族争千年不断"。

美女之争——

撒人撒詹有独女丹伦，"貌若天仙，倾族倾国"。族王撒全好色爱美，力图得之。然见丹伦后"端视良久"，竟"王体不支，精气耗尽头垂落枕"。王子撒詹、撒带、撒寅都欲娶丹伦为妻，"兄弟互不相让，以剑为语"，血流成河。最终导致"撒人隐患深埋，恩怨情仇盘错，终难平安宁顺"。

上述争端说明，所有争战皆源于人之贪欲，既有"物争"，也有"意争"。或"居山不食山，依水不食水，而尽坐山望水，拥水望山"；或有"独贪之念"，以邻为壑；或偏重虚名，挑起战火，置族人利益于不顾；或贪图美色，目无尊长，不顾人伦。对此，故事以天帝之名义，说了一段非常深刻的话："天下众生，自大为源，心争为根，物争为本，舍命求多。人之生途，族之道统，迢遥曲折，此起彼伏"，唯有"以灵制欲，人自修为"才是正途。意思是说：天下之人，大多自大狂妄，心存贪念，求取物资，永不满足，甚至不惜舍命而求。而且，由于贪欲无度，人生旅途和民族道统的传承就不可能一帆风顺，必然是曲折漫长，起伏不断。而要克制人的贪欲，必须靠人的自觉修为，持之以恒地用彻悟人生的"灵道"来抑制贪欲的滋长。

需要指出的是，《争战》着重强化了各族的色彩标志。雅人尊赤红为圣色，以红狮图符为族徽，擎立赤红族旗；函人敬绿戒赤，居处皆执正绿族旗；希人敬蓝，头顶蓝带，居地蓝旗随风飘扬……这些族人的色彩标志，不仅强化了图腾的象征意义，而且具有宗教教义的蕴涵。它在某种意义上也是各族孤傲自大、排斥异族的心理暗示，会在不同程度上引发各族之间的"意争"，成为争战的原因之一。

如果说卷六《争战》表现的是人的贪欲与战争和人的修为的关系，那么卷九《工事》则通过建筑和制器，揭示了"器为人用"和"人为器奴"的对应关系，展现出人的欲望在建筑和制器层面的种种表现，提出了人应该"有所为，有所不为"的深刻道理。

《工事》共分七章，讲述了筑塔、造车、制镜等六个蕴涵丰富的故事：

雅人"筑屋以高为尊，以奇为显"。族王"欲建筑高塔而近天帝"，"誓将高塔建至云端"。不料"轰天一声巨响，高塔坍塌"，"族王瘫倒在地，肉躯如泥，魂魄飞散"。

函人名匠函含，先后造成独轮木车、双轮木车、四轮木车。一日深夜，梦见飞车，遂生制造飞车之念，并告之族王。族王限令他"于月圆之际造出飞车，否则将予斩杀"。函含无奈，拼尽全力造成飞车，但飞车不能起飞。情急之下，函含"魂托木鹤"，"木车竟能腾空"。族王"忽有奇想，欲乘飞车探视月宫"，可起飞后再也不见族王归返，生死不明。

微人后裔东甲人，"掘穴有方，所造穿山地龙，可游刃于山岳坚石之中"。一日，"东甲地龙掘至祺山枢脉，挖损祺山神络。山神震怒，喷吐岩浆"。"岩浆火烫，触人即亡"，"东甲人伤亡过半，遭此一劫，无人敢再造地龙，再掘洞道"。

欧与瑶是一对恩爱夫妻。"欧擅冶炼制器"，可冶炼金银玉石。"炼炉将成之际"，山洪暴发，欧侥幸保全性命，瑶却被洪水卷到百里开外，欧似闻爱妻唤声，"循声寻去，惊见声出之处有一硬物，亮光闪闪"，状似铜镜。欧与瑶可在镜中"对话交流"，"欧瑶双镜竟成千里之眼"。

老者赛禹有赛虎赛豹两子，两子"日夜争夺不休，兄弟拔刀相见"。赛禹得天启悟，造成双面时镜，一面"可预知未来"，一面"可溯知往昔"。赛虎赛豹在时镜中看到"幼时兄弟手足，两心无猜"，长大后兄弟却"以利为驱，见利忘义"，似有所悟。

昔日有一"百工竞场"，"匠工聚会，天下工事无不可见"。有超智之人制成万能"超度"，"可度测天地万物，亦可度测人心"。更"有匠人以'超度'为器，造出复制之人，竟同原人无异"。于是，"百工竞场"内"超度"（复制之人）胡作非为，无所不能。"超度"本"出自人工"，可结果却是"人反被制"，"器为人造，人为器奴"。

上述六个故事，虽是神话思维文学手法，但却阐述了人类文明演进过程中客观存在、必须深思的几个根本问题：

为什么"以高为尊，以奇为显"会成为人类的一个嗜好和传统？

自古以来，筑高屋（高塔）一直是人类的一个梦想，相传古时巴比伦就有"通天塔"之说。直至当代，世界一些城市，时常冒出自称"世界之最""亚洲之最"的高楼，而且追高显奇之势似乎愈演愈烈。人们也许要问，人的这种"以高为尊，以奇为显"的心理是怎样形成的，为什么会成为一种嗜好和传统？其实，除了充分利用土地等现实因素外，皆源自人的"出人头地、争强好胜、刻意炫耀"等心理，而在古人，则是从"心致意不致"的想入非非开始的。故事中讲到的"雅昆什欲筑高塔而近天帝"，就起因于他"仰望天空，竟见悠悠白云之间，有屋宇幢幢，鳞次栉比"。也许他看到的是海市蜃楼，但他不理解，于是就发誓要将"高塔建至云端"，最后落得"高塔坍塌"死伤无数的下场。发人深思的是故事中红狮对雅昆什的诚谕："雅人心未致而欲意致，意未致而欲工致，何不致此？"意思是说，雅人尚无"得道近天"之心，就想造塔登天，而且也无建造通天高塔的信念和本领，在这种情景下盲目动工，高塔怎能不坍塌？这一故事启示我们：尽管"以高为尊，以奇为显"已从传统演变成当下的风气和时尚，但是建造高楼仍必须谨慎行事。要把具有"理性意识和科学态度"作为"心致"，把考虑"城市整体建筑风格和经济实用"作为"意致"，把"确保工程质量"作为"工致"，决不能盲目片面地追求"世界之最"或"中国之最"。这也是人类文明演进在一个方面的重要显现。

人在制器造物时，为什么要"有所为，有所不为"？

故事中讲到，函含超越自己能力强造飞车，最后不得不"舍身托魂"，方使飞车能够起飞。而族王函塔尔竟然产生"乘飞车探视月宫"的妄想，最后只能是"一去不返，生死不明"。这一故事形象地表明，在人类文明演进史上，制造工艺有一个逐步发展的过程，其中不乏血的教训。如果说函含造木制独轮车、双轮车、四轮车是可贵的发明创造，是条件许可前提下循序渐进的创新，那么，他造飞车则是因不甘落后于他人，和为了取悦于族王而进行的非理性之举。因为他造木车从独轮到四轮，都是具备条件心中有数的，而造飞车则完全是凭想象，不但心中无数，而且是在族王限期逼迫下仓促完成，最后"舍身托魂"、以死明志，实在是无奈之举。至于族王因奇思异想而一去不返，则是对函含造飞车自食恶果的一个衬托和佐证。这个故事启迪我们：人类在制造方面的发明创造，既要有"敢为天下先"的创新精神，又要有实事求是的科学态度，有所为，有所不为。"有所为"才能促进文明进程，推动历史前进；"有所不为"方能尊重客观规律，避免惨痛代价，收到事半功倍的效果。

人在处理与自然的关系时，为什么要对自然有敬畏之心？

东甲人造地龙穿山打洞，最后导致"山神震怒，喷吐岩浆"的故事，虽篇幅不长，却异常深刻。它说明：人与自然要和谐共生，开发自然环境必须科学合理，不能违背自然的内在平衡规律，否则，必然会受到自然的报复。"人定胜天"只是一种精神的提倡，但不是符合自然规律的科学态度。如果以"人定胜天"的观念面对自然，开山凿洞无所不为，挖河堵江想干就干，势必破坏生态环境，造成不可预测的后果。因此，即便在科学技术高度发达的今天，人类对自然仍应有敬畏之心，尊重自然规律，保持自然界的内在平衡。因为人与自然的关系，正是人类文明演进的一个重要标志。近年来世界各地频繁发生的地震、火山爆发、洪水泛滥等自然灾害，都应该引起人们的反思。

为什么说冶炼制器与人的心境、情感密切相关？

中国古代曾有传说：当烧制瓷器百般不达火候、屡试屡败后，瓷器工匠纵身跳入火窑，以身殉瓷，终于烧出了瓷器精品。虽然这只是传说，但至少说明一点，冶炼制器必须全身心投入，倾注全部情感，方能造出精品。以上所述的"欧瑶制镜成千里眼"这个故事，同样以神话传说的方式说明，冶炼制镜既是"意之所致"，也是"情之所致"。欧与瑶是恩爱夫妻，被洪水冲散后，彼此思念，致使原先冶炼的金石之物，忽有映照人像的镜子效果，甚至相隔两地也可在镜中"对望交流"，"双镜竟成千里之眼"。真可谓"镜由情生，心诚成镜"，"心诚所致，时空无间"。当然，这只是一个美丽的传说，但传说中有内涵也有哲理。它表明，无论是金银玉器，还是瓷器陶器，其实都是有生命的，因为在冶炼过程中它们已经被赋予了人的心血和灵气，故有"器物无情人有情，千雕万摩情亦生"之说。也正是在这个意义上可以说，冶炼制器是与人的心境和情感密切相关的。认识到这一点，任何制造业的技师和工匠，都应把冶炼制器过程当作倾注心血和情感的过程，只有这样，才能出杰作、出精品。这也是人类社会文明演进在"工事"层面的反映。

为什么说人只有不断反省、时常反思，才能有所进步？

我们经常听到这样两种说法：人生是一个过程；人非圣贤，孰能无过。这表明，在人生的过程中，任何人都难免犯错。关键是要经常反思，知错认错，知错能改。"赛禹造时镜"这个故事，正是以一种虚构的神话形式告诫人们：过往有迹可寻，未来也可预测。"人在做，天在看"，任何人都不可任性妄为。赛禹的两个儿子赛虎和赛豹，在父亲所造的"可预知未来、溯知往昔"的时镜面前，看到了自己少年时的童真和成人后的"以利为驱，见利忘义"，立刻"似有所悟"，从此改变了自己的人生轨迹，一个"专心耕种"，一个"专心修行"，前后判若两人。这个故事形象地说明，人只有经常地反省过往，反思言行，才能清醒地认识自己的所作所为，才能改正错误，明确未来的前进方向。"预知未来，溯知往昔"的时镜实质就在自己的心中，就是清醒的反省和反思意识。古人所谓的"一日三省吾身"，说的就是这样一个简朴而又深刻的道理。

在科学技术高度发达的今天，怎样才能坚持"器为人用"，避免"人为器奴"？

卷九《工事》第六章《百工竞场》讲到，超智之人制成万能器"超度"后，有匠人以"超度"为器，进而造成"复制之人"。而成为"复制之人"的超度，"力大无比，刁钻奸猾，出自人工，人反被制"。从此，"百工场内，工事恶胀，天地不胜，人为器奴，超度无所不在"。这个看似虚构的神话故事，其实阐明了一个非常深刻的道理：人类制物造器，目的是"器为人用"，但如果目的不纯，过度失控，就会出现"人为器奴"的异化现象。主体创造了客体，最后反受到客体的制约。这一道理，在科学技术高度发达的今天，具有特别重要的现实意义。可以想象，如果人世间"克隆人"和真人混在一起，真假难辨，人伦无序；人们过度依赖机器人，四体不勤，懒于思考；无人机四处乱飞，成为公害；核能利用泛滥无度，核污染时常发生……那将是一个什么样的情景！因此，在新技术新发明不断涌现的今天，我们必须充分认识到，任何技术发明只有在符合人类需要和社会伦理的前提下，有限度的创新利用，才能达到"器为人用"的效果。反之，如果片面地追求创新，不计后果地过度利用技术发明，其结果必然是"人为器奴"、后患无穷。发明创造、制物造器，有所为有所不为，这是人类社会发展到一定阶段必须深刻思考、认真面对的新的文明演进问题。

第九天
读《承续》《盟约》，谈文化传承与社会契约
文化有创续，社会须规范

人类文明演进是一个文化萌生和发展的渐进过程，在这个过程中，开创和承续是必不可少的两个进程。无开创就无所承续，无承续则难以久存。卷七《承续》从文字数学、婚俗嫁制、异族联姻、建塔记先、立节纪祖、均享均力、顺势随流等多个方面，阐述了人类道德约束与社会规范的缘起和承续，阐明了人在文化传承过程中的主体作用。虽然大多是远古的初创和试行，但其精神内涵以及创始和承续过程，在当下仍有重要的认识意义和文化借鉴意义。

文明的原发和承续是多层面的。首先是文字和数学的承续。有专家认为，"中华文明有信史的年代肇始于殷商的甲骨文"，甲骨文在某种意义上可视为中华文明的源头。卷七《承续》中"智师创符"的故事，形象地讲述了这一点：

智师"可上观天象，下识地理"。"初以刻痕为记，或以石板刻

之，或以竹木刻之，或以牛骨龟甲刻之。后以画符为记"。"智师创符，众人仿效，逐族相传，遂约定俗成"。"凡日月星辰、天地河川、牛马鸡犬、屋舍耙镐，皆有符图具表，各有音声相对。至于衣食劳作百工诸事，喜怒哀乐七情六欲，亦各有符表"。

上述情节表明，故事中所说的字符，实际就是后来被称作甲骨文的早期象形文字。当时这些字符已具有对应的读音，既可表述世间万物，又可表达各种情感，可以称得上是人类文明的起始性标志。尤为可贵的是，当时已能将字符与数学联系起来，"天地事项，以连符而表征，连数而推演，经年演进，及至精深"。如果说字符使万事万物七情六欲都可见、可感、可辨、可识，那么，数学则使人类对世间万象的认识有了规模和力量的概念。多与少，强与弱，都能够通过数字一目了然。这无疑是人类文明的一大进步，具有里程碑式的标志性意义。

婚俗嫁制的承续是文明承续的另一个方面。前面卷二《造人》曾讲到，天帝造人有男有女，男女交合势在必然。但男女交合如果没有某种规范，则人就与动物无异。卷七《承续》通过"婚俗嫁制"的故事表述，展现了人类文明演进的又一个显著标志。

雅人制定婚制："不可与外族人通婚"；"不可与父母通婚"；"兄弟姐妹不可通婚"；"男人不可与男人通婚"；"人不可与牲畜禽兽通婚"；"人不可与自己通婚"。

函人规定："男人可娶多个女人，女人不可嫁多个男人"；"男子可娶外族女子，女子不可嫁外族男子"；"男人如果亡妻，须待妻子坟墓长满青草，青草一尺之高，即可再娶新妻"；"女人如果丧夫，须待丈夫坟墓长满青草，新栽小树长出两次新芽，方可再嫁"。

希族规定："希族女人嫁至男家，若一年四季后仍未怀子，男人就可另娶女人，女人也可另嫁男人"；"希族女人不可同时嫁多个丈夫"。

"布人、撒人各有婚俗嫁制，与雅、函、希各族有同有异。"

从上述各族的婚俗嫁制中可以看到：同性结婚、近亲婚配，人畜乱交、自恋自淫是明确禁止的；异族通婚有的禁止有的允许；一夫多妻视为合理，一妻多夫则不允许；男女丧偶都可再婚，但都必须等待较长时间；婚后一年若女人未能怀孕，男女即可另娶或另嫁。这些规定，虽然"有鲜明的民族、时代印迹，反映了历史上各族生存与传承的特定要求"，但由此我们仍然可以感觉到人类文明演进的进程。如今在世界许多民族中仍长期存在的"一夫多妻制"、一直争议不断的同性婚姻，以及对近亲结婚的限制等现象，似乎都能够从这些源头中找到解释或答案。

需要指出的是，婚俗嫁制的承续，都要经受人性的检验，必然有破例和变通，绝不是一成不变的。《承续》中讲述的雅荣与希玛异族联姻的故事，就是一个生动的例证：雅人明确规定不许与异族结婚，但"雅荣倾情外族之女希玛"。为了娶得希玛，雅荣断臂明志，并得天佑，方得父王允许。但雅王要求雅荣破例必须守规，"永延雅人族统"，"永传雅人血脉"；希玛亦求得父王同意，决定与雅荣结婚。雅希联姻后，"联姻合族之人事渐多"，后"两族渐成一脉，称曰嘉人，意为雅希合和之人"。然雅希后人仍有争斗，且有归雅归希之选，甚至产生为了归属雅人被迫献婴祭神的荒唐之举。

上述故事表明，在爱情面前，异族不能通婚的有关规定并不能全部奏效。因此，这些不合人情的规定，必然会在历史的承续中发生改变。而那些为了避免异族争战而进行的联姻，虽然可以在一定程度上促进民族之间的交流和融合，但不能从根本上消除族际争战。由此也可看出"婚俗嫁制"的历史沿革和文化传承意义。

从《承续》中我们还看到，各族为了确保族规的有效传承和族性的纯洁性，创造性地形成了一些现在看来不可思议但却又能长期延续的习俗。如希人有"割礼之俗"，"凡希人之后，男婴割阳皮，女婴割阴皮，以此为识"。他们认为，"如是以往，可除藏污纳垢之所，可洁族人之身，可正族人之心。如是以往，可行千里而不失，可汇异族而不迷，可延希人族统，可正希人族道"。这种习俗，外族人可能无法理解，但"希人割礼之俗延续千年，未曾间断"。据资料反映，犹太人至今仍保留割礼习俗。显然，这是有文化基因的，绝不是偶然和个别现象。

如果说某种习俗的长期存在是某个民族文化传承的一种特殊方式，是通过严格的族规承续下来，那么，通过筑塔、立节等方式来铭记先贤和纪念先祖，则是一种倾注了民族情感的历史传承。故事中讲到，希人"筑建百丈石塔"，"并依天历年序，雕刻希族先贤民符，铭记希人立族、立教、居迁流变"，还把"希晋王归天之日定为希人族祭之节。当此节期，全族之人节欲节食，静默缅怀，追纪先祖"。这种具有民族特色的记载历史、纪念先人的方式，无疑是一种既朴素又有效的文化传承。

必须强调指出的是，文化传承的主要载体是人，人决定了传承的内容和方式。因此，故事的讲述特意阐明了人在文化传承中的作用和对人进行教诲的必要性。由雅人和希人融合而成的嘉人中出现了族规难传、"人有所怠，工有所废"的现象，导致"家道日衰"，嘉人圣祖立即进行教诲。他要族人明白："族习族规世有所承，代有所传，当因时因地而制，因人因群而宜"，要求族人处世行事要做到"均享""均力"，"有福当共享，有难须同当"，"皆须尽心尽力"。但怎样才能做到"均享""均力"呢？嘉人圣祖又进一步教诲："人心未改，制人不合，难言均享均力。所言均者，多为形均而实不均。多力者多享，少力者少享，是为实均，乃嘉人先祖所崇所尚。"嘉人后裔嘉弗得圣祖启悟，在百岁之际悟得"顺势随流之族道"，告知后人："顺势而随，其为自然也"。顺势就是高水向低之势，不可阻逆；随流就是东西南北皆有可能成为水之流向，不宜偏执。嘉人圣祖的教诲和后人嘉弗的感悟，道出了文化传承过程中怎样发挥人的主体作用的根本要义。族习族规的代代传承，必须因时因地因人制宜，不能一成不变。而且要形成切合人性的多劳多得、少劳少得的利益分配制度，只有这种人制相合的"实均"，才能充分发挥人在文化传承过程中的积极作用。但人必须"顺势随流"，尊重规律，因势利导，不可逆势逆流而行。这种大智慧，即便在今天，仍然难能可贵。

如果说，卷七《承续》展现的是文化传承的缘起与纵向流动，那么，卷八《盟约》所显示的就是文明社会秩序结构的横向维系。族与族之间、父母与儿女之间、夫妻之间、兄弟姐妹之间的关系，均需通过盟约或契约来维系。卢梭在《社会契约论》中明确谈到，一个理想的社会建立于人与人之间的契约关系。在社会契约中，每个人都放弃天然自由，而获取契约自由。那么，契约观念是从什么时候开始形成并传承下来的呢？对此，卷八《盟约》以讲故事的形式进行了生动的讲述。

《盟约》中所谈到的"约"共有三种：一是布其与撒耳的"合血族约"；二是布帝与布人的"心约"；三是社会交易层面的"物事之约"。布其与撒族订立族约，是为了联合起来共同抵御外族侵袭和猛兽侵扰。布帝与布人订立"心约"则是因为布人内部四分五裂，须有一种至高无上的权威理念来凝聚布人。"心约"就是布帝要求布人"皆要遵守"的规范。"物事之约"是对各种社会交易中以物易物的一种等价规定。如"一匹棕色骏马可易黄牛二十头，或易绵羊五十头"；布匹可以交易一定数量的羊、牛、马或粮谷果蔬；金玉珠宝珍贵稀少，"可易任何所需之物，甚或可易家奴美女"。

上述这三种"约"形象地表明，"盟约"可以凝聚力量，"心约"能够约束邪念或杂念；"物约"可使社会交易有序进行。有"约"，社会就趋向文明进步，无"约"，社会就会杂乱无章，纷争四起。"约"既约束了人，又解放了人。"约"的形式多种多样。有他约，也有自约；有歃血为盟的口头约定，也有形诸文字的条例规范；有约定俗成的社会习俗和道德伦理，也有个人认定并坚守的教义或信念。但"约"的顺利实施，必须有一个重要前提，那就是人对"约"的敬畏和信守。这就引出另一个问题，即如何使人敬约、信约、守约。

《盟约》中讲述了这样一个故事：柳卡在以马易牛时，实施欺诈，把大羊装扮成幼马，被对方德敦识破，受到众人谴责。后众人商定，"欺者重罚，违者重赔，柳卡须以真马十倍偿赔德敦"。"柳卡羞愧无颜，于集外悬树而毙"。

德敦有长子德未、次子德希。"两子平日不见，来即索物。首索德敦存金，再索德敦存物。巧取私窃，无所不用"。甚至在母亲病危时，德希见母也只索银饰，"不问母病"。老母"气绝西去"。德敦"老心灰冷"，深感金银使人"逐之无度"，"人性全无"。于是，他"清理残金"，除留下少许以作生活必须外，其余全部包进布囊，扔入海中。自此，他"心向仁义，与道为约"，平淡而居，百岁而终。

上述故事表明，"约"要靠人守，守约须有信。人若无信，约同虚设。但人之诚信，并非天成。人性中客观存在的贪欲和乐于"天然自由"的本性，以及人在社会生活中自然形成的抗拒约束的自由懒散，都是有碍诚信的内外因素。因此，订约应有违约规定和守约教育，违约必须受到惩罚（或法纪处理，或道德谴责，或良心不安）。否则，约就成了空文或空谈。由此可见，人类社会的文明演进，始终伴随着对人性"恶"或人性弱点的抑制和克服，社会的文明进步实质是人的文明提升，社会现代化是与人的现代化同步前进的。这对于当下的社会精神文明建设有着深远的启迪意义。

第十天

读《问道》，谈人生意义与人类前途

人生有心主，今来两世通

卷十二《问道》是《两界书》的最后一卷，亦是全书的总论。前面十一卷，分别从"创世""造人""生死""分族""立教""争战""承续""盟约""工事""教化""命数"等各个不同层面，对人类起源、生命本质、文明演进等根本问题，进行了艺术的探讨和哲理的思辨。但由于是故事性的夹叙夹议，虽形象生动，却难以形成关于人生意义、人类前途等终极之问的完整解答。因此，《问道》设计了向六位先知问道的情节，就"生而为何"（人为什么生）、"何为人"（人是什么）、"善恶何报"（善恶会有什么报应）、"来世何来"（究竟有无来世）、"何为人主"（谁是人的主人）等终极性问题集中进行询问和解答，展现出"凡人问道"的生动画面和深刻内涵。书中讲道：高耸入云的天道山上有"问道台"。"道先、约先、仁先、法先、空先、异先，六先居台论道"，并且接受"寻道之士远涉千山万水来此问道"。六位先知及其学说归为"六说"：一"道"：天道、大道、逻各斯，等等；二"约"：以"契约"思想为核心，犹太-基督教文化为代表；三"仁"：以"仁爱"为核心，东方儒家思想为代表；四"法"：以"法制"思想为核心，为人类文明重要成果和精神理念；五"空"：以"空无"思想为核心，佛学禅宗为代表；六"异"：……与以往常见各说颇为不同，通"易"（《周易》）而不同于"易"，强调"化""变"，与其他诸说相互参照。

这一段话可视为"凡人问道"的背景交代。凡人向这六位先知问道，得到的必然是六种学说的不同解答，必须把"六说"融会相通，方能悟得真道。

问道的第一问是"生而为何"，即"人为什么生？"

此问由年逾半百的元德提出："元德思而不解，身如过虫，为何而生，生而为何？元德求问诸先，祁解心中本惑"。

"六先"先后解答。约先认为，人与天帝"有天约"，人是"依约而生"；仁先则认为，人非禽兽，不是孤立存在，故须以"仁"为重，有"仁爱"之心，才是"生之本义"；法先却认为，"生而依理，行而依据"，"明是非，辨曲直，依理据"，就是人生之要义；空先认为，生死循环，本来为无，"无"即人生本义；异先的回答别具一格："元德之问，本无须问"，"万事不可断定，人生不得终解"，"恒"（不变）是表象，"异"（变化）是根本。人生的本义都在变化之中。

六先的解答让元德"踌躇不解"，于是他再次提问：我想成为"翔飞林间"的鸟，成为"潜游水中"的鱼，成为"饱食昏睡"的豸，成为随风飘散的烟云，"不苦心智"，"然百般思盼，终皆不逞"，这是何因呢？道先首先回答：人居天地之间，"既为万物灵长，亦为时空所制"，"异于草木，别于虫兽，甚不同于随风浮云"；"人依天道而生，皆为天命使然。元德之问，有解无解，自有参悟"。其他"五先"也都认为，元德想"成为不是人的东西"是错误的。元德"似解非解，下山返归"。

上述表明，元德关于"人为什么生"的提问，并未得到满意的答复，仍需他自己思考和参悟。但如果把"六先"的回答简要归纳一下，似可简述如下：人生在世，有信仰，有爱心，有苦乐，讲道德，守法纪，既担责任，又要乐生，这就是生而为之的本义。但如果超然一些，也可把人生看作是一个由生到死的过程，不必太执着于"心智之苦"，更不应有逃避厌世思想。

问道的第二问是"何为人"，即"人是什么?"

此问由年逾花甲的行子提出：行子"经万工之历，游天下列国"，"阅人无数"，"自以无事不晓，无理不通"，"然却不知人为何物?"

约先首先回答："人是天帝之子"，"得天眷天启，走正道，行善举，进天国"，与禽兽走畜鱼草虫木有异；仁先接着说：人是仁者，"知伦理，辨善恶，识美丑"，"有自省，可克己制欲"；法先则认为，"人循法知理，互有通则"。行子似感不足，接着再问：我常常见到，有的人"悖天帝""恶他人""逆法理、违族规"，这些人难道不是人吗? 空先解答说："普罗众生"与"飞禽走兽"表现不同，本质一样，都不过是"行走雀跃，烟云一场"；异生则认为，"人之为人，在其性变"，"善恶相融，欲制相交，序而无则，定而无常"是人的本质；道先又有另一种解答："人初为本人，固存善恶，及后成长……始知理明义……由本人渐为义人。本人为初阶，义人为高阶。两阶各有善恶两界，阶界融动即为人"。行子听罢，"若有所悟，下山返归"。显然，行子和前面所述的元德一样，他对

"人是什么"也只是"若有所悟",并未完全清楚。其实,把几位先知的观点综合起来,大致可这样简述:人是悟天道、走正道、行善举、知伦理、辨善恶、识美丑、循法知理、克己制欲的万物灵长,但人性中善恶并存,灵欲相制,人心及行为均在变化之中。因此,人有两个阶段,或称两个境界。低境界是善恶并存的"本人",高境界是抑恶扬善、知理明义的"义人"。

问道的第三问是"善恶何报",即"善恶有什么报应?"

此问由年逾四十的倬尼提出。倬尼问"六先":"吾生数十年,终抱不逾信念,善得善报,恶得恶报。然吾所经历,何以善恶不报,甚或善得恶报?"

"六先"让倬尼细说详情,然后仁先解答说:"君子行道,路有犬吠","行善道反得恶果,行恶道反享善果,时而有例,不足为奇。然例不为律"。"择善而得恶果,或为善恶相交所致,或因至善而行未果,或为命理所致,然不失心善心安"。尤其要做到"心正""目清""视洁",这样才能多见善少见恶,才能在"善行未得善报"时,"人心愈须守正";约人接着说:"常人所重善恶之报,皆为现世俗报,常以祸福苦乐为量尺",而"义人"应"以义为标",把"生死苦乐置之度外","守约践约,终得至高善报";空先不同意他们的观点,认为"因果相报,善恶相应,天地大律不改","善恶相报,报有其时","报分前报终报,前报非终报","莫因前报而生疑,善恶必有终报时";异先仍认为,一切皆在变化之中,善恶报应并无规律,"善恶有报亦无报,万果有因亦无因";道先讲得最多,也没有单讲善恶报应,而是提高到"道"的高度来解说。其核心观点是:"世不离道,道不远人","依天道修德修为,依时运谋事行事。不为享欲所动，不为恶苦所摇。位势相适，时运自备，天道必报"。综合以上"六先"之解答，"善恶何报"的答案是多层次的，需要融会贯通，方能得其要义。简而言之，似可这样表述：人们都希望善有善报、恶有恶报，可是善得恶果、恶得善果的现象时有所见。但这种现象并不能改变善恶报应的规律。超越世俗、悟得天道的高境界之人，不会把一时的祸福苦乐作为衡量善恶报应的标准，而是坚守善念，抑恶扬善，审时度势，适时合运，修德修为，怀善如亲，不计较一时之得失，不妄测他人之报应，最终必将在生死循环的轮转过程中得到善报。

问道的第四问是"来世何来"，即"究竟有无来世？"

此问由孪生奇人普罗、普勒提出。普罗可"预知来日事变"，普勒善"溯观过往诸事"。他们向"六先"提问：我们感到生在天地昼夜、春夏秋冬之间，也生在生死之间，"然有感而无知，有悟而无识，生后有死，死后何生？现世在现，来世何来？"

仁先首先解答："既生现世，即立现世"，"尽心意躬力行，来世自来"；约先认为，"来世亦如今世"，"今生今世所为，实为来生来世之约。人生现世，皆为来世订约"；法先则认为，"今来两界，各有界律"，"界律不同，难以逾越"；空先的解答是："今生来生皆为生，今世来世皆为世"，"人活今生，存于今世"，"今生自有今性情，来世自有来喜悲"；异先仍持"变化不定"之论。他认为来世实为异界，"异界可感而不知，可念而不信，故存于有无之间，亦存于今来之界"；道先之论更为深奥。他认为，"时空两维，今来两界，有大异而不隔绝，有界限而不断然。两维两世界，以意为介，可得联通，实生意界"。"六先"各抒己见，形异理通，其实质可简要表述为：今生今世现已存在，来生来世尽在认知。今生来生，今世来世，互为关联。见今生可测来生，知今世可知来世。但今来两世毕竟分属两界，以意为介虽可联通，却难述来世详情。故信念为要，信，则来世为今世之续，不信，则来世飘渺虚无。因此，人在今世，就要做好今世的事，过好今世的生活。

问道的第五问是"何为人主"，即"谁是人的主人？"

此问由年逾而立的孪生兄弟维义、维戊提出。兄弟俩在"何为人主"方面看法不一，故向六先提问。维义问六先："脚下有大地，头上有苍天，万千众生，必有其主，无主则迷乱。然何为人主？"维戊对此问不以为然，他认为"人各有志，志各有别，万众怎可同心？既不同心，怎可归同主？"

约先第一个回答："天帝创世造人"，"天帝为人主"；而仁先则认为，"仁善为万众心主。心有仁善……利他而悦己"；法先坚持认为，"法为万民之主"，"人之迷乱，皆因法义不明，法行不公，法制不谨"；维戊不同意众先所言，认为"食色本性，享乐随欲，即为人主"。空先认为，"天下众生，不过匆匆过客"，"人有悟觉，即得心主"；异先却认为，"人生在人，己主在己"，"己主"就是人的化变和制衡能力；道先认同空先的"心主"之说，认为"人主实为人之心主"，"人心无主，何立世界？"但他同时也承认，"人处天地之间，脚立道欲两界。或以道为主，或以欲为先，或道欲共主先，实为人之恒惑，古今难解，解亦未解"。综合以上众先所言，核心是"心主"和"己主"，大致可简述为："谁是人的主人"和"什么是人的主宰"是同一问题的两种表述。"人主"之谓有宗教意味，"主宰"之说有人文蕴涵。人生在世，面对众多诱惑，难免有执迷不悟之时，因此必须有支配和主导自己的"人主"或"主宰"。得道高人，通观宇宙，彻悟人生，可以信仰天道为人主；芸芸众生，善恶并存，道欲相交，则需要有抑恶扬善、守道制约的"心主"。心主实质就是佛家所说的"心识主枢"，就是道家所谓的"听之以心"。从这个意义上可以说，人主就是己主，就是让自己的心做主，而心是与精神意志密切相关的，其根本在于有觉悟、善化变、崇道德、守法纪，依道而行，有伦有序。故人要在道、欲、人三维交织的人生境况下，以道为先、以道为主、以道疏欲，努力达到"天道人律适合，天长地久人生"的境界。

以上"五问"，既是终极之问，也是现实之问。在 21 世纪的今天，这"五问"仍是人类不断探索和求解的问题。作者的可贵在于，没有停留在"五问五答"的层面，而是强调"六说之统，合有妙用"。明确指出："六合之花，实为心花。心花种在心上，生在身上，开在行上，果在人间"。进而把六位先知的学说融会统一，得出人立身处世的六句真言：敬天帝、孝父母、善他人、守自己、淡得失、行道义。"敬天帝"是信仰层面的，即为敬天地，强调敬畏之心；"孝父母"是伦理层面的，强调孝敬、孝顺；"善他人"是社会层面的，强调对他人要善待、友善；"守自己"是个人层面的，强调自制、自省；"淡得失"是功利层面的，强调淡泊、淡然；"行道义"是实践层面的，强调顺天行道，为人正义。这就把儒道佛及西方哲学思想之精华融会一体，"建构了一个完整的思想与价值体系，涵括了世界观、价值观和人生观的全部范畴"，为人"自己做主"提供了一个清晰的思想和行为准则。

最后有必要对《两界书》的创新特色作一番阐述。本书的创新特色突出体现在三个层面，即主题鲜明、思想新锐、叙事新颖。主题鲜明是本书的首要创新特色。全书"以文明演进为主线"，"以中国文化精神为内核，彰显天人合一、道法自然、四海一家等核心理念"，始终围绕"问道"来展开，讲述和论述的都是古今中外先贤圣哲长期探讨的终极问题；思想新锐是本书的一大创新亮点。在"创世""造人""命数""教化"等方面，都不是因循旧说，而是有新的构思和解说。如关于"造人"，既没有延续西方传统的"亚当夏娃说"，也没有套用中国古代的"女娲造人说"，而是创立了"天帝造人治理世界"的新学说，阐明了天帝造人"由初人到中人，再到终人"的三步"造人之工"；再如，在"分族"方面，提出了"人之相貌肤色有异，性情体态不同"，皆源于饮食起居和环境的新观点，明确"只有各表族语族音，各书字符标记"，分族才真正形成；还有，在论及"教化"时，巧妙地通过"双面人""绿齿人""尾人""独目人"等人的异常形态，阐明了人善恶并存、除恶难尽、进化务教的道理。如此等等，不一一细述。叙事新颖是本书最突出的创新特色。叙事通常有三种模式，即诗意叙事、辨证叙事和修辞叙事。《两界书》"叙事手法不拘旧规，合以神话、寓言、魔幻等文学修辞"，把这三种模式全部用上，既有诗意叙事之美感，又有辨证叙事之哲理，更有修辞叙事之精细。卷七《承续》中的"雅希联姻"，和卷九《工事》中的"欧瑶成千里眼"，可谓是诗意叙事的范本。雅荣为了娶得心仪之人希玛，不惜违反"异族不能通婚"的族规，断臂明志，甘受酷刑，最后终于感动天帝，情动希玛，抱得美人归。这一富有诗意的故事把族规和人性的矛盾展现得淋漓尽致，使人为之动容；欧与瑶是一对恩爱夫妻，均擅长冶炼制器，在被洪水冲散后，因彼此思念，竟使往日冶炼之碎片成为明镜，产生可以隔地相视交流的奇异功能。此故事把冶炼制器须倾注情感、以情化之的道理，形象而富有诗意地展现了出来。由于本书大多以夹叙夹议的讲故事形式呈现，所议之处均有哲理，故辩证叙事贯通全书，尤以卷十二《问道》为最。"六先"之说均是辩证思维，异而不悖，发人深思。作者不仅提出了"六说不悖，皆有其悟"的论断，而且特地以道先之口，对"六先"学说的辩证和关联进行了精炼的概括：

> 以道为统，无统不一，无一何生万物。
>
> 以约为信，无信不通，无通何生和合。
>
> 以仁为善，无善不爱，无爱何生家邦。
>
> 以法为制，无制不理，无理何生伦序。
>
> 以空为有，无有不在，无在何生世界。
>
> 以异为变，无变不化，无化何生久远。

修辞叙事是本书最鲜明的创新特色。修辞叙事的根本是建立叙说者与受众的"说服关系"，即让受众对叙说的内容表示认同。因此，叙事就要在人物和情节上下工夫。对此，作者的指导思想非常明确，他在导论中讲到："《两界书》不是单向度地传播演讲者的声音，而是设立讲者与他者之间的对话——他者包含了不同的听者，在讲者和他者之间建立起思想对话和情感交流"。这种对话在书中突出表现为讲故事，但"讲故事不能没有情节。有情节才有故事"。为此，"全书采以框架式结构，讲述了百多个既相对独立又相互关联的故事"，故事情节错综复杂，引人入胜。故事中的人物经历不同、性情各异，成为作者表达思想的形象载体。如以善待人的菩度，实施仁政的哈法，抛金入海的德敦，强造飞车的函含……一个个人物，性格分明，栩栩如生，为构建情节、表达思想起到了很好的形象展示作用。

综上所述，《两界书》意蕴丰厚，哲理深奥，被学界誉为"世纪杰作"，被读者称为"天下奇书"，绝非偶然。它使中国文化中的天人合一、道法自然、天道立心、人道安身等核心理念，走出哲学的课堂和思想的圣殿，把抽象的理论概念演绎成形象的观念意识和做人的修为之道。因此，解读这样一部堪称经典的"奇书"，绝非一人之力和一时之功可以达成。它必将在今后的长期流传中不断接受新的解读，产生时读时新的解释。也惟其如此，它才称得上是一部真正的经典之作。

写作附记

本文定名为《〈两界书〉十日谈》，"十日"是作为书写之形式，并非阅读与写作的时间总和。笔者初读《两界书》，可谓是云里雾里，"不识庐山真面目"，似懂非懂，不得要义。后撇开杂务琐事，关进书房，潜心细读，同时参阅有关中外哲学著作，比较思考，方渐渐"入门"。再往后，越读越有感觉，越读越得其味，以致兴奋不已，夜不能寐，遂开始构思解读文章。就这样，直至本文写完，前后长达一个多月。文章写完后，对照原著复读此文，感到既欣慰又遗憾。欣慰的是，本文基本反映了该书的全貌，并力求通俗简明，对于没有机会读到原著或读原著有一定困难的读者，或许有一定帮助；遗憾的是，由于笔者的文化修养和思想水平没有达到作者的高度，本文尚未能完美地体现该书的思想精髓，甚至难免有误读。因此，除了敬请作者谅解外，还请广大读者尽量阅读原著。西方接受美学理论认为，读书有三个层次，一是读懂"书说了什么"，二是读出"书对我说了什么"，三是经过思考，做到"我能对书说些什么"。对照这个标准，我相信每一个读者都会从这本"奇书"中读出你的感受，并一定能获益匪浅。

2018 年 5 月 28 日于"偷闲居"

吴俊忠
文化学者，比较文学教授

夜读《两界书》

袁　傲

　　《两界书》是本奇书。这本书好读又不好读。怎么说呢？我刚拿到这本书的时候，非常开心，忙不迭地打开，想从中学到一些东西。书很厚，包装也很精美。说它好读，是因为每章节都独立成篇，内容短小精悍，语言古雅优美，读之酣畅淋漓、妙趣横生。说不好读，是因为实在体系宏大、包罗万象，需要非常丰富的知识储备和扎实的学术功底才能读懂、参透。因此，我先是很快读完了一遍，但掩卷深思，却倍感惆怅，想写点心得、书评，却又不得要领，无从下笔。真像颜回面对孔子那样喟然而叹："仰之弥高，钻之弥坚，瞻之在前，忽焉在后……循循然善诱人，博我以文，约我以礼，欲罢不能。既竭吾才，如有所立卓尔。虽欲从之，末由也已。"

　　那怎么办呢？想起一句古话"书读百遍其义自见"。于是就改变了策略，微言大义悟不透，长篇大论写不了，那就一点一点看，一点一点感悟，日拱一卒，相信用功日久，必有所获。所以就有了《夜读〈两界书〉》。累计 40 余篇，收获颇丰，心态越来越沉静、头脑也越来越充盈了。所以要谢谢《两界书》，谢谢士尔先生！

对这本书，我的整体看法是：《两界书》借神话故事，讲人伦物理，看似荒诞不经，实则微言大义，既通俗易懂，又高远深刻。

以下为每日研读摘选。

（一）

文明与蒙昧，向善与向恶，和平与争战——诸如此类，是人类前行路上的永恒命题。工业化以来，物质技术空前发展，但人类精神向前的步伐大大地滞后了，以致物奴现象严重，拜物主义猖獗……世界从未像今天这样躁动复杂，人类生活从未像今天这样多样化一体化并存，并充满了强烈的未知性、不确定性。

感悟：

狄更斯在小说《双城记》中说，这是一个最好的时代，这是一个最坏的时代。今天，科技空前发达，我们的焦虑也与日俱增；信息浩若烟海，未来的方向却更加令人困惑；社交快捷便利，人际关系却更加淡漠。

《未来简史》的作者赫拉利说，现代性的契约就是让人放弃意义换取力量。科技是现代人类的巴别塔，我们终于可以上天入地，把神驱逐，但回过头来，却发现自己丢了信仰，堕入无意义的荒谬的存在性困局。科技成为了现代人的宗教，物质成为新的神祇，我们如此迷恋力量，以至于失去了对宇宙万物的敬畏之心。

技术要把我们带向哪里？未来还有哪些未知？在建造人类命运共同体的今天，从这样的关切出发，士尔教授为我们讲述神话与历史、真理与异见、道德与秩序，凝成这本究两界、合正道的《两界书》。

"人心惟危，道心惟微；惟精惟一，允执厥中"，希望依照文字的指引，透过作者的视界，见自己、见众生、见天道，不累不俗，不饰于物，不苟于人，不忮于众，道德性命，源泉时出。

（二）

太初太始，世界虚空，混沌一片。天帝生意念，云气弥漫，氤氲升腾。天帝挥意杖，从混沌中划过。天雷骤起，天光闪电，混沌立开。

感悟：

关于天地的创生，科学、宗教、哲学都有着各自不同的解释。基督教说，起初……地是空虚混沌，渊面黑暗；道家说，无名天地之始，有名万物之母；宇宙学则提出大爆炸理论。但不论哪一个故事，都无法得到验证。因为宇宙的起点是超越时空的。但有一点是共通的，那就是从虚无到实体、混沌到秩序、黑暗到光明、简单到复杂。根据相对论，物质能量可以互相转化。太初之时，物质尚未创生，宇宙应该只是能量体。天帝也好、意念也罢，这是多姿多彩的宇宙之源。哲学三大问题，首要即是我们从哪里来？欲问生命从哪里来，又不得不问世界哪里来。这是哲思的起点，也是不同世界观的分野。

（三）

天帝随意杖点，天尘化育一片。得化育者，气脉生成，灵雾布散。其上灵道运行，万物充灵，不致死寂。万物有序，不致浮乱。

感悟：

宋代陈景元曰："天下万物生于有，有生于无"。他认为："有，一也。一者，元气也。言天下万物皆生于元气。元气属有，光而无象，虽有光景，出于虚无。虚无者，道之体也。"此处说世界诞生之初，万物尚未生成，天地间一气充塞。"万物负阴而抱阳，冲气以为和。"汉代河上公在注解《道德经》时说："一者，道始所生，太和之精气也。"根据亚里士多德的思想，任何一种实体都有形式因、目的因、动力因、质料因。然而万物未造出之前，道或者西方哲学的逻各斯已经存在，它蕴含着万物的目的因和规定性。在其之下，是散乱尚未成形的质料。杜光庭《广成集》说："天地万灵，阴阳庶品，资元和而覆育，禀道气以生成。"就像尚未制造的产品，道如模具和程序，气如原料，万物由此生成。

（四）

天帝使无成有，使有各一，一成万有之元……混沌分天地，由一为二，一分二维，二成万物成式……二维相对，合分化生，使二成三，三生异变，三成万物化因……故一为有，二为世界，三为化异，始成活灵世界。

感悟：

万物创造非刹那间生成和一蹴而就，而是有其程序和步骤。《圣经》言上帝用六天创造万物，一天用来安息。《道德经》说"万物生育于有，有生于无"。周敦颐《太极图说》"无极而太极。太极动而生阳，动极而静，静而生阴，静极复动。一动一静，互为其根。分阴分阳，两仪立焉。阳变阴合而生水火木金土……"佛教也说"多从一有，有依空立"。归根到底，万物一源，这是实有的根本。但实有的创造，源自虚无或虚空。黑格尔辩证法也认为，世界本源最初以绝对精神在纯粹概念的世界里运动，然后经正、反、合，扬弃自身、螺旋进步，外化出去形成物质世界。无论如何，从无到有，从有到多，应是多数理论关于世界创生的共识。

（五）

天地空维，构世界之广大，昼夜时维，构世界之深远。……时空两维之上，天帝灵道运行，实生万维。……时空两维为基，成万物凭依。灵道万维为本，成世界纲目。意念情悟，思觉幻空，可感而不知，可受而不识，乃世界本维。

感悟：

时间和空间，是万物的存在基础。其中空间容纳了物质的广延，时间规定了物质的起灭。康德说，时间和空间是我们认识事物的基本形式。在此之上，一沙一世界，一花一天堂，宇宙至大无外，至小无内，实不知多少维度。渺小如人类，受限于地球生命的规定性，业务只是更高维度之下的纸片人。如小说《三体》中，不同维度文明之间也许存在着不可比拟的巨大鸿沟。物理学"超弦理论"认为，物质的基本构成是蜷缩的震动的弦，因不同的频率而表现出不同的粒子形态。世界的维度也都蜷缩着，其真实样貌远超人类的认识极限。然而，不管宇宙如何辽远深邃，在发现更高文明之前，人是这个世界上已知唯一的自在自为的存在者。心外无物，宇宙即本心。人的意识是认识、反映、理解、构筑世界的唯一途径。心生万种法生，心灭万种法灭。自性具足，法不外求。此宇宙本维。

（六）

天帝决意造治理者，以便治理世界……天帝初造之人皆为两头、两口、四目、四耳、四前腿、四后腿，尤有两心，均倍于诸兽。如此一来，人就可以降服猛兽。

感悟：

此节言天帝造人，最初是因为世界丛林法则弱肉强食，需要一个治理者。人造出来之后，显然没有改变食肉动物的凶残本性，却给生物重新排了座次。天帝老大，人老二，万物生灵居其下（牛羊们的命运似乎并没有更好，因为这些治理者也不是吃素的，生杀予夺、吃拿卡要，奴役鱼肉百牲，更甚虎豹）。所以，人类出现的真正意义，是治理者，是规则的制定者，"晨兴理荒秽，荷月带锄归"，驯化动物、种植植物，让自然界更加井然。

这里有个好玩的地方，就是刚造的人的形象，是两个头四只眼，还有两套生理系统。关键"四前腿，四后腿"，虽然倍于兽，但根据进化论，直立行走、解放双手是人类出现的重要标志。初人手足未分，还不能算真正的人类（既然分前后腿，应该不是直立的，走路方式如蜘蛛或螃蟹）。其实为了祈求得到力量，先民神话、宗教中都设定有多头多肢的神仙，尤以佛教较多。如三头六臂的大黑天，千手千眼的观音等，用来表现神通广大、本领高强，也寄托着人类对力量的渴望。

（七）

初人造出，然不领天意。虽多头多口、多目多心，然与牛马虎豹诸兽畜相伴，行无大异，心无大别，尤各饱腹囊为甚，懒惰纵欲复加。天帝不悦，欲增其情痛，醒其心智，随复造人，即造复人。天帝将初人从中分开，有一为二，一半为男，一半为女。

感悟：

天帝初造人时，显然没深思熟虑，做得还比较粗糙。只是肢体心智倍于禽兽，但从思想到行动，跟动物并没有根本区别。饿了就吃，困了就睡，按照本能欲望生活。俗话说，"五色令人目盲；五音令人耳聋；五味令人口爽；驰骋畋猎，令人心发狂。"胜人者勇，自胜者强，节制、自律是治理者最重要的品质。为实现这一目的，天帝决定对初人进行改造。方法简单粗暴，就是一刀两断，一分为二。是为中人。

（八）

男人女人分处，实为整人裂分，故日夜痛苦。天帝使人心有苦楚情爱，人心异于兽畜之心。男人女人日夜不安，渴慕复合，白日男人双目找寻女人，女人双目找寻男人。夜晚，男人女人同居一起才好。因男人女人总想着凸凹相嵌，合体如初。

感悟：

此处讲两性关系。道有阴阳，光有明暗，兽有雌雄，人有男女。独阴不生，独阳不长，阴阳合和，化生万物。为什么异性相吸？《圣经》上说因为女人是男人的肋骨做的。所以男人要保护他的女人，而女人要服从他的男人，两者心意相通，灵肉结合才是上帝的心意。这里讲的就更有趣了，说男女本来就是一体的，所谓爱情就是寻找最初的完整性。这让我想起柏拉图《会饮篇》中的一段对话，作为今天的分享，应该是最好不过了：

最初的人是球形的，有着圆圆的背和两侧，有四条胳膊和四条腿，圆圆的脖子上顶着一个圆圆的脑袋，两张一模一样的面孔分别朝向前后不同的方向。……这些人很骄傲，甚至有点蛮横无理，完全不把诸神放在眼里。

由于人太过强大，并且不敬神。诸神担心他们会飞上天庭造反，于是商讨对付人的办法。但诸神又不想把人消灭，如果那样的话，就没有人对神献祭和崇拜了。后来宙斯说，我有个办法可以削弱人类，既能消除动乱又不致于把人全都毁灭。我提议把它们全都劈成两半，这是一石二鸟的妙计，一方面他们每个人就只有原来的一半那么强大，另一方面他们的数目加倍，侍奉我们的人也就更多了。宙斯还说，如果以后再发现他们捣乱，我就把他们再劈成两半，让他们用一条腿跳着走路。

说做就做，宙斯把人全都劈成了两半，劈开以后，他吩咐阿波罗把人的脸孔转过来，让他们能用切开的一半脖子低下头看到切开的这半身子，使他们感到恐惧，不再捣乱，然后再让阿波罗把它们的伤口都治好。阿波罗遵命把人的脸孔转了过来，又把切开的皮肤从两边拉到中间，拉到现在我们肚皮的地方，就好像用绳子扎上口袋，最后打了个结，我们现在把留下的这个小口子叫做肚脐。至于留下来的那些皱纹，阿波罗把它们全都磨平了，只在肚脐周围留下一些皱纹，用来提醒我们人类很久以前所受的苦。

这些事做完以后，那些被劈开的人都非常想念自己的另一半，他们奔跑着来到一起，互相搂着对方的脖子，不肯分开。他们什么都不想吃，什么都不想做，因为他们不愿离开自己的另一半。时间一长，他们开始死于饥饿和虚脱。如果这一半死了，另一半还活着，活着的那一半就到处寻找配偶，碰上了就去搂抱，不管碰上的是半个女人还是半个男人。人类就这样开始逐渐灭亡。

　　幸运的是，宙斯起了怜悯心。他想了一个新办法，把人的生殖器移到前面，使人可以通过男女交媾来繁殖。而从前人的生殖器都在后面，生殖不是靠交媾，而是像蚱蜢一样把卵下到土里。于是宙斯就像我说的这样做了，他的主意是，如果抱着的是一个男人和一个女人，那么他们就会怀孕生子，延续人类；如果抱着的是两个男人或两个女人，也可以使他们的情欲得到满足，好让他们把精力转向人生的日常工作。

　　先生们，你们瞧，人与人彼此相爱的历史可以追溯得多么远啊，这种爱不断地使我们的情欲复苏，寻求与他人合为一体，由此成为沟通人与人之间鸿沟的桥梁。因此，我们每个人都只是半个人，就像儿童们留作信物的半个硬币，也像一分为二的比目鱼。我们每个人都一直在寻找与自己相合的另一半。所有这些事都是人类原初状态的残余，我们本来是完整的，而我们现在正在企盼和追随这种原初的完整性，这就是所谓的爱情。

　　我再重复一下，从前有个时候我们是一体的，但由于我们的罪过，神把我们驱赶到各地，就像拉栖代蒙人驱赶阿卡迪亚人一样。再说，先生们，我们有理由感到恐惧，如果我们放弃对诸神的崇拜，那么他们会再次把我们劈成两半，到那个时候我们的身子要从鼻子正中剖成两半，用半个身子走路，就好像墓碑上的侧面浮雕。我想说的是全体人类，包括所有的男人和女人，全体人类的幸福只有一条路，这就是实现爱情，通过找到伴侣来医治我们被分割了的本性。（《会饮篇·阿里斯托芬的发言》）

（九）

人与畜心力有异，动行有别。天帝使人直立而行，用后腿走路，以前腿持物，可高瞻远瞩……

感悟：

人和动物的关系是什么？根据赫拉利《人类简史》上的观点，人和动物的关系经历了三个阶段。第一个阶段就是远古采集时期，这时人类刚刚直立行走，大脑和心智还没有得到充分的发展。人类组织也很有限，以部落的方式抱团取暖。这时候，人类认为万物有灵，很多部落甚至信奉崇拜图腾。这一时期，人和动物是平等的。第二个时期叫作一神论宗教时期，这时候人们奉上帝为老大，人是老二，万物都在其下。第三个时期就是人文主义时期，上帝死了，万物都是人类的附属。

人为什么可以成为万物之长？从生理上看，人和动物有截然的不同。人直立行走，兽类匍匐前进。这解放了人类的前肢，使得手可以胜任越来越精细的工作。第二，本来内脏是贴着肚皮的，因为直立行走，人的内脏都被迫吊了起来。第三，动物的脊柱是直的，只有人类的脊柱成了 S 型，就是为了给身体更强有力的支撑。最后，人的前后肢的弯曲方向跟兽类恰好相反。人前肢向前弯曲，后腿向后弯曲。

其实，人和动物最大的差别在大脑。这是人类得以傲视群生的基础。还有很多有趣的现象，人类的打嗝、阑尾，都是进化的后遗症。根据相关研究，人和黑猩猩的基因，相似度高达 98.6％，仅有 1.4％是不同的。恰恰是这 1.4％的不同，拉开了人与动物的巨大鸿沟，使得人类移山填海，无所不能。这是人类的荣耀！

（十）

天帝开天门，引泄高天之水。天水奔流浩荡，依坡而聚，汇成天水大谷。天帝派使者召集人群，列排天水谷旁，等候涮洗。惟经天水涮洗者方可开启蒙昧，通窍悲喜。……凡经涮洗之人，皆被置于水谷另旁。男女毛发裸褪，身爽气通，无不心悦，皆可开口欢笑。

感悟：

很多宗教、神话都有大洪水的记载。除了我国的大禹治水与犹太人的挪亚方舟，还包括中东苏美尔神话、中美洲阿兹特克神话、玛雅族的洪水神话、阿拉斯加、马来西亚，以及日本、澳大利亚、印度、希腊等地的神话。据葛瑞姆统计，全世界已知的洪水神话与传说有 500 多则，其中 62 则的形成各自独立。

虽然各则神话中对于洪水事件的描述不尽相同，但神话是关于"神"的故事，关于洪水的成因也显现出明显的趋同性，比如天神的惩罚。《两界书》是另一个洪水的传说，原因是男女沉溺欲望，而天帝的期待是，人能成为高尚的人、纯粹的人，以及脱离了低级趣味的人。

上帝引来了水。目的不是淹死我们，而是亲自帮我们沐浴，以便使人摆脱蒙昧，通窍悲喜。

根据荣格的观点，神话是对人的精神世界最深处某些内容的发挥性描述，而水是集体无意识的重要象征。一方面水孕育了生命，另一方面我们又忌惮于洪水的破坏性，因此我们对于水既依赖，又敬畏，这种矛盾的复杂情感一直存在于全人类的共同记忆中，难以消退。

（十一）

天气渐暖，花草生长，树木茂盛。男人女人褪去周身裹物，见赤身光裸难看，私处多毛，如兽畜一般。男人女人相见，彼此好奇，又感羞耻。……白天男人女人或以兽皮裹身，或以树叶遮耻。夜晚男人女人褪去包裹，身感愉悦，不再羞耻。

感悟：

羞耻感是人和动物的区别之一。孟子说，人之异于禽兽者，几希。"恻隐之心，仁之端也；羞恶之心，义之端也；辞让之心，礼之端也；是非之心，智之端也。"那么羞耻之心是怎样来的呢？按照《圣经》的说法，是因为亚当和夏娃吃了智慧树上的果子，眼睛明亮了，所以知道羞耻。事实上，亚当是上帝造的，夏娃是用亚当的肋骨造的，二人本是一体，为什么会羞耻呢？原因是他们知道有第三者上帝在场。

士尔教授的说法是，天帝造人时候不止一对，而是很多。因为很多，所以彼此相见，好奇且羞耻。更有意思的是，经过天水涮洗，私处更加惹眼。这与人类学的考察很接近。羞耻感应该是一种进化的产物，文化的产物，而不是人类的本能。小孩子，光着屁股满街跑不觉羞耻，随地大小便，不觉羞耻。什么时候突然知道羞耻了呢？大概是有了自我意识，能区分他人与我的界限，在父母和社会的暗示和教育下，知道哪些行为是被允许的，哪些是不妥的。面对可能会来自他人的负面评价时，才会有羞耻感。男人女人晚上赤裸相见，彼此亲密，不觉羞耻。但如果有其他人在场，众目睽睽，才觉羞耻。人是社会动物，耻感是礼仪的开始，文明的标志。

（十二）

天帝不尽言尽为，使人发挥治理。天帝籍人传道，好使天帝灵道活盈世界。

感悟：

宋代张载在《西铭》里说，人要"为天地立心，为生民立命，为往圣继绝学，为万世开太平。"《老子注》说，"大象无形，大状无容，进而万物存，退而万物丧，天地与之俯仰，阴阳与之屈伸。效之象之，若影随形。"基督教认为，基督徒的使命是成为上帝的精兵、圣灵的管道，《圣经》上说，"我是真葡萄树，我父是栽培的人……我是葡萄树，你们是枝子。常在我里面的我也常在他里面，这人就多结果子；因为离了我你们就不能作甚么。"《论语》上说，人能弘道，非道弘人。肯定人接续道统、修齐治平的主体性，但这显然不是一条容易的路，因为"要进窄门"，因为"士不可以不弘毅，任重而道远。仁以为己任，不亦重乎？死而后已，不亦远乎？"

（十三）

天帝看着为好，即隐去歇息，使人以身载道。人身道欲相叠，却未得交融，不及持久，即道欲分离，道消隐，顽疾出。

感悟：

天帝造人以后，本意是要人做自己的代言人，传承灵道，播撒真善美。人身上有神性的一面。可惜人不是神，也有动物性的一面，充斥着欲望和贪婪。没办法，沉重的肉身是生存的基础和本能。性善性恶，百家争鸣。儒家传统认为，人性本善，之所以有恶的表现，是因为积习已久，本性受到遮蔽。"率性之为道，修道之为教。"人要做的就是存天理、去人欲。佛教也说，人人皆有佛性，自性具足，法不外求。

为什么我们的本性受到遮蔽？为什么有人活得不明不白？为什么听说过很多道理，却依然过不好这一生？还有人说大道理谁能不懂，小情绪却难以自制。问题的关键不在于我们是否有改变的意愿，也不在于我们从细枝末节上面付出多少努力。神秀说，身是菩提树，心如明镜台，时时勤拂拭，勿使惹尘埃。这段话讲的是个人谨小慎微地修行，一点一滴地改变。为什么师傅弘忍没有把衣钵传给他，因为这种修行功夫浮在表面，而且太过支离。真正的做法应该是慧能的那种，菩提本无树，明镜亦非台，本来无一物，何处惹尘埃。佛家讲放下屠刀，立地成佛，也说苦海无边，回头是岸。儒家也说我欲仁，斯仁至矣。真正的修行永远不是着眼于问题的解决上，而应该思考自我本质是什么样，我的使命、意义、价值，内心的召唤是什么。

迷闻经累劫，悟则刹那间。彻底的改变是先立其大，则小者不可夺。《中庸》里说，"反求诸身而自得之，以去夫外诱之私，而充其本然之善。"要在一个"诚"字，"唯天下至诚为能尽其性。能尽其性，则能尽人之性。能尽人之性，则能尽物之性。能尽物之性，则可以赞天地之化育。可以赞天地之化育，则可以与天地参矣。"孔子之所谓仁，孟子之所谓四端，大学之正心诚意，阳明之致良知，道理一也。

用几首诗表达这种境界："横看成岭侧成峰，远近高低各不同，不识庐山真面目，只缘身在此山中。""闲来无事不从容，睡觉东窗日已红。万物静观皆自得，四时佳兴与人同。道通天地有形外，思入风云变态中。富贵不淫贫贱乐，男儿到此是豪雄。""尽日寻春不见春，芒鞋踏遍陇头云，归来笑拈梅花嗅，春在枝头已十分。"

（十四）

众人滥行心力，心中无主，自以为大。双目虽开，然不视头上有天，脚下有地。心智虽聪，然不识天高无及，地厚几深。众人开口不闭，娄得无厌，能食者尽食，能得尽得，欲壑不填。众人懒于劳作，溺于淫欲……

感悟：

天帝赋予人超越动物的心智和能力，然而人却擅自滥用，恃能傲物，目中无主，不知敬畏。自大是最大的罪。论语说，君子有三畏，畏天命，畏大人，畏圣人之言，小人不知天命，无所畏惧。中庸说，战战兢兢，如履薄冰。又说戒慎乎其所不睹，恐惧乎其所不闻。当一个人没有信仰，没有敬畏之心，就没有原则，没有底线，也就没有内心的约束，什么事都可以做得出来。第二个问题就是欲壑难填，贪之无厌。第三个问题就是懒惰。人作为天地在人间的代表和道德的具体实践者，受到这些因素的制约，不能很好地完成自己的使命，并一步步走向堕落，走向神性的反面。

事实上，在《圣经》中就有人的原罪。什么是原罪呢？我们说原罪是一切的根源。这种原罪不是行为导致的犯罪，而是所有罪恶产生的原因。因为如果说上帝或者天地是全善全能，那么世间为什么会有坏的事情呢？按中世纪奥古斯丁的解释，所谓的恶，只是善的缺乏。这种原罪，与其把它称为罪不如说是人类自由意志导致的紧张感。自由就意味着选择，选择就有对有错。所以，所有的罪恶只是善的缺乏，只是偏离了神的旨意的正途，迷失了方向。所以

《圣经》上也把那些没信仰、犯了罪的人称为迷途的羔羊。佛教则认为罪恶和痛苦和人的执迷不可分割，具体表现就是贪、嗔、痴，也就是贪婪、发怒和执著。

（十五）

天帝发现，所造之人常以悖逆为习，决意为人定命数，使人有生而不得永生，有死不至即死。人以繁衍而嗣后，致生有所延，代有所续，道有所传。故此以后，人皆有命，命皆有数，命数不一，各自修为。

感悟：

古人云，死生亦大矣。生死问题是一切文化的核心问题，也是一切文化终极关切的焦点。追寻生命问题的最终目的是超越生死，就是使人在肉体生命终止后，社会生命和精神生命还能够存在。

庄子说，人之生，气之聚也；聚则为生，散则为死。身体是"天地之委形"，生命是"天地之委和"，性命是"天地之委顺也"，好的人生态度应该是安时处顺。儒家虽讲未知生，焉知死，又说六合之外，存而不论。这是因为儒家注重人文，注重在世期间的作为。事实上，死亡是无法回避的问题，所以孔子说慎终追远。佛教讲缘起性空，又说色不异空，空不异色，五蕴皆空。解脱的方式是随遇而安，随缘而化，破除执着，证入空境，从而获得对生死的超越。《圣经》上说，人之所以会有死，是因为人吃了智慧树上的果子，打破了和神的约定，不能再与神同行。所以死亡是种惩罚，是人神之间巨大的鸿沟。我们传统的民间重视传宗接代，靠生育和繁衍，人类文明绵延不息，代有所续，道有所传。

西方存在主义，讲向死而生，死亡是种虚无状态，是存在的反面。每个人都是必死的，但不知死在何时降临。但因为死亡存在，人生苦短，生的意义一下子就升华了。如果人的生命是没有界限的，什么时候努力，什么时候做事都不算晚，那么生命还有什么意义，还有什么动力呢？死亡以将临的方式存在于我们的生命中，让我们的生命每一刻都充满肃穆、充满庄严，背起责任，担当使命，去投身一场或跌宕起伏或异彩纷呈的冒险。

（十六）

天帝为人设命格，使人各有其命，命有法式，各人不致尽同，故此一人一命数，一人一性情，一人一命格。命格内蕴气血，外显面征，暗藏指纹，天下众生纵万千无数，不致雷同。

感悟：

形而上者谓之道，形而下者谓之器。人性本质上是一样的，但落在每个具体的人身上却呈现出不一样的个性特征。有人说，就像世界上没有两片相同的树叶，世间也找不到两个相同的面孔。孔子说，不得中行而与之，必也狂狷乎，狂者进取，狷者有所不为也。把人分为主动积极的和谨慎保守的两种类型。古希腊有人把人的个性分为多血质、胆汁质、粘液质等类型；后世以来，有人根据地理分布说，把人分为内陆型、高山型、海洋型；MBTI理论以荣格人格说为基础，按照能量倾向、接收信息、处理信息、决策方式等维度把人分为内向型、外向型、感觉型、直觉型、情感型、理智型、判断型、知觉型等。

那么性格是怎样产生的呢？朱熹说，天所赋为命，物所受为性，天地之间，有理有气。是以人物之生，必禀此理，然后有性；必禀此气，然后有形。孔颖达疏："性者，天生之质，若刚柔迟速之别；命者，人所禀受，若贵贱夭寿之属也。"这种人与人的差异不仅体现在内心，也反映在我们的手纹掌纹和面部表情。所以由此也产生了看手、相面和表情心理学。

每条河流都有自己的方向，每个人都有自己的个性。个性到底好不好呢？萨特说，他人即地狱。一个人如果总是活在别人的影子里，用别人的标准苛求自己，就会非常痛苦，像身在地狱一般，因为自己的个性受到了压抑，得不到发展。父母如果处处比较，用别人家孩子的表现来要求自己的孩子，就会扭曲孩子的个性，酿成成长的悲剧。

易经上说：乾道变化，各正性命，保合太和，乃利贞。尊重人的个性，保障生命的多样性发展是最大的自由和民主。毕竟，一花独放不是春，万紫千红春满园。

（十七）

天帝为人设能限，所造之人，以目观物，可知远近，可明大小，然不可尽观尽知尽明。以耳闻声，可穿黑暗，可越墙磊，然不可尽闻尽穿尽越。以心游意，可往来时世，可逾空界，然不可尽游意尽往来尽逾界。

感悟：

物有终始，事有本末，万事万物都有自己的局限。无限是个让人无法理解的概念。任何东西一旦被定义，就不是无限了。《老子》说，"有物混成，先天地生。寂兮寥兮，独立而不改，周行而不殆，可以为天下母。吾不知其名，强字之曰道，强为之名曰大。"

天帝当然全善全知全能，但人不是。虽然相对于其他存在者，人有自我意识，发展出了科技、文化和庞大复杂的社会组织，但依然能力有限。惟其如此，我们才能学会谦卑、心怀敬畏。康德说，人的认识包括三个层面，感性、知性、理性。他说，直观无概念则盲，思维无直观则空。虽然不是一切知识来源于经验，但却一定开始于经验。经验怎样获取呢？眼、耳、鼻、舌、身、意，就靠这察觉世界，色声香味触法就是感知的一切。科技拓展了我们的能力，让我们可以知道耳朵听不到的超声波和次声波，眼睛看不到的红外线和紫外线，身体触摸不到的磁场和虚空，但世界的本来面貌依然未知，宇宙的边界依然遥不可及。这也是吸引人类前赴后继、孜孜以求的根本原因。

每个人的能力也不相同。有人把能力分为本能、潜能、才能、技能，怎么成为一个很厉害的人？也许在于超越本能、开发潜能、施展才能、磨练技能。因为人各有所长，所以才"三人行必有我师"，才形成社会分工，各展其能、各尽其责，人类社会才和谐有序。能力意味着责任，能力越大，责任越大。穷则独善其身，达则兼济天下。怎样不悔此生？答案也许是因为我们的努力，世界可以变得更好一些吧。

（十八）

天帝为人定生途，以灵道为引，肉躯为载，灵肉相合相通，方可强命力，延命数，顺命格，享生乐。

感悟：

命数、命格、能限皆为限制，限制并非囚禁，总要给人指一条生路。人有精神和肉体，肉体沉重，提供基础和支撑，身体是革命的本钱。精神轻灵，提供决策和方向，念念不忘必有回响。只有天人合一、灵肉合一、知行合一，才能逍遥乐道，享生命之丰盛。这一切都需要灵道的指引，于客观世界尊重规律，于主观世界反求诸己。近读《自私的基因》，颇有感慨，兹贴如下：

基因永生。每一种生命形式都会终结，但就像换掉一件一件的衣服，基因本身是不朽的。它们的生命以亿年为单位，一切生物行为，快乐也好悲伤也罢，都不过是基因为保存自身、复制自身而呈现出来的表征。

其实又何止基因呢，这世界上不朽的东西还有很多。比如资本，比如文化，比如追寻真善美的梦想。资本复利资本，文化繁荣文化，梦想浇筑梦想。人类代有兴衰，这些东西却遵循自身的逻辑，恒久流传，绵延不休……

选择是种权衡，权衡是种比较。痛苦与纠结，在于自我与他者、当前和未来、手段与目的、体验与叙事的冲突。当我们跳出自身的藩篱，把时间线拉得足够长远，将自己置身于更宏大的背景之下，很多东西也许就可以迎刃而解了。也许，这也是从心所欲不逾矩的境界吧。

基因可以是自私的，可是我们人类这种生存机器已经进化出了自我意识，就可以超越基因的限制，摆脱本能的束缚。这是人类的尊严，也是人类的骄傲。

孔子说，人能弘道，非道弘人。我们可以被看作自私基因的生存机器，也可以被看作天道的人间载体。生存是种本能，善良是种选择。拥有自由意志的人类，始终都有超越动物性的一面，选择美好、追求神性的能力。这也就是孔子说的，道不远人，吾欲仁，斯仁至矣。

（十九）

天帝有意决，多人簇拥一处不好，可各自立族，分处生息，繁衍壮大。……天帝说，你们心智既开，自今以后，皆要自立自足，繁衍后代。……身处异地，不再同族共生，各族靠山食山，依水食水，食山者须养山，食水者须养水。不可尽食贪食，方能常食足食，山水总相依，有者可互通。

感悟：

此节讲天帝使人分开，理由是多人簇拥不好，分开才能繁衍生息，日渐壮大。考古学和进化论认为，人猿相揖别是一段漫长的过程，经历南方古猿、能人、直立人，在 25 万年前，出现了智人。15 万年前，线粒体夏娃在东非诞生，这是人类共同的母系始祖。10 万年前，智人开始走出非洲，披荆斩棘遍及世界。智人自此分化，产生如黑人、白人、黄种人等。是什么迫使人类走出非洲呢？也许是因为采集社会，先民靠采集野果和捕猎动物为生，自然资源不足以养育更多的人类，因此要分处居住，繁衍生息。

人类分化以后，开始形成高山族群、海洋族群、草原族群、平原族群等各个群落，靠山吃山，靠水吃水，为了生存各展其能。那时，人类的力量还不够强大，先民对自然充满敬畏，一朵花一棵树，一条河流一座山峰，滋养人类，一如万物有灵。因此靠山要养山，吃水要养水，不贪得无厌，禁竭泽而渔，形成最初最朴素的生态意识和环保意识。

人类分化，促使了物品交换。山水相依、互通有无，形成社会分工，文明曙光渐现。

（廿〇）

一日夜深，六男八女均已熟睡。……天风骤起，浮云漫卷，万物飘散。……族宗睡梦中飘散，懵懂中醒来。始时对周地甚感陌生，经时开垦耕种，捕鱼狩猎，渐习以为常，遂世代延居。

感悟：

此处用神话和比喻讲人类迁徙分化的过程。智人走出非洲，遍及世界各地，应该是一个无自觉意识的过程。迁徙应该不是一蹴而就的，而是经过漫长的岁月，一路追逐猎物，一路采集野果，一路迁徙。由于那时也没有地图和指南针，人走到什么地方自己是不清楚的，就像蒲公英种子被风吹落一样，"睡梦中飘散，懵懂中醒来"。

刚到一个地方，人首先面临的就是适应性问题。陌生的环境带来挑战，充满着痛苦和不适。就像孩子从母体中降生一样，这也是所有生物从舒适区走向新环境面临的问题。尼采说，所有那些杀不死我们的东西，都会让我们变得更强大。新的环境加速了进步，人类非凡的可塑性在残酷的自然选择中得以体现。很快，人类不仅适应了环境，还改造了环境，安居乐业、繁衍生息，遍地开花、绵延至今，谱写出一部部荡气回肠、可歌可泣的英雄史诗。

（廿一）

各居其所……雅地寒冷，函地温湿，希地乏水、布地多草……各得其所。

感悟：

天地玄黄，宇宙洪荒，日月盈昃，辰宿列张。世界水陆交错，地貌千姿百态。天体运动和地质运动，改变了地球生态，形成海洋、陆地、高山、盆地、草原、沙漠等地貌，又因光照不同，产生了不同的温度带。

人类如种子，被风吹散，落地生根，渐渐和环境相融，形成休戚相关的共同体。族群生于斯，长于斯，死于斯，各安其居，各乐其业，并在繁衍、生息、传承的过程中，形成了对土地的依赖和眷恋。臧克家在《三代》里说："孩子在土里洗澡，父亲在土里流汗，爷爷在土里埋葬。"这也是乡土世界、家园情结的真实写照。不仅如此，因为生活在同一片土地，人与人之间形成了稳定的社会结构和约定俗成的道德伦理。而这些社会文化，又进一步加强了人们的归属感和身份认同。

在古代，背井离乡是苦难的象征，"流放"更是作为对人的残酷惩罚，而在历史上留下印记。因为流放不只意味着远离家庭和熟悉的地方，多年漫无目的的游荡，而且意味着成为永远的流浪人，永远离乡背井，一直与环境冲突，对于过去难以释怀，对于现在迷茫困惑，对于未来恐惧绝望。所以就像我们中国人说的，佳节倍思亲，月是故乡明。活着的时候，我们希望安土重迁，死了之后也盼望叶落归根回归故里。各得其所，各安其心，也许这就是先民最朴素的愿望吧。

（廿二）

雅族兄弟有七……七兄弟居山临海，人高马大，尤擅捕鱼狩猎。雅腊为长，多有主意，善生思想……雅班、雅吉伐木造船……雅法之家擅织网……雅德、雅罗擅狩猎。七兄弟各有所长，互通有无，互换工艺。

感悟：

　　这里讲雅族的居住环境和生活方式。仁者乐山，智者乐水。雅族居山临海，常与水打交道。水有气体、液体、固体三种形态，又无常形，可滋养生命、润物无声，也能波翻浪涌。观水质变化，可启人心智、给人灵感，使人多有主意，擅生思想。事实上，最早的哲学产生于希腊的米利都，此处位于亚平宁半岛，三面环水。而第一个公认的哲学家是泰勒斯，他的哲学主张恰恰是认为水是万物的本源。泰勒斯说万物的本源是水，大地浮于水上。他为什么这样说呢？因为凡生命都是需要水的，没有水就会干枯，就会死亡。《圣经》创世记也说，天地未生之前，神的灵运行在水面上，这就是说水比天地万物产生的都更基础，更本源。《老子》说，"上善若水，水善利万物而不争，故几于道。"水如此神秘、如此古老、如此本源、如此富于变化，也难怪孔子在面对他的时候，得出逝者如斯不舍昼夜的感慨了。

　　生活方式上，雅族因生在海边，靠海为生，因此造船、织网、捕鱼，也就是雅族生活的应有之义了。

　　此外，因为水多，河道海运发达，人与人之间的交流和贸易也渐渐兴旺起来，人们互通有无，互换工艺，交换产品，这就是最早的市场的雏形。

（廿三）

　　函族多居平原丘陵，地势平缓，勤于耕作。小麦、荞麦、黑麦、谷、豆、稻米、苹果……应有尽有，无所不包。田地耕作平整如毯，水渠河沟纵横交错。……函人亦擅养家畜，牛、羊、马、猪……皆有所养。

感悟：

　　相对于雅族，函族的生活环境，显然更加友好。因为地势平缓土地肥沃，渐渐形成了农耕社会。事实上，从狩猎采集社会过渡到农耕社会，传统上把这一过程称作农业革命。据历史学家考证，这一过程最早发生在 1 万年前左右。人们开始有意识的栽种植物、驯养动物。《圣经》对这一段故事也有隐喻，在亚当夏娃偷食禁果之后，上帝禁止他们在采野果，把他们赶出伊甸园，并且对亚当说，今后你必从土里刨食，汗流浃背，方得糊口。我国也有神农尝百草、教人耕作的故事。农业革命是人类发展史上的重大事件，它标志着人们不单纯地依靠自然供给，而是凭自己的智慧和汗水，向自然要效益。经过这一革命单位，单位土地的产出要比采集社会多得多，可以养活的人也越来越多，人类社会和部落规模也越来越大。吃完为了种好粮食，养好牲畜，人们还掘江河、挖沟渠，开始了改造自然的伟大征程。

　　函人驯服了动物植物，征服了土地，但也从此被束缚在了土地之上，日出而作，日落而息，晨起理荒秽，荷月带锄归，创造了辉煌灿烂的农耕文明，也过起了鸡犬相闻的乡土生活。

（廿四）

　　布族居于草原，擅牧羊牧马，喜四处游走，居毛草帐篷……布里布达携引剩羊，出洞觅食。路边有树果，兄弟二人饥渴交加，摘果而食，群羊四处食草，幼羊奔跑跳跃……庄稼禾苗一望无际……羊群肆意啃食。

感悟：

　　此处描述了草原民族的习惯及生活状态，这些民族分成两部分，一部分靠近森林，以渔猎为生，一部分生活在广阔的草原，以放牧为生。草原民族有以下几个特征：一是居无定所。因为放牧为业，需要逐水草而居，所以四处游走，居住地也多以帐篷毡房遮风避雨，很难形成稳定的大规模的社会结构和聚集区。二是文化滞后。因为居无定所，家乡还保留着采集时代的特征，风俗文化和社会道德以实用为主。崇尚武力，在典章制度器物等方面不太重视。三是信萨满、巫术和图腾崇拜。四是坚韧勇武、战斗力强。草原民族活动范围广泛，喜骑马射箭，侵掠似火、来去如风。

因为这些特征，游牧民族与农耕民族就难免发生冲突，这种冲突不只是牲畜和庄稼，还是流动和稳定、混乱与秩序、稀缺和富足、野蛮与文明的冲突。士尔先生此处用艺术的手法，借布族兄弟和函族，微言大义地说明了这一冲突的过程和本质。

（廿五）

异族纷争……函布拼杀……祸不单行。……族仇既结，世代难解。函人、雅人、布人各族之后多有纷争，族战不断……难有平息。

感悟：

此处讲不同族人之间的纷争，重点借雅人、函人、布人，阐释了渔猎民族、农耕民族，游牧民族之间的争斗。这种纠纷始于无意识的财产占有或破坏，继而发展为大规模的劫掠和入侵。游牧民族的生活很大成分取决于气候等自然环境。一次暴风雪，一场干旱，就可能造成草木枯萎，大量牛羊就可能饥饿而死。迫于生存，抢劫其他民族是他们唯一的出路。况且他们"随水草射猎，居住无常，习于武事，强则进取，弱则遁服"，成为渔猎民族和农耕民族面临的主要威胁。冲突也就不可避免了。

此外，关于冲突和战争，平克在《人性中的善良天使》一书中写到，在资源有限、生产力低下的时代，人们为生存而竞争，本质上是零和博弈，暴力是最直接的方式。现代社会暴力为何减少？因为随着生产力的进步和市场制度的建立，物质已经极大丰富。发动战争太不合算，原因有三：一是资源的重要性下降，商品整体上是盈余而不是缺乏，战争毫无必要；二是全球化，我中有你你中有我，各民族是一个命运共同体，战争并不明智；三是对自然的认知已变，增进民族繁荣、促进科技进步，对拉动经济增长的贡献要远大于战争。因此，任何民族要想增进人民福祉，只需将社会充分开放。这样，如果制度合理，人流物流资本信息就会汇聚，各民族唯有合作方能共赢。

（廿六）

函人始筑高墙，圈围所属之地，以防异族入侵。男女老幼搬石运土，昼夜不停，风雨无阻……函人高尚墙叠叠筑起，依山就势，延绵万里。墙宽三丈，高三十丈，人畜难越，青鸟难逾。每隔十数里，留有出入洞。洞门以三尺厚木为里，三尺厚铁为表，野火不烧、刀枪不入。

感悟：

此处讲城墙由来和功能。函人是农耕民族，世世代代定居在土地上，形成了稳固的村庄和城市。当和异族发生冲突时，一个明显的劣势是机动性不足，因此修筑城墙是最有效的防御手段。如紫禁城、长安城等，无一不是高墙厚垒，烽台林立。

城墙是冲突和战争的产物。世界上很多国家都修建过城墙，古代有雅典长城、哈德良长城、罗马长城，近现代则有斯大林防线、齐格菲防线、马奇诺防线、大西洋堡垒、德国柏林墙等。

长城尤其出名。它翻山越岭，穿沙漠，过草原，越绝壁，跨河流，从周代的烽火台开始，经秦、汉，一直到明朝为止历朝历代都在不断修建，上下两千多年，绵延十万余里，成为中国也是世界上修建时间最长、工程量最大的一项古代防御工程。世界遗产委员会评价说，它在文化艺术上的价值，足以与其在历史和战略上的重要性相媲美。

如今，我们生活在和平的时代、全球化的时代，地球如村落，国家与国家、民族与民族，水乳交融，难分彼此。一带一路、缔结盟约取代了修筑城墙，未来，希望长长的城墙永远成为历史，贸易保护主义、狭隘的民族主义等隐形城墙也消弭无形。

（廿七）

雅人擅挖大河，沿居住之地，雅人挖沟凿河，河宽四十丈，深十余丈……山水下流，海水充溢，河水宽阔源深，牢牢圈围雅地。河岸之旁间隔筑有高耸碉楼，以备瞭望察情，远近四方，可尽收眼底。

感悟：

此节讲护城河的由来。有城必有池，有墙必有濠。雅人所居之处多水，为防止外敌入侵，挖沟凿河，引水以成屏障。河水配合吊桥、关卡，给车马设置障碍，消除或减缓步兵对城墙的攻击。中国很多古城都有护城河，比如紫禁城、济南等。其中最大的护城河在襄阳，据史料记载，早在宋代，它的平均宽度就超过了 180 米，最宽处达到 250 余米，已经演变成护城湖，也难怪郭靖在几十万的蒙古铁骑前可以守住襄阳城二十多年了。

护城河除护城之外，还兼有以下功能：一是消防功能，如城内失火，可迅速取水救援；二是运输功能，河可用来运送粮草物资。在电视剧《木府风云》中，丽江城的护城河甚至跟城内暗渠相通，不仅可以运送东西，还可以用来传递情报；三是经济功能，和平时期，人们在护城河里种藕、养鱼，并将其出售来充实府库；四是水利功能，干旱时可取水供人畜饮用，也可引水灌溉农田；五是可作为景观工程，护城河沿岸杨柳依依，房舍俨然，给人以美的观感；六是风水功能，这在我国古代尤为重要。

总之，水在古代战争中有着重要的意义，不仅人工挖掘的护城河，天然的河流、湖泊、海峡，都是有利的战争屏障，也是兵家必争的用武之地。如今，水流依然，战争却渐行渐远。古老的护城河也改变了它的功用，渐渐成了优美的旅游景点，供后人欣赏和赞叹。

（廿八）

雅、函、希、布、耶、微、撒诸族划地为界，各自立国，分治天下。后人世代繁衍，国疆延续，恩怨承袭。及至十代已降，疆界愈划愈细，立国越来越多，以至群雄并起，弱肉强食，战乱不断。

感悟：

分裂是冲突的根源，统一是稳定的前提。佛教认为，一切苦厄都是因为分别心。分别所以比较，比较所以偏好，偏好所以争竞，争竞所以贪婪、嫉妒、愤怒、攻击。立国越细，边界越多，制度、器物、风俗、习惯、价值观越多元。认知有差异，资源有多寡，力量有强弱，战乱就不可避免了。国与国之间既缺乏统一的调解机制和共同的理念，冲突就遵循丛林法则。大欺小、强凌弱，合纵连横，群雄逐鹿，此消彼长，各领风骚。

（廿九）

自天风吹袭，诸族散落各地……起居饮食不同，相貌肤色变异，心向意属有别，遂成分族，族性日显……七族散居，习有不同，语有所分，唯有妈母之音为元语，不分族群生而定习。承天帝造人发声之赋，各表族语族音，各书字符标记。

感悟：

所有的动物都有沟通的能力，动物若无沟通能力，也就无法生存。但是在所有的动物中，只有人才有能力使用语言进行沟通。语言是怎样产生的？世界上有成千上万种语言，这些语言有统一的源头，还是各自独立产生的？《两界书》认为，人类散落各地，形成了不同的族群差异，为了沟通，各表其意，语言开始分化。但这一切的基础，是人有发出多种音节的能力。这是动物所不能及的。研究表明，独立行走使人进化出了特殊的声道，从而利于声音的变化和气息的调整，这是语言产生的前提。关于语言究竟为何物，亦即一个系统必须具备哪些必要和充分条件，才称得上是语言，霍克特（1960）首度提出了"设计特征"（designfeatures）的概念，共十三种，分别为：1. 声耳渠道（vocal-auditory channel）2. 四散传播与定向接收（broadcast transmission and directional reception）3. 迅速消失（rapid fading）4. 互换性（interchangeability）5. 整体反馈（otal feedback）6. 专门化（specialization）7. 语义性（asemanticity）8. 任意性（arbitrariness）9. 分离性（discreteness）10. 超越时空（displacement）11. 能产性（productivity）12. 传统传导

(traditionaltransmission) 13. 二重层级性（duality of patterning）。只有同时具有上述十三种设计特征的沟通，才能称得上是语言的沟通。

语言是变化的。明代的陈第说："盖时有古今，地有南北，字有更革，音有转移，亦势所必至。"（《毛诗古音考》）荀子说，语言是用来沟通的，也是表达意义的。物体本身和它的名称之间，并没有必然的联系，因为约定俗成，大家一致同意用某个音节来称呼某物，这个音节才作为语言的基本单位流行起来。"名无固宜，约之以命，约定俗成谓之宜。名无固实，约之以命，约定俗成谓之实名。名有固善，径易而不拂，谓至善名。"（《荀子·正名》）

《圣经》里说，多语言的产生，是因为建造巴别塔，上帝担心人的合作挑战上帝权威，故意变乱人的语言。经此变乱，人类各说各话，无法再有效沟通，巴别塔也就无法建造了。如今，语言翻译成为一种专门的学问，还产生了很多翻译软件，各民族多语言沟通越来越方便，人类合作也就越来越紧密了。

（三十）

言语发于心，声于口，书于符，达于人。言语之能乃天帝所赋，万物之中，唯人为能，天帝之工皆有其用，绝无荒废。

感悟：

语言乃人类独有的能力。它在大脑的操控下，通过声带、经由口腔，发出声音，为了便于保存和传播，又创造了文字符号，目的就是传递信息给别人。这是语言传递的过程。天帝的创造必有其用，总不至浪费。

语言是人类的一种独特的天赋。当我们研究语言的时候，我们会在某种程度上发现我们之所以成其为人类的原因，从而窥探人性的本质。当我们发现各种语言及其使用者存在怎样的差异时，我们也会发现由于我们使用的语言不同，人性也会出现显著的差异。换言之，人类创造了语言，语言又塑造了人，这种塑造通过语词、语音、语法、语态而进行。通常包括以下方面：时间概念、空间方位、推理方式、度量标准、性别效应、关系本质等。

语言有没有边界？古人常有"书不尽言、言不尽意"的遗憾，也有言语道断、意在言外的感叹。语言是为了表达，但常常搜肠刮肚，有时也无法准确表达真正的感受。这一点，恋爱中的青年、交流中的智者最有体会。再加上沟通的问题有时还不在语言本身，传播渠道和沟通的对象对语言的表达效果影响更大。因此，才有"鸡同鸭讲""对牛弹琴"的比喻。孔子说，我不想说话（余欲无言），禅宗讲求"不立文字、直指人心"，可能就是怕人们拘泥文字以为教条，捕风捉影、买椟还珠，不肯就事物本质和自己心性上下功夫吧。

（三十一）

各族居地，山水有分，岩漠有别，粮食果蔬并不均等。天地有意决，各族分合自有其度。日后族分族，国分国，合中有分，分中有合。……合族合国将出，同族共生复现，到那时，合色之人遍地游走，不分族域国界……到那日，天帝甘露均润众生，粮草果蔬不偏一族。普天之下，万众同生。

感悟：

《三国演义》开头两句就说"天下大势，分久必合，合久必分"。民族的离散聚合是两股相反却交错的力量，这种力量推动民族在竞争与合作中不断进步。战争与和平、独立与结盟、征服与背叛、归化与反抗，这种力量以不同的形式调节着人口、疆界和资源的分配。民族国家在主体上是各自独立的，但战争、移民、联姻、贸易等因素，早已模糊了种族的基因，你中有我，我中有你，合中有分，分中有合。

（三十二）

顷刻间天崩地裂，乱石飞迸……野树焚燃，山林荒野烟火一片。……挣扎半晌，雅西终从重压之下抽身。欲直立而不能，躯腿两分，止剩一腿。……残存族人听闻雅西呼告，纷从周边爬至近前。存活之人，或少臂或残腿，躯体完好者寥寥无几。众人见面，细察细看方可互辨。彼此相拥而泣，悲甚哀极。

感悟：

诸行无常，命途多舛。俗话说，人有悲欢离合，月有阴晴圆缺。旦夕祸福，殊难测度。人是宗教性的动物，我们总认为，凡事有果就有因。对超越自身认知的东西，人们相信一定有某种东西在掌管、安排着事情的命运。雅西失腿，族人多蒙难受伤。众人见面难免悲从中来。恐惧之下，如何自处，唯有上下求索，期待庇护。神是一切问题的答案，是一切善的根源，也是仁慈、安慰的庇护所。本章开始，探讨各族宗教及族神。

（三十三）

夜幕降临，无人能眠…雅西痛悲交加，心中不停追问。天地为何崩裂？山石为何飞滚？大地为何摇晃使人无法稳立？天光为何从天而降击杀人畜？…雅西苦思追问，问天不应，问地不灵，族人更是不得所解。雅西精疲力尽，困顿至极，不觉昏睡过去。

感悟：

人在苦难面前有着天然的优越感。尤其是当一个人付出和收获不成正比，行为正直却厄运连连的时候。恶有恶报、善有善报、天道酬勤是人默认的宇宙法则，也是纯真的美好愿望。倘若，"杀人放火金腰带，修桥补路无尸骸"，作为遭受苦难的一方难免心生困惑，心怀不满，总觉世界辜负了个人的努力。无端飞来横祸，无故身体致残，任谁都会控诉命运不公。《两界书》里的雅人，《圣经》里的约伯，春秋时的屈原，要么突遭厄运，要么怀才不遇。思想不通，于是开始质问"天"和"帝"。这种追问，是对存在自身的探究，也代表人类对把握自身命运、追求公平正义的强烈期待。

（三十四）

雅西毋需寻找，我在这里，在你之前。……我是万能之帝赫雅……我降灾祸于你们……皆因族人迷失灵道像兽畜一样，你们像走兽般自大贪婪，像牲畜般懒惰享乐，不去击杀惩罚，族人无以警醒。雅人血脉之中，善恶并存，正邪固有。不加惩戒淘劣，恶邪自会膨胀，恶邪膨胀必使心乱，心乱身乱，身乱必致族失族灭。

感悟：

本节承雅西之问，借万能之帝之口解释灾祸的原因。"毋需寻找"一语，暗示超越者无处不在，原不受空间局限。超越者全知全能，万事万物都在其注视和掌控之中。这是人类宗教性的根源，即追寻意义和根源，渴望对一切事件的解释系统。"在你之前"，暗示在人类世之前，超越者就已存在，他原不受时间束缚。此处，我们不知万能"赫雅"和造物的天帝是否同一？理论上，二者应是同一的。因为全知全能者只能唯一，不唯一不足以全能。"我在这里"，表示超越者的"在场"。他虽超越时空，但回应人的寻找，"降临"在人的近旁，倾听人的呼求，给人庇护和安慰。

"我降灾祸给你们，是因为……"，此句开始解释原因。人性之中，善恶并存，人的自大、贪婪、懒惰是神性的堕落、兽欲的膨胀。灾祸是种惩罚，惩罚是为警醒。天人感应是宗教的基础，"积善之家必有余庆，积不善之家必有余殃。"佛教也讲"业报"，所谓善有善报、恶有恶报，认为世俗的行为，必有超越的报应。儒家也讲天人感应，不过以国君为全体国民的代表，祸福"在尔一人"，古代每有灾祸，皇帝必沐浴更衣、焚香祝祷，以求天下太平。

《大学》八条目，格物、致知、诚意、正心、修身、齐家、治国、平天下，"一是皆以修身为本"。为什么要修身？因为修身才能齐家，齐家才能治理国家，国家治理好了，天下才能太平。关键在于"修身"一词，从君子"德性"出发，天下太平到底和人的道德修养密不可分的。给予惩戒，是划定边界，导人向善，存天理灭人欲，有所为有所不为。如此方不至败坏道德，导致社会秩序崩溃，民不聊生。此外，自大是灾难的开始，《尚书》说，"满招损谦受益，天之道也"。

（三十五）

雅西醒回……惊见一巨狮跳跃于前，离卧山石之上。猛狮硕大，目放奇光，专注凝视雅西，片刻不离。猛狮周身赤红，长毛飘逸，威风凛凛。肩背之上有巨翅一对，上下煽动，犹如大鹰。

感悟：

本段讲宗教的神圣启示。超越者无处不在，不能以本来的面目直接与人沟通。无限与有限，完美与不完美，是根本的冲突。为了彰显慈爱，天帝须"道成肉身"，以具体的形象示人。雅西的神，就用了带翅红狮这一形象。据研究，翼狮和狮身人面像作为一种创造出来的神兽，其最早源头可以追溯到古埃及和近东，它们总是成对地出现在墓室的入口，作为保护神而存在。翼狮作为人类创造的神狮子的形象，不但在古代亚洲的神灵信仰和佛教中存在，即使是基督教也没有忘记借用它的奇异形象来作为自己的神物。在基督教中，带翼的狮子也是圣徒和天使的象征。小天使丘比特骑狮子的艺术作品就很多，而带翼的狮子也是《马可福音》的作者圣马可的象征。如11世纪德国科隆的象牙板中，圣马可正在撰著《马可福音》，在象牙板的上方，一头翼狮正张开像天鹅一样的大翅膀，似乎准备飞翔。狮子的一个前爪中握着一卷书轴，另一个前爪则按在圣马可头顶上。代表圣马可的翼狮，也是威尼斯的城徽。

（三十六）

雅西得族帝天谕，向全族宣谕雅族八戒。凡雅族之人，皆须遵守，凡不遵守者皆需从族内灭除雅人，界规如次：雅人尊崇赫雅，为万能之帝，赫雅为世上唯一万能之帝。雅人遵从带翅红狮……雅人全族尊崇赤红之色为族圣之色……雅人后代不可与异族通婚结合……孝敬父母……不可乱交……不可杀人……不可偷窃。

感悟：

此处讲人神立约。由于自私自大、贪婪懒惰，人肆无忌惮地滥用天赋和能力，不加节制地扩张欲望。人与人、人与神、人与自然之间的关系开始恶化，冲突加剧，这反过来影响了人类的生存。为了改善这一情况，人类开始反思，试图探索物我的边界，修复各种关系，努力自我救赎，建立可持续发展的规则和机制。人神之约正是这一尝试的形象表达。

具体内容方面，尊奉唯一真神，是为建立统一的信念、行为标准寻找依据。红色、狮子是为图腾族徽，增强族内凝聚力和认同感。不和异族通婚，是为血统纯正考虑，也为全族利益考虑，以免族内财产旁落他人。孝敬父母，是为立身之本，因父母是至亲至爱，羔羊跪乳、乌鸦反哺，动物尚有亲情之爱，何况于人？孝既是情之所至、理之所然，也是保证恤老怜弱、慎终追远的伦理起点。不可杀人是导人热爱生命，不要侵犯他人也不要自我放弃。不可偷盗，是兼顾公平与效率，倡导天道酬勤，一分耕耘一分收获。不可乱交，是保证人类繁衍，却又防止陷入情欲之中。人类有向肉体堕落的可能，为此，须以诫命的形式，劝人有所行止。

（三十七）

雅西将戒规重复宣谕两遍，族人无不领受，个个默记在心。雅西随挑幼童雅摩复诵族规，雅摩竟能由心而发，只言不差。

感悟：

此段讲先知雅西得受戒谕，传教族人。道至大无外至小无内，先天而天弗违，后天而奉天时，在天曰道，在物曰理，在人曰性。诚者天之道，诚之者，人之道。众人不知正心诚意、攻克己身，于是需要形式的规范，博文约礼，而后能遵道而行。雅摩虽小，却能由心而发，内化于己，要比纯从文字上记诵更来得真实。

（三十八）

雨神为希人族神，希人无论何时何地，皆须遵从雨神。……希人须勤苦劳作，雨神奖赏勤勉之人，降福自食其力之人，惩罚懒惰之人，令其草木枯萎，牛羊渴死，家眷毙命。……七人需孝敬父母，上无父母，何来己身，何求子孙？……希人不可吃水中鱼虫。水为雨神所赐，水中鱼虫为雨神圣物，得雨神之顾。

感悟：

此节论及希族戒规。希人遭遇干旱，得雨神眷顾才能缓解，因此崇拜雨神以为族神。风调雨顺是关系国计民生的大事，是一代代人的文化理想。古往今来，人们都期盼风调雨顺。因而，对掌管风雨的神灵的崇拜成了信仰文化中较为重要的部分。

（三十九）

一日布达率族人狩猎，傍晚归返。途径荒坡野沟，惊见野羊野鹿倒毙一片，虫鸟腐尸遍布，恶臭熏天。大疫临布，众人束手无策。族领布达愁苦无奈，七天七夜迷昏不醒。毙命族人如秋叶凋零，眼见生者所剩无几。

感悟：

瘟疫是人类历史上致命的灾难，曾多次夺去无数人的生命。天花、霍乱、疟疾、鼠疫、黑死病，甚至近年来的疯牛病、口蹄疫、非典、埃博拉、新冠肺炎等。比起大规模的人类战争，小小的病毒无声无息，却更加让人谈之色变。瘟疫一般是从动物开始的，大规模驯化和饲养牲畜带来了动物病毒，人类的聚居和知识的缺乏又导致了病毒的迅速传播。

过去，人类面对瘟疫束手无策，于是将其视作神的惩罚，欧洲一副表现黑死病的著名油画就以拿镰刀的死神来象征瘟疫，解决方式也是诉诸宗教，期待通过祷告和忏悔消除疫情。幸运的是，随着科技的进步，人类终于把瘟疫从一个命运问题变成了一个技术问题。然而，天灾可控，人性难测，未来，是否有二战时期日本 931 部队那样的恐怖组织，发明出更致命的生化武器，殊未可知。2019 年底爆发至今仍在肆虐的新冠肺炎就给人类敲响了警钟。

祝人类好运！

（四十）

耶族原居西海之滨，常遭海啸侵袭，耶人善铸屋与岸树之上，离水十八丈，与鸟为邻，海水袭来，人可避之。

感悟：

人类诞生于森林。住在树上，一来能够看得清周围，便于同邻居们传递信号，二来还可以躲避猛兽伤害。原始人从树上到平地，结庐而居，应是文明越来越高，离自然却越来越远了。因为这意味着人类有信心栉风沐雨，改造自然了。其实，地上有着树上不可比拟的优势，房子可以更大、更坚固、更漂亮、更多变。

如今，在我国的西双版纳和老挝边界、巴布亚新几内亚等地，还有人类部落住在树上，过着原始而简朴的生活。现代都市高楼林立车水马龙，人们又渴望走出钢筋水泥，回归自然。为满足这一需求，就有人重新在森林修筑书屋，让人与树为邻，伴星而眠。美虽美矣，想来也是价格不菲的奢侈体验吧。

（四十一）

一日日头高照之际，突有黑云散布，远处传来隆隆声响，声响愈来愈大，耶族男女无不惊惧，纷纷爬树上屋，众人抱得一团，族人耶利也不免心慌。旋风呼啸，沿着地面盘旋成片，树木连根拔起，树屋一同冲上高空，有衰落近地，多随风远飘。

感悟：

此段讲耶族风灾。因公转自转，地球各处冷热不均，气压存在差异，由此空气流通，称之为风。风有大有小，小者凉风习习、香风阵阵、和风轻柔，大者呼啸而至、飞沙走石、风高浪急、摧枯拉朽。阿拉山口山风，曾吹倒列车。美国龙卷风，引发山火，风借火势，侵掠人类家园，大量人员迁移，造成巨额损失。早段时间，台风山竹，直扑广东，海水倒灌，玻璃吹翻，树木连根拔起，城市一片狼藉。耶族风灾，想必与此相类。放一首小诗做结吧，"解落三秋叶，能开二月花。过江千尺浪，入竹万竿斜。"（李峤《风》）

（四十二）

族人日出而作、日落而息，专于劳作，拙于遐想，未敬神立教。不及百年，撒人心乱。心乱而本乱，本乱而族乱，以至撒人内忧不绝，外患迭起。

感悟：

日出而作，其作何为？日落而息，其息何处？专于劳作，则易疲惫，拙于遐想，则无寄托。不敬神，生死无所凭依，自我无法超越；不立教，善恶无有标准，行止缺乏规则。无凭依则茫然失措，不超越则欲望泥潭，无标准则无原则，无规则不知敬畏。人之为人，在于意义而非本能。情无所系，心无所归，则易乱。心乱故人失其本，争竞苦毒，骄奢淫逸，必有内忧不绝，外患迭起。儒家讲天下太平，必从修身讲起。诚意正心，明德新民，使老有所安，幼有所怀，人有所信。

承平日久，民佚志淫，殷忧启圣，多难兴邦。小人行险，君子居易。心有所畏，行有尺矩，志道据德，依仁游艺，则内忧自息，外患必绝。

袁傲
大学教师

翻译的界、两界与多界：
一个关于翻译的界学阐释

谭载喜

1. 引言

这些年，我们的翻译理论研究，从改革开放初期的"翻译理论意识觉醒""规模引进外国译学思想"，到后来并一直坚持至今的"译学反思与传统话语挖掘""积极参与译学国际对话"，着实有了长足发展。在新的研究氛围下，新的研究思路和途径被开辟，其中包括将现代科学（如"生态学""大数据"等思想和技术）和中国古典哲学（如源于孔子、老子等思想的"中庸说""和谐论""太和论""大易说"）用于当代译学研究，等等。这些无疑都是我们在研究中如何借助"他者"（包括外族"他者"和本族发展的过往"他者"），立足和发展"自我"（当下"自我"），践行译学研究"自主创新"的积极尝试。本文基于相同的研究理念，运用根植中国文化的"界学理论"，对翻译本质进行哲学层面的思考，力求为丰富译学理论和方法，提供一个新的切入点。

2. 翻译的界域观

文化哲学著作《两界书》开篇说："世有两界：天界地界，时界空界；阳界阴界，明界暗界；物界意界，实界虚界；生界死界，灵界肉界；喜界悲界，善界恶界；神界凡界，本界异界……"（士尔，2017：3）。成中英（2018：5）在评价该书哲学思想时，指出它所呈现的学术资源"导向、生发、升华出一种文明沟通和文化融通的基本认知之学、界限之学"。刘洪一（2019）指出：《周易》中的阳爻阴爻、乾坤八卦，《周易·系辞上传》中"一阴一阳之谓道"，《黄帝内经》的阴阳离合论，均建立在"界"的思维基础上；儒家思想注重的仁、义、礼、智、信、忠、恕、孝、悌等概念，其本质也是"界"的问题；佛学所谓人法界、天法界和佛法界等"十界"，亦是建基于有与无、色与空、圣与凡、常与无常等"界"的概念范畴；《周易参同契》融汇易、老、儒、金丹、气功诸说，其寒暑、魂魄、清浊、邪正、有无、期度、配位等概念，不仅突出事物界分之属性，也强调事物界分之"校度"。可以说"界"是中国古代诸家学说的思想基石（参阅刘博超、周杉，2019）。

因此，刘洪一认为，"界"是哲学范畴中的一种基本范畴（或称"元范畴"）。从定义上看，"界"是指对空间的范畴、阈值、限度等的"界定"。这就是说，对于世界万事万物，我们无一例外地可以从"界"这个"元范畴"的角度来加以审视、认知和诠释。举"比较文学"学科范畴的定性为例："比较文学以'界'（民族、国别、文化、学科等方面）为学科的逻辑起点和认知形式，与哲学的基本范式和律则相通，可以说比较文学是一种典型的'界学'，是

'文学中的界学''界学中的文学'"（同上）。而作为现代比较文学越来越倚重的翻译和翻译研究，其本质及学科基础之所在，又何尝不是可以通过"界学"思想来认知和识解的范畴呢？

笔者认为，我们可以从两个层面来论述"界学"思想之于识解"翻译"本质和学科基础的适用性和合理性。一是相关概念的宏观层面，二是概念的具体内涵和表征层面。先从"界学"概念之于翻译关联的宏观层面来讨论。它涉及翻译的基本"界域""界限"问题，涉及翻译的基本意义之所在。在译学研究中，人们最为关心和追问的一个根本性问题，即：何为翻译？对这个问题的回答，最常见的至少有以下几个类别：普通人的、传统意义的、语言学的、文化视角的和认知哲学的。普通人的回答即：翻译就是把一种语言转换成另一种语言。这是一种最宽泛的解释，聚焦点落在翻译作为"转换"的过程上。传统意义上的解释多指："把一种语言文字的意义用另一种语言文字表达出来（也指方言与民族共同语、方言与方言、古代语与现代语之间一种用另一种表达；把代表语言文字的符号或数码用语言文字表达出来）"（中国社会科学院语言研究所词典编辑室，2002：345）。从现代语言学视角来解释，由于现代语言学学派和途径繁多，因此对翻译的解释也五花八门，较典型的界定为："（翻译即指）把一种语言（源语）中的文本材料，替换成另一种语言（目标语）中的对等文本材料"（Catford，1965/2000：20）。现代语言学这种解释的核心在于，它强调在翻译过程中必须建立起"目标文本"与"源文本"之间的"对等"关系。

后来，人们越来越意识到，翻译远远不是一个单纯的语言问题，它更多的是一个文化问题。于是就出现了形形色色"非语言中心主义的"、立足于"文化视角"的翻译定义。其中最具代表性的是德国学者诺德（C. Nord）和以色列学者图里（G. Toury）的解释。前者说"（翻译即）生产出一种与特定源文本有关系的功能性目标文本，这个关系是根据目标文本应达到或需要达到的功能（即翻译目的）来加以说明的"（Nord，1991：28），后者则认为"（所谓翻译作品，是指）在目标体系中被展现或被看作翻译的任何一个目标文本，不论根据如何"（Toury，1985：20）。图里的意思是说，判断一个作品是否为翻译作品，并不是根据它是否由某个源文本翻译而来，而是根据它在目标语言文化中是否被标记或被认定为翻译。即使是丝毫不"忠实"或不"对等"于原文的译本，甚至并无原始底本的所谓"伪翻译/假翻译"，只要它们在目标体系里被标示或被说成是"翻译"，那么它们就是翻译。这种轻语言"对等"和轻"忠实"于原文，重翻译功能和重目标体系认受性的主张，在一定程度上构成了识解翻译本质的所谓文化视角。认知科学或认知哲学关于翻译的界定，主要是从对世界的认知视角来解释翻译究竟属于何种活动范畴，其中最具代表性的翻译认知理论是"翻译原型论"。根据这种理论，翻译被认为是一个"原型范畴"（prototypical category），该范畴由无限多个成员构成（如全译、部分译、选译、摘译、增译、缩译、字译、句译、篇章译等等），其中一些成员比另一些成员更靠近范畴核心，因此更能被视作"翻译"这一概念所代表的"理想"行为或行为结果，例如"全译"被认为比"部分译"更靠近翻译范畴的核心，因而更能代表翻译（Lakoff，1982：15；Snell-Hornby，1995：29 - 35；Halverson，1999：1；龙明慧，2010）。但没有哪一个成员可被看成是某个范畴的唯一代表，最多也只能说是某个成员比其他成员"更能"代表认知世界里的该范畴，而且人们的相关认知还会因人而异，因时因地而异。就好比"马"这种动物，它是一个"原型范畴"：世界上有各种各样的马，有亚洲的、欧洲的、白的、黑的等等，谁也不能说只有某一匹或某一种马才是"马"，而只能说特定某匹或某种马是自己最喜欢的或更能代表自己认知范畴中的"马"。

无疑，上述关于翻译的所有解释，都各有其生发缘由和存在价值。然而，如果我们换一个角度，换成从"界学理论"的认知角度来审视，却又能为"翻译"概念提供另一个涵盖性可能更强的解释，这个解释并非旨在摈弃已有定义的合理部分，例如将（语际）"转换"与"对等"视为翻译必须具备的基本条件，或将翻译视作认知世界中的"原型范畴"；而是在满足这些微观或具体条件的基础上，从宏观层面对翻译的本质意义作如下概括性界定，即：所谓"（语际）翻译"，是指人类跨语言文化、由一生二生无限多的一个时空界域范畴。稍作拓展，就是说：除上述"转换"和"对等"两大必备条件，或将翻译作为"原型范畴"来认知之外，（语际）翻译还有三个基本特质：1）它是一个发生于语言文化"界域""界限"里的活动，是时空中无数人类活动的一个范畴；2）它由一（原文）[1] 而生，译文可以是一（一个或一类译文），可以是二（两个或两类译文），也可以是无限多（无限多个或无限多类译文），共时历时概莫能外；3）它自有界域（有范围限定的疆域），自带阈值（翻译构件受其绝对与相对属性限定），即：并非任何一种目标文本都可被认为是"翻译"，也并非只有某一类目标文本才可被视为"翻译"。以下，我们分别从翻译的这个界学理论层面，来审视翻译本质的"界域""界限"内涵和表征。

---

[1] 一般而言，原文只有一个，但有时，原文/源文本也可以不止一个，而是两个或多个。例如，在新闻翻译中，一篇译文或目标文本的生成，有时可能来自多于一个消息源的杂合编纂。当然，翻译的常态是"一变多"，此种"多变一"现象归为"编译"或"翻译改写"，属于特殊情况。

3. 翻译界域的从"一"到"二"再到"多"

《两界书》在谈论人对世界万事万物的观念时，依据老子《道德经》（第 42 章）表述的宇宙生成论，做如是描述："大千世界，实乃无生有，一分二维，二合生三，三衍万物……"（士尔，2017：253）。我们将此建基于老子思想的"界学"理论用于翻译认知，无疑有助于更好地看到翻译的本质。全面审视和思辨翻译的活动范畴，我们不难发现，翻译的整个发生、存在和发展，无不充分反映了这么一个由无到有、由一到二到三乃至无限多的演进过程。在某种意义上，我们运用界学理论对这种由无到有、由一到多的翻译"动态生成"现象解释，与运用法国后现代哲学家德勒兹和伽塔里（Deleuze & Guattari，1987/2004）"根茎派生"（rhizome；rhizomatic becoming）思想对多元翻译现象的解释比较，两者间不无相似、相通之处（王琼，2015）。

依照翻译的界学理论，我们首先发现：在翻译界别的演进过程中，译文赖以为本的原文，其发生和存在源于从无到有的创作。语言中的任何原创作品（包括文学、哲学、科学等任何学科领域、任何题材的任何作品），例如从中国的"四书五经"到古希腊的荷马史诗等，它们作为绝对意义上的原创，都是天然的、能被翻译的源文本，并且自古至今也都反反复复地被译入无数不同语言。当然，能被用作翻译底本的源文本，并不局限于绝对意义上的原创作品。本身为译作的文本，亦有资格成为被二次翻译的源文本。只不过，当某个翻译作品被用作源文本供二次翻译时，它在目标语言文化中的地位，也就相当于一般意义上从无到有的、相对意义上的"原创"之作了。例如，古罗马时期的《通俗拉丁文本圣经》，本身为僧人哲罗姆译自希伯来文《旧约》和希腊文《新约》的翻译文本，却在相当长的时间里取代了希伯来语和希腊语《圣经》文本，而被后世欧洲各国的《圣经》翻译当成了原始底本；17 世纪出版的《钦定圣经译本》以及 20 世纪出版的《修订标准版圣经》等多个《圣经》的权威英译版本，均被很多语言（尤其是非洲语言）的圣经翻译当成了原始底本。这就是说，无论是绝对还是相对意义上的"原创"，只要它们具有了"原创"身份，就都是"无中生有即为一"的产品。

由一出发，演化为二，继而为三、为更多乃至无限多。就翻译"元界别"而言，所谓"一生二"，可作两种诠释。"一"是将"翻译"诠释为一个行为范畴，此为"一"。其下包含两个次范畴，此为"二"：一为原文（原界），一为译文（译界）。这是关于"一生二"的第一种诠释。另一个诠释是将原文演化出的译文作为一个大的"译文"类别，其下也有两个次类别：一为直译文（直译界），一为意译文（意译界）；或诸如此类。从哲学层面看，"一分二维"或"两界之说"，其所以适于识解翻译本质，一方面是因为翻译作为一个"元界别"或"元范畴"须由原文和译文二个维度或两个界域方能构成；另一方面是因为从概念上看，虽然由原文（源文本）生成的译文（目标文本），不论生成多少，均属同一类别即可统称为"译文"的目标文本类别，但在这个总体类别之下，所有目标文本却又可以在传统二分（二元区分）译论的关照下，依据翻译策略划分出"异化本"与"归化本"，或依照翻译方法划分出"直译本"与"意译本"，或依照所译内容的多寡划分出"全译本"与"部分译本"等等。"异化本""直译本"之类的翻译文本，往往采取逐字直译的办法处理原文，文字表达尽量靠近源语体系，如杨宪益、戴乃迭的英译《红楼梦》、赛珍珠（P. Buck）的英译《水浒传》、朱生豪的中译《哈姆雷特》等。而"归化本""意译本"之类的翻译文本，则往往采取灵活的、动态的手段处理原文，文字表达尽量靠近目标体系，如霍克斯（D. Hawkes）的英译《红楼梦》（《石头记》）、华兹生（B. Watson）的英译《苏东坡诗选》、卞之琳的中译《哈姆雷特》、傅雷的中译《高老头》等。此类翻译的目的，在于将源文本的语言文化特质经过译者解读、消解，用符合地道目标语文化习惯的表达形式，再现原作内容，使外国作者像本国作者那样说话、写作，让目标读者不费力气地去看懂、接受目标文本。

其次，我们立足翻译的"界学"视角，又能在以上由一到二的演进基础上，看到翻译界域、界限"一分三"，以及"一分多或无限多"的演化进程。这与传统翻译理论中的三分（三元区分）直至多分（多元区分）法是彼此相通的。正如翻译原型理论所认知的那样，翻译的范畴是由一种想象中的"翻译理想原型"和翻译实务中多个或无限多个"并不理想"或"不十分理想"的"具体翻译行为或产品"构成的。这样，我们在"直译"与"意译"的二元区分之外，还可以有"直译""意译"与"拟译/模仿"的三元区分。所谓"拟译"，是指模仿某个原文底本，用目标语言进行书写或改写，书写、改写的方式和结果会让人感觉，有关作品完全是目标语言的本国作者所写，不像或基本上不像是外国作品。例如，俄裔美国作家纳博科夫用俄语翻译英文作品《爱丽丝漫游奇境记》时，将书名变为《安妮娅漫游奇境记》，将故事中的英国少女爱丽丝背诵莎士比亚作品，改变为俄国小姑娘安妮娅背诵普希金作品，将英国的威廉大帝变成基辅中世纪的伟大王子弗拉基米尔，将英镑也转换成卢布（Coates，1999：93-94；李小均，2003：82—83）；美国诗人庞德翻译李白，将《长干行》脱胎换骨成 The river-merchant's wife：a letter、将《古风第八》改变为 South-folk in cold country。这样的"翻译"作品，有时实际上等同于所谓"无节制的意译、活译"，或

"极端的意译"（李小均，2003：82—83）或"创造性叛逆"（谢天振，1992：30）之作，抑或其他一系列坊间常说的"创造性误译""创译""改写""重写"甚至"乱译"之作。

在这翻译的"三元区分"之上，我们还可从其他角度来讨论翻译界域的多寡。由于"直译""意译"和"创译"等均为界限模糊、界域宽松且富有弹性的概念，因此它们各自都可涵盖十分广阔的空间。例如，涵盖在"直译"界域之内，可以有"死译""字译""词译"等；涵盖在"意译"界域之内，可以有"活译""自由译""地道译""功能对等翻译"等；涵盖在"拟译"界域之内，则可以有偏离原意程度不一的各种"仿作""改写""重构""再创"等。在某种意义上，所谓"一千个读者（或译者）就有一千个哈姆雷特"，其实也是说的上面这些意思。

从严格意义上说，"伪翻译/假翻译/虚构翻译"乃至"仿作"或"模仿"不应被看作翻译。但这涉及翻译范畴的深层本质界定，我们将在下节作进一步讨论。这里只需强调一点，即：由一到二到多的演化，是翻译界域或界限内一个由一到多的固有进程。德国著名哲学家本雅明在《译者的任务》一文中曾说，"……译作缘出原作——但并非缘自其（原始）生命，而是缘自其后续生命……，原作的（原始）生命在译作中获得永续并常译常新的、极度丰盈的繁荣"[1]（Benjamin，2000：16 - 17）。即是说，原作在译作中得以继续生存（continued life），只有依靠不断对原作推出新的译本。例如，作为中华文化宝典的"四书五经"，其强大的生命力并不在于

---

[1] 笔者将原文 afterlife 译为更准确的"后续生命"，而非学界其他译法，如"原作的来世""来世""来世的生命""余生"等。笔者认为，本雅明相关用词 Überleben/afterlife 的原意，既不是"来世"（相对于"现世"），因为"来世"／"现世"之类的译词"虽然用来简洁顺手，却有令本雅明皈依佛门之嫌"（袁伟， 2007： 52），同时也不是有些学者如袁伟（同上）所建议改译的"余生"："余生"一般指"晚年"或"（灾难之后）幸存的性命"。

原作本身，而在于它们代代被诠释、被训诂、被古语今译。从南宋朱熹对四书五经的全面注疏（相当于"语内翻译"），到19世纪英国汉学家理雅各（J. Legge）将四书五经悉数英译，无不体现出伟大作品的伟大生命力，原来都是这样通过不断被诠释、被解读、被翻译（语内、语际乃至符际翻译），才生生不息，昌盛繁荣；人类的文明、文化，也都是通过翻译界域这样由无到有、由一到二到多的永续传递和演进，而得以不断向前发展与进化的。

4. 翻译的本质界分与圆融

上面已经指出，在严格意义上，"伪翻译"等类别并非"翻译"行为——这是由翻译界别的本质意义决定的。那么，翻译界别的本质意义究竟又是什么？这又自然需要回到前面第二节依据"界学理论"对翻译所作的三条相关界定。其中第一、二条已在以上第三节中做了详细论述，此处只就其中的第三条做进一步探讨，即：所谓翻译，它自有界域（有范围限定的疆域），自带阈值（翻译构件受其绝对与相对属性限定）。正因为它作为一个"界域"、受"界限"框定、"自带阈值"，就既不能把它泛化成可以把所谓的"假译""伪译"归为翻译，也不能窄化成只有那类亦步亦趋"忠实于"原文字面的"死译"才能算作翻译。

在此界定中，"界域""界限""阈值"为三个核心概念，我们对于翻译本质的讨论也都应当围绕它们展开。翻译作为一项人文活动和人文现象，必然有其表现的区域（即翻译的界域或疆域），并有边界对其界域或疆域加以框定（即界限或界线），这样才能确定这个界域、疆域有多大。与此同时，也必须对构成"界限""界线"的条件进行规定，才能确定相关的"界限""界线"可以出现在哪里（即何以构成翻译的最低或最高门槛，亦即翻译的所谓"阈值"）。

综合上述三个核心概念的意义所在，我们可以做出如下陈述：首先，翻译是一种"跨界"行为或现象，语际、语内、符际翻译莫不如此：语际翻译即跨不同语言的翻译；语内翻译即跨不同方言〔地域方言、社会方言（如大众语言、专业语言、行外话、儿童语言等）、跨时语言（古语今语）、跨不同表达方式（习语白话、成语典故、通俗用语等）〕的翻译；符际翻译即跨不同符号系统（如言语系统、哑语手势系统、交通信号系统、计算机表述系统等——机器翻译应属此种类别）的翻译。因此，凡是不跨界的言语或非言语行为，均不能被看作"翻译"。比如，一句话被一模一样地反复说，因为只是机械地原地重复而没有"跨界"，就不属于翻译范畴。而如果换一种方式说同一句话，就成了翻译（语内翻译）；换一种语言说同一句话，即进入了语际翻译的界别；换一种符号系统表达同一意思，则成了符际翻译。这就是说，"跨界"——用传统译学语言表达就是"转换"——是构成翻译界别的第一必备条件。正因如此，任何并不缘自任何源文本的、由作者"自编自导"出来的"伪译"或"假译"作品，由于它不具备从特定源文本"跨界"/"转换"而来这个翻译的"必备条件"，缺少了作为翻译的正当性，所以应当被排除在翻译、至少是严格意义上的翻译界别之外。

其次，在必须"跨界"或必须"转换自他者"的条件之外，翻译本质中还有另一个必须满足的条件，就是：目标文本必须（至少在某种程度上）"对等"于源文本。没有了"对等性"，也就同样不存在了"翻译"。然而，"对等性"这个翻译本质中的"绝对属性"，我们又必须以相对的视角和尺度来理解和解读它。即使是在"翻译原型理论"框架下的所谓"理想翻译"中，目标文本与源文本之间的"对等"也只能是一种"相对意义"上的"对等"。"绝对的"、百分之百的"对等"在任何时候都不存在，这也不是翻译界别的本质要求（谭载喜，2007：6—8）。从哲学意义上说，世上"百分之百的对等物"只可能是指"同一物"。而在翻译范畴中，译文就是译文，原文就是原文，所牵涉的是"两界"（两个界域、两种界限）关系，我们又怎么可能指望它们变成"同一"事物呢？

在识解翻译的本质意义时，必须既考虑源语文化和目标语文化的双重因素，同时也要考虑"转语""转文化"过程中目标文本必须至少在一定程度上"对等"于原文，这是翻译的初心所在，也是翻译本质所限定的。就此而言，我们撇开至今谁都无法推翻的严复所提的"信"的原则，单举名噪当下的翻译机的表现为例，即能说明"对等"或"忠信"的原则，应当始终被确立为在翻译（至少就翻译本体而言）中的一个"核心"原则：凡看过、听过某款待定翻译机演示的人（尤其是中英双语者），无不为其良好表现拍手称好。原因是，无论是英中还是中英对译，相关翻译机在演示中都表现出了产出结果高度地"对等于"原发信息。假如翻译机在演示中表现出的是，译文与原文在意义上不对等，或完全不对等，例如把"欢迎参加我们的发布会"译为"今天天气真好"，那就很难想象双语专家会为此点赞。同样，在翻译教学、翻译质量测评、译员挑选等各种活动中，我们也很难不以"译文有否对等于原文"作为一个重要标准，来指导我们的翻译教学和考评。

当然，另一方面，翻译作为一个行为界别，它又是动态而非静态的，其发生过程会受各种因素的影响。例如，坊间常说的翻译目的、翻译的文化政治、翻译诗学、翻译赞助人、翻译服务对象等等，都会以各种方式影响或制约着翻译行为。正如翻译目的论者在论证其理论的正当性时所指出，翻译的目的可以是"要忠实于"原文，也可以不是。当然，这种基于"翻译目的"、基于"目标文本/

目标文化取向"的翻译观，也自有道理。事实上，任何一个图书市场都会有各式各样（自）称为"翻译"、实际上其内容或其传递的意义与关联原作相差十万八千里，但读者大众却只要看到书上标有"翻译"之类的字样，大都不会介意所读到的到底是真翻译还是假翻译、非翻译。好比想乘高铁旅行的乘客，他们首先关心的，一般都会是有无高铁可乘，乘坐起来是否舒适，而不会关心或特别关心所乘高铁是由谁在哪里制造、制造者有没有制造许可等。

如果翻译不是为了正确、准确地传递原发方的信息内容，而是为了取悦、服务接受者或接受文化的单向所需（不关心原发方说了什么，只考虑接收方自己想要什么），那么，所谓"翻译"当然可以超越"翻译"的自身本质所在，而进入完全"原创"的范畴，以"不对等"（或"欠忠实""伪忠实"甚或"不忠实"）的"译文"面目出现在目标体系中。在这个层面，只要"翻译者"喜欢，就能像原创一样，无论怎么"创造性叛逆""故意误解、曲解"或"有目的地干预""背叛"源文本，或用翻译操控学派代表人物之一赫曼斯（Hermans，1985）至今仍然坚持的话说，无论怎么"操控"或"随意改写"源文本，这都是正确的。但换一个角度看，这已经超出了翻译的合理、合法"界限"，属于另一个层面即文本创作和功用，并非翻译本质属性层面的问题（谭载喜，2019：102），因而也就不再属于本文的探讨范围了。

总之，在合理、合法的翻译界限里，翻译的本质意义是明确的，界分是清晰的。即是说：就翻译本体而言，并非任何一种目标文本都可不加区别地被认为是"翻译"，同时也并非只有某一类目标文本（如绝对地"忠实于"原文的文本）才可被视为"翻译"。翻译本质上是圆融的、灵活变通的，因为按照翻译"对等性"原则的约定，这一"对等性"虽为翻译本质中的"绝对属性"，但这一

"绝对属性"在翻译行为中的表征却又是相对的。假定"百分之百对等"和"零对等"为两个极端，两者都超越了或不属于翻译的合法范畴，那么，在这两个极端之间，却可以出现多个或无限多个与源文本"（相对）对等"的目标文本。假设可以用百分比来量度，那么我们可以将此简单地诠释为：最高"对等度"，即因此仍可把特定目标文本保留在翻译范畴的最高"阈值"，自然会低于百分之百（百分之百"对等于"特定源文本的目标文本实际上是不存在的，因为那只可能是同一个文本）；最低"对等度"，即因此可将特定目标文本纳入翻译范畴的最低"阈值"，必定大于零（百分之百"不对等于"特定源文本的目标文本，实际上已脱离"翻译"的"界限"，也就自然不可称之为"翻译"）。在此前提之下，也就是在满足上述两个"绝对"条件即目标文本必须由源文本"转换"而来，以及目标文本与源文本之间必须存在（相对意义上的）"对等"关系这两个条件之下，"翻译"这个"界别"就形成了。也正因如此，我们在理论上就能把各种"对等"程度上的"跨界"转换行为，从"源文本的每一部分都为目标文本材料所替换"的"全译"（Shuttleworth & Cowie 1997：63），或"直译""死译"，到目标文本大大短于或不同于源文本的各种所谓"变通式翻译""活译""变译"，如"摘译""选译""节译"等（黄忠廉，2002），都包括在"翻译"的界别或范畴里面。

5. 结语

士尔（2017）指出"界"意为对空间的范畴、阈值、限度等的"界定"，成中英（2018：5）进一步认为："'界''介'通用，彰显了界的媒体与沟通作用，带来了两方或多方对沟通的喜愉，也发挥了界定与范围的功能。因此，从易之《豫》卦的分析，我们得出界的三层主要意思，即限定、边界和媒介"，而对"界"之意涵的这一阐释，又恰恰说明由此生发出的"界学"思想和理论，可以十分有效地用来诠释翻译的本质意义。

翻译作为与人类语言同时发生的活动和概念范畴，其"跨界性"和"界域性"是一个永恒的客观存在。在翻译的界学理论框架下，我们较为清楚地看到了翻译由一生二、二生多再到无限多的本质特征，掌握到了翻译本质中的"界域""界限""阈值"内涵，以及翻译活动的圆融特性和多变表征。

这，就是注有中国文化新元素的"界学理论"翻译观。

参考文献

- 成中英. 两界学的问题、范式和界域：从《两界书》论起［J］. 中国社会科学院研究生院学报，2018（6）：5 - 14.
- 黄忠廉. 变译理论［M］. 北京：中国对外翻译出版公司，2002.
- 李小均. 纳博科夫翻译观的嬗变［J］. 解放军外国语学院学报，2003（1）：82 - 85.
- 刘博超、周杉. 2019 年国比论坛"文学与世界"专场聚焦中国文学走出去·让世界更好地了解中国文学与中国文化［OL］. 2019：https：//news. gmw. cn/2019-08/02/content _ 33050865. htm（2019 年 11 月 14 日查阅）.
- 刘洪一. 界学：基本的认知之学［R］. 中国澳门：国际比较文学学会第 22 届大会主旨论文，2019.
- 龙明慧. 翻译原型研究［M］. 广州：中山大学出版社，2010.
- 士尔. 两界书［M］. 北京：商务印书馆，2017.
- 谭载喜. 翻译本质的绝对与相对属性［J］. 广东外语外贸大学学报，2007（1）：5 - 9.
- 谭载喜. 当代中国译学：不惑之年的思考——评《改革开放以来中国翻译研究概论（1978—2018）》［J］. 中国翻译，2019（2）：96 - 104.
- 王琼. 德勒兹和伽塔里"动态形成"理论视角下的翻译研究——以两个西方自传译叙文本为例［D］. 香港：香港浸会大学，2015.

- 谢天振. 论文学翻译的创造性叛逆 [J]. 外国语, 1992 (1): 32 - 39.
- 袁伟. 本雅明说的是啥? [J] 国外文学, 2007 (4): 47 - 58.
- 中国社会科学院语言研究所词典编辑室 (编). 现代汉语词典 (2002 年增补本) [Z]. 北京: 商务印书馆, 2002.
- Benjamin, W. The task of the translator [A]. In Lawrence Venuti (ed.). *The Translation Studies Reader* [C]. London: Routledge, 2000:15 - 23.
- Catford, J. *A Linguistic Theory of Translation: An Essay in Applied Linguistics* [M]. Oxford: Oxford University Press, 1965.
- Coates, J. Changing horses: Nabokov and translation [A]. In J. Boase-Beier & M. Holman (eds.). *The Practices of Literary Translation: Constraints and Creativity* [C]. Manchester: St. Jerome Publishing, 1999:91 - 108.
- Deleuze, G. & F. Guattari. *A Thousand Plateaus: Capitalism and Schizophrenia* [M], trans. and foreword by B. Massumi. London: Continuum, 1987/2004.
- Halverson, S. Conceptual work and the 'translation' concept [J]. *Target*, 1999(1):1 - 31.
- Hermans, T. Introduction: Translation Studies and a new paradigm [A]. In T. Hermans (ed.). *The Manipulation of Literature: Studies in Literary Translation* [C]. London: Croom Helm, 1985:7 - 15.
- Lakoff, G. *Categories and Cognitive Models* [M]. Tier: LAUT, 1982.
- Nord, C. *Text Analysis in Translation: Theory, Methodology, and Didactic Application of a Model for Translation-oriented Text Analysis* [M]. Amsterdam: Rodopi, 1991.
- Shuttleworth, M. & M. Cowie (eds.). *Dictionary of Translation Studies* [Z]. Manchester: St. Jerome Publishing, 1997.
- Snell-Hornby, M. *Translation Studies: An Integrated Approach* (revised edition) [M]. Amsterdam: John Benjamins, 1995.
- Toury, G. A rationale for descriptive Translation Studies [A]. In Theo Hermans (ed.). *The Manipulation of Literature: Studies in Literary Translation* [C]. London: Croom Helm, 1985:16 - 41.

谭载喜

香港浸会大学教授,《两界书》英文译者, 翻译理论家

＊本文原载《外语教学与研究》2021 年第 6 期, 937—947 页。另, 与之相关的一篇题为 "A cross-boundary approach to the generative nature of translation" (翻译的跨界生成之论) 的英语论文, 曾发表于国际译学期刊 Babel: International Journal of Translation (2021. 67: 2. 205 - 220)

《两界书》 研讨会

彰显中华文化精髓　体现中国文化自信
——《两界书》出版研讨会在京举行

南　柯

一部学贯东西、融通古今，彰显中华文化精髓、体现中国文化自信的力作——《两界书》，近日由商务印书馆出版发行。

9月27日下午，中国作协副主席吉狄马加、中国文联副主席潘鲁生、中国作协原书记处书记田滋茂、商务印书馆总经理于殿利、北京大学哲学系教授杨适、北京师范大学资深教授林崇德、中央文史研究馆馆员陶思炎、中国社会科学院文学研究所原所长陆建德、中国中外文论学会会长高建平、中国艺术研究院研究员邓福星、日本福冈大学教授海村惟一，以及来自清华大学、南京大学、中央民族大学、香港中文大学、中国教育科学研究院等海内外高校及相关研究机构，在历史、哲学、文学、美学、民俗学、心理学、教育学乃至医学界颇有建树的三十余位专家学者，在商务印书馆涵芬楼举行了该书的研讨会。

在国家大力倡导传承中华优秀文化、讲好中国故事、构建人类命运共同体、为实现中华民族伟大复兴中国梦而努力奋斗的宏伟背景下，以"传承文化、架设桥梁、讲好故事"为己任的文化力作《两界书》应运而出，可谓恰逢其时、应世所需。

　　《两界书》用讲故事的方式娓娓道来，从开天辟地、族群分化、家庭伦理、争战修睦、百物工事、习俗传承、道统流变、人性教化等不同方面，讲述了百余个互有联系又相对独立的故事，并配有百余幅插图，让读者在图文并茂的阅读中获取感悟。这些故事以中国元素为核心，融合了一定的东西方素材，既有出典又推陈出新，采以神话、寓言、传说、民歌、对话等形式，在呈现浓郁中国特色的同时，兼融了东西方文化的经典要素，使其具有突出的中国风格、世界眼光和元典张力。

　　《两界书》以人类文明的演进为主线，以中国传统文化为核心，用文学的手法呈现了不同文明形态的交流对话，归纳出"敬天帝""孝父母""善他人""守自己""淡得失""行道义"等彰显中华文化精髓的六大要义。这六要义系统化地蕴涵和传承了"天人合一""道法自然""敬孝之道""仁者爱人""修齐治平""知行合一""四海一家"等中国优秀传统文化精粹，从信仰、伦理、社会、个人、实践等不同层面建构了世界观、人生观、价值观的系列范畴和内涵，在跨文明对话中突破西方中心主义，鲜明地呈现了中国话语体系及其概念范畴，呈现了中国话语的世界表述和普遍意义。

　　书中弘扬的中国文化精神是在与世界其他学说的交流对话、论析辨证中呈现的，并与世界文明的优秀成果息息相通，可以说《两界书》讲出了中国智慧的世界价值，讲出了中华优秀传统文化的现代意义，讲出了人类命运共同体的精神文化纽带，讲出了中国文化和合性、包容性、有容乃大的文化自信。

　　《两界书》紧密契合个体的生命体验，着眼于后工业化时期当代人类的生存困顿，对人与世界、人与自然、人与他人、人与自己的关系，以及人生的意义、生命的价值等问题，进行了理性的辨析，充盈着生命哲理、人文情怀和文化依归，为现代人寻找有益的精神食粮和灵魂居所。

《两界书》在叙事理念、内容形式等方面独树一帜，它超越历史、神话、哲学、宗教、文学等传统的学科范式，呈现了一种独特的跨界叙事；它的内容宏大奇特、包罗万象，时空交错、纵横无疆；它使用了一种言简意赅、文白相合的文体表述和文本形态，突显了汉语言的独特魅力，展现出一种全新的审美阅读和认知形式。

与会专家纷赞商务印书馆出了一本好书、一本大书，多以"奇书"来形容这部鸿篇巨制，认为本书的定位与特质有：

一、传播中华文化的新经典，吉狄马加教授认为本书含有中国传统文化与人文精神的精髓；林崇德先生赞许本书成功阐释了中华文明，对人的素养以及如何提高素养作了详尽说明。杨适教授称本书是面向文化源头、面向几大文明交汇的"原创文化研究"，有益于开阔国人的精神空间。郁龙余教授则认为《两界书》是"中华民族进入新世纪之后涌现出来的一部充满文化自信和新哲思的新元典"。

二、对人类命运共同体的文化哲学思考。邓福星研究员、李凤亮教授均指出，书中围绕生死、善恶、人性等问题展开探讨，隐含着时代大命题；高建平教授认为，本书对人类共同关心的话题的思考，体现在包容性地展现世界主要文明的传统，既从世界看中国，又从中国看世界，"讲沟通、讲理解、讲文化的和而不同与见贤思齐"，这是我们中国的文化自信；日本学者海村惟一教授归纳为，"《两界书》汇集古今文脉，开创新文脉，表述凡人六义，建构人类命运共同体"。

三、突破文明界限的形上智慧，著名哲学家、夏威夷大学终身教授成中英先生在书面发言中认为本书"绝对是一本充满哲理与智慧的好书"，可谓"世纪杰作"，本书"启发了10个对人类存在意义、目的及其价值来龙去脉之问"，"开辟了人类心灵的化境"；陶思炎教授认为，本书提出了一种有意义的"界论"，既关照自然的天理、地理、物理，也探索人生的事理、情理和道理，涵盖了哲学对宇宙规律与人性本源的探讨。

四、为灵魂探寻居所的真诚感悟，李炽昌教授认为，本书努力界定"我是谁"、"我在世界上应该做什么"，这是传世经典所具备的终极追问；田滋茂先生则感佩作者日复一日、年复一年地与时空对话，经几十年的读书思考，才能有如此功力。郁龙余教授认为该书"是可供各类读者共有共享的精神家园"。

五、跨界融通的人文关怀。潘鲁生教授等认为，本书容量宏大，具有多重解读、阐释的可能性，契合传统学问一以贯之的综合品格。陆建德教授则指出，本书以互文性的笔法将中西文化要素融入到文本创作之中，是非常值得称道的，也非常符合中国文化使用新叙述来建构开放性文化这一历史传统。

六、深沉而明澈的诗性写作，本书具备经典的体例、史诗的叙事，如赵宪章教授指出的，语言和修辞煞费苦心，用简约、对照、有节奏感的方式，借助诗赋的表达，造就了一种耐读、含义隽永的新文体；成中英教授认为此书"不仅是一本有关民族智慧的哲理书，也是一本一流创新的文学精品"。

| 人民论坛网，2017 年 9 月 29 日

探寻传统文化的精髓要义

于殿利

　　《两界书》是虚拟的文学叙事作品，该书创作源于作者对文明与蒙昧、向善与向恶等文化命题的多年思考。结合自身长期的学术研究与文学虚拟的叙事手法，以虚拟寓言故事，讲述原始初民社会人们向上的修为历程，探寻传统文化的精髓要义，体现了作者多年文化思考。现代人用古体寓言的方法创作，不仅是作者学术生涯中的一次探索，也具有文化的创新意义。士尔先生长期致力于中外学术研究，是商务的老作者，先后在商务出版了《犹太文化要义》《圣经叙事研究》，主编了《文化与人》等，都获得了读者和学界的好评。

　　大家知道，内容创新是出版发展的重要基石，内容创新的一个重要方面就是与时俱进，支持和鼓励传播新知识、新思想。新时期涌现出的许多新的知识领域，可能现阶段的研究还无法跟传统的、成熟的像文史哲、政经法等学科相提并论，但新兴学科最重要的，是对其成长性的考量，比传统学科更需要理论建树，即使处于初创阶段，只要是当前最好的研究成果，就有出版的必要，也需要扶持。商务印书馆就是秉持这样的出版理念，不仅出版了《汉译世界学术名著丛书》，近些年来还在新知识、新科学领域里规划出版了新商务系列图书。丛书设置了"发现经典""发现规则""发现方法"等子系列，旨在推出能够代表这个时代各新兴学科最高水平的科研成果和学术见地，受到学界的广泛支持，社会反响良好。今天出版的《两界书》也是作者创作手法的一个创新，期待它能够得到好的社会效果。

于殿利

商务印书馆总经理，本文为在《两界书》出版研讨会上的致辞，北京，2017 年 9 月 27 日，王顺然整理。以下北京研讨会发言均由王顺然根据录音资料整理

体现中华文化文明的特点

林崇德

我发言的题目叫"读士尔先生的《两界书》"。士尔先生是中文专家、教育部高等学校文化素质教育指导委员会的委员,在百忙之中抽空写了《两界书》,在高雅的商务印书馆出版,我自己也有一本小书,十几年前我的《心理学观》在商务印书馆出版,商务出书是非常难的。读了《两界书》以后有三点体会:一,观察辩证法。二,体现中华文化文明的特点。三,体现了中国人的素养。

第一,《两界书》观察了辩证法。士尔先生说:"世有两界:天界地界,时界空界,物界意界,生界死界,灵界肉界,善界恶界……两界对应,相辅相成,众生往来,昼夜未停。"9月27日我看北京新闻,提到了习近平总书记要求重温唯物辩证法、历史唯物论,纪念毛泽东同志的两篇重要的哲学著作《矛盾论》和《实践论》,我认为两界是辩证的统一,符合《矛盾论》《实践论》的思想。

第二,《两界书》体现了中华文化文明的特点。什么叫文化,文化有个概念叫文明。习近平总书记强调:中华文明经历了五千多年的历史变迁,但始终一脉相承,积淀着中华民族最深层的精神追求，代表着中华独特的精神标示，为中华民族的生生不息提供了丰厚的滋养。什么是中华文化或者中华文明？我在高等教育出版社出版的为全国教师写的《师魂》里提到，概括来说：中华民族的文化以德为核心，中华民族的美德是中华文明的基石，中华文明表现在中华文学、艺术、教育、科学四个方面，它们构成了中华文明的四种丰碑。中华文明以自强不息、和合为两大精神支柱，这两者又构成了中华文明发展的动力。中华文明以民为出发点，为民服务，是中华文明的宗旨。中华文明以法制和睦邻为发展手段，是历代能否实施仁政和稳固江山的方法。中华民族在五千多年漫长历史中形成了独特的文化。我认为《两界书》的成功之处就是剖析了中华文化与中华文明。

第三，《两界书》体现了中国人的素养。2013 年 4 月我接到教育部任务，到 2016 年 9 月 13 号，教育部开了新闻发布会，我主持了教育部重大委托项目，领衔近百位专家编制了《中国学生发展核心素养》，我们的核心素养是三大领域、六种素养、十八个要点。中国教育界特别是中小学教育界都在认真地执行。我不仅浏览了《两界书》，还认真细读了《两界书》里的三卷文章，第十卷的《教化》、十一卷的《命数》、十二卷的《问道》，这三卷都是在谈人的素养以及如何提高素养。我要为《两界书》点赞。

《两界书》以我自己的水平很难读，因为我当年是考理科的，对文科学得很差，尤其是心理学处于文不文、理不理的状态，所以我的水平不高，许多地方我没有读懂。今天这个草草的发言是抛砖引玉，谢谢大家！

林崇德

北京师范大学资深教授

一部不同寻常的著作

邓福星

《两界书》是一部不同寻常的著作。

第一，《两界书》像一部鸟瞰式的历史著作，讲述了人类的缘起、远古和上古时代人类的进化发展，但又不是考古学和编年史意义上的历史，而是以神话、传说、哲学、宗教内容为材料，并加进作者原创性的编织而展开的。作者对于创世、生死、分族、立教等人们所关注但尚未完全取得共识的话题，不拘泥于某一学说，做了巧妙的勾连和融汇，不仅建构了如作者所说的普适性的平台，而且也对全书主题的展开做了铺垫，形成了作者在本书中心思想一个严整的逻辑结构。

其次，《两界书》有很强的叙事性，又可以视为一部文学著作，有些章节的描写形象、生动而感人。比如卷七用了六章的篇幅描写王子雅荣向异族的公主希玛求婚，经过重重阻隔，终成眷属的故事。老雅王因为族规同亲子叛逆的对抗形成巨大矛盾，王子宁肯赴极刑、自残左臂，也不放弃对公主的追求，终于打动了公主和她的父王。王子和两个老王都写得入情入理、活脱脱的。卷八写两个异族结盟，只用了一节，大约300字，刻画了在月高风静之夜，数千人列队于硕大的铜斧前，以锋利之刃、互割臂膀、合注鲜血的场景，极为庄重、壮观。卷十六第十章写了普通人菩度，外出打工30年，在回乡的历程中历经奔波、接济贫困、遭遇欺诈、借宿寡女之家等艰辛磨难，到家后却见妻已改嫁。诸多情景绘声绘色、情趣盎然。当然，作者的本意主要不是讲故事，在书中每个人物或者事件、情节背后，都包含作者要表述的相关理念和观点。

第三，《两界书》是一部对于哲学、历史、宗教、政治、民俗以及社会学、伦理学等有关问题的思考和表述的学术著作。只是作者没有用通常论说的语言表述方式，作者的学术观点大多包容在文学性语言的表述中，有时候在页下的注释做了提示。作者对于某些成说采取辨析的态度，提出自己的看法，如文明演进过程中的"道、约、仁、法、合、治"的概念，关于"人之初、性本合。恶有善，善有恶"以及"用人存疑、疑人善用"等命题都没有依傍前人的说法，而是提出自己的创见。作为全书的核心观点，则是在最后一卷集中表述的"和正大道"，其具体的内涵是具有鲜明中国文化色彩的敬天帝、孝父母、善他人、守自己、淡得失、行道义。这一命题对于承传中国传统文化，以及在当下对中华民族精神的振奋和发扬光大的意义是不言而喻的。

最后，说下本书的插图。出于《两界书》特定的内容、文体和语言表述，插图取经过变形、夸张的具象图式，吸收了画像石、画像砖、岩画、版画、剪纸、水墨画等多种表现手法和造型方式。既有一定的具体指向，但又不是绝对具体的，保持一定的抽象性、模糊性和不确定性，从而产生某种迷离、遥远、虚幻的非现实艺术效果。墨色套以赭石色，使全书插图画幅统一。全书插图99幅，取了一个大数，也是不无含义的。

邓福星

中国艺术研究院研究员

开创融通中外文化思想的哲学文学体裁先河

田滋茂

前不久，一位可以称得上才高学富的朋友，由南国寄来了一部刚由商务印书馆出版的新作。书名曰《两界书》，作者署名为士尔，精装本，古色古香，装帧考究。光看封面就使人眼前一亮。于是一个个疑问便会在脑间瞬间浮现：为什么要定"两界"为书名？作者笔名缘何要用"士尔"？等等。为探究竟，我花了两周时间把这本神奇的大书通读了两遍，又用了一周时间，重温了我用整整十年的时间手抄的清阮元本《四书五经》中的《周易》，以及老子的《道德经》、庄子的《逍遥游》、王阳明的心学、王通的《止学》、晏殊的《解厄学》等，意欲对《两界书》加深理解。

这是一本奇书，也是一本大书，可在当代哲学或文学史上留下浓墨重彩的书。何谓奇？答曰：体裁奇。我读后的第一感觉是，继老子的哲学诗五千言《道德经》之后，《两界书》开创了当代以人类文明演进为主轴，融通古今中外哲学文化思想的哲学文学体裁先河。超越历史、神话、宗教、哲学、文学等传统范式界限，开创了跨界叙事之先风。由文学修辞配精美插图，以文白相杂的语言表述方式，讲古往今来的故事，这就是奇。

何谓大书？答曰：题材浩大。《两界书》题材达到让人难以想象的范畴，该书在内容提要中开宗明义的写到"世有两界：天界地界，时界空界，物界意界，灵界肉界，善界恶界，神界俗界，本界异界……两界对应，相辅相成，众生往来，昼夜未停。"好一个"界"字，包罗万象。

这本书用以界为径，以人为纬，以人之心用为结，以中华文化为钤键，以人类思想融汇升华为合解，析世界之本，辩人性之实，探文明之向，问凡人正道。这样的题材，真是够大的了！驾驭这么奇、这么大的体裁和题材，人类学教授士尔先生是不二人选。文中写道："士耕尔织"，我理解，士为男，尔为女，寓含阴阳之意，就连这个笔名，它也是与其题材浑然一体，紧紧联系在一起的。

士尔先生以其奇特的阅历和渊博的知识，力避流俗、独辟蹊径，以"传承文脉架设桥梁、讲好故事、弘扬传统文化"为宗旨，每天忙完必须完成的工作任务后，夜深人静时来到自己的工作室，与时空对话，伏案写作。日复一日、年复一年，玉汝于成，终于写就了我们见到的这部 12 卷、115 章、170 节的鸿篇巨制——《两界书》。

方家就是方家。在阅读的过程中我常常掩卷深思，无论是娓娓讲述故事还是辨析明理，作者都是旁征博引、信手拈来。从中，让我仿佛看到士尔先生几十年来孜孜矻矻在书籍的海洋里畅游，在格物实践中的思考身影，这样的功底若地冻三尺非一日之寒！

还要提及的是，《两界书》在叙事理念、方法、内容等方面呈现的跨界叙事、元典话语、人文情怀以及中国精神等多个特征，力图让读者加深对所定主题的理解。北宋大儒张横渠有言："为天地立心，为生民立命，为往圣继绝学，为万世开太平。"《两界

书》的出版，一定会为哲学文学创作的繁荣和发展发挥星火燎原
之作用。

田滋茂
中国作家协会书记处原书记

跨领域的奇书，快速阅读无法用到这本书上

陆建德

  《两界书》是一本跨领域的奇书，神话、哲学、文学和人类学的内容兼而有之，我还不知道商务印书馆把它上架时归于哪一类。我二十年之前见过作者，对他原来的研究领域稍有了解。我特意提到这一点，是想强调《两界书》的创作是跟作者的学术背景离不开的。

  我前两天收到《两界书》，因忙于各种事务，没有时间细读，但是浏览之后发现这本书有很强的互文性。它一方面包含诸多中国文化元素，我就不多说了；另一方面与作者熟知的犹太文化、犹太教也关系紧密。书中很多文字跟《圣经·旧约》和犹太教的《摩西五经》有呼应。作者写这部书的用意究竟是什么，我们不得而知。有一点我比较确定，他是想"传承文化，架设桥梁"，传承的是"中国精神"，而这"桥梁"是通向世界上广有影响的犹太-基督教文化的。《两界书》中一些章节让我想起创世纪、摩西十诫、大洪水、以撒的燔祭、巴别塔、约伯和犹太人的割礼（正如作者所说，割礼作为一种习俗范围更广）等等。但是历史上的犹太族在流浪的同时尽量保持种族的单一性，犹太女子与异邦人结婚，家庭就断绝

与她的关系，比较苛严。目录前的《传承文化架设桥梁讲好故事——〈两界书〉的中国精神》一文当然是重要的，不过它未必交代书中一些细节的异文化指涉。作者想融通古今中外，同时又重塑我们的神话传统，宣扬一种与传统接轨同时又超越传统的价值观，用意深刻，抱负远大。笔名"士尔"也许就是普通男男女女的代称（见第十一章《士耕尔织》），呼应"两界"。但是商务印书馆出这么一本杂糅、跨界的书，也是很有胆略——因为它并不容易读。快速阅读是无法用到这本书上的。

我还想说一句，插图很有味道。

陆建德
中国社会科学院文学研究所原所长，研究员

这样一种叙事方式是前所未有的

赵宪章

　　我首先要承认，到现在没有能够很好地把握这本书的内涵，尽管通读了一遍，有些章节还反复看了。由于我有一段时间关注文体，我从文体角度谈下读这本书的感受。文体是个大的概念，其中文类和语言是两个重要的因素。

　　先从文类来谈。刚才有些专家讲到，这部著作既是文学创作，又是学术研究，把这两个方面结合在一起、融汇在一起，是高难度动作。作为文学想象、文学创作的这条线索，有故事、有人物；作为学理性，作者思考的分量非常重，让我感觉到作者在叙事的背后始终在思考这样一个问题，就是在当下中国经济物质生活快速提升的同时，我们的思想精神生活走了相反的路，并没有像经济的发展那样同步前进，有的时候恰恰相反，在道德、精神领域走下坡路。这种忧患意识构成了这部书的主题，构成了这部书作为哲学、作为思想、作为学术研究的非常有分量的一个方面。如何把这样一个严肃的、重大的哲学思考，变成一个故事可以讲述出来？这发生了一个矛盾。

　　在这里可以看出来，这样一种叙事方式是前所未有的。我曾经在 2000 年用 10 年时间去研究文体，对词典体小说等怪异的文体都做过细致的文本分析，但无论如何，它还是小说，只是以词典的方式叙事。但这本书不是这样，它相对于词典体小说来说，在文体创新出奇方面展现了另外一个世界，就是已经说不上来它是什么了，它究竟是学术思考、哲学思考，还是文学想象？你已经说不上来它是什么了。为什么这样？我认为这是为了调和重大话题与叙事艰难之间的矛盾。在作者调和矛盾的背后隐含什么样的叙事理想？我认为他试图表达自己对人类命运共同体的看法。因为从他的选材、取材，使用的学术资源，超过了古今中西，不是完全站在哪一个立场去讲故事、去思考。他是用汉语写作的，立场肯定离不开中国的大地，但是他所表达的价值观念，对于人从何处来、到哪里去、应该遵循什么、应该怎么生活、怎么走向未来等等，都具有普适性。在这样一个重大的叙事，能够把这个严肃、重大的话题找到一种形式表达出来，是这部奇书之奇处。很难能够把这两个东西调和在一起，甚至是不可能的，要么是个哲学著作、思想史著作、学术论文来告诉我们的想法，或者是个鲜活的形象、活生生的故事让我们能够感受，但这两者都不是，又都是。所以，这确实是一部奇书！

作者尝试这样新的叙事方式的背后，还有一个让我感到的作者的企图，就是书虽然是《两界书》，实际上要超越两界来进行叙事。这是长期以来困扰我们决策和思维方式的问题，这本书要做超越它的努力。用这本书的原话来说就是"两界"，把什么东西都可以分为两界。现实生活中特别是在政治生活、社会生活、文化生活中的"两界"主要表现在：中西关系、古今关系、左右关系，这是长期困扰我们的难题。作者用这种叙事方式，超越古今的纠缠、超越中西的纠缠、超越左右的纠缠，非常了不起，是对中国社会现实一个深沉的思考。

第二，从语言和修辞来说。作者花费很大工夫，煞费苦心，尽管每章每部分都很简短，是作者反复推敲、经过多少次修改才最后定稿的。他用的一个基本方法是隐喻，用这个方法达到叙事的目的。特别是"天帝"（天地）这个谐音，我看到这本书前，从来没有把"天帝"这个谐音和天上地下这个"天地"联系在一起。尽管我们知道中国的"天人合一"哲学思想，但是从来没有把这两个谐音放在一起。把这两个谐音放在一起，把两个概念融为一体，太高超、太了不起了！这个意味着我们中国哲学信奉的东西，就相当于西方信奉的上帝。我们对天地、对自然的信仰就是西方对上帝的信仰，这就是中国天人合一哲学思想的来源。作者在语言和修辞煞费苦心，用简约、对照、有节奏感的方式，借鉴了中国诗赋的表达，造成了它在耐读的同时也难读，或者难读的同时也耐读，让我们还想回味一下究竟要表达什么。

对《两界书》的理解对我个人来说还有一个过程。但我朦胧地感觉，在文体叙事方面以及语言表达是力求创新，是非常了不起的一个创举。

赵宪章
中国文艺理论学会副会长，南京大学教授

经典是具有未来性

（日本）海村惟一

我是从感动到惊讶，惊讶再惊讶。以前通过朋友认识土尔先生，开始的时候他告诉我有这么一本书，给我看了手稿，还有画，我当时的感觉是这样的书很难在汉字文化圈的语境出彩。后来得到信息是在台北已经出了繁体字版，后来就关注这本书能否有简体字版。我为这本书问世感到很开心。在座所有的大家们都从自己的专业、自己的角度，来解读这本很难解读的书，有的用"奇书"，有的用"经典"来形容。

我不断地读，我想挑战一下，把这本书翻成日本语。我曾经见过另一个大家，他是用黑格尔的美学和哲学研究中国的《文心雕龙》，在日本知道《文心雕龙》的基本不会知道黑格尔，知道黑格尔的不会知道《文心雕龙》。我挑战肯定要应对现实，我找了一家日本出版社，他让我说明这本书是什么书、怎么归类。最后我把它归到哲学类，但加了个"新"字，"新哲学"类，再准确一点是"新哲学文学类"，就像"文学地理学"就是把文学和地理学加在一起的，现在这种跨界的新学科不断出现。

我一共读了五六遍，前段时间也写了一篇小文章。我今天想跟大家汇报的是到今天我的学习心得，题目叫"新世纪的新经典"。刚才李先生说到经典，而且经典又要经世，我很开心在我前面有一个人说到经典，不然我怕话说的太大。我还惊讶那里有个语录，语录和这本书里面的内容联系在一起的话确实很大。

我们要怎么样去感受这本书？所谓经典是具有未来性，我的小标题叫"以走出去和请进来为主"。《两界书》是作者以心魄磨炼出来的新世纪的新经典，可谓前无古人、后无来者，但是我们希望着、期待着有传承者出现。《两界书》合天地、通古今、融东西、开新脉，这个"开新脉"的"脉"是指文脉，就是赵老师说的文体，开新脉的当代经典。不管从表意的汉字文化圈来看，还是从表音的字母文化圈来看；不管是从道的层面来看，还是从器的层面来看，这本书无疑是当代的经典。士尔先生是中国的作者，当然也就成了中国新世纪的当代经典。

回首看，东有"儒、释、道"三说，西有"犹、基、希"三说，两界融化东西六说为合正大道。抬头望《两界书》，汇集古今文脉而开创新文脉，表述"凡人六义"，建构人类命运共同体。古今文脉从我的视角看来，就是第一次孟子的古文，第二次韩愈的散文，第三次日本夏目漱石开创的白话文，当然，最后成大气候的是胡适、鲁迅等的努力。一代有一代的经典，《两界书》是新世纪的新经典。眼下的中国正处于自身文化自觉往外走的时代，《两界书》无疑是"走出去"的具有里程碑式的经典。希望商务印书馆全力推出，我们也会积极地配合。

同时，回想日本飞鸟时代的圣德太子于 600 年派遣使者渡海赴隋取回汉魏经典，制定宪法十七条，奠定大和日本的基础。之后有 20 次左右的遣唐使取回唐代新经典，后创立了平安的律历日本。这次我们做好了准备取回新经典之一的《两界书》，消化、翻译，共创汉字文化圈的未来。我们已经和日本愿意出版这本书的单位取得了联系，我们也会齐心协力做好这件事，谢谢大家！

海村惟一
日本福冈国际大学教授

《两界书》的三种读法

李凤亮

刚才我认真听了各位专家的发言，这里重复最多的一个字是"奇"，都说这本书是一部奇特的大书。我在评论里的第一句话是"《两界书》是一本奇特的大书"，这注定出版这本书会成为 2017 年中国出版界的一个奇迹。

刚才大家讲这是一部集大成之作，海村先生讲这是新时代的新经典。"集大成"包含很多独创。士尔教授这十年来都在打磨这个力作，我们是学界中人，士尔先生深感过去八股学术文章的创新性受到形式的限制，他在中国西部辽阔的天地之间仰望星空时产生了这样的灵感。这部书来自于天地之间，来自于内心的孤寂。

这部书的出版是正当其时的，我相信在十九大的报告里对中国文化的传承、创新、发展，中国文化自信、文化自觉和文化自强，会进一步地提升重视。另外，今天我们面临的世界是文明冲突剧烈的世界，中东在打仗，亚洲也不太平，美国跟朝鲜的冲突是日益激化，文化交流的呼声非常高，大家希望通过文化交流解决纷争。《两界书》在这个时候推出来，意义重大，对于倡导中华优秀传统文化、讲好中国故事、构建人类命运共同体，从而实现中华文化的伟大复兴极具价值。

读《两界书》有三种读法：一种从文学的角度去读，一种是从文化交流的角度去读，一种是从文明融合的角度去读。

第一，从文学的角度去读，我们可以读到里面的文学传承和文学创新。在文学传承方面有新文言文的表述，对传统的文言文是巨大的传承；还有诸多的引经据典，有些我们知道，有些我们不知道，因为士尔先生研究希伯来犹太文化。在某种意义上，这是他多年来由西返中的一个叙述，是一个反观、反哺式的创作，语言精要、思想浓缩、信息含量大。除了传承之外还有文学的创新，刚才赵老师和几位先生的讲话我非常认可，这是一部跨界的写作，神话、宗教、寓言、历史、小说、哲学的融合。《两界书》文本奇绝，互文性奇特，大家都说这是部哲学书，把它归到哲学类里去；我个人并不特别想这么去看待，我认为从根本上、从文本表述来讲，它是跨界写作，我还是愿意把它当作文学。当作文学作品有什么好处？因为文学没有定论，文学只是设问，文学是假设叙事，不是历史叙事也不是哲学叙事，它是提出问题后让大家思考。我相信《两界书》是一个开放性的文本，它虽然讲六合花开，讲人间大道、正道，它还是开放性的设问，引发我们的反复思考。

第二，从文化角度来讲，这是强调文化自信，追求文化自觉，寻求文化自强的力作。去年总书记第一次把文化自信跟道路自信、理论自信、制度自信并列来讲，新中国成立以来，没有任何一个历史阶段对中华优秀传统文化像今天这么重视，这是一个历史契机。从文化自信来讲，以中华文化为精髓，充满对优秀传统文化价值观的追问，很多追问是屈原式的天问，书中对"六要义"和中华优秀传统文化精粹的分析具有整体观和综合观，体现了中国话语的世界意义，中国智慧的世界价值。从文化自觉来说，作者不断地对自身去认知、认同、追问，这个文化自觉是像费孝通先生所讲的，首先是对异和同的辩证，我们要在多元的文化中才能看到自身，看到中华文化自身的价值，同时看到别人的长处、别人的不足，以及其中的冲突与融合。中华文化具有包容性，可以成为合正大道的主旨。从文化自强来讲，这本书如果放在中华文化"走出去"、讲好中国故事的角度去看，意义更大。作者做了导读，讲好中国故事有四原则：不能鸡同鸭讲，要找准讲的对象，不能空讲，讲述要有主题，四个方面非常好，不再赘述。

第三，从文明角度来讲，这本书的意义重大。从文明的冲突、文明的对话、文明的融合，最后走向一种大同世界，这本书做了很深刻的探讨。今天的文明冲突非常剧烈，区域的战争看起来是军事和经济的冲突，实际是文明的冲突、价值观的冲突。书里探讨了儒释道、犹太、基督、希腊哲学、不可知论等一系列文明形态及其观念，陈述了它们之间的对话，在这些文明形态共同关注的生死、善恶、人性、生命意义、人类的过往与未来等重大问题上，指出了中华文化在解决这些问题时中西融合的正确之道。从这个角度来讲，书里明确提出了隐含人类命运共同体或者人类精神共同体的重大时代命题，以及对价值和意义的不断发掘和追问。这是一本提问的书、追问的书、极具价值的力作，我非常看好它即将在学术界和各界引起的反响。

李凤亮

南方科技大学讲席教授

一本奇书，国内很少见到这样的书

杨　适

　　各位刚才对书发表了很多评论，我觉得大家讲得很有道理。我赞同这是一本奇书，国内很少见到这样的书。我做过马克思的手稿，然后做中西比较，然后做希腊的研究，后来研究了以色列，到耶路撒冷待过，后来搞了原创文化研究。原创文化研究在西方的就是希腊、希伯来这"两希"，然后就是中国，印度也有很古老的文明。

　　士尔教授关于希伯来的研究我就特别感兴趣，多年前，我听说他写了《犹太文化要义》，就想邀请他参加我牵头主持的原创文化研究工程，今天终于有了机会。但是我们的方法、路子不太一样，我们是可以交汇的。我们的方法是采取分类研究，深入到各个领域，然后想办法汇总，主要涉及哲学和宗教这两个东西。士尔教授是通过文学的方式，可以把这些东西都涵盖在里头，然后综合起来变成一个很奇的书。我一下还摸不着头脑，里面什么都涉及到了。特别是希伯来的东西讲得很多，中国的东西讲得很多，其他的东西也加在里面了。后来我问他，他说是个跨界，有很多想法，用这种方法表达他的研究成果。这也是很好的一个办法，特别是对中国人开阔精神空间是个好办法。像我们的研究用处是有用处，但如果太专深了，很多人就不看。将来我们要想开拓更多的学者、更多的大众，需要一点文学的办法，这种方法比较好。所以我们两个是殊途同归，希望以后继续交流、合作。

杨适

北京大学哲学系教授

《两界书》的三个跨界

游　斌

　　向士尔教授这部书的出版表示祝贺！拿在手上感到沉甸甸的。我感觉到别人做研究是把希伯来当成研究对象，但是在士尔教授这部书里，希伯来的精神已经融入血液中，成为写这本书的一个重要精神，就像武侠高手要达到"剑人合一"的境界，在这本书里，研究的对象和作者已经融合在一起，我感到非常钦佩。像杨老师刚才谈到的，这本书是本跨界的书，可以从三个方面来讲：

　　第一，文学和宗教的跨界。这本书文采飞扬、想象力丰富，采用很多四字对仗的文体。但是在读的过程中看到，书的结构安排有希伯来的结构在里面，比如写这部书的缘起是士尔教授在一个西部的高原，突然心灵觉醒的一个启示。这特别像希伯来传统中的先知觉醒，先知就像摩西在埃及的宫廷里面，神不会降临在他的身上，而是在旷野里和神相遇。整体读下来，从这部书里所安排的族群历史、族群发生的内部事情，读到了希伯来元典文本包含的基本架构。

　　第二，东方和西方的跨界。书中谈到，想彰显中国的天人合一、道法自然、四海一家的理念；在内容安排的时候，也隐含了希伯来传统的创世，还别出心裁地把人的创造分成三个阶段，感觉是把中西方两个传统糅到一起。我在做希伯来圣经研究的过程中，感到在当代中国特别需要实现两个两河流域的对话，希伯来圣经不仅是以色列人的精神遗产，也是整个古代近东的遗产，以幼发拉底河和底格里斯河两河流域的精神遗产为源头，汇聚成为希伯来圣经；在中国以黄河、长江为源头发展出了中华文明，中华文明要走向世界，要同以古代希腊及两河流域为根基发展出来的犹太-基督教传统深入对话。在《两界书》里面，以非常有想象力的文学方式试图把这两者融合在一起，这是非常经典的跨界。

第三，图与文的跨界。这本书有很多插图，设计插图时采用了非常古朴的汉画像石的表现方式，让人一翻开就感觉到里面的元典性、古朴性、典雅性，阅读起来非常精彩。

游斌

中央民族大学宗教学院院长，教授

非专业人士可以看懂这本书

吴晓萌

我和文学、哲学、宗教学研究的领域不沾边，我的专业是在医学界。有幸认识士尔教授，两个月前我知道他原是研究犹太学的，他说过两个月在北京会有新书发布，我当时很诧异有什么样的新书发布，很想来看一看、听一听。前两天通知我有这个新书发布，我想我肯定看不懂；但拿到这本书，对我们这些非文学、非历史、非哲学研究的人士来说，我觉得还是能慢慢看懂的。向大众推广，我就是大众之一，我愿意认真学习这本综合了哲学、文学、宗教、历史以及两河文明、中国文明的新文言体的书。

吴晓萌

吴阶平医学基金会理事长

医生的一本必读书

向月应

我是个医生，非常荣幸出席《两界书》的发布会，并且听了那么多专家发言。我是借着跟随吴理事长一起向士尔教授请教人文问题时接触到这本书的。拿到书以后，花了半个月时间认真读了 80 多页，感觉这本书确实抓住了文明演进的主线，并且超越了历史、宗教、哲学、文学的传统界限。它是用一种独特的语言方式——一种新的文言文，开创了哲学史、文明史的新写法。它既是在讲中国的传统故事，更重要的是以界为经、以人为纬，以人的心灵为主轴，以人性的本质推演文明的方向。

我是医生和医院管理者，一直在探索怎么让医院少点病人、让医院能失业。所以我和大学合作创办健康管理学院，还要办家庭健康学院，读了这本书以后，更增强了我培养健康管理师和建设人文医学的决心。这本书体现了中国精神，在讲中国传统文化，是体现中国魂的一个重要经典。当前我们国家的医学模式正在发生转变，从单纯的生物医学模式向生物、心理、社会医学模式转变，现在还有一个健康管理。医学模式的转变带来了我们对健康的新认识，虽然我还没有读完这本书，但感觉到这本书很大一部分都是精辟的关于人的躯体、精神、环境、社会、伦理、道德等方面的论述，都跟健康有关，是从哲学、文学、历史的角度用通俗的方法讲出来。我认为这是医生的一本必读书，也是我们培养健康管理师的必读书。

比如第三卷"生死"的第三章《天定命数》，其中第四节《定生途》讲道："以灵道为引，肉躯为载。灵肉相合相通，方可强命力，延命数，顺命格，享生乐。"用最通俗的文言文阐述了人的生死观、医疗观、健康观。我们的健康绝不是单单的躯体没有得病而已，从来没得过病、没住过院的人，有时候可能死得更快。我理解天道是精神、灵魂、价值观，不是简单的躯体；肉体是个载体，健康一定要跟精神、灵魂和价值观脉脉相通。所以要想长命、要想活到 100 岁，命格就是一种活的方式。这本书是医生应读的一本好书。我尤其感受到当前医学教育中人文医学的缺失，包括医患关系这么紧张，人文医学缺失是其中一个原因。《两界书》对健康管理学、人文医学来讲，绝对是一本很重要的必不可少的书。

向月应

解放军第 181 医院原院长，全军健康管理专业委员会主任，主任医师

主题设计符合中国精神

徐　可

　　我代表中国作家协会吉狄马加副主席表示祝贺。这本书用几十万字的篇幅叙述了人类的文明发展史，举重若轻。我谈点个人的粗浅感受：

　　《两界书》副标题是"凡人问道"，"道"指的是人的六个要义：敬天帝、孝父母、善他人、守自己、淡得失、行道义，《两界书》认为这是中国精神的核心内涵。我觉得这个主题的设计非常恰当，完全符合中国精神、中国文化的要义。儒家思想的核心是仁、义、礼、智、信，《两界书》不局限于儒家思想，但是它所说的六要义与"五常"是暗合的，"五常"是我们做人的道德准则、伦理原则，用"五常"之伦理原则处理作为个体存在的人与人之间的关系，则能达到沟通，通则去其间隔、相互感应与和洽。所以"五常"之道是一切社会成员之间理性的沟通原则、和谐原则。

　　作者所说的"敬天帝"之"天帝"与"天地"同义，中国古代以天为主宰一切的至上神，以地配天，化应万物。"敬天帝"有顺服天意、感谢造化之意，也就是我们所说的敬畏自然，这与现代人的观念完全一致。至于"孝父母、善他人"同样是中国传统文化的精华，"五常"之首是仁，仁者人之心得也，心得就是良心，良心就是天理，就是推己及人，人是不能离开他人而独居的，所以要发恻隐之心，"孝父母、善他人"也就是"仁"。"孝"是中国传统文化中核心的理念，《论语》讲孝悌者为人之本也，《两界书》就提出要以族规、族戒来倡导在族统中的孝道。另外一个是跟他人的关系，《论语》讲"德不孤，必有邻"，孟子也说"仁者爱人"。《两界书》中强调的"守自己、淡得失、行道义"跟儒家五常中的"仁、义、礼、智、信"各方面的要求都是相符的。义者宜也，因时制宜、因地制宜、因人制宜，该做就做，不该做就不要做，见得思义，不因国难取不义之财，孔子说，"君子喻于义，小人喻于利，不义富且贵，于我与浮云"。人要发羞恶之心、发刚毅之气，这就是义。中国传统文化特别重视个人的修身守正，克己自省，吾日三省吾身，修身齐家治国平天下，淡泊明志等等，"行道义"体现了中国文化中知行合一的价值取向。

总之，这本书以文明演进为主线，超越了历史、神话、宗教、文学、哲学等的传统范围，用寓言方式、文学修辞讲述人类文明的流变演进，确实是本难得的好书、大书。

徐可

《文艺报》副总编辑

一种创新的话语体系

崔保国

　　士尔教授是我大学时期的大师兄，这本书给了我们很多惊喜，离别三十年，得兄一奇书。从这本书我们能看到《旧约》《浮士德》的影子，看到圣经般的体例、史诗般的叙事。史诗过去都是讲西方的故事，但这里既有中国的故事，也有人类的故事，是全球视野、中国情怀的作品。从书的插图里看到了汉画像石的影子，用到了人类的史诗叙事里面，有很多创新。

　　这本书很新奇，本来是关于哲学的、历史的、文化的和文明的思考的学术书，最后用文学的方式来写，文学里又蕴涵了所有的历史、哲学、文明、文化的思考。我后来想想，这种形式可能是最好的，是一种创新的话语体系。从文字表述和文学形式来讲，也是创新的。我们这个时代需要有分量的、有文化底蕴的、有思想体系的、有文明脉络的、有人类情怀的、有全球视野的好书。

崔保国

清华大学传播学院副院长，教授

适时与实用

潘鲁生

听了大家的发言后，我作为一个普通的读者，学到了很多东西。大家对这本书的评价是从历史学、哲学、文学等各个层面来看，我感觉我们过去的分科太细了。士尔教授这部巨著用什么样的视野去评判，恰恰是我们今天这次学术研讨会值得总结的地方。过去的历史学、哲学、文学，在中国的学术里很多都是综合的，这次的学术研讨让我看到了回归本原。我们从诗经到楚辞、到民间文学和经典文学，里面有哲学的思辨，有美学的价值，有很多的学问是无法用西方的学科划界来去分析的。《两界书》的"两界"，一个是中西的界，还有一个是境界的界。

看了样书以后的一个感受，是要感谢出版社，因为我们多少年来的图书出版走进了一个误区，很多学术的书读不懂，也没有插图。这部书是插图和文字融为一体的书，多少年来没见过这样的著作了，过去要么是文，要么是图。这部书既是学术的，又是大家期待的通俗的，这种通俗是把学术语言文学化，在这方面该书做了很多尝试。

另外，感受到这部书一个是适时，一个是实用。适时是在社会转型期的文化大背景下，这种表述是在作为在教育界工作多年的大学领导者对中西文化的一种深度解读，如果没有这种经历可能这部书就不是这样的一个写法，一部书的诞生一定要分析作者的经历，在这个层面上士尔教授给我们做了很好的学术示范，靠他的表达把这部书的学术价值推广出去。

潘鲁生

中国文联副主席，教授

坚定文化自信　讲好中国故事

——《两界书》系列著作深圳发布会举行

顺　然　伟　均

2018 年 11 月 21 日下午，以"坚定文化自信，讲好中国故事，构建人类命运共同体"为主题的《两界书》系列著作深圳发布会，在深圳紫荆山庄举行。《两界书》系列著作包括《两界书》《两届智慧书》《两界慧语》，由商务印书馆出版发行，来自美国、法国、日本以及中国大陆和台湾、香港、澳门地区的百余位专家学者、作家、高校师生、社会各界和媒体界人士参加发布会。

商务印书馆副总编辑李平、深圳市委宣传部常务副部长陈金海分别代表主办方商务印书馆和市委宣传部致辞，国务院参事王京生出席会议并致辞。李平在致辞中指出，《两界书》是一部跨界叙事作品，该书创作源于作者对文明与蒙昧、向善与向恶等终极文化命题的思考，结合自身长期学术研讨，以文学虚拟叙事手法和寓言故事的方式讲述人们向善的修为历程，探寻传统文化的精粹要义，体现了作者多年的文化哲学思考，不仅是作者学术生涯中的一次新尝试，也具有文化创新的意义。陈金海副部长在致辞中谈到，《两界书》自发布以来，一经面世就受到了广泛的关注，被称之为一部文化哲学的原创性著作，这是士尔教授的荣耀，也是深圳学术文化界的荣耀。该书题材之广阔、叙事之独特，以及创造性的跨界思维与视野，成就了一部具有时代深度的大书。全书以中国文化自信为基调，以文化自觉为导向，对文明冲突、文化对话与融合等提出了自己独到的见解，展现出根植华夏、和合万邦的中国智慧及世界价值，这对当下我们思考构建人类命运共同体的哲学基础和精神文化纽带，具有重要的启示。《两界书》体现了作者强烈的使命意识和文化担当，是我们深圳文化理论工作者自觉践行习近平总书记关于推动中华优秀文化创造性转化和创新性发展的一部力作。

国务院参事王京生先生致辞时表示，士尔先生是他非常尊重的一位学人，读了《两界书》系列著作，更使他对士尔的学问功力和广博视野，以及思考问题的深刻和想象的瑰丽由衷地佩服。《两界书》是"大千世界一奇书"，首先在于它内容的宏大，其宏大之程度，非常罕见。《两界书》容纳了世界上几大文明的智慧和要义，让我们在充满兴趣的阅读中对世界上各种文明的源流、宗教、学说、思想进行互鉴。原来都说司马迁"究天人之际，通古今之变"，今天看《两界书》，同样是"究天人之际，融六先之言，通古今之变"。看来，卓越的中国学者都应有如此的人文情怀。

据了解，《两界书》系列著作立足新时代、面向新世界，围绕人类生存的基本问题，以文明演进为主线，以中华优秀传统文化为核心，以文化自觉为导向，以讲好中国故事为己任，用文学的手法呈现了不同文明形态的交流对话，鲜明地呈现了中国话语体系及其概念范畴，力求讲出根植华夏、和合万邦的中国智慧，讲出中华优秀传统文化的现代意义及其世界价值，讲出人类命运共同体的精神文化纽带，讲出中国文化和合包容、有容乃大的文化品格和文化自信。

在改革开放 40 周年之际，《两界书》系列著作诞生在深圳这片热土，有着特殊的意义。《两界书》系列著作的作者士尔教授上世纪九十年代来深，几十年来亲眼见证了深圳日新月异的飞速发展和奇迹般的变化，目睹了科技迅猛发展和社会转型期对人性与心智所带来的影响和冲击，面对"世界百年未有之大变局"，贯通古今、融汇东西，穷十余年心血创作出《两界书》系列著作，可以说这部著作体现了特区文化理论工作者的使命担当，是深圳文化理论工作者自觉践行习近平主席关于增强文化自信、推动中华优秀文化创造性转化与创新性发展的具体表现和重要成果，是深圳文化创新发展的一个新篇章，也是深圳向世界讲好中国故事、勇当文化创新排头兵的一个新起点。

发布会上，世界著名哲学家、国际中国哲学学会创会会长、"第三代新儒家"代表性人物之一、夏威夷大学终身哲学教授成中英，法兰西学士院通讯院士、世界著名汉学家、法国远东研究院前院长汪德迈，欧洲科学院院士、国际比较文学学会主席、香港城市大学讲座教授张隆溪，法籍华裔哲学家、国务院外国专家局"海外名师"、上海交通大学讲席教授高宣扬，著名生物学家、中国农业大学原校长陈章良，台湾慈济大学校长王本荣，美国纽约州立宾汉顿大学戏剧孔子研究院院长、杰出教授陈祖言，中央文史研究馆馆员、东南大学长江文化研究所所长陶思炎，欧洲科学院院士、中国比较文学学会会长、上海交通大学讲席教授王宁，澳门大学中文系教授施议对，日本汉学家、福冈大学国际交流学院院长海村惟一，法国索邦大学远东研究院研究员李晓红，以及著名"先锋派小说家"马原等专家学者参加发布会并做了研讨交流。

著名哲学家、"第三代新儒家"代表性人物之一成中英先生盛赞《两界书》是一本好书，它把古今中外哲学文化综合在一起，产生了一种新的形象，仿佛绕梁三日余音不绝，这本书把世界带到中国，也把中国推向世界。九十多岁高龄的著名汉学家汪德迈先生认为，《两界书》是关于 21 世纪跨文化人文主义的重要成果，现在已经在进行英文、日文的翻译，还需要有更多国家语言的翻译，比如法语的翻译，将《两界书》传播到世界各地。

国际比较文学学会主席张隆溪先生谈到，《两界书》是文学叙事，但更重要的是对哲学和宗教问题的思考，这种思考尤其是在中国文化传统背景下来看特别具有重要的意义。法籍哲学家、国务院外国专家局"海外名师"高宣扬先生指出，士尔先生的《两界书》系列著作的发表是当代文化史上的一个重要事件。法国哲学家德鲁兹说"事件"是集中了一次性和永恒性的生成过程，《两界书》系列著作集中了作为"文化事件"所凝聚的意义，出版年月越长久，阅读的人越多，发生的影响以及在历史上刻下的烙印越明显，会越来越受到人们的尊敬。生物学家陈章良先生从科学家的视角发现，《两界书》也有生物学教科书的印迹。神经医学家、台湾慈济大学校长王本荣先生从脑神经科学的维度谈到，脑神经学也是两界学，交感神经、副交感神经两个神经互相协调，才能顺畅地运作。著名作家马原先生认为《两界书》更像是一部"史诗"，十二卷一百多章约四百多节，每一个章节都是一个重要命题。美国纽约州立宾汉顿大学杰出教授陈祖言先生谈到，读《两界书》感觉是拍案惊奇，有作者之奇、境界之奇、文风之奇，归纳十六个字来说，《两界书》"出入古今、意写天地、融合中西、兼顾雅俗"，它将一脉相承下来的文化自信、民族自信体现出来了。众多与会专家从各自不同的角度发表了对《两界书》系列著作的研讨见解，会议现场气氛热烈，持续近三小时。

《两界书》出版引起海内外学界和读书界的广泛关注，据悉香港、台湾地区将同步出版汉语繁体字版，《两界书》的英文版、日文版的翻译工作正在进行中。

（简讯刊发于 2018 年 11 月 29 日《中国文化报》）

以下为与会学者的研讨发言，由王顺然、王伟均整理

源于对终极文化命题的思考

李　平

　　非常高兴参加由商务印书馆、深圳大学饶宗颐文化研究院共同主办的士尔《两界书》系列著作发布会，今天的发布会可谓是高朋满座、胜友如云，请允许我代表商务印书馆向参加本次发布会的嘉宾学者表示热烈的欢迎！

　　2017 年士尔先生的《两界书》一上市就受到了读书界的好评，2017 年 9 月我们在北京邀请部分在京学者召开了《两界书》的出版座谈会，与会学者对该书给予了高度评价。此后，士尔先生又撰写了《两界智慧书》，对《两界书》进行了深入解读，又将《两界书》中的警言金句汇编成《两界慧语》，这三本书构成了完整体系。

　　《两界书》是这三部著作的核心，它是一部跨界叙事作品。该书创作源于作者对于蒙昧、向善与向恶等终极文化命题的思考，结合自身长期的学术研讨，以文学虚拟叙事手法、以虚拟寓言故事讲述原始社会人们向善的修为历程，探寻传统文化的精粹要义，体现了作者多年的文化哲学思考。现代人用古体寓言的方法创作，不仅是作者学术生涯中的一次新尝试，也是写作风格上一次探索，具有文化创新的意义。

士尔先生长期致力于中外学术研究，是商务印书馆的老作者、老朋友，先后在商务印书馆出版了《犹太文化要义》、《圣经叙事研究》等著作，都获得了读者与学界的好评。商务印书馆自1897年创立以来，致力于学术传播、思想启蒙，深得广大作者和读者的厚爱和支持。可以说，商务印书馆121年的发展历程，不仅是商务先前秉持文化担当、开启明智的121年，也是作者读者呵护支持的121年。今天到会的各位专家学者都是学界精英，今天到会的各位同学都是未来的希望，衷心希望有更多的学者成为商务的作者朋友，把你们的学术成果交由商务印书馆出版，惠及广大读者。

内容创新是出版发展的重要基石，内容创新的重要方面就是要与时俱进，支持和鼓励传播新知识、新思想。新时期涌现出的许多新知识领域，可能现阶段无法跟传统成熟的文史哲政经法等学科相提并论，但新兴学科最重要的是其对成长型传统学科的考量，更需要理论建树。即使是初创阶段，只要是当前国内最好的研究成果就有出版的必要，也更需要扶持。所以，我们不仅出版了汉语学术丛书，近年还规划出版了新商务系列丛书，旨在推出代表这个时代各新兴学科的最高水平的科研成果和学术关注。

深圳是改革的热土，深圳正在制定建设全球区域文化中心城市行动方案，可以预见，在未来文化创新发展中，建设全球区域文化中心城市和国际文化创意先锋城市行动中，深圳一定会勇立潮头，开风气之先，这也是商务印书馆在深圳设立分馆，再次在深圳召开《两界书》学术研讨会的重要原因。

李平

商务印书馆总编辑

成就了一部具有时代深度的大作

陈金海

在《两界书》系列著作深圳发布会召开之际，请允许我首先代表中共深圳市委宣传部向士尔教授和商务印书馆表示衷心的祝贺！

刚才通过介绍，《两界书》自出版以来，一经面世就受到了广泛的关注，被称为一部文化哲学的原创性著作。著名哲学家成中英教授便称其为一本世界巨作，这是士尔教授的荣耀，同时也是深圳学术文化界的荣耀。学术界普遍认为《两界书》是一部非常厚重的文学哲学著作，是一部对于哲学、历史、宗教、政治、民族，以及社会学、伦理学有关问题的思考和表述的学术专著，其题材之广泛、叙事之独特，以及创造性的跨界思维与视野，成就了一部具有时代深度的大作。全书以中国文化自信为基调，以文化自觉为导向，对文明的冲突、文明的对话与融合等提出了自己独到的见解。特别是深入探讨了儒释道、希伯来、希腊哲学等一系列文明形态和文化思想的意与空，陈述了它们之间的对话，以历史文化的整体视野回应人类生存的现实挑战和有关终极问题，展现出根植华夏、和合万邦的中国智慧的世界价值。这对于当下构建人类命运共同体的哲学基础有非常重要的启示作用。

习近平总书记在全国宣传思想工作会议上提出了九个坚持，其中特别要强调：坚持文化自信是更基础、更广泛、更深厚的自信，是更基本、更深沉、更持久的力量。《两界书》是士尔教授耗十年之功创建出来的一部厚重的力作，是深圳文化理论工作者坚定文化自信，勇做文化排头兵的一个新起点。今后也期待着全市文化工作者，认真学习贯彻落实习近平总书记视察广东重要讲话精神，朝着建设中国特色社会主义先行示范区方向前行，努力创建社会主义现代化强国的城市使命，推动社会文化理论工作再上一台阶。

陈金海

深圳市委宣传部常务副部长

把世界带到中国，把中国推向世界

（美国）成中英

很幸运很早就看到《两界书》最初的版本，这是很难得的。我看了之后非常感动，这是蕴藏着智慧之大作。

今年年初再搬出来读，感觉到一种心境、一种新的启发，这真的是非常奇异的一本书。首先必须要了解这本书的灵感，士尔作为一个文化学者，有一个灵感，观察反思突然有一个灵感，有了灵感转变成为一个故事，成为一个叙述、一套语言、一套认知和一套观点、观念，并有一个长远的价值或者愿景，我觉得这很重要。从灵感可以看到人的追求，从哪里来、能够做什么、走向什么地方，这成为一种生命力量，很不容易。作者有这个灵感，还有愿景，要与人类结合在一块，是人类命运共同体、天人合一的整体，是生命的整体。

中间有什么样的表达？从灵感到愿景，可以分成几个部分。第一，涵摄了世界的宗教，儒释道加上犹太教、基督教，潜在包含了伊斯兰教，这些是人类发展的重要部分。其次，宗教又提出了很多问题，要回答这些问题是什么，是靠中国易学和儒释道，有内在的层次，这个问题怎么回答？关键是在于对中国文化、中国价值、中国生命的一种自觉、自信和一种深度的体会，我觉得这是非常重要的。同时，它是一个生命体，从西方找到东方，从东方可以看到人类的全体。从文字上可以看到文史哲的结合，是历史的结合，有论证、有历史叙述，又有文学的表达和张力，很重要的是文史哲结合，产生了一种所谓哲学、宗教和科学的结合体，因为里面有一些自然因果关系，人的善与恶决定了对人类的影响，比如说一个部落的族长、国王和一种规定产生的后果，要让子孙来担负。文明是长期的，需要平衡，在这样的愿景下，把古今中外综合在一起产生了一种形象。

"六言"或者说"六先"，基本上指人类该怎么做，归纳出来一些问题，正好是敬天地、孝父母、善他人、守自己、淡得失、行道义，这都是中国几千年文化从易学到道学到儒教的基本旨意。由此可以看出用功之深。

出现的问题是什么？六先提出的问题。其实书中表达得很清楚，每个问题都重要，都是共同的价值观基础，但是要看整体，一定要聚焦人类自觉的整体，这不言而喻地道出了人类的愿景，可以命名为人类命运共同体。这是非常重要的。

总而言之，这是一本好书，这本书把世界带到中国，这本书把中国推向世界。

对人文主义有很重要的贡献

（法国）汪德迈

我非常高兴参加今天的会议，《两界书》实际上可以说是一部很重要的、关于二十一世纪跨文化的著作，对人文主义有很重要的贡献。现在已经有日文的翻译、英文的翻译，我希望也有法文的翻译，不但有英文、日文、法文的翻译，我认为还需要有很多别的语言的翻译，把它介绍给世界。

汪德迈

世界著名汉学家，法兰西学士院院士，法国远东研究院原院长

从科学上看有很大的价值

陈章良

讲三点简单的意见：

第一，奇特。半年前一位教授把这本书给我看，看完以后第一个感受是看不懂。打电话说实在看不懂，被骂了一顿，说堂堂一个校长看不懂。我说这本书太奇特了，什么都有，五花八门，就是感受奇特，刚才有教授说排比的句子写得非常奇特。我最少去过耶路撒冷四次，作者是研究犹太学的，在书里面能感觉到犹太人的气息，又有老子、孔子，甚至毛泽东的矛盾论都有。后来慢慢看，看一会喝一点茶，慢慢好像悟出了作者的心。十几年写一本书是用心来写，值得看。

第二，惊讶。我自己在北大、农大当了十几年高校的领导，每天很多事，没有空认真作研究。士尔教授居然可以沉下心来研究从哲学到宗教的一系列东西，佩服。今天的世界是物欲横流的世界，大家都想挣钱，在这个物欲横流的年代静下心来研究学问，写这种书，令人佩服。

第三，科学价值。从生物学家、科学家的感受来讲，这本书如果从科学上拿出来看的话，很有意思，是一个生物学的课本。第一卷是世界的产生——《创世》，第二卷是《造人》，第三卷是《生死》，完全是生物学的课本，包括地球怎么产生？人怎么来的？来干什么？怎么走的？回归到了生物学的基本问题。神学一直说人是上帝创造的，根据自己的模型来创造；《两界书》更进一步，说天帝先创造了野兽，然后创造人。人创造出来又分三个阶段：一是初人，二是中人，三是终人。书里面说第一个人出现两个头、四只脚、四只手、两颗心，我想这该怎么行走？我是一个生物学家、无神论者，坚决相信人是进化来的。长颈鹿的脖子越来越长是因为吃树叶，如果人类追求打篮球，人类的选择是越来越高，因为高的人可以更好地打篮球，这就是一个自然选择，高的人会生出一群能长高的小孩，我们说进化，就是说高的人被选择起来，生物学的原理是这样。后面还写了第二阶段的中人，天帝觉得两个头不方便，就从中劈了一下，有了男女。当然，这本书是哲学、文学的书，可以与科学相参照，从科学上看有很大的价值就体现在这儿，要认真看。

陈章良

北京大学原副校长、中国农业大学原校长，中国科协副主席，生物学家

脑神经学也是两界学

王本荣

    上个礼拜接到士尔先生的飞鸽传书，邀请我来参加《两界书》的发布大会，我倍感荣幸，但是又很惶恐。我其实不是哲学家，跟哲学大师一起讨论非常胆怯。我们人类感性又理性，有智慧又本能，可以回忆过去，可以想象未来；我们有神经传递的物质，神经传导的脑电波其实是阳离子和阴离子产生的；我们有交感神经、副交感神经两套神经互相协调，互相协调才能顺畅地运作。从这个角度来讲，脑神经学也是两界学。这样一想，我才敢到这里谈书论界。

    我写过一本书《相对不相对》，写的是一本关于哲学、关于科学、生命和人间的相对问题，但是最重要的还是相对来自绝对。时间和空间相对，但必须建立在真空中的极速和定速。在台湾我送他一本书，士尔教授翻了一下，说您是我的知己。当时一头雾水。今年5月来到深圳，士尔教授送我这本《两界书》，才恍然大悟，我们两个一拍即合，我写的书和他写的书定调比较相似，只是我比较没有学问，写的比较白话，士尔先生这本书非常文学性、哲学性，也会让我们常常看不懂，但是也会装懂。

这两天我在看《两界书》，惊为天书，上天下地古往今来。淮南子讲得很清楚："往古来今谓之宙，四方上下谓之宇"，爱因斯坦的相对论其实统合了时间与空间、质量与能量，就像牛顿统合了天与地一样。从量子力学的角度来看，我们看到所有的原子，都是带正电的质子和带负电的电子互相吸引而形成的。但是最重要的是不带电的中子，这个中子常常会衰变，会衰变为带正电的质子和带负电的电子及微中子。这有什么意义？因为中子衰变成质子，开始创作更多元素。这是重要的两界思维。其实所谓的量子力学中常常讲波粒二象性，电和磁这两个场是统一的。我们从生物学的观点看，要阴阳和合才能传宗接代生生不息。从哲学的观点，我们的善恶、难易一样都是成对产生的。当一个消失另外一个也完全消失了。

东西文明在历史上是各领风骚的，现在面临全球化共同一体，大家知道气候的变迁、环境的破坏、资源的消耗等问题，东西文明这两界也必须整合在一起，才能去应对。

最后我用自己写的《相对不相对》一书的思想"一生无量，相对不相对"，引出"两界有合，乾坤转乾坤"，合起来当作纪念，送给士尔教授。

王本荣

台湾慈济大学校长，儿科医学教授

一次非常伟大的叙事冒险

马　原

感谢士尔先生，感谢商务印书馆，《两界书》真是让人耳目一新。刚才大家从很多角度论述书的价值意义。可能作为一个同行，一个写作者，更关注这本书文本上的特殊之处、特别的价值。

首先，我还是认定它是一个叙事文本。它不是严格意义的小说，也不是哲学，因为在这里我们甚少看到论理、分析、逻辑，所以肯定不是纯哲学。它是历史吗？一定不是历史，它的叙述在任何一部历史书里都不可能得到清晰直接的认同。士尔是一位学者，这部《两界书》的意义在于，一位学者在做这么大一个文章的时候，摒弃了逻辑理性。这非常奇特。

昨天我和士尔先生聊天时，我觉得有那么大一个宏阔的思想在背后，居然完全不用逻辑的方式，给我们完成一次非常有意思的叙事。历史上很多作家在叙事意义上有过突破的尝试，之所以留在历史当中是因为他们在叙事的突破上有了自己的脚印，有属于他们自己的成果、特色。这次我看士尔先生的《两界书》，最初我也试图把它定位究竟算什么，而在传统意义上，它什么都不是。你说它是哲学，里面当然有哲学，我们每个人都看得见、摸得着的哲学，但是，哲学居然没有我刚才说的理性、逻辑。有我们惯常在其他叙事中看到的传奇、神话，但是它是传奇、神话吗？不是。它更不是历史了，这个大家非常清楚，里面这些人物的历史完全是虚构的。

它究竟归类在哪个意义上更合适呢？我其实想一想还是有一个归类，更类似今天已经消失的一种文体——史诗，特别跟史诗贴切。各个民族都有自己的史诗，有历史当中的征战、讨伐、兴衰、生存、灭亡等等一系列的内容。我在西藏待过，刚好赶上两个格萨尔人说唱《格萨尔王传》，这是世界最长的史诗，据说有上万行。我在西藏时刚好有两位吟唱者，都是没有文化的人，没有学过任何知识，并且说唱《格萨尔王传》之前，没有任何文化职业背景，都是普通的牧民、普通的无知无识的人。他们两个分别说唱格萨尔王传已经录制了几千行，因为是藏语我听不懂，我参与了他们好几次节目的录制，有一小部分翻译成汉语——我能阅读的文本，这其中确实包含了伟大的史诗都有的历史、哲学、宗教、神话、传奇等，各种内容集于一身。其实每个民族都有自己的史诗，这个传统在我们这个越来越细分的年代，在学问被细分了之后，我们看不到了。

举一个例子，我今年 66 岁，我儿时认为买东西一定要去百货商店，去一家店解决我们所有关于购物的需求。但是今天我们去商店不是这样，今天商店已经不怎么去了，大家更习惯在网上购买，买什么把东西找出来就有了。原来的史诗特别像百货商店，所有的内容都有，所有人类文化有价值的方方面面包罗万象。今天我们有了大家觉得非常奇异的文本《两界书》，这本《两界书》一下子让我回到了儿时那种史诗的阅读。在一本史诗中想要的东西都可以找到，士尔的《两界书》就是这样一本书，里面什么都有。但是跟我们今天所熟知的，比如说一本小说、一首诗或者一部哲学论文、一本历史教材，好像都对不上。但是我个人以为，士尔先生的这本书，其实在某种意义上是撞到了上古才有的文学题材——史诗。

读《两界书》时我会觉得莫名的兴奋。因为很多人不读史诗，我读《奥德赛》的时候20岁上下，不读《奥德赛》快半个世纪了，我读《格萨尔王传》时也是30多岁，也是30多年不读了，其实像我这种职业读书人回头面对史诗时，我也已经很陌生了，我也一下子找不着北。所以，在读《两界书》书时，一下子有点找不着北，好像什么都有但是什么都不算，既不是小说又不是历史，也不是一本神话书。

在这个意义上，我特别钦佩我有一个同行能够找到一个全新的但是其实又曾经在上古广泛流行的叙事体裁。我想说我读这本书看到了一次非常伟大的叙事冒险，就这点我特别向士尔先生致敬。

这本书不知道你们看的时候用心想过没有，这个时代其实做分析一点都不难。我身边有很多学者最关心的是命题，能找到一个好的命题，这个学者就觉得真是幸福，这个命题就可以让我做出一篇文章、写出一本好书来。但是你想过没有，这么一本《两界书》，里面有多少命题？这本书有十二卷，有115章，每章都是一个命题，都是一个大命题。而每一章又有2—3节，共318节，每一节又是具体而微的命题。这本书提出了400来个命题来，光这400个命题就首先要有这个心，心要很大，能看到广大世界的心。

第二，你必须有这么宽的视角，必须有这么多的知识储备才能面对这么大的命题群落。所以在这个意义上这绝对是一本奇书。《两界书》每个标题都是一个命题。作为一个小说家，我的小说也往往会有非常具体的小标题，但是我们的小标题不是命题，其实是一个段落的提示，但是《两界书》章节里面的 400 多个标题其实都是命题，而不是提示。非常敬佩士尔先生！

马原

作家，中国先锋派文学代表人物

拍案惊奇：作者、境界、文风

（美国）陈祖言

很惭愧原来没有机会看这本书。在会前翻了一下，我觉得非常精彩。当时感觉是拍案惊奇：

第一，作者之奇。

第二，境界之奇。

第三，文风之奇。

作者之奇，如果这本书是一个普通的作者，读者不了解作者背景不像是大学领导写的。每个大学领导者都很忙，做了校长以后不是不想做学问，而是没有时间了。士尔先生特别不容易，这是第一奇。

境界之奇，归纳十六个字，出入古今、意写天地、融合中西、兼顾雅俗。

文风之奇，讲故事说书，但是在文风上是用了简明的文言文写的雅文。一脉相承下来，文化自信、民族自信体现出来了。

陈祖言

美国纽约大学杰出教授

会给日本学界带来很多现代人文用语

（日本）海村惟一

由于时间关系从我的角度说两分钟的话，我在做这本书的日文翻译，翻译首先要把这本书读懂。我们做了很大的努力，把开始的一些翻译首先在日本的杂志上刊印出来，获得好评。但是还是感觉到颇有难度，难度并不是读不懂内容。书中的很多人文用语，我们查了一下中国最近一个版本的《现代汉语词典》，都没有出现过这样的单词，这些单词如何进行翻译？我们也比对了日本近现代所创立的一些人文用语，比如说哲学、医学这类词语，我们现在尝试用音读直译加注释的方法来做。《两界书》的翻译将会给日本读者乃至于日本学界带来很多现代的人文用语。

我发现不断读、不断听、不断想，感觉到这本书里什么东西都有，不是东学西进。公元前五百年前后，东西双方都有从自己各自不同的角度来思索各自以及人类从哪里来、干什么、去哪里的三个根本问题。那个时代被称之为轴心时代。我面前的士尔先生将汇总人类至今为止所有的东西之睿，融汇之后，士尔先生自身的体悟和内知在思索着当下的中国社会以及人类当下所面临的困惑。所以，十年磨一剑著这本书，我想将是新时代的启蒙书、指南书。我也相

信随着《两界书》走出中国，走向全球的话，新轴心时代迟早会
来临！

海村惟一

日本福冈国际大学教授，《两界书》日文版译者

书含"七重考证"

施议对

　　这本书里面可能有一个神秘的数字。

　　作者讲了三个数字，"两界"是 2，"三来"是 3，"六合花"是 6，这三个是字面上的数字，隐藏在背后的数字是 7。书的前面对 7 有介绍，士尔在那个高坡上躺了 7 日，而且彩石是 7 种颜色，这也表示说这本书含有"七重考证"。东西南北上中下，六合花有几瓣花色呢？赤橙黄绿青蓝紫，紫在花心，"七重考证"最重要的是心，用心才能听出内在的含义。六合花的花瓣是六，但是最后的颜色也是七。士尔问道，六先论道，问道在中国传统中向来讲的是一到三，现在讲一到六，六和为一就是七。这个神秘数不知道猜得对不对，请教士尔先生。

　　士尔两个字也有含义，士是男的，尔是女的。男女两个字，是五十知天命之际，在突然一天的夜晚悟出来六个方面的学问。

　　关于通过文化融合走向人类命运共同体，《两界书》标题是"两界"，两者相辅相成，都是融合不冲突。"两"是永远的差异，差异是不变的；融合是中间，中间是三，最终是我刚才讲的七。

七是非常重要的，到七里面找人类命运共同体的答案——神秘数字"七"。

施议对
澳门大学教授

通篇展示中外文化元素

（法国）李晓红

　　昨天抵达深圳见到了士尔教授，立刻被他精湛绝伦的学术吸引。《两界书》再现了多年的学术经验，文本优美，通篇展示了中国元素的文字符号，也涉及其他国家的文化元素。士尔教授开篇讲了"界"，既然有界，就有相互对应的界，比如说东西之界。文化不是对抗的，每种文化都有自己的优点，每个文明都有自己的短长，在交流中取长补短，寻求共同发展。作为海外的中国学者和艺术家，我和我先生都深感这一点，中国和法国都是文化大国，文化差异非常大。用本土文化和他国文化交流有酸甜苦辣的经历，两者和而不同。我先生做了十三年的法国邮票，现在发行量已经达到了380万，以我们自己的亲身经历来看，中法文化是可以交流的，可以西学东鉴和东学西鉴。在中国正如士尔教授书中所言，讲故事不能自说自唱，在人类全球化的大环境中，中国的故事要讲到国外去；同样的道理，国外对中国发展有利的作品也要翻译到中国来。士尔先生开了一个好头，在此，我祝贺他的大作问世，祝愿祖国繁荣昌盛。

李晓红

法国阿尔多瓦大学副教授，索邦大学研究员

提供了更好生活的可能性

蔡　东

　　祝贺士尔先生！也很羡慕他，因为《两界书》这样一本书是很多写作者梦寐以求想写的书，我的前辈马原老师把这本书归为史诗的传统中。我是去年读到这本书，读的过程中我觉得是特别不容易写的一本书。作家其实都想写大作品，都有那种传世的焦虑。但实际上在写作的很多时候受限于自己，要么是天赋层面的东西，要么可能是自己的阅读面或者后天储备的东西所限，写出来的东西往往跟自己想象的很不一样，感觉很多效果或者很多格局上的东西最后都没有出来。但是，我在看《两界书》的过程中不停地感慨，我觉得这个作者的储备太充分了，作者的积累实在太深厚了。

　　很多时候我写小说，如果现在让我改写科幻或者改写文化，这都不是一件很容易的事情。不是我凭灵感或者很偶然想跨就跨过去了，很多东西很难跨越或者逾越的。这本书马原老师把他分在史诗的传统里，我觉得非常到位，我自己读的时候把它当成文学作品去读，我非常喜欢里面讲的故事，非常喜欢他使用的语言。

　　第二不容易，我觉得现在居然有人花十几年的时间写一本书，这个太难了。我们往往有一个好的点子和构思赶紧做成成果。我看

《两界书》，作者始终在自己的写作节奏里。

第三点不容易，现在很多小说作品大家都在崇尚人性的微妙、人性的幽深，看不到提供大世界的作品。当然我觉得不是不可以写一写幽深的东西，这些东西现实里都有，反过来读者看了之后生活会不会更好？我觉得这是我们文学书写的意义问题，可能读者需要看到的是有升华的、更高的东西。所以，《两界书》跨界写作，崇尚的是很善、很正的东西，希望净化世道、净化人心，这在一些现在的小说作品中太难看到了。有一个文化的承担，有一个净化世道的理想，要想达到是不容易的。士尔先生给我们提供了更好生活的可能性。

说到融合，《两界书》本身就是致力于融合的书，我觉得艺术，包括音乐、绘画、文学这些领域中全人类都可以达到空前的一致和融合。

蔡东

作家，鲁迅文学奖获得者

一种新罗曼司：既有解构性，又有建构性

王　宁

　　我不重复大家的意见了，通过阅读《两界书》，我感到是建立了一种新文体，是一种新罗曼司。

　　另一方面，它是一个跨界，既具有解构性质，同时又有建构性。士尔先生这本书一方面是解构了传统文学，将来能够载入史册；另一方面又建构了一种新型的文思。

王宁

欧洲科学院院士，中国比较文学学会会长，上海交通大学资深教授

深圳学派的精心之作

郭　杰

　　很有幸成为这本书比较早的读者之一。今天又听到作者士尔先生很详细的心路历程的披露，同时各位海内外的专家又做了很详细的解读，加深了这本书的理解，大家的高见我完全赞成，想到一个小点说一下。

　　今年是改革开放 40 周年，有极为特殊的意义。40 年改革开放，中国现在已经站立在世界的核心地位。我们的经济总量达到了世界第二位，各方面的发展都非常好，现在走下去需要用人文科学的思想、文化，不仅指导自身的进一步发展，而且在世界范围内和人类文明对接，对人类命运共同体起到指引。按照总书记的讲话，我觉得士尔先生这本书可以说是改革开放 40 年以来，中国人文学术界的标志性著作，这部书的推出，代表了经过 40 年改革发展之后中国的人文学者对于整个人类思想、文化、艺术、哲学、宗教全方位的思考和凝聚。从这个角度上看我觉得有特殊的意义。

　　其次，京生参事曾提出过一个论题，中国思想文化在深圳特区如何形成深圳学派的思想概念。《两界书》的意义不止于深圳、广东、全国，但是在深圳产生出来，在深圳是里程碑的著作。我想说一点，书里受到了老子的影响，很多寓言式的文字老子也是有的。很多都是以寓言展现思想内涵和智慧，有中国精神同时又展示了时代性。特别赞成几位先生的意见，希望尽快用多种语言，把改革开放四十年来的宏伟成就、深圳学派的精心之作，向世界展示出来，作为讲好中国故事的一个样板。

郭杰
广东技术师范大学原校长，教授

不识岁月的奇特之笔

谷雪儿

非常荣幸为《两界书》说两句话。拿到《两界书》在六七天前，感到非常震惊。读的时候找到一个渠道：开始读的时候读不进去，喝了两杯咖啡，一夜读完。当时《两界书》更大吸引我的是优美的词语，这也是久违了的。当下的书很多，其实让人看进去的并不多。以我们的阅读习惯，书拿到手翻看前十页就知道结局，而这本书每一章都推着我们往下看。讲故事最高的境界是耐人寻味，优秀的小说家最高的境界是无中生有，我在士尔先生的作品中感受到"无中生有"的创作能力和魅力。这里面谈到两界就是跨界，看起来像是天问，其实就是士尔先生对自己的回答，这也让我们看到了《两界书》思想境界的高级性。

再读《两界书》就会容易很多，因为有了那么多专家的解读，包括士尔先生对自己作品的诠释。我看《两界书》时，突然想起罗兰·巴特曾经说过一句话，他说作家有两类，一类写重大事件，一类只讲小事件、只讲故事的，他认为第二类是真正的好作家，我也认同。

在书籍横流的当下，真正让你没有负担读下去的好书，少之甚少，更别说还能在你精神荒原之处得到慰藉。《两界书》不乏思想的指引，看似遥远的故事与写作手法，而书中那份风趣的暗示，让人有种不识岁月，不识时间的奇特之感。这也正是作品的风光之道。会讲故事的人，讲好故事的人，一定对这个世界有其独到的认识，并用有趣的思想隐晦地告诉别人。我跟马原两人一个劲儿沟通，这本书让我看到了一个新的语境，一种循环的文学形式的出现。《两界书》回答了人类困惑的天问——我从哪里来。

其实我是一个诗人，本来想用一首诗歌表达敬畏的心灵，由于时间关系不够了。

非常羡慕士尔先生，您内心是自由的，是舒展的。

祝《两界书》正是花开，不请自来。

谷雪儿

作家，诗人

《两界书》文化哲学系列著作在香港书展受好评

严圣禾

在 2019 年香港书展即将落下帷幕之际，大陆知名学者士尔的《两界书》文化哲学系列著作在书展上备受关注。7 月 22 日，这套由中华书局（香港）出版发行的著作在香港发布，包括《两界书》《两界智慧书》和《两界慧语》。

中央人民政府驻香港特别行政区联络办公室副主任杨健，联合出版集团董事长傅伟中、总裁李济平，大公文汇传媒集团董事长姜在忠、副董事长兼总编辑李大宏，世界著名哲学家、国际中国哲学学会创会会长、夏威夷大学终身哲学教授成中英，日本汉学家、福冈大学国际交流学院院长海村惟一，香港浸会大学协理副校长、传理学院院长黄煜，香港岭南大学中文系教授许子东和来自美国、日本及中国内地、香港、澳门、台湾地区的百余名学者、作家、学生、企业界和媒体人士出席了当天的发布会。

新书揭幕仪式后，成中英、海村惟一、黄煜、许子东等嘉宾与《两界书》作者、比较文化学者士尔教授以"行走两界的生命智慧：跨文化沟通与交流"为主题，举行了学术座谈。

傅伟中说，香港书展在一周内要举办近 300 场活动，《两界书》

系列著作发布会是其中非常有分量的一场活动。我们分享士尔先生用最通俗生动的语言寓教于乐，用引人入胜的故事完成对人类命运共同体这一宏大命题的文学叙述，相信每一位读者都会充满乐趣地读下去，并且会感受到心灵上的哲思。

成中英认为，这是超越时代的一本兼文学、历史与哲学的、融汇中西历史与哲学问题的顶尖著述。作者跨越历史、综合文化传统，返博归约，写成了一本不断发光的好书，这本书把世界带到中国，也把中国推向世界。《两界书》哲学是划时代的，是启发新智的文学作品，同时在哲学方面折射出中国哲学美好的超前性，为世界哲学铺路，引领更好的未来。

海村惟一表示，《两界书》"以文传道"，揭示了"敬天地、孝父母、善他人、守自己、淡得失、行道义"等人类文明的共同价值观念，以及行走两界的生命智慧，以此来普惠文明、汇通思想，为人类求索命运共同体的正合之道和生命之路。因此，这是一部划时代的"以文传道"的新经典。

据介绍，《两界书》以人类文明进程为线索，以中华文化为底色，用文学的手法描绘了多种文明形态融汇交通的壮阔图景，以"界"学思维和史诗写作创造性地呈现了行走两界的生命智慧，以普惠文明和思想通鉴努力为人类命运共同体探索合正之道和文明路径。

作者士尔教授 20 世纪 90 年代来到深圳，因学术研究和行政工作缘故，与香港各界保持密切联系。20 多年来，亲眼见证了经济发展、科技进步和社会转型对人性与心智带来的剧烈影响和冲击，面对"百年未有之大变局"，士尔先生贯通古今，融汇中西，从天荒地老的西北边陲到繁花似锦的南海之滨，穷十余年心血写就《两界书》系列著作。

《两界书》以寓言、神话、传说、民歌、对话等讲故事的方式，从开天辟地、族群分化、家庭伦理、争战修睦、百物工事、习俗传承、道统流变、人性教化等不同方面，讲述了百余个互有联系又相对独立的故事，这些故事以中国元素为核心，兼融了东西方文化的经典要素，彰显了突出的中国风格、世界情怀和元典张力。

《两界书》紧密契合个体的生命体验，着眼于后工业化时期当代人类的生存困顿，对人与世界、人与自然、人与他人、人与自己的关系，以及人生的意义、生命的价值等问题，进行了理性的辨析，充盈着生命哲理、人文情怀和文化依归，为现代人寻找有益的精神食粮和灵魂居所。

《两界书》在叙事理念、内容形式等方面独树一帜，它超越历史、神话、哲学、宗教、文学等传统的学科范式，呈现了一种独特的跨界叙事；它的内容宏大奇特、包罗万象，时空交错、纵横无疆；它使用了一种言简意赅、文白相合的文体表述和文本形态，突显了汉语言的独特魅力，展现出一种全新的审美阅读和认知形式。

据悉，《两界书》系列著作的英文版、日文版将于年内刊印。

严圣禾

光明日报全媒体记者

———————

光明网，2019 - 07 - 22

十年晨耕心灵突围

——文化哲学系列著作《两界书》在香港发布

啸　洋

　　上午 11 时，由中华书局（香港）出版发行、中国知名学者士尔创作的文化哲学系列著作《两界书》在香港会展中心"香港第 30 届国际书展"发布。中央政府驻港联络办副主任杨健、宣传文体部副部长罗江，香港联合出版集团董事长傅伟中、总裁李济平，香港大公文汇传媒集团董事长姜在忠、副董事长总编辑李大宏，世界著名哲学家、国际中国哲学学会创会会长、夏威夷大学终身哲学教授成中英，日本汉学家、福冈大学国际交流学院院长海村惟一，香港浸会大学协理副校长、传理学院院长黄煜，香港岭南大学中文系教授许子东和来自美国、日本及中国内地、香港、澳门、台湾地区的百余名学者、作家、学生、企业界和媒体人士参加了发布会。

行走两界生命智慧
跨文化沟通与交流

　　文化哲学系列著作《两界书》的作者士尔教授简要谈了自己写书的感受。他说，上世纪 90 年代来到深圳，2002 年一次偶然的机会，他去到西部一个海拔 3 000 米人烟罕至的地方。在一个寂静的夜晚，他不可思议地进入了一个亦真亦幻的超凡境界。天象肌理、人文经脉、亘古英豪、万族流变……他看宇宙的浩瀚，看到人间的百态，一股无法遏制的力量涌入全身。这一刻，彻底改变了他原有的一切认识。返回之后，他一反常态，每日凌晨便思如泉涌，每当此时便奋笔疾书……十年只当一挥间。天界地界、时界空界、灵界肉界、善界恶界、神界俗界、本界异界、喜界悲界、生界死界……他悟到：大千世界，芸芸众生，无不行走在"两界"之间。

研讨会主持人介绍说，日前，他的《两界书》《两界智慧书》和《两界慧语》相继完成。书中，士尔教授贯通古今，融汇中西，从天地创生到人类文明起源，从人神斗智到文明兴灭，从空灵步天的西北边陲到繁花似锦的南海之滨，《两界书》以人类文明进程为线索，以中华文化为底色，用文学的手法描绘了多种文明形态融汇交通的壮阔图景，以"界"学思维和史诗写作创造性地呈现了行走两界的生命智慧，以普惠文明和思想通鉴努力为人类命运共同体探索合正之道和文明路径。作者简介后，杨健、傅伟中、李济平、成中英与士尔一同为新书发布揭幕。随后，成中英、海村惟一、黄煜、许子东等嘉宾与《两界书》作者、比较文化学者士尔教授以"行走两界的生命智慧：跨文化沟通与交流"为题，举行了学术座谈。

中国式的"国际范儿"

现代人的"精神寓所"

《两界书》以寓言、神话、传说、民歌、对话等讲故事的方式，从开天辟地、族群分化、家庭伦理、争战修睦、百物工事、习俗传承、道统流变、人性教化等不同方面，讲述了百余个互有联系又相对独立的故事，这些故事以中国元素为核心，兼融了东西方文化的经典要素，彰显了突出的中国风格、世界情怀和元典张力。《两界书》紧密契合个体的生命体验，着眼于后工业化时期当代人类的生存困顿，对人与世界、人与自然、人与他人、人与自己的关系，以及人生的意义、生命的价值等问题，进行了理性的辨析，充盈着生命哲理、人文情怀和文化依归，为现代人寻找有益的精神食粮和灵魂居所。

纵论历史哲学宗教

众说两界宏大奇特

《两界书》的全新视角和作者的非常经历，令全场记者肃然起敬。记者收集了有关评价：法国著名汉学家，法兰西学士院通讯院士，法国远东研究院前院长汪德迈表示：这本书是一部关于 21 世纪跨文化的重要著作，对人文主义有很重要的贡献。《两界书》在叙事理念、内容形式等方面独树一帜，它超越历史、神话、哲学、宗教、文学等传统的学科范式，呈现了一种独特的跨界叙事；它的内容宏大奇特、包罗万象、时空交错、纵横无疆；它使用了一种言简意赅、文白相合的文体表述和文本形态，突显了汉语言的独特魅力，展现出一种全新的审美阅读和认知形式。

国家文化部原部长、著名作家王蒙说道：士尔教授直闯他心目中的根本两界，张扬了思维、想象、直觉、激情，乃至虚构与假设的主体性，承继了中华文字、文化的开创性、整体性，汲取了犹太文化、希腊文化、佛陀、基督、道德经、黑格尔与康德，以及现代文化的进展与质疑，写就了奇书《两界书》系列。《两界书》从精神综合、文明融合、科际整合中，实现了有界与无界的整一和超越。美国第三代新儒家代表性人物、夏威夷大学终身教授成中英先生说：这是超越时代的一本兼文学、历史与哲学的、融汇中西历史与哲学问题的顶尖著述。作者跨越历史、综合文化传统，返博归约，写成了一本不断发光的好书，这本书把世界带到中国，也把中国推向世界。

法籍哲学家、上海交通大学讲席教授高宣扬评价说：《两界书》哲学是划时代的，是启发新智的文学作品，同时在哲学方面折射出中国哲学美好的超前性，为世界哲学铺路，引领更好的未来。《两界书》的发表可以说是当代文化史上的一个重大事件。《两界书》对人类生存的现实挑战、终极命运做出了历史文化的整体回应，展现华夏中国智慧、世界价值，是人类命运共同体的哲学基础和文化基石。比利时著名汉学家，比利时皇家科学院院士魏查理先生说：本书描写的整个故事很宏大，涉及了很多人物、现象和对历史事实及宗教神话的隐喻。如果说人类的整个历史是一幅巨幅山水画的话，那么这本书很像一幅现代派的抽象山水画。每个章节都包含了很多因素，用很多比喻完成了对深刻观点的概括。

弘扬民族文化

慰籍人性本源

国际比较文学学会主席、香港城市大学讲座教授张隆溪表示，士尔所著《两界书》从很多方面看来，都是一部极具创造性的奇书。《两界书》讲了许多关于神与人的故事，但其意义又不在文字表面，而是以中国文化为根基，吸取西方文化和其他各民族文化的精髓，以文学叙事和想象虚构的神话来讲述文明发展的历史，深入思考和探寻"人类灵魂居所"。日本汉学家，福冈大学教授海村惟一说，中国的《两界书》超越汉字文化圈的思维范畴，融化字母文化圈的戒规观念，创新汉字文章之脉和话语，汇总、融合人类至今为止所有的古今东西巨哲们的智睿，是一部新时代"以文传道"的新经典，一部与文化哲学有关的 21 世纪的问天奇书。

美国德克萨斯大学中国文学和比较文学教授顾明栋指出，《两界书》以中华文化资源为经，以其他文化和传统的知识资源为纬，分析了世界之源和人性之本，剖析了人类社会的过去、现在和将来，并雄心勃勃地尝试把世界上主要的人类文化遗产编织成一部史诗。这部史诗有望成为我们这个时代的现代经典。中国著名先锋派小说家马原表示，我读这本书看到了一次非常伟大的叙事冒险。这本书有 12 卷 115 章 318 节，每章都是一个大命题，每节又是一个具体而微的命题，这本书提出了 400 多个命题来，这要有很大的心，能看到广大世界的心。这绝对是一本奇书。知名编剧、学者史航说，"已识乾坤大，犹怜草木青"，《两界书》让我们看到更广袤的世界。

一位知名自媒体人说到，翻开《两界书》，恍惚有杜甫"万牛回首丘山重"之感。所谓著文、著史、著经，我等一般都是著文，士尔教授这是在著经。它诞生在士尔教授手中是有原因的。作者有特殊的学术背景，他研究了几十年的犹太文明。当对别家的古老文明有深刻了解的时候，才可以从另一个更宏观的角度反观自身，达到一种"回看射雕处"的通透和鲜明。近些年来不少领域有一种"著述向小"的趋势，小问题、小细节的研究和争论很多，当然这也是需要的，但是大视野、大跨度的作品少。构建这样的作品需要一种当仁不让的野心，一种"蛮力"。士尔教授是凭着这种"蛮力"，以穿针的细致行创世之举。希望他继续让我们感觉到这种"蛮力"。

本届香港国际书展汇聚了 39 个国家及地区、共 686 家参展商参与，其间，共举办逾 310 场文化活动，为各年龄层及拥有不同兴趣的读者提供多项选择和广阔视野。士尔教授的《两界书》系列丛书今日的发布会，成为本届香港国际书展的最大亮点。据悉，《两界书》系列著作的英文版、日文版已近完成并将于年内刊印。

饶宗颐文化研究院 2019 - 07 - 23

知名学者士尔《两界书》文化哲学系列著作在港发布

　　7月22日，知名学者士尔《两界书》文化哲学系列著作在香港书展发布。该书由中华书局（香港）出版发行，包括《两界书》《两界智慧书》和《两界慧语》。来自美国、日本及中国内地、香港、澳门、台湾地区的百余名学者、作家、学生、企业界和媒体人士参加了发布会。随后，嘉宾又与《两界书》作者、比较文化学者士尔教授以"行走两界的生命智慧：跨文化沟通与交流"为题举行了学术座谈。

　　《两界书》以人类文明进程为线索，以中华文化为底色，用文学的手法描绘了多种文明形态融汇交通的壮阔图景，以"界"学思维和史诗写作创造性地呈现了行走两界的生命智慧，以普惠文明和思想通鉴努力为人类命运共同体探索合正之道和文明路径。

　　《两界书》以寓言、神话、传说、民歌、对话等讲故事的方式，从开天辟地、族群分化、家庭伦理、争战修睦、百物工事、习俗传承、道统流变、人性教化等不同方面，讲述了百余个互有联系又相对独立的故事，这些故事以中国元素为核心，兼融了东西方文化的经典要素，彰显了突出的中国风格、世界情怀和元典张力。

值得一提的是，《两界书》在叙事理念、内容形式等方面独树一帜，它超越历史、神话、哲学、宗教、文学等传统的学科范式，呈现了一种独特的跨界叙事；它的内容宏大奇特、包罗万象，时空交错、纵横无疆；它使用了一种言简意赅、文白相合的文体表述和文本形态，突显了汉语言的独特魅力，展现出一种全新的审美阅读和认知形式。

作者士尔教授上世纪九十年代来到深圳，因学术研究和行政工作缘故，与香港各界保持密切联系。20 多年来，亲眼见证了经济发展、科技进步和社会转型对人性与心智带来的剧烈影响和冲击，面对"百年未有之大变局"，士尔先生贯通古今，融汇中西，从天荒地老的西北边陲到繁花似锦的南海之滨，穷十余年心血写就《两界书》系列著作。

据悉，《两界书》系列著作的英文版、日文版将于年内刊印。

众说"两界"

汪德迈（法国著名汉学家，法兰西学士院通讯院士，法国远东研究院前院长）

这本书是一部关于二十一世纪跨文化的重要著作，对人文主义有很重要的贡献。

王蒙（著名作家，中国文化部原部长）

士尔教授直闯他心目中的根本两界，张扬了思维、想象、直觉、激情，乃至虚构与假设的主体性，承继了中华文字、文化的开创性、整体性，汲取了犹太文化、希腊文化、佛陀、基督、道德经、黑格尔与康德以及现代文化的进展与质疑，写就了奇书《两界书》系列。《两界书》从精神综合、文明融合、科际整合中，实现了有界与无界的整一和超越。

成中英（美国，第三代新儒家代表性人物，夏威夷大学终身教授）

这是超越时代的一本兼文学、历史与哲学的、融汇中西历史与哲学问题的顶尖著述。作者跨越历史、综合文化传统，返博归约，写成了一本不断发光的好书，这本书把世界带到中国，也把中国推向世界。

《两界书》哲学是划时代的，是启发新智的文学作品，同时在哲学方面折射出中国哲学美好的超前性，为世界哲学铺路，引领更好的未来。

高宣扬（法籍哲学家，上海交通大学讲席教授）

《两界书》的发表可以说是当代文化史上的一个重大事件。《两界书》对人类生存的现实挑战、终极命运做出了历史文化的整体回应，展现华夏中国智慧、世界价值，是人类命运共同体的哲学基础和文化基石。

魏查理（比利时著名汉学家，比利时皇家科学院院士）

本书描写的整个故事很宏大，涉及了很多人物、现象和对历史事实及宗教神话的隐喻。如果说人类的整个历史是一幅巨幅山水画的话，那么这本书很像一幅现代派的抽象山水画。每个章节都包含了很多因素，用很多比喻完成了对深刻观点的概括。

张隆溪（国际比较文学学会主席，香港城市大学讲座教授）

士尔所著《两界书》从很多方面看来，都是一部极具创造性的奇书。《两界书》讲了许多关于神与人的故事，但其意义又不在文字表面，而是以中国文化为根基，吸取西方文化和其他各民族文化的精髓，以文学叙事和想象虚构的神话来讲述文明发展的历史，深入思考和探寻"人类灵魂居所"。

海村惟一（日本汉学家，福冈大学教授）

中国的《两界书》超越汉字文化圈的思维范畴，融化字母文化圈的戒规观念，创新汉字文章之脉和话语，汇总、融合人类至今为止所有的古今东西巨哲们的智睿，是一部新时代"以文传道"的新经典，一部与文化哲学有关的 21 世纪的问天奇书。

顾明栋（美国德克萨斯大学中国文学和比较文学教授）

《两界书》以中华文化资源为经，以其他文化和传统的知识资源为纬，分析了世界之源和人性之本，剖析了人类社会的过去、现在和将来，并雄心勃勃地尝试把世界上主要的人类文化遗产编织成一部史诗。这部史诗有望成为我们这个时代的现代经典。

马原（中国著名先锋派小说家）

我读这本书看到了一次非常伟大的叙事冒险。这本书有 12 卷 115 章 318 节，每章都是一个大命题，每节又是一个具体而微的命题，这本书提出了 400 多个命题来，这要有很大的心，能看到广大世界的心。这绝对是一本奇书。

史航（知名编剧、学者）

"已识乾坤大，犹怜草木青"，《两界书》让我们看到更广袤的世界。

六神磊磊（知名自媒体人）

翻开《两界书》，恍惚有杜甫"万牛回首丘山重"之感。所谓著文、著史、著经，我等一般都是著文，士尔教授这是在著经。它诞生在士尔教授手中是有原因的。作者有特殊的学术背景，他研究了几十年的犹太文明。当对别家的古老文明有深刻了解的时候，才可以从另一个更宏观的角度反观自身，达到一种"回看射雕处"的通透和鲜明。近些年来不少领域有一种"著述向小"的趋势，小问题、小细节的研究和争论很多，当然这也是需要的，但是大视野、大跨度的作品少。构建这样的作品需要一种当仁不让的野心，一种"蛮力"。士尔教授是凭着这种"蛮力"，以穿针的细致行创世之举。希望他继续让我们感觉到这种"蛮力"。

读创深圳，2019 年 07 月 23 日

著名学者香江论"界"

7月22日上午，行走两界的生命智慧——跨文化沟通与交流学术座谈暨士尔先生《两界书》文化哲学系列著作发布会在香港会展中心举行。中央人民政府驻香港特别行政区联络办公室副主任杨健，文化宣传部副部长罗江；香港联合出版集团董事长傅伟中，总裁李济平；香港大公文汇传媒集团副董事长、总编辑李大宏；世界著名哲学家、国际中国哲学学会创会会长成中英，日本汉学家、福冈大学国际交流学院院长海村惟一，香港浸会大学协理副校长、传理学院院长黄煜，香港岭南大学中文系教授许子东以及来自美国、日本、中国内地、香港、澳门、台湾地区的百余名学者、作家、读者、企业界和媒体人士出席活动。

本次活动由中华书局（香港）、香港大学饶宗颐学术馆和深圳大学饶宗颐文化研究院联合主办。与会者一致认为，这是一场深圳酝酿、香港直播、湾区出品、各界瞩目的精品文化活动，也是以香港为桥梁，推动文化"走出去"，促进中华优秀文化传承传播和跨文化沟通交流的有益尝试。

傅伟中在致词中表示，《两界书》是一部诠释生命智慧、饱含终极关怀的哲学专著；是一本贯通古今、融合中西的跨文化传播巨著；同时也是一套文笔生动，充满想象力的百科全书式的文学作品。

王蒙在贺信中指出，士尔教授直闯他心目中的根本两界，张扬了思维、想象、直觉、激情乃至虚构与假设的主体性，承继了中华文字、文化的开创性、整体性，汲取了犹太文化、希腊文化、佛陀、基督、道德经、黑格尔与康德以及现代文化的进展与质疑，写就了奇书《两界书》系列。《两界书》从精神综合、文明融合、科际整合中，实现了有界与无界的整一和超越。

史航用"已识乾坤大，犹怜草木青"来形容士尔先生及其著作，认为《两界书》让我们看到了一个广袤的世界。

六神磊磊在书评中写道："所谓著文、著史、著经，我等一般都是著文，士尔教授这是在著经……构建这样的作品需要一种当仁不让的野心，一种'蛮力'。"

士尔表示，这是一次向世界讲好中国故事的自我实验。随后，杨健、傅伟中、李济平、成中英与士尔一道为新书揭幕。

高手论"界"

成中英、海村惟一、黄煜、许子东等嘉宾与士尔教授以"行走两界的生命智慧：跨文化沟通与交流"为题，举行了学术座谈。

成中英认为，《两界书》将哲学、历史、文学贯通融会，在思想上彰显了一种深沉而热烈的生命智慧，文字里浸透了一种中国式的美感。"两界"的提法非常智慧，"两"可以代表冲突、矛盾、斗争；也可以代表合作、友好、创造。生命有"两界"，哲学有"两界"，心灵有"两界"，道德有"两界"，行为有"两界"，这是一个穿越时空的，用最简单方式表达人类最复杂思考的概念。《两界书》根植华夏，和合万邦，会成为世界上很重要的一本书。

海村惟一认为，《两界书》以人类文明进程为思索对象，面对全球化时代人类的生存困顿和思想迷茫，凭着作者自身的生命体悟和人文关怀，超越汉字文化圈的观念范畴，融化字母文化圈的界本思想，承续、创新了汉字的文脉和话语，是新时代的一部新经典。

黄煜认为，《两界书》提供了元智慧——指向人类生存的几大根本问题；蕴含元叙事——从思想本源处建构折射人类文明进程的故事结构和置身其中的精神家园；提供了元传播——为文明交融提供源流性、整体性、终极性的传播方案；会成为元经典——创造创新具有普惠意义的价值和叙事。

许子东认为，《两界书》是一部关于文学、历史和信仰的"博雅"之作，他亦提及当代著名先锋派作家马原对本书的评价："这是一次非常伟大的叙事冒险。"许子东还以"巩固或是重构"、"无架可归的困惑"、"两界如何穿梭"等思想内核、写作方式和创作心路的话题与士尔教授展开热烈讨论。

士尔 Q&A

Q：为什么叫"士尔"？

A：甲骨文的"士"就是一个种田的男人，"尔"就是女人纺线的纺车。（男女者，两界也。详情见《两界书》"初人""士耕尔织"等章节。）

Q：为什么叫"两界"？

A：天界地界，时界空界、物界意界……（"两"贯通始终，"界"范畴根本。详情见士尔《两界书》扉页、《彼岸另界，先生安好》和"界"学论文。）

Q：为什么写"两界"？

A：十几年前，因为工作的缘故，士尔在大西北最贫穷的地方与世隔绝几个月，与当地人同吃同住同劳动。在那样浩渺的时空环境下，更加催生出知识分子对话古圣先哲、思考根本问题的终极理性和使命热忱。写作国家课题《圣经叙事研究》时，士尔感到意犹未尽，于是决定把几十年的学习、工作、生活和生命感受好好梳理一番。后来，他渐渐淡出传统的学术研究，尝试把多年来对希伯来文化的研究和中国的儒释道思想结合在一起，集中精力写作关乎世界和人类本来、往来、未来，探究生命本源、生命价值和生命意义的作品（详请见《两界书》"夜光云石会说话"）。

Q：写作的体验怎么样？

A：每天写两小时，从凌晨三点写到五点，前后十年。很苦也很爽。

Q：为什么选择这种写法？

A：卡夫卡的作品只字不提犹太，却比 100 部专门的学术著作影响深远。

最后，座谈嘉宾一致认同，《两界书》以人类文明进程为线索，以中华文化为底色，用文学的手法描绘了多种文明形态融汇交通的壮阔图景，以"界"学思维和史诗写作创造性地呈现了行走两界的生命智慧，以普惠文明和思想通鉴努力为人类命运共同体探索着合正之道与文明路径。

汉语学术思想表达可以有多种形式

王 尧

在创新汉语学术表达的意义上，我非常高地评价《两界书》的尝试。这本书是近百年来非常重要的著作，很难归类。现在就需要一些无法归类的东西能够传承，可以说是古典、可以说是现代；可以说是中国、也可以说是西方。除了哲学、神话以外，我特别关注到《两界书》所表达的问题和表达形式，它把叙事融进去，这是多少年来我们学界所欠缺的，我自己也想写一本叙事性的书。由《两界书》可以看出，当代汉语学术思想的表达可以有多种多样的形式。

王尧

苏州大学文学院院长，教授

本文摘自在第二届饶宗颐文化论坛上的演讲，2020 年 11 月，王顺然整理

"文明通鉴与文化创新"之典范

——从《两界书》的"天地合正"思想看

（日本）海村惟一

　　当前，人类文明发展正处于十分重要的历史节点，不同文明之间的激烈碰撞与交流、人工智能对人类生活的空前影响和改变等，这些日益突显的重要命题都需要通过文化的不断创新来回答。如何能够抓住历史机遇，推动文化创新，推动中外文化的借鉴融合，推动建构人类共通共享共惠的普惠文明新体系，当今的人文学者需要进行历史、文化、哲学等方面的深入思考和理论探讨。

　　事实上，近年来出版的《两界书》（商务印书馆 2017、香港中华书局 2019）以融古今之哲理、汇东西之睿智的人文视点，超越历史、神话、宗教、哲学、文学等传统范式界线，并从崭新的"历史、神话、宗教、哲学、文学"的互鉴融汇的范式对其作了"深入思考和理论探讨"，得出了合理的哲学体系，对眼下的"这些日益突显的重要命题"和人类的未来做出了卓有成效的提示。尤其是《两界书》创造了一套崭新的人文话语体系，将成为沟通汉字文化圈与字母文化圈的新人文桥梁。《两界书》本身便是文明通鉴与文化创新之先行典范。

　　《两界书》所建构的"新人文话语体系"给当下，乃至于未来的社会都提供了一个极其重要的话语思维的模式。这套"新人文话语体系"的核心精华可归纳为"天、地、合、正"思想。

《两界书》开卷即曰：

> 太初太始，世界虚空，混沌一片。
>
> 天帝生意念，云气弥漫，氤氲升腾。
>
> 天帝挥意杖，从混沌中划过。
>
> 天雷聚起，天光闪电，混沌立开。

这里，作者以"天帝"为"开天辟地"之神；以"天帝生意念""天帝挥意杖"之举为"开天辟地"之始。从作者的自注里可知，其于汉字之源甲骨文里考寻"帝"之原始认知，参于先秦诸子之"天帝"，更与现代西方"大爆炸理论（big bang cosmology）"互鉴，而创建"新人文话语体系"的"天帝""意杖"。《两界书》"以神话思维、文学手法，将世界的创造归为超自然之存在——'天帝挥意杖'所为。"（《两界书·创世》）

至"至本者敬天帝"（《两界书·问道》）一节，《两界书》则把神话思维以及甲骨文认知的"天帝"作了一个哲学的提升："六说六言，至本者为敬天帝。敬天帝即敬天地。"（《两界书·问道》）将天帝与天地相关联。对"天地"则注曰："天帝"即"天地"，天地父母。此处显示，该话语呈现的是一种超越了一般宗教范畴的文化—哲学话语。"天地"即"天帝"，乃"人类须内心敬畏之寄托，自在永在，人生所依。"（《两界书·问道》）在把"天帝"翻译成日语时采用汉字音读翻译法，即译成"天帝（てんてい，tentei）"，这个"天帝"便成为日语新汉语词汇了；把"天地"翻译成日语时采用汉字训读翻译法，即译成"天地（あめつち，ametuti）"，"天地"便成为日语和语词汇了，因为日语的"天地（あめつち，ametuti）"与《两界书》的"天地"有着相近的内涵。深受阳明学影响的明治维新大功臣西乡隆盛，便将"敬天爱人"的"天"解为"天地"之"天"。

对于"合正"，"六说不悖，皆有其悟"（《两界书·问道》）一节则运用新的句法，一口气排列出以"道、约、仁、法、空、异"六字为主的文脉通畅、气势磅礴、逻辑严密、连环紧扣、哲理深远的"六说不悖，皆有其悟"之句：

> 以道为统，无统不一，无一何生万物？
> 以约为信，无信不通，无通何生合和？
> 以仁为善，无善不爱，无爱何生家邦？
> 以法为制，无制不理，无理何生伦序？
> 以空为有，无有不在，无在何生世界？
> 以异为变，无变不化，无化何生久远？

并认为"六说之统、合有妙用"：

六合正一，道通天下。

六合而可正，合正而为一，正一而容六，一六而贯通，道归合正。

"六说"乃东西文明通鉴的精华。由"六合正一，道通天下"，其结果则最终是"道归合正"。《问道》卷第 20 节"合正道至简，生当悟大道"则对新创的话语体系中的关键词"合正"进行诠释，并再提炼出"六言"：

合正道至简，生当悟大道。大道在己身，群独须躬行。天道立心，人道安身。

概曰六言，可做铭记：

敬天帝。

孝父母。

善他人。

守自己。

淡得失。

行道义。

此处的"天帝"已经不是中国传统意义上的"天帝"了。而是《两界书》新话语体系中的关键词"天地"。此处的"六言"的"敬、孝、善、守、淡、行"乃"六说"的"道、约、仁、法、空、异"的形而下的行为方式，即从"信仰层面、伦理层面、社会层面、个人层面、功利层面、实践层面"来规范人类的行为方式。

若要建构人类共通共享共惠的普惠文明新体系的话，《两界书》的"天地合正"思想及其"六言"的行为方式是极为合适，如此便能有一个人类与自然的和谐共处的环境和氛围。

海村惟一

日本福冈国际大学教授，《两界书》日文版译者

此文为在第二届饶宗颐文化论坛上的演讲，曾刊于《中国社会科学报》2019 年 12 月 16 日

《两界书》"六合思想"的当下之用

（日本）海村惟一　海村佳惟

绪言

《两界书》是一部博大精深的人文"奇书"。我们曾经指出"近年来出版的《两界书》（商务印书馆 2017、香港中华书局 2019）以融古今之哲理、汇东西之睿智的人文视点，超越历史、神话、宗教、哲学、文学等传统范式界线，并从崭新的"历史、神话、宗教、哲学、文学"的互鉴融汇的范式对其作了"深入思考和理论探讨"，得出了合理的哲学体系，对眼下的"这些日益突显的重要命题"和人类的未来做出了卓有成效的提示。尤其是《两界书》创造了一套崭新的人文话语体系，将成为沟通汉字文化圈与字母文化圈的新人文桥梁。《两界书》本身便是文明通鉴与文化创新之先行典范。"[1]

眼下，我们正在日译《两界书》。翻译是两种文化的交流、冲

---

[1]《中国社会科学报》 2019 年 12 月 16 日第八版，海村惟一《"文明通鉴与文化创新"之典范》。

突和融合。翻译需要细读、精读、研读原典，对于原典的学术用语，尤其是原创性极强的原典，更应如此！在细读《两界书》创世、造人、生死、分族、立教、争战、承续、盟约、工事、教化、命数、问道十二卷时，我们悟得《两界书》之奥秘乃寓继承和创新东西人文精髓于历史空间的"六合"里所构成的"六合思想"。本文把历史空间的"六合"作为研究对象，企望解析其思想内涵。

一、日本语中的"六合"涵义

关于对应原典"六合"的日语"六合"，我们首先调研了日本汉语的两大普及系统的权威性汉字辞典。中国文学系统《新字源》的对应信息为："六合：りくごう。天地（上下）与东西南北。世界。同'六方'。贾谊《过秦论》：以六合为家。"[1] 国文学系统《汉语林》的对应信息为："六合：りくごう。天地与四方。天下中。全世界。"[2] 故中国文字的"六合"之语已经成为由汉语、和语、外来语组成的日本语中的日常汉语，若仅此而言，即无须翻译即可直接使用《两界书》之原语，因同出于贾谊《过秦论》的"六合"，原本为同形同义之语。再考国语体系中的"りくごう"："文章语。天地与四方。上下四方。宇宙。"[3] 日本国语体系的"六合"不同于日本汉语系统的"世界"、"天下中、全世界"的人文意识，其展现的是"宇宙"的自然意识。

---

[1] 小川环树、西田太一郎、赤塚忠编：《新字源》，角川书店，1968年，第96页。
[2] 镰田正、米山寅太郎编：《汉语林》，大修馆书店，1987年，第114页。
[3] 森冈健二等编：《国语辞典》，集英社，2012年，第1908页，中段。

二、《两界书》"六合"之承传和创新

《两界书》的"六合"作为标题初见于卷十二《问道》第八章的"六合花开"及其第三节的"六合花开有七彩"。此处有"六合"注，[1] 注曰："六合"之说参阅《两界书》（卷四）[2] 分族二章（天风骤起）一节（天风起）："六方合风"；[3]（卷十二）《问道》二章（六先论道）一节（六先居台）："六先论道（千年，道统有别，异中有同，并不致合。）"；[4]（卷十二）《问道》七章（何为人主）十九节（六说不悖，皆有其悟）至二十二节（至要者行道义）："六说之统，合有妙用。"[5] 此注中的"六合"除了标题语的"六合"是合体词以外，都是分体词，如"六方合风"、"六先论道（千年，道统有别，异中有同，并不致合）"、"六说之统，合有妙用"。其中标题语"六合花开"的合体词和卷四二章一节"六方合风"的分体词，即"六合"和"六合"，与日本的国语体系中所展现的自然意识"宇宙"的"六合"同义。此"六合"之词源乃出自《庄子齐物论》："六合之外圣人存而不论"的"六合"。[6] 对此日本当代经学家金谷治先生认为"宇宙外之事，圣人不否定其存在，但不立其论"，[7] 即此"六合"乃指"宇宙外之事"，属于自然意识的"六合"。

---

[1] 士尔：《两界书》，第 358 页。
[2] 括号以及括号内的文字为笔者所加。
[3] 同上《两界书》，第 44 页。
[4] 同上《两界书》，第 307 页。
[5] 同上《两界书》，第 356 页。
[6] 吾师辈金谷治博士译注《庄子》译者校订本（译者校订本是以续古逸丛书本《宋刊南华真经》为底本，以古逸丛书本《覆宋本南华真经注疏》、明世德堂《六子全书》为校对本，并参照宋陈碧虚《庄子阙误》为主的诸家校语而定）第一册，岩波书店，1971 年，第 69 页。
[7] 同译注《庄子》第一册，第 70 页，海村佳惟汉译。

　　我们对此注中的"（卷十二）《问道》七章（何为人主）十九节（六说不悖，皆有其悟）至二十二节（至要者行道义）"四节的内容再作细考，便知除了"六说之统，合有妙用"的分体词之外，还有"六合正一，道通天下"[1]以及"六合而可正，合正而为一，正一而容六，一六而贯通，道归合正"[2]的两个合体词"六合"。考此分体词和合体词的"六合"之词源均出自《庄子齐物论》："六合之内圣人论而不议"的"六合"。[3]对此"六合"日本当代经学家金谷治先生认为"宇宙中之事，圣人立其论，但不议其细"，[4]即此"六合"乃指"宇宙中之事"，属于人文意识的"六合"。

　　庄子的"六合"谓"宇宙"，由"宇宙"的内外分成"六合"的"人文意识"与"自然意识"。庄子谈圣人即上古先贤对"六合"的两种意识：形而上的与形而下的。

　　承传庄子"六合"乃二程也。朱熹把二程之语置于其所著《中庸章句》之篇首："子程子曰：不偏之谓中，不易之谓庸。中者，天下之正道，庸者天下之定理。此篇乃孔门传授心法。子思恐其久而差也。故笔之于书以授孟子。其书始言一理，中散为万事，末复合为一理（天命-性）。放之则弥六合。卷之则退藏于密。其味无穷。皆实学也。善读者玩索而有得焉。则终身用之，有不能尽者矣。"[5]二程承庄子"六合"亦谓"宇宙"，但内涵由圣人之"存""论"焦距为《中庸》之"一理""六合"，并诉之于"实学"。

　　由此可见，《两界书》秉承的正是庄子、二程、朱熹的这两种意识。秉承形而上的是《两界书》"六合正一，道通天下"以及

---

[1] 士尔：《两界书》，第 355 页。
[2] 同上，第 355 页。
[3] 同译注《庄子》第一册，第 69 页。
[4] 同译注《庄子》第一册，第 70 页，海村佳惟汉译。
[5] 怡府藏板《四书集注》《中庸》，第 1 页。

"六合而可正，合正而为一，正一而容六，一六而贯通，道归合正"的"六合"哲学，其核心有二：即"正一"和"合正"。[1]秉承形而下的是"六合"思想，即《两界书》所谓"敬天帝、孝父母、善他人、守自己、淡得失、行道义"[2]之"六说"。对此"六说"，有自注谓之六个层面，依次为信仰、伦理、社会、个人、功利、实践。这六个层面亦可焦距为"一理"，即"顺天行道、出凡入圣"。[3]

但是，《两界书》"六合花开有七彩"的"六合"则融化东西人文之精髓。《两界书》的主人翁之一维义"得天谕：六合之花，实为心花。心花种在心上，生在身上，果在人间。"[4]

三、"六和思想"的当下之用

"六和思想"的核心，即《两界书》之"一理"："顺天行道、出凡入圣"。其思想内涵，即"敬天帝，孝父母，善他人，守自己，淡得失，行道义"之信仰、伦理、社会、个人、功利、实践等六个层面的实学。其具体的当下之用，即，"道统大千，道可受而不可悖。约信万民，约可守而不可违。仁修自身，仁可固而不可懈。法制众生，法可循而不可逆。空得世界，空可悟而不可弃。异变久远，异可适而不可滞。"[5]《两界书》的主人翁之一维义"心得灵道（六和思想），以身践行，一生坦然，称曰啼哭而来，笑著离去。后人多以维义为范，有谓：六说六言合正道，两足两界走一

---

[1] 关于"六合"哲学的核心："正一""合正"，另文专论。
[2] 士尔：《两界书》，第356页。
[3] 同上，第332页。
[4] 同上，第359页。
[5] 同上，第359页。

生。"[1] 此乃《两界书》"六和思想"当下之用的精华，倘若践行，世界会更灿烂！

结语

《汉书王吉传》曰："春秋所以大一统者，六合同风，九州共贯也。"元田东野于《明治孝节录序》曰："其感亨浃洽也。六合一和，笃恭治矣。"此"六合同风"、"六合一和"与《两界书》之"六合花开"可谓同工异曲，践之可"出凡入圣"！

士尔的"当下之用"不仅适合于"变局下湾区人文的融合与引领"，而且也适合于汉字文化圈和字母文化圈，即人类的"当下之用"。眼下人类正面临著"温暖化""疫情化"的自然威胁，唯有"顺天（自然天地）行道"，践行"六和思想"的"当下之用"，"六合花开"人类方能解危！

海村惟一

日本福冈国际大学教授，《两界书》日文译者

海村佳惟

北京大学文学博士，现执教于日本/久留米大学

此文为在第三届饶宗颐文化论坛上的演讲，2021 年 12 月 1 日

---

[1] 士尔：《两界书》，第 360 页。

对《两界书》系列研讨的祝贺

王　蒙

人生的终极问题是：我是谁？我从哪里来？我到哪里去？哲学的基本问题是，思维与存在的关系。

士尔教授在研究各家学说、砥砺各种哲思的基础上，直闯他心目中的根本两界，从高处，从远处，从有限，从无限，从经验与当下，痛说事物的定理，道出了我们应该如何相待、如何自处的思路。

在功利、技术、模式、人工智能高度发达与成为人类主宰因素之一的今天，士尔教授张扬了思维、想象、直觉、激情乃至虚构与假设的主体性，承继了中华文字、文化的开创性、整体性以及中华传统文化之道德正义、结构正当、程序正确、概念探寻、概念光辉与概念崇拜的特色，汲取了历史悠久，流变甚多，影响巨大而又命运奇诡的犹太文化的魅力以及希腊文化、佛陀、基督、道德经、黑格尔与康德，以及现代文化的进展与质疑，综合了哲学、伦理学、人类学、文学、数学、美学的动人心魄的启示体验，写就了奇书《两界书》系列，渴望着人类精神生活、精神能力、与精神品质的一个全面互动提升。《两界书》从精神综合、文明融合、科际整合之中，实现了新的超越——有界与无界的整一和超越。这很有意义，很值得研究，很有启示作用。祝贺研讨会的召开与更多研讨的进行！

2019 年 6 月

王蒙

著名作家，国家文化部原部长

此文为王蒙先生为香港中华书局版《两界书》香港发布会所发贺信

后 记

　　《两界书》2016 年起在北京、香港、台北三地分别出版了中文简体字、繁体字和英文版等多个不同版本，引起海内外学界、读书界关注，涌现数量可观的研究评论文章。这些研究评论视角各异，涵盖哲学、文学、文化、历史、宗教、人类学、政治学、语言学、教育学、传播学、文明史、思想史乃至医学、生物学等不同方面，见仁见智，俨然呈显了一个阅读界的"阐释现象"、学术界的"叙事命题"。

　　《界的叙事——〈两界书〉的多重阅读》收录近百篇中外学者的相关研究评论、研讨会综述和学术观点，风格不一、篇幅不拘，其中既有享誉世界的学界泰斗、学术名家，也有初出茅庐的青年学人。部分文章曾以中文、英文、日文等不同语种文字发表，收录时保留原刊体例；研讨会发言由青年学者依据录音整理，保留现场感，以尽可能保持阅读的原生态。

　　将如此大跨度的文字汇聚一起，一是想力求视角工具的齐全，对《两界书》叙事作出较为全面的审视，对当前学界热点的跨学科与跨界问题提供一个实际探讨和讨论案例；二是构制"阅读的再阅读",为读书时代展现一个独特的阅读视角和阅读资源,也为阐释学提供一个意义多重性研究的典例文本。这是一次尝试,谨向相关作者、刊物致以诚挚谢意,并请大家指教。

三联书店领导大力支持,成华编辑付出辛勤劳动,友人多有关心,在此一并致谢。

刘洪一

2022 年 11 月 立冬时节

因多方面原因,个别文章作者未能及时取得联系,如见到本书,请与三联书店联系,以便办理稿酬及样书发放事宜。